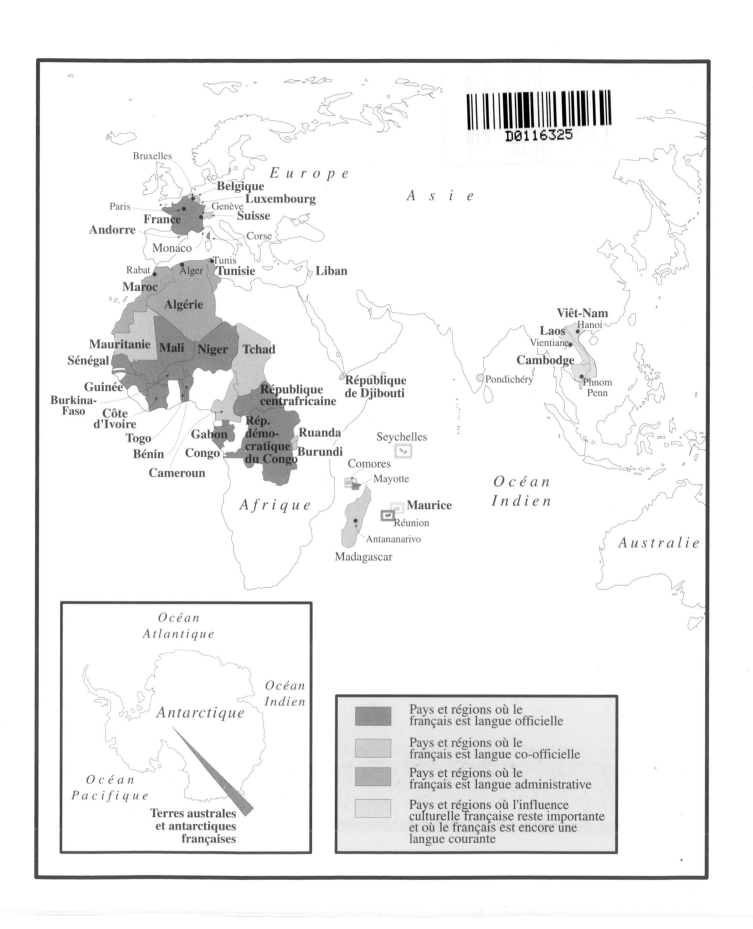

Bruxelles

E u r o p e

Belgique
Luxembourg

Paris

Genève

A s i e

France

Suisse

Andorre

Corse

Monaco

Tunis

Tunisie

Liban

Rabat

Alger

Maroc

Algérie

Viêt-Nam

Hanoi

Laos

Vientiane

Mauritanie

Mali

Niger

Tchad

Cambodge

Sénégal

Pondichéry

Phnom
Penn

Guinée

**République
centrafricaine**

**République
de Djibouti**

**Burkina-
Faso**

**Côte
d'Ivoire**

**Rép.
démo-
cratique
du Congo**

Ruanda

Seychelles

Togo

Gabon

Bénin

Congo

Burundi

Cameroun

Comores

*Océan
Indien*

Mayotte

A f r i q u e

Maurice

Réunion

Antananarivo

Madagascar

*Océan
Indien*

A u s t r a l i e

*Océan
Atlantique*

*Océan
Indien*

Antarctique

*Océan
Pacifique*

**Terres australes
et antarctiques
françaises**

Pays et régions où le
français est langue officielle

Pays et régions où le
français est langue co-officielle

Pays et régions où le
français est langue administrative

Pays et régions où l'influence
culturelle française reste importante
et où le français est encore une
langue courante

Useful Classroom Expressions

Things your instructor might say

D'accord.	*OK.*
Écoutez (bien).	*Listen (carefully).*
Répétez.	*Repeat.*
Regardez (le tableau / la photo / le dessin).	*Look at (the board / the photo / the drawing).*
Lisez (la question / la phrase / le mot).	*Read (the question / the sentence / the word).*
Écrivez (le mot / la phrase).	*Write (the word / the sentence).*
Parlez (français / plus fort).	*Speak (French / louder).*
Plus fort.	*Louder.*
Vous comprenez?	*Do you understand?*
Ouvrez (votre **Manuel de classe** / votre **Manuel de préparation**).	*Open (your textbook / your workbook).*
Fermez (votre **Manuel de classe** / votre **Manuel de préparation**).	*Close (your textbook / your workbook).*
Continuez.	*Continue.*
Tournez à la page…	*Turn to page …*
Vous y êtes?	*Are you there (Are you with me)?*
S'il vous plaît.	*Please.*
Merci (beaucoup).	*Thanks (a lot).*
De rien.	*You're welcome.*

Things to say when you don't understand

Je ne comprends pas.	*I don't understand.*
Comment?	*What?*
Encore une fois, s'il vous plaît.	*One more time, please.*
Vous pouvez répéter… ?	*Can you repeat … ?*
S'il vous plaît.	*Please.*
Merci (beaucoup).	*Thanks (a lot).*
De rien.	*You're welcome.*

Je veux bien!

SECOND EDITION

MANUEL DE CLASSE

Jeannette D. Bragger
The Pennsylvania State University

Donald B. Rice
Hamline University

HEINLE & HEINLE

THOMSON LEARNING

Australia Canada Mexico Singapore Spain United Kingdom United States

HEINLE & HEINLE

™

THOMSON LEARNING

Je veux bien!
Second Edition
Manuel de classe
Bragger ◆ Rice

Publisher: Wendy Nelson
Senior Production & Developmental Editor Supervisor: Esther Marshall
Developmental Editors: Anne Besco & Lara Semones
Marketing Manager: Jill Garrett
Associate Marketing Manager: Kristen Murphy-LoJacono
Production/Editorial Assistant: Diana Baczynskyj
Manufacturing Manager: Marcia Locke
Project Manager: Anita Raducanu
Compositor: Pre-Press Company, Inc.
Cover/Text Designer: Sue Gerould, Perspectives
Illustrations: Scott McNeill
Cover illustration: Heidi Younger
Printer: QuebecorWorld

Printed in the United States of America.
1 2 3 4 5 6 7 8 9 10   06 05 04 03 02 01

For more information contact Heinle & Heinle, 25 Thomson Place, Boston, MA 02210 USA,
or you can visit our Internet site at http://www.heinle.com

For permission to use material from this text or product contact us:
Tel   1-800-730-2214
Fax   1-800-730-2215
Web   www.thomsonrights.com

Library of Congress Cataloging-in-Publication Data
Bragger, Jeannette D.
   Je veux bien! : manuel de classe / Jeannette D. Bragger,
Donald B. Rice.—2nd ed.
       p. cm.
   Includes index.
   ISBN 0-8384-2396-5 (student text) ISBN 0-8384-2397-3
(IAE)
   French language—Textbooks for foreign speakers—English.
   I. Rice, Donald
   II. Title.
PC2129.E5 B66 2001
448.2'421—dc21   2001046499

Acknowledgments

We would like to thank the following people at Heinle & Heinle Publishers who worked closely with us on the *«Je veux bien!»*, program: Wendy Nelson, Esther Marshall, Anne Besco, Lara Semones, Diana Baczynskyj, and Matthew Drapeau. We would also like to thank: Anne Squire, our proofreader; Nicole Dicop-Hineline and Samuel Briand-Favard, our native readers; and Scott MacNeill and Sarah Sloane, the illustrators.

We would like to acknowledge the contribution of the following colleagues who reviewed the first edition and to those who reviewed the second edition:

Victor Acker
John Jay College

Diane Adler
North Caroline State University

Theresa Antes
Wayne State University

Judith Aydt
Southern Illinois University

Tom Blair
San Francisco Community College

Rosalee Cheatham
University of Arkansas-Little Rock

Rebecca Chism
Kent State University

Mary Jane Davis
Cornell University

Nadine DeVito
University of Chicago

Robert Fischer
Southwest Texas State University

Philip G. Hadlock
Texas Christian University

Janice Hennessy
University of New Hampshire

Suzanne Hendrickson
Arizona State University

Christine Hoppe
University of New Hampshire

Richard Kern
University of California, Berkeley

André Klein
Thunderbird, American Graduate School of International Management

Kathy Krause
University of Missouri-Kansas City

Eveline Leisner
Los Angeles Valley College

Josy McGinn
Syracuse University

Kathy Marshall Pederson
Wheaton College

Sarah Morlang
*University of Texas San Antonio
and NorthWest Vista College*

Mary Jo Muratore
University of Missouri-Columbia

Robert Neely
University of California, Hayward

Manon Ress
Temple University

Danielle Roth-Johnson
University of Texas, Arlington

Prosper Sanou
SUNY at Stony Brook

Ellen S. Silber
Marymount College

Alice Slaton
Ventura College

Emese Soos
Tufts University

Karen Sorenson
Austin Peay State University

Brian Thompson
University of Massachusetts, Boston

Jerome Wagnild
University of California, Davis

Sinikka Waugh

Hannah Zinni
Slippery Rock University

wish to express our appreciation to Janet L. Solberg at *Kalamazoo College* and Anne Besco, for their imaginative testing ...; to Anne-Laure Bonnardel-Kalim and Christine Moisset at *University of Pennsylvania* for making the **Manuel de préparation** come alive online; and to Marie Lorenzo-Davis, whose video adds an exciting cultural complement to the program.

Our very special thanks go to Anita Raducanu of A Plus Publishing Services, who expertly and creatively transformed our words and thoughts into the colorful, eye-pleasing, and functional materials with which you and your classes will be able to work.

Finally, and as always, this collaborative project could not have been completed without the support and encouragement of Baiba, Mary, Alex, and Hilary. They accepted without protest the many hours at the computer, the numerous lengthy telephone conversations, and the frequent trips that left them to fend for themselves. **Merci mille fois!**

J.D.B.
D.B.R.

Table des matières

CHAPITRE 2

Dans les rues et les magasins **64**

CHAPITRE 3

On sort ce soir? **118**

CHAPITRE 4

Les Batailler chez eux 168

CHAPITRE 5

Une journée chargée 210

CHAPITRE 8

Après la pluie, le beau temps 374

To the Student

Bonjour! Welcome to **JE VEUX BIEN!,** a comprehensive beginning French program designed to introduce you to the French language and to French and Francophone cultures.

For you, the **JE VEUX BIEN!** program consists of four major components. You'll want to work in a systematic manner with all four of these tightly integrated materials:

The **Manuel de classe** *is your in-class textbook. You'll need to bring it to class every day.*

The **Manuel de préparation** *provides follow-up to work done in class as well as homework preparation for the next day. You'll probably want to bring it to class also, unless your instructor tells you to do otherwise.*

The **Manuel de préparation (MP) Audio CDs** *contain pronunciation and listening comprehension practice accompanying certain activities in the Manuel de préparation.*

The **JE VEUX BIEN!** *Web page offers additional grammar and vocabulary practice as well as relevant cultural activities. To access the Web page, go to http://jvb.heinle.com*

JE VEUX BIEN! is divided into a preliminary chapter and three units that move from the public world of the big city (Paris) to the private world of a family, and then on to a world where the public and the private intersect—a small village (Calmoutier). As you visit these places, you'll be guided by several French-speaking people, with whose help you'll encounter a variety of people—male and female, young and old, French and Francophone—and a wide range of situations typical of the French-speaking world. These guides are:

Aline Démarest, a university student in Paris

Aline will introduce you to the French language and then you'll see her interacting with other students at the beginning of the school year.

Edris Diallo, a young bank employee originally from Senegal who now lives in Paris

You'll spend a day with him—eating, shopping, and going to the movies.

André and Hélène Batailler, a professional couple from Reims, along with their children, Benoît and Adeline, and their *au pair*, Cecilia dos Santos

With them, you'll learn about the French home and family as well as about French cities.

The Buhlers, an extended family from Calmoutier, a small village in eastern France

You'll travel to Calmoutier and then see the family's daily routine as it prepares to welcome a guest for a big dinner.

The **JE VEUX BIEN!** program (the title means *Gladly, I want to!, I'm very willing to!*) is designed to make it possible for you to begin to *communicate* in French—both receiving and sending messages, both orally and in writing—from the very start. As you learn to do this, you'll make the kinds of errors that are necessary to language learning. *Don't be afraid to make mistakes!* Instead, try to see errors as positive steps toward communication. Errors won't hold you back; they'll advance you in your efforts.

JE VEUX BIEN! has been written to facilitate the task of learning to communicate. Whether you're working with vocabulary or grammar, it leads you from controlled exercises (that show you how a word or structure is used)

to bridging exercises (that allow you to use what you've learned in a variety of contexts) to open-ended activities (in which you're asked to communicate in situations you might actually experience in real life). These situations are intended to give you the freedom to be creative and to express yourself without anxiety. They're the *real* test of what you can DO with the French you've learned.

ONE TIP: It will definitely be an advantage to get in the habit of doing the assigned work in the **Manuel de préparation** BEFORE each class hour. The more carefully and conscientiously you work outside of class, the more fun both you and your classmates will have in class.

So, now that you know a little bit about what's in store for you, **on peut démarrer** *(we can get started).*

Pour démarrer

Chapter Support Materials
MP: pp. 1–14

 MP Audio CD1, TRACK 2

OBJECTIVES

In this preliminary chapter, you'll learn to:

- greet people, make introductions, and say good-bye;
- ask how someone is doing;
- ask for and provide information about name, hometown, year in school, and courses;
- pronounce French sounds and recognize cognates.

In order to perform these activities, you'll learn to use:

- the subject pronouns **je** (*I*) and **tu** (*you, informal*);
- some forms of the verbs **s'appeler** (*to be called*), **être** (*to be*), and **avoir** (*to have*).

You'll also read and hear about gestures associated with greetings.

Bonjour

Hello

おはよう

你好嗎

অসমীয়া

تابق

ﺻﺒﺎﺡ ﺍﻟﺨﻴﺮ

ﮐﺠ೯ಲೈ:᠎

नमस्कार

Buenos días

שָׁלוֹם, בֹּקֶר טוֹב

günaydın

καλημέρα

안녕

jamm nga fënaan

ЗДРА́ВСТВУЙ

Guten Tag

Il y a près de trois mille langues dans le monde. La langue est l'ensemble des mots qui permet de parler aux autres, d'écrire et de lire.

Certaines langues s'écrivent avec un alphabet, d'autres avec des signes, les idéogrammes. Ces gens vous disent «Bonjour!» en plusieurs langues.

There are about three thousand languages in the world. A language is all the words that make it possible to speak to others, to write, and to read.

Some languages are written with an alphabet, others with symbols called ideograms. These people are saying "Hello" to you in various languages.

À vous!

A. **C'est en quelle langue?** *(What language is it?)* You're going to see a short paragraph written in five different languages from the brochure of the **Galeries Lafayette,** a large department store in Paris. Look at the texts and answer the questions.

全てのパリ・ファッションがギャラリー・ラファイエット百貨店の素晴らしいドームのもとに陳列されています。そしてここに有名ブランドが一堂に集まり、世界のファッションの中心地、洗練された品々の中心地とならしめています。スB、アライア、アンジェロ・タルラッチ、アザロ、バカラ、ベルナルドー、ン、カルチエ、セリーヌ、シャネル、シャンタル・トーマス、クリスチャン・

Toda el París de la moda encontró su sitio debajo de la cúpula prestigiosa de las «Galeries Lafayette». Aquí encontrarán reunidos los grandes nombres que hacen de París la capital internacional de la moda y del refinamiento.

Le tout Paris de la Mode a trouvé sa place sous la prestigieuse coupole des Galeries Lafayette. C'est ici que vous trouverez réunis les grands noms qui font de Paris la capitale internationale de la mode et du raffinement.

لافاييت ، حيث تجدون مجتمعين كبار الأسماء التي تجعل من باريس العاصمة الدولية للأزياء والأناقة : انياس ب ، علية ، انجل تارلازي ، ازارو ، باكارا ، برناردو ، كارون ، كارتيه ، سيلين ، شانيل ، شانتال توماس ، كريستيان ديور ، كريستوفل ، كلود مونتانا ، كوم دي غارسون ، دوروسي بيس ، ايمانويل

Toda a Moda de Paris encontrou o seu lugar sob a prestigiosa cúpula das Galeries Lafayette, onde você encontrará reunidos os grandes nomes que fazem de Paris a capital internacional de Moda e do requinte.

PLAN DE PARIS
MAP OF PARIS
MAPA DE PARIS
КАРТА МАРИЖА
خريطة باريس
パリの地図
巴黎地圖

40 BOULEVARD HAUSSMANN 75009 PARIS

1. Which of the five texts is in French? How do you know?
2. How many words did you recognize and what do you think they mean?
3. The other four texts are in Arabic, Japanese, Portuguese, and Spanish. Can you identify which is which?
4. Which words do French, Spanish, and Portuguese have in common? Why do you think that is?
5. In your opinion, which of the languages might be the most difficult to learn? What makes you think so?

B. **Quelles langues est-ce qu'ils parlent?** *(What languages do they speak?)* You're going to hear five short statements in five languages. Listen carefully and match the people to the languages.　　[items 1–5]

Languages: Arabic, French, Japanese, Portuguese, Spanish

Ana Martinez

Janine Courtivron

Fatima Al-Assad

Satoshi Nobory

João Almeida

C. **Le caffè Ritazza.** Look at the menu from a French café and answer the questions.

Caffè Ritazza

	FF	€
CAFETERIE - *ESPRESSO BAR*		
Café Expresso / *Espresso*	6,50	0,99
Double Expresso / *Double coffee*	10,80	1,65
Décaféiné / *Decaffeinated coffee*	6,50	0,99
Café Crème / *Coffee with milk*	12,70	1,94
Café Ritazza Aromatisé / *Flavoured coffee*	**12,00**	**1,83**
Café Ritazza d'Origine / *Origin coffee*	**13,00**	**1,98**
Cappucino / *Cappuccino*	12,70	1,94
Maxi Crème	**15,00**	**2,29**
Maxi Cappucino	**15,00**	**2,29**
Chocolat / *Hot chocolate*	11,20	1,71
Grand Chocolat / *Large Hot chocolate*	13,80	2,10
Thé / *Tea*	11,20	1,71
Infusion	11,20	1,71
Lait / *Milk*	7,50	1,14
VIENNOISERIES - *FRENCH PASTRIES*		
Croissant / *Croissant*	7,20	1,10
Pain au chocolat / *Chocolate croissant*	7,80	1,19
Pain aux raisins / *Baking raisin pastry*	7,80	1,19
Chausson aux pommes / *Baking apple pastry*	7,80	1,19
Danish Canelle / *Cinamon danish*	**8,60**	**1,31**
Tresse noix de Pecan / *Pecan & mapple plait*	10,60	1,62

FORMULE PETIT DÉJEUNER	**35 FF**
Breakfast	**5,34 €**

1 viennoiserie + 1 boisson chaude + 1 jus d'orange frais 25cl
1 petit pain + beurre + confiture
French pastry + hot drink + fresh orange juice 25cl
roll + butter + jam

Select Service Partner RCS B 394 968 473 • Prix nets.

1. Name at least six things you notice about the menu.
2. Now speculate about the reasons for these unusual features on the menu.
3. Given what you've seen in this menu, can you assume that most people are likely to speak English in France or in Europe?
4. Why is it still a good idea to learn French if you're planning a visit to France or to a French-speaking country?

◼ Échange: *Salut... Bonjour...*
Je te présente...

Aline rencontre un ami, Philippe.

ami: *friend*
rencontre: *meets*

PHILIPPE: Aline! Aline! Salut! Comment ça va?
ALINE: Ah... salut, Philippe! Ça va bien. Et toi?
PHILIPPE: Oh, ça va très bien.

Ça se dit comment?

Entre gens qui se connaissent bien (style familier)
(Among people who know each other well [informal style])

Pour saluer quelqu'un *(To greet someone)*

Bonjour.	*Hello.*
Salut.	*Hi.*
Comment ça va?	*How are you?*
Ça va?	*How are things?*

Pour répondre *(To respond)*

Bonjour.	*Hello.*
Salut.	*Hi.*
Ça va (très) bien.	*Fine.*
Pas mal.	*Not bad.*
Oui, ça va.	*Yes, fine.*
Et toi?	*And (how about) you?*

Pour présenter quelqu'un *(To introduce someone)*

Tu connais... ?	*Do you know . . . ?*
Yvonne, François.	*Yvonne, (this is) François.*
Je te présente...	*Let me introduce . . . to you.*

Pour prendre congé *(To say good-bye)*

Allez, au revoir.	*So long.*
Salut.	*Bye.*
Ciao.	*Bye.*
À tout à l'heure.	*See you later.*
À bientôt.	*See you soon.*

The expression **À tout à l'heure** is used when you're pretty sure of seeing the person later the same day.

PHILIPPE:	Dis, tu connais Nicolas.
ALINE:	Oui, oui. Bonjour, Nicolas.
NICOLAS:	Bonjour, Aline. Philippe, Aline, je vous présente Simon.
ALINE ET PHILIPPE:	Bonjour, Simon.
SIMON:	Bonjour, Aline. Bonjour, Philippe.

In English, people are using expressions such as *Sir, Ma'am,* and *Miss* less and less frequently, even in formal situations. However, in French, you need to use **Monsieur** and **Madame** when speaking with people older than you and whom you don't know very well. **Mademoiselle** is used only if you're absolutely sure that the woman is unmarried. If in doubt, use **Madame.** What does the use of **Madame** probably say about the historically cultural assumptions made about women?

Entre gens qui ne se connaissent pas bien (style poli)
(Among people who don't know each other well)

Pour saluer quelqu'un
| Bonjour, Madame (Monsieur, Mademoiselle). | *Hello.* |
| Comment allez-vous? | *How are you?* |

Pour répondre
| Bonjour, Monsieur (Madame, Mademoiselle). | *Hello.* |
| Très bien, merci. Et vous? | *Very well, thank you. And you?* |

Pour présenter quelqu'un
| Je voudrais vous présenter... | *I'd like to introduce . . . to you.* |

Pour prendre congé
| Au revoir, Madame (Monsieur, Mademoiselle). | *Good-bye.* |

In French, the pronouns **tu** and **toi** are used when addressing a person you know well (family, friends, classmates) or a pet. For strangers, people you don't know very well, or people in higher-level positions, the pronoun **vous** is used.

Ici, en France...

When I ran into Philippe and his friends, I greeted him with a **bise** (kiss on each cheek) and then shook hands with Nicolas and Simon. In France, people often shake hands when greeting each other or saying good-bye. This is true of men and women, young and old alike. If two people are related or are good friends, instead of shaking hands they often kiss each other on both cheeks. That kind of kiss is called **une bise (un bisou).**

While some of the expressions you just saw can be used with both friends and in more formal situations, others can't. For example, expressions such as **Salut, ça va?** and **Allez, au revoir** or **Ciao** would not be appropriate to use with older people you don't know very well. On the other hand, you'd sound pretty silly if you used **Comment allez-vous?** and **Je voudrais vous présenter** with your family or friends.

> ### Qu'est-ce que vous en pensez?

How do *you* greet people and say good-bye? Do you shake hands? hug? kiss each other on the cheek? In what situations and with whom? Why do different cultures (and even people within the same culture) have different ways of greeting and saying good-bye?

—Bonjour, Monsieur.

—Bonjour, Madame.

—Salut, Marc.

—Salut, Matthieu.

À vous!

D. Que dites-vous? *(What do you say?)* Give an appropriate response to each of the following utterances. Pay attention to the level of language (formal or informal). Substitute a classmate's name for [...].

1. Salut, [...].
2. Bonjour, Mademoiselle (Monsieur, Madame).
3. Comment ça va?
4. Salut, [...]. Ça va?
5. Comment allez-vous?
6. Je voudrais vous présenter Jean-Luc Rivoire.
7. [...], Marianne Gueneau.
8. Allez, au revoir.
9. Au revoir, Monsieur (Mademoiselle, Madame).
10. Salut, [...]. À bientôt.

E. Salut,...! Bonjour,...! With a partner, go around the class. Greet people you know, make introductions when appropriate, then say good-bye. Include the instructor in your round of greetings and introductions.

> Do **À faire!** (CP-1) on page 1 of the **Manuel de préparation.**

—Bonjour, Jean.

—Bonjour, Claudine.

—Salut, Annick.

—Salut, Alexandra.

◾Contexte: *Des étudiants*

Comme vous le savez, moi, je m'appelle Aline Démarest et je suis de Paris. Je suis étudiante en deuxième année à Jussieu. J'ai des cours d'histoire et de sciences politiques.

Bonjour. Je m'appelle Sylvie Le Gall. Je suis de Rennes. Je suis étudiante en première année à l'université de Haute Bretagne. J'ai des cours de littérature, de linguistique et d'histoire.

Ça se dit comment?

Pour donner son nom *(To give your name)*
Je m'appelle... *My name is . . .*
Moi, c'est... *I'm . . .*

Pour dire d'où on est *(To say where you're from)*
Je suis de (Lyon). *I'm from (Lyon).*
Je viens d'(Amiens). *I come from (Amiens).*

Pour indiquer son niveau à l'université *(To give your college year)*
Je suis étudiant(e) en première année. *I'm a first-year student (freshman).*
en deuxième année. *a sophomore.*
en troisième année. *a junior.*
en quatrième année. *a senior.*

Pour parler de ses cours *(To talk about your courses)*
J'ai des cours de (d')... *I have courses in . . .*

Les disciplines et les matières
  (Disciplines and subjects)
Les sciences humaines
l'anthropologie *(f.)*
la géographie
la psychologie
les sciences économiques *(f. pl.)*
les sciences politiques *(f. pl.)*
la sociologie

If you're a male student, say **Je suis étudiant** and don't pronounce the final **t.** If you're a female student, say **Je suis étudiante** and pronounce the final **t.**

Bonjour. Je m'appelle Alain Lassire. Je viens de Nîmes. Je suis étudiant en troisième année à l'université de Montpellier. J'ai des cours de chimie et de physique.

Bonjour. Je m'appelle Catherine Devoize. Je suis de Briançon. Je suis étudiante en deuxième année à l'université de Grenoble. J'ai des cours de sciences politiques et de sociologie.

Bonjour. Je m'appelle Olivier Guérin. Je viens de Biarritz. Je suis étudiant en première année à l'École des Beaux-Arts. J'ai des cours de peinture, de sculpture et de dessin.

> With the expression **j'ai un (des) cours,** you don't use a definite article with the course. You use **de** before a consonant sound **(un cours de géographie),** and you use **d'** before a vowel sound **(un cours d'histoire).**

Les sciences naturelles
la biologie
la botanique
la géologie

Les sciences exactes
l'astronomie *(f.)*
la chimie *(chemistry)*
l'informatique *(f.) (computer science)*
les mathématiques *(f. pl.)*
la physique *(physics)*

Les études professionnelles
le commerce
la comptabilité *(accounting)*
le droit *(law)*
la gestion *(management)*

le journalisme
le marketing
la médecine
la statistique

Les beaux-arts *(Fine arts)*
l'art dramatique *(m.)*
le cinéma
le dessin *(drawing)*
la musique

la peinture
la photographie
la sculpture

Les lettres *(Humanities)*
l'histoire *(f.)*
les langues mortes *(classical languages):* **le grec, le latin**
les langues vivantes *(modern languages):* **l'allemand** *(German),* **l'anglais** *(English),* **l'arabe** *(Arabic),* **le chinois** *(Chinese),* **le français** *(French),* **l'espagnol** *(Spanish),* **l'italien** *(Italian),* **le portugais** *(Portuguese),* **le russe** *(Russian),* etc.
la linguistique
la littérature
la littérature comparée
la philosophie

À vous!

F. Et vous? Tell your classmates your name, where you're from, your year at school, and some of the courses you're taking.

L'alphabet

a	Amina	**j**	Jérémy	**s**	Sylviane
b	Béatrice	**k**	Kévin	**t**	Thérèse
c	Cédric	**l**	Laetitia	**u**	Urbain
d	Delphine	**m**	Michel	**v**	Véronique
e	Eugénie	**n**	Nicolas	**w**	Wolfgang
f	Frédéric	**o**	Olivia	**x**	Xavier
g	Gérard	**p**	Pauline	**y**	Yvette
h	Hervé	**q**	Quentin	**z**	Zoé
i	Irène	**r**	Rémi		

G. Ça s'écrit comment? *(How do you write [spell] that?)* Write out the name that's spelled out in each of the conversations you hear.

H. Ça s'écrit comment? (suite) *(continued)* Go around the room and introduce yourself to various classmates. Use both your first and last names. When your classmates ask you how to spell your last name—**Ça s'écrit comment, [Meyer]?**—spell it for them in French. Remember to ask them to spell their last names also.

Le braille: Lire avec les doigts *(Reading with your fingers)*

Louis Braille

Louis Braille, né au dix-neuvième siècle, perdit la vue à l'âge de 3 ans. Il alla à l'école et devint professeur pour enfants aveugles. Il créa alors pour ses élèves un alphabet à lire avec les doigts: à chaque lettre correspondent des points en relief. Le braille est aujourd'hui utilisé dans le monde entier. Les livres imprimés en braille sont 7 fois plus épais que les livres ordinaires.

Did you understand the main ideas of this introduction to Louis Braille? If you think you missed some of it, read the English translation in the margin. The first sentence is written in Braille.

Where in your community do you see Braille?

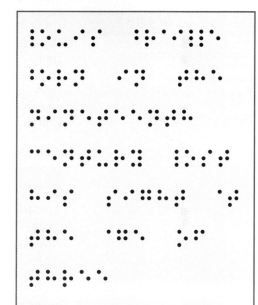

He went to school and became a teacher of blind children. He then created for his students an alphabet that could be read with the fingers: for each letter there is a corresponding set of dots in relief (raised on the paper). Today, Braille is used around the world. Books printed in Braille are seven times thicker than ordinary books.

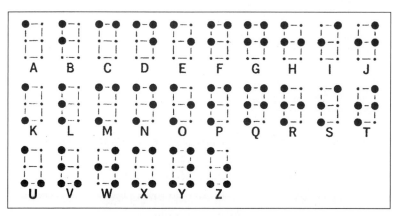

Alphabet braille

■Échange:
Et toi, comment tu t'appelles?

Un étudiant nommé Bruno se trouve à côté d'Aline en cours d'histoire.

BRUNO: Bonjour. On se connaît?

ALINE: Non, je ne pense pas. Je m'appelle Aline... Aline Démarest. Et toi, comment tu t'appelles?

BRUNO: Moi, Bruno Gorard.

ALINE: Bonjour, Bruno.

BRUNO: Bonjour, Aline. Démarest? Comment ça s'écrit?

ALINE: Avec E-S-T. D-E accent aigu-M-A-R-E-S-T. D'où tu es, Bruno?

BRUNO: Je suis de Lille. Et toi?

ALINE: Je viens de Paris. Tu es en quelle année?

BRUNO: Je suis en deuxième année. Toi aussi?

ALINE: Oui. Qu'est-ce que tu as comme cours?

BRUNO: J'ai des cours d'histoire et de sciences économiques. Et toi?

ALINE: Moi, j'ai des cours d'histoire et de sciences politiques.

aigu: *acute (accent mark)*
avec: *with*
nommé: *named*
se trouve à côté de: *finds himself next to*
Toi aussi?: *You too?*

Ça se dit comment?

Pour savoir si on connaît quelqu'un (To find out if you know someone)
On se connaît?	*Don't we know each other? (Have we met?)*
Non, je ne pense pas.	*No, I don't think so.*
Oui, je m'appelle...	*Yes, my name is . . .*

Pour demander le nom de quelqu'un (To ask someone's name)
Tu t'appelles comment?	*What's your name?*
Comment tu t'appelles?	

Pour demander d'où vient quelqu'un (To ask where someone's from)
Tu es d'où? (Tu viens d'où?)	*Where are you from?*
D'où tu es? (D'où tu viens?)	

Pour demander l'année de quelqu'un à l'université (To ask someone's college year)
Tu es en quelle année?	*What year are you in?*
En quelle année es-tu?	

Pour savoir les cours de quelqu'un (To find out someone's courses)
Qu'est-ce que tu as comme cours?	*What courses do you have?*
Quels cours as-tu?	
J'ai un cours de (d')... (des cours de [d']...)	*I have a course in . . . (courses in . . .)*

À vous!

I. Tu t'appelles comment? For each of the notes, take turns asking the questions to which the listed information provides the answers. One of you asks the questions, the other one answers them. Vary your question forms based on the phrases in the ***Ça se dit comment?***

MODÈLE: —*Comment tu t'appelles? (Tu t'appelles comment?)*
—*Je m'appelle Nicolas Santoni. Et toi?*
—*Moi, c'est [give your name]. Tu viens d'où? (Tu es d'où?, etc.)*
—*Je suis de Grenoble.*
—*Qu'est-ce que tu as comme cours?*
—*J'ai un cours d'informatique, un cours de sciences économiques et un cours d'anglais.*

> Nicolas Santoni
> Grenoble
> Cours: informatique, sciences économiques, anglais

1
Sébastien Montarlot
Besançon
Cours: histoire, espagnol, littérature

2
Mélanie Duclerc
Bordeaux
Cours: sciences politiques, informatique, anglais

3
Nabila Alabert
Marseille
Cours: physique, chimie, informatique

4
Bruno Maréchal
Lille
Cours: allemand, anglais, histoire d'art, dessin

5
Madeleine Lasserre
Strasbourg
Cours: biologie, biochimie, allemand

6
Frédéric Prémont
Nice
Cours: comptabilité, droit, gestion, marketing

J. Quelques questions. *(A few questions.)* Find out from several classmates the following information:

- their names
- where they're from
- their year in school
- some of their courses

K. On se connaît? Now you're ready to have a slightly longer conversation with a classmate. Follow the outline below.

- Two possible beginnings: (a) if you know your classmate, greet him/her and find out how he/she is, OR (b) if you don't know your classmate, introduce yourselves.
- Find out the following information about your classmate: where he (she) is from / his (her) year in school / some of his (her) courses.
- Finally, say good-bye.

■Intégration

L. Lecture: Le calendrier. Look at the official calendar with the names and then answer the questions.

JANV 01	FÉVR. 02	MARS 03	AVRIL 04	MAI 05	JUIN 06
D 1 J. de l'AN ●	M 1 Ella	M 1 Cendres ●	S 1 Hugues	L 1 F. TRAV.	J 1 Justin
L 2 Basile	J 2 Présentation	J 2 Charles le B.	D 2 Sandrine	M 2 Boris	V 2 Blandine
M 3 Geneviève	V 3 Blaise	V 3 Guénolé	L 3 Richard	M 3 Phil., Jacq.	S 3 Kévin
M 4 Odilon	S 4 Véronique	S 4 Casimir	M 4 Isidore	J 4 Sylvain	D 4 PENTEC.
J 5 Édouard	D 5 Agathe	D 5 Carême	M 5 Irène	V 5 Judith	L 5 Igor
V 6 Mélaine	L 6 Gaston	L 6 Colette	J 6 Marcellin	S 6 Prudence	M 6 Norbert ●
S 7 Raymond	M 7 Eugénie ●	M 7 Félicité	V 7 J.-B. de la S.	D 7 Gisèle ●	M 7 Gilbert
D 8 Épiphanie ●	M 8 Jacqueline	M 8 Jean de D.	S 8 Julie ●	L 8 VICT. 45	J 8 Médard
L 9 Alix	J 9 Apolline	J 9 Françoise ●	D 9 Rameaux	M 9 Pacôme	V 9 Diane
M 10 Guillaume	V 10 Arnaud	V 10 Vivien	L 10 Fulbert	M 10 Solange	S 10 Landry
M 11 Paulin	S 11 N.-D. Lourdes	S 11 Rosine	M 11 Stanislas	J 11 Estelle	D 11 Barnabé
J 12 Tatiana	D 12 Félix	D 12 Justine	M 12 Jules	V 12 Achille	L 12 Guy
V 13 Yvette	L 13 Béatrice	L 13 Rodrigue	J 13 Ida	S 13 Rolande	M 13 Antoine de P. ●
S 14 Nina	M 14 Valentin	M 14 Mathilde	V 14 Maxime	D 14 F. J.-d'Arc	M 14 Élisée
D 15 Remi	M 15 Claude ●	M 15 Louise	S 15 Paterne ●	L 15 Denise	J 15 Germaine
L 16 Marcel ●	J 16 Julienne	J 16 Bénédicte	D 16 PÂQUES	M 16 Honoré	V 16 J.-F. Régis
M 17 Roseline	V 17 Alexis	V 17 Patrice ●	L 17 Anicet	M 17 Pascal	S 17 Hervé
M 18 Prisca	S 18 Bernadette	S 18 Cyrille	M 18 Parfait	J 18 Éric	D 18 Fête-Dieu
J 19 Marius	D 19 Gabin	D 19 Joseph	M 19 Emma	V 19 Yves	L 19 Romuald
V 20 Sébastien	L 20 Aimée	L 20 Herbert	J 20 Odette	S 20 Bernardin	M 20 Silvère
S 21 Agnès	M 21 P. Damien	M 21 PRINTEMPS	V 21 Anselme	D 21 Constantin ●	M 21 ÉTÉ
D 22 Vincent	M 22 Isabelle ●	M 22 Léa	S 22 Alexandre	L 22 Émile	J 22 Alban
L 23 Barnard	J 23 Lazare	J 23 Victorien ●	D 23 Georges	M 23 Didier	V 23 Audrey
M 24 Fr. de Sales ●	V 24 Modeste	V 24 Cath. de Su.	L 24 Fidèle	M 24 Donatien	S 24 Jean-Bapt.
M 25 Conv. S.-Paul	S 25 Roméo	S 25 Annonciation	M 25 Marc	J 25 ASCENSION	D 25 Prosper
J 26 Paule	D 26 Nestor	D 26 Larissa	M 26 Alida	V 26 Bérenger	L 26 Anthelme
V 27 Angèle	L 27 Honorine	L 27 Habib	J 27 Zita	S 27 Augustin	M 27 Fernand
S 28 Th. d'Aquin	M 28 Mardi-Gras	M 28 Gontran	V 28 Valérie	D 28 F. Mères	M 28 Irénée ●
D 29 Gildas	*Épacte 29 / Lettre dominic. A*	M 29 Gwladys	S 29 Cath. de Si. ●	L 29 Aymar ●	J 29 Pierre, Paul
L 30 Martine ●	*Cycle solaire 16 / Nbre d'or 3*	J 30 Amédée	D 30 Jour du Souv.	M 30 Ferdinand	V 30 Martial
M 31 Marcelle	*Indiction romaine 3 / Modèle F.S. / Reprod. interdite* Ⓢ	V 31 Benjamin ●		M 31 Visitation	

JUIL 07	AOUT 08	SEPT 09	OCT 10	NOV 11	DÉC. 12
S 1 Thierry	M 1 Alphonse	V 1 Gilles	D 1 Th. de l'E.-J.	M 1 TOUSSAINT	V 1 Florence
D 2 Martinien	M 2 Julien Ey.	S 2 Ingrid ●	L 2 Léger	J 2 Défunts	S 2 Viviane
L 3 Thomas	J 3 Lydie	D 3 Grégoire	M 3 Gérard	V 3 Hubert	D 3 Avent
M 4 Florent	V 4 J.M. Vianney ●	L 4 Rosalie	M 4 Fr. d'Assise	S 4 Charles	L 4 Barbara
M 5 Antoine ●	S 5 Abel	M 5 Raïssa	J 5 Fleur	D 5 Sylvie	M 5 Gérald
J 6 Mariette	D 6 Transfigur.	M 6 Bertrand	V 6 Bruno	L 6 Bertille	M 6 Nicolas
V 7 Raoul	L 7 Gaétan	J 7 Reine	S 7 Serge	M 7 Carine ●	J 7 Ambroise ●
S 8 Thibaut	M 8 Dominique	V 8 Nativité N.-D.	D 8 Pélagie ●	M 8 Geoffroy	V 8 Imm. Concept.
D 9 Amandine	M 9 Amour	S 9 Alain ●	L 9 Denis	J 9 Théodore	S 9 P. Fourier
L 10 Ulrich	J 10 Laurent ●	D 10 Inès	M 10 Ghislain	V 10 Léon	D 10 Romaric
M 11 Benoît	V 11 Claire	L 11 Adelphe	M 11 Firmin	S 11 ARM. 1918	L 11 Daniel
M 12 Olivier ●	S 12 Clarisse	M 12 Apollinaire	J 12 Wilfried	D 12 Christian	M 12 Jeanne F.-C.
J 13 Henri, Joël	D 13 Hippolyte	M 13 Aimé	V 13 Géraud	L 13 Brice	M 13 Lucie
V 14 F. NATION.	L 14 Évrard	J 14 La Sᵗᵉ Croix	S 14 Juste	M 14 Sidoine	J 14 Odile
S 15 Donald	M 15 ASSOMP.	V 15 Roland	D 15 Th. d'Avila	M 15 Albert ●	V 15 Ninon ●
D 16 N.D. Mt-Car.	M 16 Armel	S 16 Édith ●	L 16 Edwige ●	J 16 Marguerite	S 16 Alice
L 17 Charlotte	J 17 Hyacinthe	D 17 Renaud	M 17 Baudouin	V 17 Élisabeth	D 17 Gaël
M 18 Frédéric	V 18 Hélène ●	L 18 Nadège ●	M 18 Luc	S 18 Aude	L 18 Gatien
M 19 Arsène ●	S 19 Jean Eudes	M 19 Émilie	J 19 René	D 19 Tanguy	M 19 Urbain
J 20 Marina	D 20 Bernard	M 20 Davy	V 20 Adeline	L 20 Edmond	M 20 Abraham
V 21 Victor	L 21 Christophe	J 21 Matthieu	S 21 Céline	M 21 Prés. Marie	J 21 Pierre C.
S 22 Marie-Mad.	M 22 Fabrice	V 22 Maurice	D 22 Élodie	M 22 Cécile ●	V 22 HIVER ●
D 23 Brigitte	M 23 Rose de L.	S 23 AUTOMNE	L 23 Jean de C.	J 23 Clément	S 23 Armand
L 24 Christine	J 24 Barthélemy	D 24 Thècle ●	M 24 Florentin ●	V 24 Flora	D 24 Adèle
M 25 Jacques	V 25 Louis	L 25 Hermann	M 25 Crépin	S 25 Catherine L.	L 25 NOËL
M 26 Anne, Joa.	S 26 Natacha ●	M 26 Côme, Dam.	J 26 Dimitri	D 26 Delphine	M 26 Étienne
J 27 Nathalie ●	D 27 Monique	M 27 Vinc. de Paul	V 27 Émeline	L 27 Séverin	M 27 Jean
V 28 Samson	L 28 Augustin	J 28 Venceslas	S 28 Sim., Jude	M 28 Jacq. de la M.	J 28 Innocents ●
S 29 Marthe	M 29 Sabine	V 29 Michel	D 29 Narcisse	M 29 Saturnin ●	V 29 David
D 30 Juliette	M 30 Fiacre	S 30 Jérôme	L 30 Bienvenue ●	M 30 André	S 30 Roger
L 31 Ignace de L.	J 31 Aristide	Ⓢ	M 31 Quentin		D 31 Sylvestre

1. Which letter on the left side of each column represents "Sunday"? How do you know?
2. If you know which days are Sundays, then what day of the week is June 12? How about October 28? July 4? December 15? May 17? January 5?
3. Other than Sundays, there are other days specially marked. Can you guess why these days are special? (Look at December for a hint). For example, what do you think is the meaning of **F. Nation.** next to July 14?
4. Is your name (or a similar one) on the calendar? If so, what's the date of your name day? Can you find the names of family and friends? If so, what are their name days?

Pour lire

Predicting from format

The physical layout (or format) of a text can help you understand what you're reading. For example, the size of typefaces, the locations of words and phrases, the use of columns can all provide clues about the information available. A calendar is a good example of a text with a recognizable format. When doing Exercise L, consider the overall shape of the text and then look for clues to its content in the layout of the text.

M. Moi, je m'appelle... Go around the room and find out the following information from the classmates you haven't previously met.

- name (including spelling)
- where he/she is from
- what year he/she is in
- what courses he/she is taking

N. Écouter et prononcer. Follow the instructions to understand and pronounce the cognates.

1. You're going to hear some cognates the way they're pronounced in French. First, guess what the English word is. Then pronounce the word in French.

   MODÈLE: **You hear: théâtre**
   You say: *theater*
   You hear: théâtre
   You say: *théâtre*

2. You're going to hear another list of cognates. Again, guess what the English words might be. Then pronounce each word in French. Finally, try to figure out what some of the French words have in common (for example, which sounds are *not* pronounced in French).

O. Qu'est-ce qui se passe? (*What's going on?*) You're going to hear two conversations. Listen carefully and then answer the questions in English.

Conversation 1

1. How many people are involved in this conversation? What are their names?
2. Do we know the last names of all the people? Which ones do we know?
3. Does Nicolas live in Paris? If not, where does he live?
4. What year is he in? At what university? What courses is he taking?
5. What year is Monique in? What courses is she taking?

Conversation 2

6. How many people are involved in this conversation? What are their names?
7. How do you probably spell the two women's names?
8. Do both women live in Paris?
9. Where does Kévin study? What year is he in? What courses is he taking?

> You've already learned what cognates are. People use them when they're writing or speaking. But it's much easier to recognize cognates when you see them written down than when you hear them. For example, in writing, it's very easy to figure out that the French word **conversation** means *conversation* in English. But what if you don't see the word in writing? What if you only hear it? You have to learn to listen for cognates and that means recognizing the difference between the pronunciation of sounds in French and English. The more cognates you recognize, the better you can understand what people are saying to you.

> Do **À faire!** (CP-2) on page 10 of the **Manuel de préparation.**

◼Lexique

Pour saluer quelqu'un
> Bonjour (Madame, Monsieur, Mademoiselle).
> Salut.
> Ça va?
> Comment ça va?
> Comment allez-vous?

Pour répondre
> Bonjour (Madame, Monsieur, Mademoiselle).
> Salut.
> Ça va (très) bien.
> Pas mal.
> Oui, ça va.
> Très bien, merci. Et toi (vous)?

Pour présenter quelqu'un
> Tu connais...?
> Yvonne, François.
> Je te présente...
> Je voudrais vous présenter...

Pour prendre congé
> Allez, au revoir.
> Salut.
> Ciao.
> À tout à l'heure.
> À bientôt.
> Au revoir, Mademoiselle (Monsieur, Madame).

Pour donner son nom
> Je m'appelle...
> Moi, c'est...

Pour dire d'où on est
> Je suis de (Lyon).
> Je viens d'(Amiens).

Pour indiquer son niveau à l'université
> Je suis étudiant(e) en première année.
> en deuxième année.
> en troisième année.
> en quatrième année.

Pour parler de ses cours
> J'ai un (des) cours de (d')...

Pour savoir si on connaît quelqu'un
> On se connaît?
> Non, je ne pense pas.
> Oui, je m'appelle...

Pour demander le nom de quelqu'un
> Tu t'appelles comment?
> Comment tu t'appelles?

Pour demander d'où vient quelqu'un
> Tu es d'où? (Tu viens d'où?)
> D'où tu es? (D'où tu viens?)

Pour demander l'année de quelqu'un à l'université
> Tu es en quelle année?
> En quelle année es-tu?

Pour savoir les cours de quelqu'un
> Qu'est-ce que tu as comme cours?
> Quels cours as-tu?
> J'ai un cours de (d')... (des cours de [d']...)

The **Lexique** at the end of each chapter collects all of the productive and testable vocabulary from the chapter. It is organized in three sections: **Pour se débrouiller** (communicative expressions organized functionally); **Thèmes et contextes** (vocabulary organized by thematic context and listed alphabetically); and **Vocabulaire général** (vocabulary items not belonging to a function or thematic context). This **Lexique,** with the English equivalents, is reproduced in your **Manuel de préparation.**

Thèmes et contextes

Les disciplines et les matières

Les sciences humaines
l'anthropologie *(f.)*
la géographie
la psychologie
les sciences économiques *(f.pl.)*
les sciences politiques *(f.pl.)*
la sociologie

Les sciences naturelles
la biologie
la botanique
la géologie

Les sciences exactes
l'astronomie *(f.)*
la chimie
l'informatique *(f.)*
les mathématiques *(f.pl.)*
la physique

Les études professionnelles
le commerce ~~Business~~
la comptabilité ~~Accounting~~
le droit ~~law~~
la gestion
le journalisme
le marketing
la médecine
la statistique

Les beaux-arts
l'art dramatique *(m.)*
le cinéma
le dessin ~~Drawing~~
la musique
la peinture ~~Painting~~
la photographie
la sculpture

Les lettres
l'histoire *(f.)*
les langues mortes: le grec, le latin
les langues vivantes: l'allemand *(m.)*, l'anglais *(m.)*,
l'arabe *(m.)*, le chinois, le français, l'espagnol
(m.), l'italien *(m.)*, le portugais, le russe, etc.
la linguistique
la littérature
la littérature comparée
la philosophie

Vocabulaire général

aussi
Ça s'écrit comment?

Un samedi après-midi

Bonjour. Je m'appelle Edris Diallo. Je suis sénégalais, mais j'habite à Paris avec ma femme, Mariam. That's right. I'm from Senegal, but my wife and I are now living in Paris, where I work in a bank. In Unit 1, you're going to follow me on a Saturday afternoon as I run into friends while buying a book, go shopping for clothes, and then make plans with my wife to go to the movies.

Edris Diallo
30 ans
Dakar, Sénégal
marié (femme: Mariam)
employé de banque
préférences: jazz, films policiers,
cuisine africaine et vietnamienne

CHAPITRE 1   Une rencontre en ville

Paris

CHAPITRE 2   Dans les rues et les magasins

CHAPITRE 3   On sort ce soir?

Une rencontre en ville

66 In this chapter, I go to **la Fnac,** part of a chain of book and music stores, to look for a book and maybe a new CD. While I'm there, I run into some friends, and we decide to have a bite to eat. **Et pourquoi pas?** *(And why not?)* **99**

Chapter Support Materials
MP: pp. 15–54

MP Audio CD1,
TRACKS 3–11

OBJECTIVES

In this chapter, you'll learn to:

- talk about buying books and CDs;
- ask yes/no questions;
- order food and beverages.

In order to perform these activities, you'll learn to use:

- indefinite and definite articles;
- **-er** verbs and the verb **aller**;
- the numbers 0 to 20;
- the preposition **à** and the definite article;
- the interrogative expressions **qui** and **qu'est-ce que.**

You'll also read and hear about music and fast foods in France and the Francophone world.

Contexte: *La Fnac vous offre...*

un roman

un livre d'histoire

une bande dessinée

un roman policier

une cassette

un manuel de classe

un jeu vidéo

un CD (un disque compact)

une cassette vidéo

un CD-ROM (un cédérom)

un appareil photo (numérique)

un baladeur (un walkman)

une calculatrice

un lecteur CD

FLASH GRAMMAIRE

The indefinite articles **un, une,** and **des**

un *a* (used with masculine nouns)
 un livre

une *a* (used with feminine nouns)
 une cassette

des *some* (used with plural masculine or feminine nouns; often omitted in English)
 des baladeurs

Ça se dit comment?

Pour dire ce qu'on peut acheter (To say what you can buy)

On peut acheter...	You can buy ...
un appareil photo	camera
un appareil photo numérique	digital camera
un baladeur (un walkman)	portable cassette player
un baladeur CD	portable CD player
une bande dessinée	cartoon (comic) book
une calculatrice	calculator
une cassette	(audio)cassette
une cassette vidéo	videocassette
un CD (un disque compact)	CD (compact disc)
un CD-ROM (un cédérom)	CD-ROM
une chaîne hi-fi	stereo system
un DVD	DVD
un jeu vidéo	video game
un lecteur CD	CD player
un lecteur DVD	DVD player
un livre (un bouquin)	book (slang for book)
un livre	book
... d'histoire	history book
... de science-fiction	science fiction book
un manuel de classe	textbook
de chimie	chemistry textbook
de géographie	geography textbook
une mini-chaîne	boombox
un portable	cell phone
un roman	novel
... policier	detective (mystery) novel

Au rayon des livres

Edris rencontre une amie à la Fnac.

EDRIS: Tiens! Salut, Angèle. Ça va?
ANGÈLE: Oui, ça va. Et toi?
EDRIS: Oh, oui, ça va.

EDRIS: Qu'est-ce que tu as là?
ANGÈLE: Un bouquin sur l'histoire du Maroc.
EDRIS: Moi, je n'aime pas beaucoup l'histoire. Je préfère les romans policiers. Je vais acheter un roman de Simenon.
ANGÈLE: Moi, j'aime beaucoup Simenon. Je viens de lire *Maigret à Vichy*.
EDRIS: Ah, moi aussi. Allez, je m'en vais. Au revoir.
ANGÈLE: Oui, à bientôt. Ciao!

FLASH VOCABULAIRE

Qu'est-ce que... ? *What . . . ?*
　Qu'est-ce que tu as là? *What's that you've got there?*
　C'est un(e)... *It's a . . .*

Je viens de... *I just . . .*
　Je viens de lire un roman de Camus. *I just read a novel by Camus.*
　Je viens d'écouter un CD de Céline Dion. *I just listened to a CD by Celine Dion.*
　Je viens de regarder un film de Spielberg. *I just watched a Spielberg film.*
　Je viens d'acheter une calculatrice. *I just bought a calculator.*

Dico

Allez, je m'en vais.: *OK, I'm leaving.*
amie: *friend (female)*
au rayon des livres: *in the book section*
Je vais acheter: *I'm going to buy*
rencontre: *meets*
Tiens!: *Hey!*

➤ Qu'est-ce que vous en pensez?

Fnac (Fédération nationale d'achats de cadres) is a chain of stores specializing in books, music, electronic equipment, etc. What similar stores can you identify in the United States? With whom are these types of stores popular? What does the popularity of certain types of stores suggest about different age groups?

Zoom!

The Belgian writer Georges Simenon (1903–1989) is the author of more than 200 mystery novels in French, many of which feature the famous **inspecteur Maigret.**

À vous!

A. Trouvez l'intrus! *(Find the one that doesn't belong.)* As you listen to each set of three items that can be purchased at a Fnac store, write down the one that doesn't belong to the same category as the other two. [items 1–6]

MODÈLE: **You hear:** un CD / un livre / une cassette
   You write: *un livre* (the other two can be listened to)

B. Qu'est-ce que tu vas acheter, toi? Find out what your friends are going to buy. They'll respond according to the photos below.

MODÈLE: —*Qu'est-ce que tu vas acheter, toi?*
   —*Moi, je vais acheter un roman (un livre) (de Victor Hugo).*
   —*Un roman (un livre) (de Victor Hugo)? Ah, c'est une bonne idée, ça!* (That's a good idea!)

1.

2.

3.

4.

5.

6.

7.

8.

9.

10.

C. Salut!... Qu'est-ce que tu as là? While shopping at **la Fnac,** you run into a friend. Greet this person and find out what he/she is looking at. Your friend will respond, using one of the items from Exercise B. Then repeat the conversation with another friend.

> MODÈLE: —*Salut, (Richard). Ça va?*
> —*Oui, ça va. Et toi?*
> —*Oh, oui, ça va. Qu'est-ce que tu as là?*
> —*C'est un walkman (un CD de Jean-Michel Jarre...)*

Ça se dit comment?

Pour exprimer les préférences *(To express your preferences)*

J'aime...	*I like ...*
J'aime beaucoup...	*I really like ...*
J'aime bien...	*I like fairly well ...*
Je n'aime pas...	*I don't like ...*
Je n'aime pas beaucoup...	*I don't like very much ...*
Je n'aime pas tellement...	*I don't really like ...*
Je n'aime pas du tout...	*I don't like at all ...*
Je préfère...	*I prefer ...*

D. Et vous, qu'est-ce que vous aimez? Compare your likes and dislikes to those of your classmates.

> MODÈLE: les romans policiers / les livres d'histoire / les bandes dessinées / les romans de science-fiction
>
> JEANNE: *Moi, j'aime (beaucoup) les romans policiers. Et toi?*
> FRANÇOIS: *Moi aussi, j'aime les romans policiers. Et toi?*
> CLAUDE: *Moi, je n'aime pas beaucoup les romans policiers.*
> *Je préfère les livres d'histoire.*
> MARTINE: *Moi non plus, je n'aime pas les romans policiers.*
> *Moi, je préfère les bandes dessinées. Et toi?...*

1. les romans policiers / les livres d'histoire / les bandes dessinées / les livres de science-fiction / les best-sellers
2. les CD / les cassettes / les vidéoclips *(music videos)*
3. Garth Brooks / Gloria Estefan / Janet Jackson / Bruce Springsteen / ?
4. Tomb Raider / NFL Blitz / Final Fantasy / Command and Conquer / NBA Jam

E. Moi, je vais acheter... You run into a friend when you're both about to buy something at **la Fnac.**

- Greet your friend.
- Find out what he/she has in his/her hand.
- Give your reaction.
- Indicate what you're going to buy.
- Then say good-bye.

Have this conversation with several classmates, each time indicating a different purchase.

■Échange: *Au rayon des CD*

Edris et son ami Amadou se rencontrent à la Fnac, au rayon des CD.

EDRIS: Amadou! Amadou! Comment ça va?

AMADOU: Ça va bien, Edris. Et toi?

EDRIS: Oh, ça va assez bien.

AMADOU: Tu connais Marc?

EDRIS: Non. Bonjour, Marc.

MARC: Bonjour, Edris.

Dico

Je cherche: *I'm looking for*
Qu'est-ce que tu fais là, toi?: *What are you doing here?*
rayon: *section (of store)*
sa: *her*
se rencontrent: *run into each other*
son ami: *his friend (male)*
son nouvel album: *her new album*
son premier album: *her first album*
Tu connais Marc?: *Do you know Marc?*

AMADOU: Qu'est-ce que tu fais là, toi?

EDRIS: Je cherche un CD de Sally Nyolo.

AMADOU: Ah, oui. Je viens d'écouter son nouvel album, «Multiculti».

MARC: Oui, j'aime beaucoup sa musique.

AMADOU: Moi aussi, mais je préfère son premier album, «Tribu».

EDRIS: Allez, au revoir. Je m'en vais. À bientôt!

MARC: Oui, à bientôt. Ciao!

Zoom!

Sally Nyolo is one of a number of young African singers, male and female, who are making their mark around the world. Taking her inspiration from the culture of her native land, Sally sings in **eton**, a language spoken in the forests of south-central Cameroon.

À vous!

F. Conversations Indicate whether the mini-conversations you hear involve (a) a greeting, (b) an introduction, or (c) saying good-bye.   [items 1–8]

G. Quelle est la bonne réponse? For each of the questions in column A, find the logical response in column B.

A
1. Salut! Comment ça va?
2. Qu'est-ce que tu fais là?
3. Est-ce que tu aimes l'art?
4. Tu connais bien Monet?
5. Qu'est-ce que tu as là?
6. Tu veux aller au musée?

B
a. Oui, je veux bien.
b. Oui, assez bien.
c. Je cherche un livre sur Monet.
d. Ça va assez bien, et toi?
e. Oui, j'aime surtout les impressionnistes.
f. Un livre sur l'histoire de l'art.

H. Ça commence bien, l'année universitaire? *(Is the college year off to a good start?)* While at a Fnac store, you and a classmate run into two other students. Greet them and ask about the beginning of the school year. If necessary, make introductions and find out background information (where someone is from, what year he/she is in, etc.). Then discuss why you're at the Fnac store.

FLASH VOCABULAIRE

Ça commence bien, l'année universitaire? *Is the college year off to a good start?*

Oui, très bien. *Very good.*
Ah, oui, assez bien. *Pretty good.*

Do **À faire! (1-1)** on page 16 of the **Manuel de préparation.**
* Follow-up: **Fnac** vocabulary
* Preparation: definite and indefinite articles **(Contrôle 1A** and **1B)**

Rappel grammatical

L'article indéfini et défini

L'article indéfini	L'article défini
un	le (l')
une	la (l')
des	les

À vous!

1. Masculin, féminin ou pluriel? Listen to the article used in each sentence and indicate whether the noun is masculine (**m**), feminine (**f**), or plural (**pl**). [items 1–12]

Ça se dit comment?

Pour identifier les genres de musique (To identify types of music)

l'alternatif *(m.)*	la musique du monde
le blues	la musique pop
la country	le R&B
le folk	le raï
le funk	le rap
le hard rock	le reggae
le heavy metal	le rock
le jazz	la techno
la musique classique	la variété *(light music)*

Exercice de substitution

1. Je vais acheter *un livre.* (CD / cassette / jeu vidéo / calculatrice / appareil photo numérique / manuels de classe / roman / cassettes vidéo)

2. J'aime beaucoup *le nouveau CD de Bruce Springsteen.* (nouvelle mini-chaîne de Toshiba / romans policiers / nouveau lecteur CD Sony / symphonies de Beethoven / bandes dessinées / nouvelle calculatrice Casio / nouveau roman de Toni Morrison)

2. Tu veux écouter... ? *(Do you want to listen to . . . ?)* Find out from a classmate what kind of CD, etc. he/she is looking at. Then ask a second classmate if he/she wants to listen to it. This classmate will answer **Oui, je veux bien** *(Yes, I'd like to)* or **Non, pas vraiment** *(No, not really)* and will give an explanation for the answer.

MODÈLE: CD de Roch Voisine

JEANNE: *Qu'est-ce que tu as là, Georges?*
GEORGES: *Un CD de Roch Voisine.*
JEANNE: *Mireille, tu veux écouter le CD de Roch Voisine?*
MIREILLE: *Oui, je veux bien. J'aime beaucoup la variété.*
           OU Non, pas vraiment. Je n'aime pas (beaucoup) la variété.

1. CD de Garth Brooks
2. cassette de Busta Rhymes
3. symphonies de Beethoven
4. CD de Metallica
5. CD de Duke Ellington

Ça se dit comment?

Pour identifier les genres de livres *(To identify types of books)*

un livre d'art	*art book*
de bandes dessinées	*cartoon (comic) book*
de cuisine	*cookbook*
d'histoire	*history book*
de philosophie	*philosophy book*
de science-fiction	*science fiction book*
un roman d'amour	*love story*
d'aventures	*adventure novel*
d'espionnage	*spy novel*
historique	*historical novel*
d'horreur	*horror novel*
d'imagination	*fantasy novel*
policier	*detective (mystery) novel*

K. C'est quel genre de livre? *(What kind of book is it?)* Use the information to name the types of books.

> MODÈLE: Simenon, *Maigret on the Riviera*
> *C'est un roman policier.*

1. Plato, *The Republic*
2. Lacouture, *Histoire de France en 100 Tableaux*
3. Simenon, *Maigret in Exile*
4. King, *The Shining*
5. Austen, *Emma*
6. Asimov, *I, Robot*

L. Tu veux lire...? *(Do you want to read . . . ?)* Now ask one classmate what he/she is holding, then ask a second classmate if he/she would like to read it.

> MODÈLE: livre sur Van Gogh
> —*Qu'est-ce que tu as là, [Megan]?*
> —*Un livre sur Van Gogh.*
> —*[Sam], tu veux lire le livre sur Van Gogh?*
> —*Oui, je veux bien. J'aime bien les livres d'art.*
> OU
> —*Non, pas vraiment. Je n'aime pas (beaucoup) les livres d'art.*

1. livre sur Napoléon
2. histoires *(stories)* de Sherlock Holmes
3. roman de Faulkner
4. livre sur Aristote
5. roman de Danielle Steel

M. Une rencontre au rayon de musique ou de livres. While shopping for music or books, you run into a friend.

- Greet your friend.
- Find out what he/she is buying.
- Indicate what you're going to get.
- Find out if your friend would like to listen to (**écouter**) your music choice or look at (**regarder**) your book.
- Then say good-bye.

●Contexte: *Quelle musique préférez-vous?*

Prereading

How often do you listen to music? What kinds of music do you like the most? Why? What French-speaking recording artists have you heard (of)?

Les disques compacts ont remplacé en quelques années les disques traditionnels (vinyle) et supplanté les cassettes audio.

LE ROCK

LE JAZZ

Le CD omniprésent

Évolution des achats de disques et cassettes (en millions d'unités) :

	1999	1978
Compacts	138,6	-
Cassettes	11,4	19
Vinyle	1,0	139
Vidéo (cassettes, CD et DVD)	1,6	-
Total	152.6	158

LE BLUES

LA COUNTRY

LA VARIÉTÉ (LA CHANSON)

LE REGGAE

Dico 📖

achats: *purchases*
auteurs: *authors*
autres: *others*
chanson: *song*
contrat: *contract*
en quelques années: *in a few years*
flipper: *pinball*
football: *soccer*
l'accompagnerait: *would accompany him*
née: *born*
ont remplacé: *have replaced*
ont supplanté: *have replaced*
rêves: *dreams*
vrai: *real, true*

Trois vedettes de la chanson

Patricia Kaas

MC Solaar

Nom: Kaas
Prénom: Patricia
Née: à Forbach (Lorraine) en 1966
Débuts: à l'âge de 8 ans
Premier contrat: à l'âge de 13 ans
Matières favorites: sport, allemand
Sources d'inspiration: Liza Minnelli, Joni Mitchell
Langues: français, anglais, allemand

Nom professionnel: MC Solaar
Vrai nom: Claude M'Barali
Né: à Dakar (Sénégal) en 1965
Musique: rap
Sport préféré: football
Distraction préférée: flipper
Auteurs préférés: poètes modernes
Rêves: album reggae; album où un orchestre symphonique l'accompagnerait

LA MUSIQUE DU MONDE

LE RAÏ

La chanson française reste le genre musical préféré.

La progression importante de l'écoute de la musique depuis une quinzaine d'années concerne tous les genres musicaux. Mais la hiérarchie reste sensiblement la même: la chanson ou la variété française est le genre musical le plus souvent écouté (41% en 1997), devant les variétés internationales (22%), la musique classique (19%), les «musiques du monde» (reggae, salsa, musique africaine... , 11%), le rock (10%) et le jazz (7%).

Cette préférence pour la variété se retrouve dans toutes les catégories de la population (en particulier chez les femmes), à l'exception des 15–19 ans , qui lui préfèrent la musique rock, et des cadres et professions intellectuelles supérieures qui privilégient la musique classique.

L'ALTERNATIF

LE RAP

LE ROCK CLASSIQUE

LE FOLK

LA MUSIQUE CLASSIQUE

LE HARD ROCK

Roch Voisine

Nom de famille: Voisine
Prénom: Roch
Date de naissance: 26 mars 1963
Résidence actuelle: Montréal, Canada
Sports favoris: hockey sur glace, tennis
Musiciens préférés: Elton John, Francis Cabrel, James Taylor, Jean-Jacques Goldman
Groupe préféré: Pink Floyd
Films préférés: Beaches, Star Wars
Voitures préférées: Porsche 911, Lamborghini
Instruments pratiqués: guitare
Lectures favorites: science-fiction

LE HEAVY METAL

LA TECHNO

LE FUNK

LA MUSIQUE POP

Dico

cadres: *business executives*
chez les femmes: *with women*
depuis une quinzaine d'années: *over the past fifteen years*
genre: *type*
le plus: *the most*
monde: *world*
privilégient: *favor*
reste sensiblement la même: *remains basically the same*
se retrouve: *is found*
sur glace: *on ice*
tous, toutes: *all, every*

➤ Qu'est-ce que vous en pensez?

French young people are great fans of popular music from the U.S.; however, the government has legislated that at least 40% of the music played on the radio must be French. What do you think about such a decree? How much French music do you listen to or know about? What music, other than American, do young people in the U.S. listen to? Why?

À vous!

N. Vrai ou faux? *(True or false?)* Indicate whether each of the statements is true or false. Find support for your answers in the *Contexte.*

1. Les Français achètent dix fois plus de *(ten times as many)* CD que de cassettes.
2. Le genre musical le plus populaire en France, c'est la variété française.
3. Les Français préfèrent le jazz à *(to)* la musique classique.
4. Les jeunes *(Young people)* en France préfèrent la chanson à la musique rock.
5. Les intellectuels en France aiment beaucoup la musique classique.
6. La musique du monde comprend *(includes)* le reggae, la salsa et la musique africaine.
7. Patricia Kaas, MC Solaar et Roch Voisine sont tous nés *(were all born)* en France.
8. MC Solaar et Roch Voisine sont des rappeurs.
9. Roch Voisine et MC Solaar aiment beaucoup le football.
10. Patricia Kaas et Roch Voisine aiment les musiciens américains.

Ça se dit comment?

Pour compter de 0 à 20 *(To count from 0 to 20)*

0	zéro		
1	un	11	onze
2	deux	12	douze
3	trois	13	treize
4	quatre	14	quatorze
5	cinq	15	quinze
6	six	16	seize
7	sept	17	dix-sept
8	huit	18	dix-huit
9	neuf	19	dix-neuf
10	dix	20	vingt

O. Le top en France. Tell what place each of the following stars or songs occupies on the French hit parade (page 37).

> MODÈLE: Hélène Ségara
>
> *Hélène Ségara est le numéro seize en France.*

1. MC Solaar
2. J'en rêve encore
3. Seul
4. Wyclef Jean
5. Chante Moore
6. L'histoire d'une fée, c'est...
7. Garou
8. Alizée
9. Julie Zenatti
10. Wassup

LE TOP

1	Da Muttz	Wassup
2	Garou	Seul
3	Matt	R n' b z rue
4	Outkast	Ms Jackson
5	MC Solaar	Solaar pleure
6	Mylène Farmer	L'histoire d'une fée, c'est...
7	De Palmas	J'en rêve encore
8	Wyclef Jean	Pc 911
9	Nuttea	Elle te rend dingue
10	Froggy Mix	No nagging
11	Phoenix	If I ever feel better
12	Robbie Williams	Supreme
13	Craig David	7 Days
14	Eminem	Star
15	Julie Zenatti	Si je m'en sors
16	Hélène Ségara	Tu vas me quitter
17	Chante Moore	Straight up
18	Alizée	Alise
19	Daft Punk	One more time
20	Dr. Dre	Watcher

Now tell what artist or group occupies each of the following places on the **Top 20** list.

MODÈLE: 12

Le numéro 12 en France, c'est Robbie Williams.

1. 19 3. 9   5. 4   7. 20   9. 11
2. 5   4. 3   6. 13 8. 10   10. 1

P. J'aime... Je n'aime pas... Find out from a classmate whether he/she likes or doesn't like the following types of music. Write your answers on a sheet of paper.

MODÈLES: le rock
—*Tu aimes le rock?*
—*Oui, j'aime le rock. Et toi?*
—*Moi aussi, j'aime le rock.* OU *Moi, je n'aime pas le rock.*

la musique classique
—*Tu aimes la musique classique?*
—*Non, je n'aime pas la musique classique. Et toi?*
—*Moi non plus, je n'aime pas la musique classique.*
   OU *Moi, j'aime la musique classique.*

1. le rock
2. la musique classique
3. le rap
4. le jazz
5. la country
6. le heavy metal
7. le folk
8. le blues
9. le reggae
10. la techno

FLASH GRAMMAIRE

Yes/No questions (intonation)

To ask a question to which the answer may be **oui** or **non**, you can simply let your voice go up at the end of the sentence.

Ça va?   *How are you?*

Tu aimes le folk?   *Do you like folk music?*

FLASH GRAMMAIRE

The verb **aimer** *(to like)*: **je, tu**

Tu aimes... ?	*Do you like . . . ?*
J'aime...	*I like . . .*
Je n'aime pas...	*I don't like . . .*

◎ LE FRANÇAIS PARLÉ

In spoken French, the **ne (n')** is often dropped. Thus, you'll hear people saying **j'aime pas.**

GRAMMAIRE

The verb **aimer** *(to like):* **nous, vous, il/elle, ils/elles**

Vous aimez...?	*Do you like . . . ?*
Nous aimons...	*We like . . .*
Nous n'aimons pas...	*We don't like . . .*
Il/Elle aime...	*He/She likes . . .*
Il/Elle n'aime pas...	*He/She doesn't like . . .*
Ils/Elles aiment...	*They like . . .*
Ils/Elles n'aiment pas...	*They don't like . . .*

> The **s** of **nous** or **vous** or **ils** or **elles** is pronounced as a *z* in an affirmative answer: **nous_aimons / elles_aiment.** The **s** is not pronounced in the negative: **vous / n'aimez pas** or **ils / n'aiment pas.**

GRAMMAIRE

Yes/no questions **(est-ce que... ?)**

To ask a question to which the answer may be **oui** or **non,** you can also add **est-ce que** at the beginning of the sentence while letting your voice go up at the end.

Est-ce que tu connais Anne-Marie?

Est-ce qu'ils aiment les romans d'amour?

Q. Qui aime...? *(Who likes . . . ?)* Find out from your new partners what kinds of music they like or don't like.

> MODÈLE: le rock
> —*Est-ce que vous aimez le rock?*
> —*Oui, nous aimons le rock. OU Non, nous n'aimons pas le rock.*
> OU *Moi, j'aime le rock, mais* (but) *Paul n'aime pas le rock.*

Finally, your instructor will ask you to summarize your new group's musical tastes.

> MODÈLE: le rock
> —*Qui aime le rock?*
> —*Marc et moi, nous aimons le rock, mais Paul et Sarah n'aiment pas le rock.*

Do **À faire! (1-2)** on page 24 of the **Manuel de préparation.**
* Follow-up: music and book vocabulary, numbers from 0 to 20
* Preparation: **-er** verbs *(Contrôle 2)*

Rappel grammatical

Les verbes en *-er;* l'expression négative *ne... pas*

Le verbe *chercher* (to look for)

je **cherche**	nous **cherchons**
tu **cherches**	vous **cherchez**
il/elle/on **cherche**	ils/elles **cherchent**

L'expression négative *ne... pas*

Elle **ne** joue **pas** au basket.
Je **n'**écoute **pas** la radio.

VERBES: adorer *(to love)*
           aimer *(to like)*
           écouter *(to listen to)*
           étudier *(to study)*
           fumer *(to smoke)*
           habiter *(to live)*
           jouer *(to play)*
           parler *(to speak/talk)*
           préférer *(to prefer)*
           regarder *(to look at)*
           travailler *(to work)*

Exercice de substitution

1. *Je* regarde la télévision. (Marcel / ils / tu / nous / Patrick et Jacques / elles / vous / on)
2. *Elle* aime beaucoup le rock. (tu / nous / je / vous / ils / Martine / on)
3. *Il* étudie le français. (nous / elles / tu / je / vous / on / Éric)
4. *Elles* ne fument pas. (je / vous / on / tu / nous / il)
5. *Je* n'écoute pas la radio. (elle / ils / nous / tu / on / vous)
6. *Est-ce que tu* travailles? (Chantal / vous / Jacques et Paul / nous)
7. *René* habite à Paris? (tu / elles / vous / il)
8. *Nous* préférons les romans policiers. (il / vous / je / on / elles / tu)

À vous!

R. Singulier ou pluriel? Listen in order to distinguish between singular and plural forms of **-er** verbs.

In the first part of the exercise, indicate whether the forms you hear are singular (**s**), plural (**p**) or could be either (**sp**). [items 1–10]

In the second part, simply distinguish between singular (**s**) and plural (**p**). Write your answers on a separate sheet of paper. [items 11–18]

S. Un sondage. *(A survey.)* Using the expressions below as a guide, interview as many of your classmates as you can in the time allotted by your instructor, making notes about what you learn.

1. Comment tu t'appelles? (Tu t'appelles... , n'est-ce pas?)
2. habiter
3. travailler
4. parler espagnol (allemand, chinois)
5. jouer au football (au basket, au volley, au tennis, au golf)
6. aimer le rock (la musique classique, le jazz, ...)
7. aimer les romans d'amour (les romans d'espionnage, les bandes dessinées, ...)
8. fumer

T. Vos camarades de classe. Tell the class or a group of classmates what you learned about the people you interviewed.

(handwritten notes)
1. SP
2. SP
3. P
4. SP
5. S
6. SP
7. P
8. SP
9. SP
10. SP
11. S
12. P
13. P
14. S
15. S
16. P
17. P

Le monde francophone

La musique Dans le *Contexte: Quelle musique préférez-vous?*, vous avez fait connaissance de deux musiciens francophones: Roch Voisine (du Québec) et MC Solaar (du Sénégal). Voici encore des musiciens francophones.

LE CANADA

Céline Dion *est une des rares chanteuses à être populaire non seulement chez elle, au Canada, mais aussi en France et aux États-Unis. Née au Québec, elle chante en français et en anglais. Vous connaissez sans doute sa chanson,* My Heart Will Go On, *du film* **Le Titanic.**

LA GUADELOUPE (LA FRANCE)
(DÉPARTEMENT D'OUTRE-MER)

Le groupe musical Kassav' *est responsable de la grande popularité de la musique antillaise appelée* **le zouk.** *Son disque «Zouk-la sé sèl médikaman nou ni»* (Zouk is the only medicine we have), *chanté en créole, est le premier disque d'un groupe antillais à gagner un Disque d'Or en France.*

Dico

antillaise: *Caribbean*
avez fait connaissance de: *met*
connaissez sans doute: *undoubtedly know*
créole: *Creole (mix of French, native, and African languages spoken in the Caribbean)*
Disque d'Or: *Golden Record (award)*
d'outre-mer: *overseas*
droits: *rights*
encore des: *some more*
est née: *was born*
gagner: *to win*
mélange: *mix*
non seulement: *not only*
pour: *in order to*
tels que: *such as*

L'ALGÉRIE

L'Algérien *Khaled* est le chef du mouvement musical appelé le raï. C'est un mélange de musique arabe traditionnelle et de styles contemporains tels que le rap et le funk.

> *Qu'est-ce que vous en pensez?*

Does popular music in the U.S. reflect the diversity of the country's population? If so, how? If not, why not?

LE SÉNÉGAL

Les chansons de *Youssou N'Dour* ont un message. Ce chanteur sénégalais utilise sa musique pour combattre le racisme et l'injustice et pour défendre les droits de l'homme.

LA FRANCE

LE CAMEROUN

Princess Erika est née à Paris, mais ses parents sont du Cameroun. Elle est auteur, compositeur et interprète de chansons qui ont des rythmes reggae, soul, funk et jazz.

■●Contexte: *On va manger quelque chose?*

❝ Tu as faim? Tu veux manger quelque chose, mais tu n'as pas beaucoup de temps? Pas de problème! You're hungry, you want to eat something, but you don't have a lot of time? No problem! Here are three places you can go to. **❞**

In this **Contexte,** you're presented with a fairly substantial amount of vocabulary dealing with food and drink. You're not expected to have active command of every item. Rather, the large choice will allow you to express your own preferences. While you should be able to recognize words (i.e., know that **une menthe à l'eau** is a cold, non-alcoholic drink), what is most important is having a *selection* of food and beverages that you like and therefore want to order.

Un café

En France, il y a des cafés où on peut manger un sandwich— au fromage, au jambon, au pâté, au poulet—ou bien une omelette et une salade ou un croque-monsieur. On peut aussi boire, bien sûr, un thé ou un café. Ou bien, si on préfère, on peut boire quelque chose d'alcoolisé—une bière (un demi, par exemple) ou un verre de vin (blanc ou rouge)—ou quelque chose de non-alcoolisé—un Perrier ou une Vittel, un coca ou un Orangina, un diabolo citron ou une menthe à l'eau.

Un fast-food

En France, il y a des fast-foods américains comme McDonald's (Macdo, en français) et Burger King et aussi des fast-foods comme Quick et Pomme de Pain. Là on peut manger des hamburgers, des cheeseburgers, des frites et des milkshakes, bien sûr, mais aussi des quiches et des salades.

Une pizzeria

En France, il y a des pizzerias. Là, on peut bien sûr commander une pizza. Mais on peut aussi manger des spaghettis ou des lasagnes. Et on peut boire quelque chose de chaud ou de froid.

Dico

---

bien sûr: *of course*
bière: *beer*
commander: *order*
croque-monsieur: *open-faced grilled ham and cheese*
demi: *glass of draught beer*
diabolo citron: *lemon flavoring mixed with a sweet soft drink*
fromage: *cheese*

il y a: *there are*
jambon: *ham*
Là, on peut aussi boire: *There, you can also drink*
menthe à l'eau: *mint syrup mixed with water*
où on peut manger: *where you can eat*
pâté: *meat spread*

Perrier: *brand of carbonated mineral water*
poulet: *chicken*
quelque chose d'alcoolisé: *something alcoholic*
verre de vin (blanc ou rouge): *glass of wine (white or red)*
Vittel: *brand of non-carbonated mineral water*

Ça se dit comment?

Pour parler des choses à boire et à manger (To talk about things to drink and eat)

quelque chose de chaud à boire	*something hot to drink*
un café	*coffee*
un café crème	*coffee with cream*
un café au lait	*coffee and hot milk*
un chocolat	*hot chocolate*
un express	*espresso*
un thé (nature)	*(plain) tea*
un thé (au) citron	*tea with lemon*
un thé au lait	*tea with milk*
quelque chose de froid à boire	*something cold to drink*
des boissons alcoolisées *(f.pl.)*	*alcoholic beverages*
une bière	*beer*
un demi	*draught beer*
un verre de vin blanc	*glass of white wine*
un verre de vin rouge	*glass of red wine*
des boissons non-alcoolisées *(f.pl.)*	*non-alcoholic beverages*
un citron pressé	*lemonade*
un coca	*Coke*
un diabolo citron	*lemon flavoring mixed with* **limonade**
un diabolo fraise	*strawberry flavoring mixed with* **limonade**
un diabolo menthe	*mint flavoring mixed with* **limonade**
une eau minérale	*mineral water*
une Badoit	*brand of lightly carbonated mineral water*
un Perrier	*brand of carbonated mineral water*
une Vittel	*brand of non-carbonated mineral water*
un jus d'abricot	*apricot juice*
un jus d'orange	*orange juice*
une limonade	*citrus-flavored carbonated drink*
une menthe à l'eau	*mint syrup mixed with water*
un milkshake au chocolat	*chocolate shake*
un milkshake à la fraise	*strawberry shake*
un milkshake à la vanille	*vanilla shake*
un Orangina	*brand of orange soda*
quelque chose à manger	*something to eat*
des frites *(f.pl.)*	*French fries*
des lasagnes *(f.pl.)*	*lasagna*
une omelette au fromage	*cheese omelet*
au jambon	*ham omelet*
aux fines herbes	*herb omelet*
une pizza	*pizza*
une quiche	*cheese pie*
un sandwhich au fromage	*cheese sandwhich*
au jambon	*ham sandwhich*
au pâté	*meat spread sandwhich*
au poulet	*chicken sandwhich*
des spaghettis *(m.pl.)*	*spaghetti*

> ### Qu'est-ce que vous en pensez?

In what ways do these French food establishments seem similar to their U.S. counterparts? Do you notice any differences?

Ici, en France...

When you think of France, one of the first things that probably comes to mind is something to do with food and drink—for example, a three-star restaurant or a sidewalk café or bread, cheese, and wine. And it's true: the French are very proud of the worldwide reputation their **cuisine** enjoys. Nevertheless, French culinary habits are in the process of changing. For example, in 1920 France had more than 500,000 cafés. Today, there are fewer than 50,000. A major cause of this decline is the growth of the fast-food industry. Fast-food restaurants are becoming almost as popular here as they are **chez vous.** The best known is still **Macdo** (you call it McDonald's). The major fast-food restaurant chain in France is called **Quick**, run by a supermarket corporation **(Casino)** that also operates cafeterias. But there are all sorts of fast-food-type restaurants cropping up all over the place.

➤ *Qu'est-ce que vous en pensez?*

Fast-food restaurants are not the only example of the influence of U.S. "cuisine" on French eating habits. For example, on the **boulevard du Montparnasse** in Paris you can go to the **Mustang Café** and order a **Taco Salad, Nachos,** and **Fajitas** as well as a **Texas-Hamburger,** a **Chiliburger,** and **Apple Pie, Cheesecake,** or a **Banana Split.** Or if you prefer more "traditional" American food, the nearby **Indiana Café** features on its menu **Fried Chicken, T-Bone Steak, Blue Cheeseburger, Cole Slaw, Potato Skins, Brownies,** and a **Coke Float.**

These examples of "gastronomic imperialism" are relatively new, however. Traditionally, it's French cuisine that has left its mark on how Americans eat. What examples can you give of the continuing influence of French cuisine in the U.S.?

À vous!

U. Qu'est-ce qu'ils prennent? *(What are they having?)* Match the foods mentioned in each mini-conversation with the drawings.

V. Qu'est-ce qu'on prend? Discuss with your classmates what each of you would like to order. Use the categories suggested and follow the model.

MODÈLE: un sandwich
—*Qu'est-ce qu'on prend?*
—*Moi, je voudrais un sandwich au poulet.*
—*Pour moi, un sandwich au pâté.*
—*Et moi, je vais prendre un sandwich au fromage.*

1. un sandwich
2. une omelette
3. quelque chose d'autre à manger
   (something else to eat—other than a sandwich or an omelet)
4. une boisson froide non-alcoolisée
5. une boisson froide alcoolisée
6. une boisson chaude

Ça se dit comment?

Pour commander quelque chose
(To order something)

Qu'est-ce qu'on prend?
What's everyone having?
Moi, je vais prendre...
I'm going to have . . .
Moi, je voudrais...
I'd like . . .
Moi, je prends...
I'm having . . .
Pour moi,...
For me, . . .

Do **À faire! (1-3)** on page 30 of the **Manuel de préparation.**
* Follow-up: **-er** verbs and the expression **ne... pas**
* Follow-up: food and drink vocabulary
* Preparation: the verb **aller** (+ infinitive) *(Contrôle 3)*

Exercice de substitution

1. *Je* vais à la Fnac. (nous / il / elles / Jacqueline / on)
2. Est-ce que *Jeanne* va à Marseille? (tu / vous / Éric / M. et Mme Duplessis / nous)
3. *Ils* ne vont pas à Londres. (je / Michèle / nous / on / ils / tu / vous)
4. Je vais *prendre une omelette.* (aller à la Fnac / écouter de la musique / lire un livre / acheter un CD)
5. *Nous* allons lire un roman policier. (je / il / elles / nous / elle)

Rappel grammatical

Le verbe *aller; aller* + infinitif

Le verbe *aller* (to go)	
je **vais**	nous **allons**
tu **vas**	vous **allez**
il/elle/on **va**	ils/elles **vont**

aller + *infinitif* = *futur immédiat*
Je vais prendre une omelette.   *I'm going to have an omelet.*

À vous!

W. Où vont-ils? *(Where are they going?)* On the basis of the routes drawn on the map of France, indicate *from* (**de**) which city *to* (**à**) which city each of the following people is traveling.

> MODÈLE: Albert
>
> *Albert va de Paris à Lille.*

1. nous	**3.** Céline	**5.** Claire et Adeline
2. je	**4.** tu	**6.** vous

Paris is by far the largest city in France, with a population of 2 147 857. Other large cities include: Marseille (807 071), Lyon (453 187), Toulouse (398 423), Nice (345 892), Nantes (277 728), Strasbourg (267 051), Montpellier (229 055), Bordeaux (218 948), Lille (191 164) and Grenoble (156 203).

X. Qu'est-ce qu'on va manger? Qu'est-ce qu'on va boire? Indicate the type of food or drink each person wants and then give at least two possibilities the person might choose. Use the verb **aller** and an infinitive (**manger/boire**).

MODÈLE: Jean-Pierre / une omelette

Jean-Pierre va manger une omelette—une omelette au fromage ou une omelette aux fines herbes (ou une omelette au jambon).

1. Marie-Louise / un sandwich
2. nous / un plat *(dish)* italien
3. je / une omelette
4. Bernard / quelque chose d'alcoolisé
5. tu / quelque chose de chaud
6. André et Xavier / quelque chose de non-alcoolisé

Ça se dit comment?

Pour demander ce qu'on veut boire ou manger *(To ask what someone wants to eat or drink)*

Qu'est-ce qu'on prend?	*What are people having?*
Qu'est-ce que tu prends?	*What are you having? (informal)*
Qu'est-ce que vous prenez?	*What are you (formal or plural) having?*

Pour hésiter *(To hesitate, i.e., gain time, before speaking)*

Euh...	*Uh . . .*
Voyons...	*Let's see . . .*
Je ne sais pas, moi...	*I don't know . . .*
Peut-être...	*Maybe . . .*

Y. On va prendre quelque chose. You and your friends go to the eating places whose menus are on pages 47 and 48. At each place, discuss what you're going to have to eat and drink.

MODÈLE: La Pizza

—*Alors (So), qu'est-ce qu'on prend?*
—*Euh... moi, je prends des spaghettis... Carbonara.*
—*Tu veux quelque chose à boire... quelque chose de froid, peut-être?*
—*Oui. Un Orangina. Et toi, Annick?*
—*Voyons... moi, je vais prendre une pizza... une Neptune... et une limonade. Et toi, Marcel?*
—*Je ne sais pas, moi... peut-être une Sicilienne... et... euh... une Vittel. Oui, une Sicilienne et une Vittel.*

HAMBURGERS		BOISSONS	
Giant	4 €	Sodas	1,50 € / 2 € / 3 €
Big Bacon	5 €	Bière	9,90 €
Chicken Filet	4,50 €	Eau d'Évian 33cl	1,50 €
Chicken Dips	3 € / 4 €	Café - chocolat - thé	1,50 €
King Fish	2 €	Lait	1,50 €
Cheesebacon	3 €	Jus d'orange	2 €
Cheeseburger	2 €		
Hamburger	2 €	DESSERTS	
		Softy (fraise, chocolat, caramel)	1,50 €
Frites	2 € / 2,50 €	Cornet vanille	2 €
Maxi-frites	3 €	Milkshake (banane, chocolat, fraise)	1 €

Le Snack

ENTRÉES
La Quiche Provençale	4,00 €
Le Croque-Monsieur	4,50 €

PAINS DE MIE
Le Saule	6,00 €
(Jambon, Concombre)	
L'Épicéa	6,50 €
(Poulet au curry, Crudités)	

BAGUETTES
Le Parisien	7,00 €
(Jambon au Torchon)	
Le Lyonnais	7,00 €
(Saucisse de Lyon)	
Le Fermier	7,50 €
(Poulet, Crudités)	

SALADES
Salade Maison	7,50 €
(Thon, Œuf, Crudités)	
Capucine	7,00 €
(Jambon, Fromage, Crudités)	
Églantine	8,00 €
(Poulet, Raisins secs, Crudités)	

DESSERTS
Le Croissant	2,00 €
Le Pain au Chocolat	2,50 €
La Tarte aux Fruits Rouges	4,00 €
Le Fromage Blanc	3,50 €

BOISSONS
Jus d'orange	3,00 €
Sodas	2,50 €
Eaux minérales	2,00 €
Café express	2,50 €
Thé	2,50 €

LA PIZZA

LES PIZZAS
Margherita	7,00 €	Napolitaine	7,50 €
(tomate, fromage, origan)		(tomate, fromage, anchois, câpres)	
Marinara	6,50 €	Neptune	7,80 €
(tomate, ail, origan)		(tomate, thon, olives, origan)	
Sicilienne	6,50 €	Regina	8,00 €
(tomate, anchois, olives, câpres, origan)		(tomate, fromage, champignons)	

LES PÂTES FRAÎCHES
Spaghetti Bolognèse	8,00 €	Spaghetti Carbonara	8,00 €
(sauce tomate, viande hachée)		(crème fraîche, œuf, parmesan, lardons)	
Tortelloni à la Crème	8,00 €	Lasagne au Four	8,00 €
(épaule, crème fraîche, fromage			

LES BOISSONS
Vittel, Perrier	3,00 €	Orangina, Gini	3,00 €
Diabolos	3,50 €	Limonade	2,50 €
Kronenbourg	3,30 €	Heineken	4,00 €
Kir	4,00 €	Porto	5,00 €
Expresso	1,20 €	Thé	2,80 €

◾Contexte: *À la Crêpe Bretonne*

Edris déjeune dans une crêperie avec son ami Stéphane.

EDRIS: Alors, c'est bon, la crêpe
          au fromage?
STÉPHANE: Oui, c'est très bon. Et la
          crêpe au thon?
EDRIS: C'est délicieux.

EDRIS: Tiens! Voilà Monique
          Lachappelle. Tu la connais?
STÉPHANE: Non, je ne la connais pas.
EDRIS: Elle travaille avec moi. Elle
          est très gentille.

Dico

déjeune: *is having lunch*
gentille: *nice*
thon: *tuna*
Tu la connais?: *Do you know her?*

La Crêpe Bretonne

Les Crêpes Salées

Au beurre	3,00 €
À l'œuf	4,00 €
Au fromage et à l'oignon	4,50 €
Complète	6,00 €
(fromage, épaule, œuf, salade)	
Popeye	6,00 €
(épinards, œuf, lardons)	
Neptune	7,00 €
(thon, salade, œuf, tomate)	
Danoise	6,00 €
(hareng, crème fraîche, citron, salade)	
Martiniquaise	5,50 €
(ananas, épaule, maïs)	
Américaine	7,50 €
(hamburger, oignons, œuf, salade, sauce tomate)	

Les Crêpes Sucrées

Beurre, sucre	3,00 €
Chocolat	4,50 €
Chocolat Chantilly	5,00 €
Miel	4,00 €
Confitures	4,50 €
Au citron	4,50 €
À l'orange	4,50 €
Crème de marron	5,50 €
Canadienne	
(sirop d'érable)	
Flambée au Grand Marnier	5,80 €
Exotique	6,20 €
(banane, glace noisette, noix de coco)	

Les Boissons

Cidre brut - la bouteille	6,50 €
Vittel, Perrier, Badoit	2,00 €
Coca, Orangina, Gini	2,50 €
Vin (rouge, rosé, blanc)	
Le verre 15 cl.	2,00 €
Le pichet 33 cl.	4,00 €
Kronenbourg, Heineken	
25 cl.	4,00 €
Kir Breton 15 cl.	4,20 €
Schweppes, Coca	2,50 €
Expresso	1,20 €
Cappuccino chantilly	2,00 €
Thé, Infusions	2,20 €
Chocolat, lait, café crème	2,00 €

Pour identifier les crêpes *(To identify crêpes)*

une crêpe au chocolat	*crepe with chocolate filling*
au citron	*with lemon filling*
à la confiture	*with jam*
au fromage	*with cheese*
au jambon	*with ham*
au miel	*with honey*
à l'œuf	*with an egg*
au sucre	*with sugar*
au thon	*with tuna*

une crêpe au sucre

une crêpe au miel

➤ Qu'est-ce que vous voyez?

On the basis of what you observe in this **Contexte,** indicate in what ways French **crêpes** differ from American *pancakes.*

une crêpe au chocolat

une crêpe au citron

une crêpe au fromage

une crêpe à l'œuf

une crêpe à la confiture

Ça se dit comment?

Pour parler de ce que vous mangez *(To talk about what you're eating)*

C'est bon!	*It's good!*
C'est très bon!	*It's very good!*
C'est délicieux!	*It's delicious!*
C'est assez bon.	*It's pretty good.*
Ce n'est pas très bon.	*It's not very good.*

Pour parler d'une personne que vous connaissez *(To talk about someone you know)*

Il est très gentil. / Elle est très gentille.	*He/She's very nice.*
Il/Elle est très sympa(thique).	
Il/Elle est très bien.	*He/She's great.*
Il est très marrant. / Elle est très marrante.	*He/She's very funny (amusing).*
Il/Elle est vraiment casse-pieds.	*He/She's really a pain, really bothersome.*
Il est vraiment ennuyeux. / Elle est vraiment ennuyeuse.	

À vous!

Z. **Les crêpes salées et les crêpes sucrées.** In a French **crêperie**, it's possible to make a whole meal of **crêpes** by ordering first a non-sweet or salty one (**une crêpe salée**) for your main course and then a sweet one (**une crêpe sucrée**) for dessert. Look at the menu from the **la Crêpe Bretonne** restaurant, page 49, and identify as many different kinds of **crêpes** as you can.

on monday

AA. **C'est bon?** You and a friend have ordered the following food items. Compare your reactions to your choices, according to the model.

> MODÈLE: la crêpe au fromage / la crêpe à l'œuf
> —*C'est bon, la crêpe au fromage?*
> —*Oui, c'est (assez) (très) bon. Et la crêpe à l'œuf?*
> —*C'est délicieux (pas très bon)!*

1. la crêpe au chocolat / la crêpe au citron
2. la crêpe au miel / la crêpe au sucre
3. l'omelette au fromage / l'omelette aux fines herbes
4. le sandwich au poulet / le sandwich au pâté
5. la Margherita / la Marinara
6. la salade / la quiche

BB. **Tu la connais?** Answer *affirmatively* the questions about whether you know the following people and then say something about each one. Instead of repeating their names, use **le, la,** or **les** in front of the verb.

> MODÈLE: —Tu connais Gérard Lachappelle?
> —*Oui, je le connais. Il est très gentil (vraiment ennuyeux).*

1. Tu connais Marcelle Dussard?
2. Tu connais Philippe Quesnel?
3. Tu connais Marie-France Collet?
4. Tu connais Denise et Sophie Hurard?
5. Tu connais François Renaudin?
6. Tu connais Roger et Colette Deslauriers?

Now answer the same questions *negatively.*

> MODÈLE: —Tu connais Gérard Lachapelle?
> —*Non, je ne le connais pas.*

CC. **À la Crêpe Bretonne.** You and one or two friends are having lunch at **la Crêpe Bretonne.** Organize your conversation as follows:

- you and your friend(s) look at the menu and decide what you're going to eat
- one of you notices someone passing by and asks the other(s) if he/she (they) know(s) that person
- you comment on the food when it arrives

> Do **À faire! (1-4)** on page 37 of the **Manuel de préparation.**
> * Follow-up: the verb **aller**
> * Follow-up: **crêpes** vocabulary
> * Follow-up: direct objects **le, la, les**
> * Pronunciation: final consonants

*vais
vas
va
allons
allez
vont*

Even if a new word isn't a cognate, you can still figure it out with help from the context. For example, in the **crêpes sucrées** column on the menu from **la Crêpe Bretonne,** there's one named **Canadienne (sirop d'érable).** You might reason as follows: "I know that **sucre** means *sugar;* **sirop** looks like a cognate for *syrup.* What's a sweet Canadian syrup? How about maple syrup?"

FLASH GRAMMAIRE

The direct object pronouns **le, la, les**

Je **le** connais.	I know **him.**
Je **la** connais.	I know **her.**
Je ne **les** connais pas.	I don't know **them.**

FLASH GRAMMAIRE

The verb **être** *(to be):* **il, elle, ils, elles**

il est	*he is*	**ils sont**	*they are*
elle est	*she is*	**elles sont**	*they are*

Le monde francophone

Les fast-foods
Est-ce qu'on peut acheter du fast-food dans les pays francophones? Mais oui!

LA BELGIQUE

En Belgique, les frites sont très populaires. Les Belges les mangent avec de la mayonnaise. Ils aiment aussi les gaufres.

LE SÉNÉGAL

Dans les rues du Sénégal on peut acheter du loco (des bananes grillées), des arachides et des noix de cola.

LA GUADELOUPE (LA FRANCE)
(DÉPARTEMENT D'OUTRE-MER)

En Guadeloupe, les snack-bars au bord des routes se spécialisent en grillades. On peut manger du poisson grillé, de la langouste grillée ainsi que du poulet grillé. Tous les plats sont garnis de frites et de salade.

➤ Qu'est-ce que vous en pensez?

Can you find each of the above French-speaking countries and regions on the map of the Francophone world (at the beginning of your book)? Which of the snack items mentioned can you buy in the U.S.?

Dico

arachides: *peanuts*	**noix de cola:** *cola nuts*
au bord des routes: *road-side*	**pays:** *countries*
garnis de: *served with*	**plats:** *dishes*
gaufres: *waffles*	**poisson:** *(a whole) fish*
langouste: *lobster*	**poulet:** *chicken*
Mais oui!: *Certainly!*	**rues:** *streets*

▪Intégration

DD. **Trouvez quelqu'un qui...** *(Find someone who . . .)* Circulate around the classroom, asking questions in order to find at least one person who fits each of the categories suggested below.

Trouvez quelqu'un qui...

1. ... parle espagnol ou allemand ou italien.
2. ... joue au golf ou au tennis.
3. ... n'aime pas manger dans un fast-food.
4. ... préfère le thé au café *(likes tea better than coffee)*.
5. ... préfère les omelettes aux sandwichs.
6. ... aime la musique classique.
7. ... n'aime pas le rap.
8. ... préfère le jazz au rock.
9. ... aime beaucoup les romans d'amour.
10. ... n'aime pas les romans policiers.
11. ... préfère les livres d'histoire aux livres de science-fiction.
12. ... fume.

EE. **Une présentation.** Question another student in order to introduce him/her to the class.

Find out . . .

1. . . . where he/she lives.
2. . . . whether or not he/she works.
3. . . . what kinds of music he/she likes.
4. . . . what kinds of books he/she likes.
5. . . . what kinds of snack foods and beverages he/she prefers.
6. . . . whether or not he/she plays soccer (tennis, golf, etc.).
7. . . . whether or not he/she smokes.

👭👫 FF. Une rencontre en ville. *(A meeting in town.)* You and two classmates meet by chance at **Madison,** a popular music store in Paris. Act out the following conversation:

Qu'est-ce qu'on achète?

- You greet a friend and find out why he/she is at the store.
- You see a second friend, greet him/her, and then make introductions.
- The three of you discuss what you're planning to buy at **Madison.**
- One of you suggests getting something to eat and drink.
- You agree on a restaurant to go to.

Qu'est-ce qu'on mange?

- Discuss what you're going to eat and drink. Then order.
- The two people who were introduced above ask questions to find out a little about each other.
- You get your food and react to it.
- You discuss your reading preferences. (*Suggestion:* someone begins by saying **Je viens de lire...**)
- You say good-bye and leave.

🎧 GG. Qu'est-ce qui se passe? *(What's going on?)* Listen to the four short conversations that your instructor plays for you. You won't understand every word. Try to get the gist of each conversation so that you can identify where it takes place—a music store, a bookstore, a café, a pizzeria, a fast-food restaurant—and what's going on.

HH. Un portrait. Write a short description of yourself. Give as many details as possible. Use a separate sheet of paper.

> Do **À faire! (1-5)** on page 42 of the **Manuel de préparation.**
> * General review of the chapter

▪Lexique

Pour se débrouiller

Pour exprimer les préférences
J'aime...
J'aime beaucoup...
J'aime bien...
Je n'aime pas...
Je n'aime pas beaucoup...
Je n'aime pas tellement...
Je n'aime pas du tout...
Je préfère...

Pour demander ou vérifier un nom
Comment est-ce que tu t'appelles? /
    Comment tu t'appelles, toi?
Je m'appelle...
Tu t'appelles... , n'est-ce pas?

Pour commander quelque chose à boire ou à manger
Qu'est-ce qu'on prend?
Qu'est-ce que tu prends (vous prenez)?
Moi, je vais prendre...
Moi, je voudrais...
Moi, je prends...
Pour moi, ...

Pour hésiter
Euh...
Voyons...
Je ne sais pas, moi...
Peut-être...

Pour parler de ce que vous mangez
C'est (très) (assez) bon!
C'est délicieux!
Ce n'est pas très bon.

Pour parler d'une personne que vous connaissez
Il/Elle est très gentil(le).
            très sympa(thique).
            très bien.
            très marrant(e).
Il/Elle est vraiment casse-pieds.
                ennuyeux(-euse).

Thèmes et contextes

Ce qu'on achète à la Fnac
un appareil photo
un appareil photo numérique
un baladeur (un walkman)
un baladeur CD
une bande dessinée
une calculatrice
une cassette (vidéo)
un CD (un disque compact)
un CD-ROM (un cédérom)
une chaîne hi-fi
un DVD
un jeu vidéo
un lecteur CD
un lecteur DVD
un livre (un bouquin)
un manuel de classe
une mini-chaîne
un portable
un roman

La musique
l'alternatif (m.)
le blues
la country
le folk
le funk

le hard rock
le heavy metal
le jazz
la musique classique
la musique du monde
la musique pop
le R&B
le raï
le rap
le reggae
le rock
la techno
la variété

Les nombres de 0 à 20

0	zéro		
1	un	11	onze
2	deux	12	douze
3	trois	13	treize
4	quatre	14	quatorze
5	cinq	15	quinze
6	six	16	seize
7	sept	17	dix-sept
8	huit	18	dix-huit
9	neuf	19	dix-neuf
10	dix	20	vingt

Les livres

un livre d'art
    de bandes dessinées
    de cuisine
    d'histoire
    de philosophie
    de science-fiction
un roman d'amour
    d'aventures
    d'espionnage
    historique
    d'horreur
    d'imagination
    policier

Des choses à manger

une crêpe au chocolat (au citron, à la confiture, au fromage, au jambon, au miel, à l'œuf, au sucre, au thon)
des frites (f.pl.)
des lasagnes (f.pl.)
une omelette au fromage (au jambon, aux fines herbes)
une pizza
une quiche
un sandwich au fromage (au jambon, au pâté, au poulet)
des spaghettis (m.pl.)

Des choses à boire

des boissons chaudes (f.pl.)
    un café
    un café crème
    un café au lait
    un chocolat
    un express
    un thé (nature)
    un thé (au) citron
    un thé au lait
des boissons froides alcoolisées (f.pl.)
    une bière
    un demi
    un verre de vin blanc (rouge)
des boissons froides non-alcoolisées (f.pl.)
    un citron pressé
    un coca
    un diabolo citron (fraise, menthe)
    une eau minérale (une Badoit, un Perrier, une Vittel)
    un jus d'abricot (d'orange)
    une limonade
    une menthe à l'eau
    un milkshake au chocolat (à la fraise, à la vanille)
    un Orangina

Vocabulaire général

Nom

un(e) étudiant(e)

Verbes

adorer
aimer
aller
boire
chercher
commander
écouter
étudier
fumer
habiter
jouer
lire
manger
parler
préférer
regarder
travailler

Autres mots et expressions

Ah, oui, assez bien.
Bonne idée. Allons-y!
C'est un (une)...
Ce sont des...
D'accord. Allons-y!
Ils/Elles sont...
Je vais acheter...
Je veux bien!
On peut acheter...
Oui, très bien.
quelque chose (de chaud, de froid)
Qu'est-ce que tu as là?
Qu'est-ce que tu vas acheter?

Qu'est-ce que... ?
Qui... ?

Branchez-vous!

Internet

Please visit the **Je veux bien!** website at **http://jvb.heinle.com.** You'll find activities to practice the vocabulary and grammar you've learned in this chapter as well as cultural exploration activities that guide you through websites from around the French-speaking world.

Vidéo

Please visit the **Je veux bien!** website at **http://jvb.heinle.com** for the video activities that accompany this chapter. You'll get the most from watching the video for this chapter if you first visit the website and print out the video activities for this chapter. Then watch the video (in your classroom, language lab, or at home) and complete the activities for the chapter.

AU-DELÀ DU COURS: *Un CD*

Go to a local music store and look for recordings by French or Francophone artists and/or groups. If you can't find any, try a search on the Internet. If possible, bring a CD to class and play a part of it for your classmates.

CUISINE: *Une recette: des crêpes*

Le matériel

Les crêpes sont originaires de la Bretagne. La Bretagne est une province qui se trouve à l'ouest de la France.

un bol

une poêle

Les ingrédients

250 grammes de farine

Flour

**¹⁄₂ litre de lait
(un demi litre de lait)**

2 œufs

1 cuillerée à soupe d'huile

Tablespoon Oil

1 pincée de sel

1 cuillerée à dessert de vanille

Dans le bol, tu mélanges bien les ingrédients.

Tu verses un peu d'huile dans la poêle. Quand l'huile est chaude, tu verses un peu de pâte.

Après une minute ou deux, tu retournes la crêpe.

Tu sers la crêpe avec du sucre, de la confiture, du miel ou au chocolat.

APERÇU CULTUREL:
PARIS

la basilique du Sacré-Cœur
(rive droite)
- style romano-byzantin (19ᵉ siècle)
- située sur la butte Montmartre
- funiculaire pour monter jusqu'à la basilique

l'Arc de Triomphe (rive droite)
- monument commémorant les victoires de Napoléon Iᵉʳ (19ᵉ siècle)
- célébration de la Libération de Paris (1944)

la tour Eiffel
(rive gauche)
- site de l'Exposition universelle de 1889
- 320 mètres de haut
- 746 marches jusqu'au 3ᵉ étage

Map labels:
- Basilique du Sacré-Cœur
- MONTMARTRE
- 17 18
- Arc de Triomphe
- Place Charles de Gaulle-Étoile
- avenue des Champs-Élysées
- Opéra Garnier
- 9 10
- 8
- Place de la Concorde
- Centre Pompidou
- Jardin des Tuilleries
- Louvre
- 2
- 1
- MARAIS
- 3
- Tour Eiffel
- Musée d'Orsay
- Notre-Dame
- Hôtel des Invalides
- Conciergerie
- 4
- Île St
- 7
- Jardin du Luxembourg
- blvd Saint-Michel
- Île de la Cité
- Rive gauche
- Sorbonne
- 6
- 5
- 16
- La Seine
- 15
- MONTPARNASSE
- QUARTIER LATIN
- 14
- 13

le musée d'Orsay (rive gauche)
- ancienne gare
- musée de la peinture du 19ᵉ siècle: les impressionnistes (Monet, Renoir) et les post-impressionnistes (Cézanne)

le Louvre (rive droite)
- le plus grand musée du monde occidental
- lieu où se trouve La Joconde de Léonard de Vinci (en anglais: Mona Lisa)

le jardin du Luxembourg
(rive gauche)
- parc
- bassin où les enfants jouent avec des petits bateaux à voile

le parc de la Villette (rive droite)

- **la Cité des Sciences et de l'Industrie, le plus grand musée scientifique et technique d'Europe**
- **la Géode, cinéma hémisphérique**

le Centre Pompidou (rive droite)

- **s'appelle aussi Beaubourg**
- **exemple d'architecture moderne**
- **musée d'art moderne (Picasso, Braque, Miró)**

la cathédrale Notre-Dame (île de la Cité)

- **style gothique (12ᵉ et 13ᵉ siècles)**
- **lieu du roman célèbre de Victor Hugo, Notre-Dame de Paris (en anglais: The Hunchback of Notre Dame)**

la Conciergerie (île de la Cité)

- **prison de l'époque de la Révolution (fin du 18ᵉ siècle)**
- **prisonniers célèbres: Marie-Antoinette et Robespierre**

*Map labels:*
Parc de la Villette
19
20
11
12
la Seine

➤ *Qu'est-ce que vous en pensez?*

In spite of recent efforts toward decentralization, Paris (the capital of France) remains the political, economic, cultural and symbolic center of the country. What city (cities) play(s) these roles in the lives and minds of people in the U.S.?

Dico

ancienne gare: *former railroad station*
bassin: *pool*
butte: *hill*
de haut: *high, tall*
étage: *floor*
Exposition universelle: *World's Fair*
fin: *end*
funiculaire: *cable car*
jouent avec des petits bateaux à voile: *play with toy sailboats*
jusqu'à: *up to*
le plus grand musée: *the largest museum*
lieu: *place, setting*
marches: *steps*
monter: *to go up*
rive droite: *right bank*
rive gauche: *left bank*
se trouve: *is found, is located*

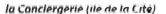

HISTOIRE:
Paris à travers les âges

300 av. J.-C.:
Une tribu de Gaulois, les Parisii, s'installent dans les îles de la Seine. On appelle une des îles Lutèce (c'est aujourd'hui l'île de la Cité).

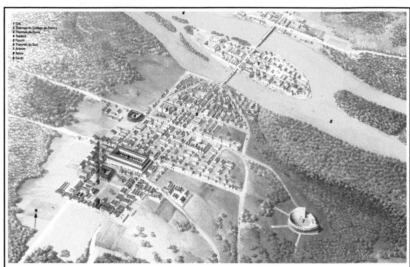

52 av. J.-C.: Les Romains et Jules César transforment Lutèce en colonie romaine.

−300	−200	−100	0	500	1000	1500

 Dico

cité: *walled city*
comprend: *includes*
crée: *creates*
îles: *islands*
marchande: *commercial*
nouvelle enceinte: *new walls*
places: *squares, plazas*
premier urbaniste: *first city planner*
tribu de Gaulois: *tribe of Gauls*

1500: Paris a 200 000 habitants. Elle comprend trois villes: la cité, la ville marchande et l'université.

1789: *Paris a 700 000 habitants. On a construit une nouvelle enceinte.*

Légende:
- • • • Lignes joignant les barrières d'octroi jusqu'à la réalisation du mur
- ⎯ Mur des fermiers généraux construit de 1783 à 1790

Labels on map: Barrière de la Villette, Barrière Monceau, Parc Monceau, Barrière du Trône, Tuileries, la Bastille, Seine, Invalides, Jardin des plantes, Luxembourg, École militaire, Salpêtrière, Barrière d'Enfer

0 ____ 1 km

Qu'est-ce que vous en pensez?

If you were to give an historical outline of your town or city, how far back in time would it go and what stages of development would it include?

| 1600 | 1700 | 1800 | 1900 | 2000 |

1870: *Paris a 1 700 000 habitants.*
Le baron Haussmann, le premier urbaniste,
crée des places et des boulevards.

L'œuvre du Baron Haussmann

Dans les rues et les magasins

> In this chapter, you'll follow me around as I go to a clothing store to buy a new shirt and then go home to show it to my wife. Of course, as often happens, I get stopped a couple of times by people needing directions.

Chapter Support Materials
MP: pp. 57–100

MP Audio CD1,
TRACKS 12–21

OBJECTIVES

In this chapter, you'll learn to:

- talk about your city or town;
- give and get directions;
- make purchases in a variety of stores;
- have short conversations about clothing.

In order to perform these activities, you'll learn to use:

- the prepositions **à** and **de** with the definite article;
- the pronoun **y;**
- the numbers 21 to 1,000,000;
- the verbs **être** and **avoir;**
- adjectives of color (position and agreement).

You'll also read and/or hear about cities and towns as well as about shopping in France and in the Francophone world.

◻Contexte: *La ville*

Qu'est-ce qu'on trouve dans une ville typique en France? Il y a souvent...

... une cathédrale (et aussi des églises, un temple, une synagogue et peut-être une mosquée).

... une gare (et aussi un aéroport).

... une mairie (avec peut-être un commissariat de police).

... un bureau de poste.

... une bibliothèque.

... un hôpital.

... un musée (et aussi
une salle de concerts).

... un stade (et peut-être
une piscine).

... des hôtels (et des
restaurants et des cafés).

... des écoles (et peut-être
une université).

... des cinémas
(et aussi un théâtre).

... des parcs
(des jardins publics).

... des magasins
(et aussi des boutiques).

Pour identifier les endroits publics (To identify public places)

un aéroport	airport
une bibliothèque	library
une boutique	shop
un bureau de poste	post office
un café	cafe
une cathédrale	cathedral
un cimetière	cemetery
un cinéma	movie theater
un collège	junior high school
un commissariat de police	police station
une école primaire	elementary school
une église	church (Catholic)
une gare	train station
une gare routière	bus station
un hôtel	hotel
un hôtel de ville / une mairie	city hall
un lycée	high school
un magasin	store
une mosquée	mosque
un musée	museum
un palais de justice	courthouse
un parc / un jardin public	park
un parking	parking lot
une piscine	swimming pool
un restaurant	restaurant
un stade	stadium
une synagogue	synagogue
un temple	church (Protestant)
un théâtre	theater
une université	university

À vous!

A. En ville. (*In town.*) Listen to each of the short conversations and write down which of the three places is NOT mentioned. Use a separate sheet of paper.

1. la bibliothèque / le jardin public / le musée
2. le cimetière / l'hôtel de ville / le palais de justice
3. le bureau de poste / le cinéma / la gare
4. le collège / l'église / le lycée
5. le cinéma / la piscine / le stade

FLASH VOCABULAIRE

Qu'est-ce que c'est? } *What's that?*
C'est quoi, ça?

👫 **B. C'est quoi, ça?** Identify each place or building that your partner points out.

MODÈLE: —*C'est quoi, ça? (Qu'est-ce que c'est?)*
—*C'est une gare.*

1.

2.

3.

4.

5.

6.

7.

8.

9.

10.

11.

12.

13.

14.

15.

16.

FLASH GRAMMAIRE

The preposition **à** and the definite article

MASCULINE NOUN	**à + le = au**	**au** cinéma
FEMININE NOUN	**à + la = à la**	**à la** mairie
NOUN BEGINNING WITH A VOWEL SOUND	**à + l' = à l'**	**à l'**hôtel de ville

C. Où est-ce que tu vas? *(Where are you going?)* When your partner asks where each of the following people is going, you respond with the indicated place. Be careful to use the appropriate form of the preposition (**au, à la, à l'**). Use one of the three possible question constructions.

MODÈLES: tu / stade
—*Où tu vas?*
—*Je vais au stade.*

Nicole / synagogue
—*Où va Nicole?*
—*Elle va à la synagogue.*

vous / hôpital
—*Où est-ce que vous allez?*
—*Nous allons à l'hôpital.*

1. tu / parc
2. Simone / gare
3. vous / église
4. Jacques et Raymond / cathédrale
5. Roger / théâtre
6. Ahmed / mosquée
7. tu / aéroport
8. Hélène et Annick / bureau de poste
9. Gérard / école
10. Mireille / restaurant

FLASH GRAMMAIRE

The interrogative expression **où** *(where)*

There are several ways to form questions using the interrogative expression **où**.

Où + subject (pronoun) + verb? *(informal)*
 Où tu vas (habites, etc.)?

Où + verb + subject (noun)?
 Où va (habite, etc.) Jean-Pierre?

Où est-ce que + subject (pronoun) + verb?
 Où est-ce que vous allez (habitez, etc.)?

The direct object pronouns **le** and **la** with the expression **voilà**

Où est **le stade?**	*Where's **the stadium?***
Le voilà.	*There **it** is.*
Où est **la piscine?**	*Where's the **swimming pool?***
La voilà.	*There **it** is.*

D. **Où est...?** Edris and his wife, Mariam, are visiting Châlons-en-Champagne, a small city about 165 kilometers to the east of Paris. Before leaving their hotel, he shows her on the map where various places are located. Imitate their conversation.

MODÈLE: le bureau de poste
—*Où est le bureau de poste?*
—*Il est dans la rue de la Marne.*
—*Ah, oui. Le voilà.*

Où est...? *Where is...?*

Il est / Elle est... *It's...*
 dans la rue... *on...Street*
 dans l'avenue... *on...Avenue*
 sur le boulevard... *on...Boulevard*
 sur la place... *on...Square*

1. la cathédrale St-Étienne
2. l'hôtel de ville
3. le commissariat de police
4. la gare
5. le musée des Beaux-Arts
6. le stade municipal
7. la piscine
8. l'École des arts et des métiers
9. l'église Notre-Dame-en-Vaux
10. l'hôpital
11. l'hôtel Bristol
12. le restaurant Le Carillon Gourmand

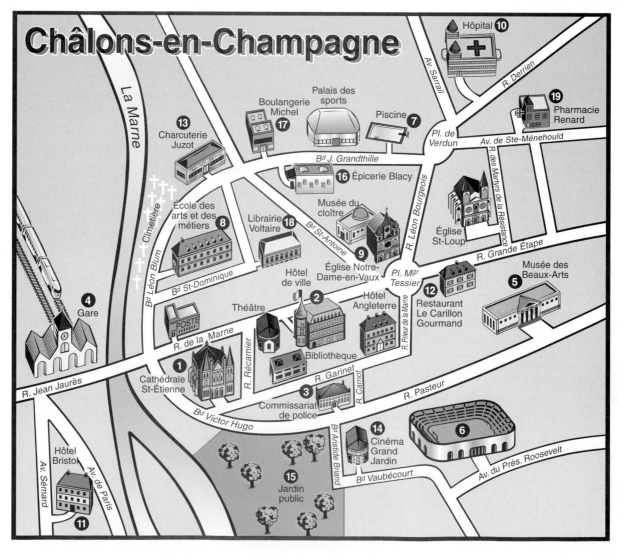

▪Échange: *Les Galeries Lafayette, s'il vous plaît?*

Une touriste arrête Edris dans la rue pour lui poser une question.

LA TOURISTE: Pardon, Monsieur. Les Galeries Lafayette, c'est près d'ici?

EDRIS: Oui, Madame. C'est au bout de la rue de Rennes.

LA TOURISTE: Près de la grande tour là-bas?

EDRIS: Justement. Ça, c'est la tour Montparnasse. Les Galeries Lafayette sont dans la rue du Départ, entre la grande place et la tour.

LA TOURISTE: Merci beaucoup, Monsieur.

EDRIS: Je vous en prie, Madame.

Dico

arrête: *stops*
grande: *tall, large*
les Galeries Lafayette: *large department store in Paris*
lui poser: *to ask him*
tour: *tower*

Ça se dit comment?

Pour situer quelque chose (To indicate where something is located)

au bout de	*at the end of*	**à côté de**	*next to*
au coin de	*at the corner of*	**(tout) près de**	*(very) near*
à droite (de)	*to the right (of)*	**loin de**	*far from*
à gauche (de)	*to the left (of)*	**entre**	*between*
de l'autre côté de	*on the other side of*	**devant**	*in front of*
en face de	*across from*	**derrière**	*behind*

Many of the prepositions used to tell where a place is located include the preposition **de:** for example, **à côté de la cathédrale, en face de l'école.** However, the prepositions **entre, devant,** and **derrière** are followed directly by the article **(le, la, l');** for example, **entre le musée et la bibliothèque.**

Ici, en France...

Cities in France normally consist of a combination of **rues** (narrow and often short streets), **avenues** (longer and somewhat wider streets), **boulevards** (longer and even wider than avenues, usually bordered by trees), and **places** (open squares surrounded by buildings and accessed by several streets or avenues). Because many cities occupy relatively small amounts of space, there tend to be a large number of small streets and a limited number of avenues and boulevards. In cities with rivers or canals, the streets along the waterways are often called **quais**.

Streets in France are usually given the name of a city (**la rue de Rennes, l'avenue de Paris**), a landmark (**la rue du Lycée, l'avenue de la Gare**), a famous person (**le boulevard Victor Hugo, la rue Pasteur**), or a historical event (**la place de la Libération, la rue du 11 Novembre**).

➤ Qu'est-ce que vous en pensez?

What combination of streets, avenues, squares, etc., is found in cities in the U.S. with which you're familiar? What factors have led to this combination?

Many cities in the U.S. use numbers to designate streets (Third Avenue, Twenty-Sixth Street); in France, numbers are never used. What might account for this difference?

FLASH GRAMMAIRE

The preposition **de** and the definite article

MASCULINE NOUN	**de + le = du**	près **du** musée
FEMININE NOUN	**de + la = de la**	en face **de la** gare
NOUN BEGINNING WITH A VOWEL SOUND	**de + l' = de l'**	à côté **de l'**église

À vous!

E. C'est où exactement?

Edris' wife, Mariam, likes to know exactly where she's going, especially when she's in a city, such as Châlons-en-Champagne, that she doesn't know very well. Imitate her conversation with Edris using the information provided.

MODÈLE: hôtel de ville / sur la place Maréchal Foch, en face de l'église St-Alpin
—*Où est-ce qu'on va?*
—*On va à l'hôtel de ville.*
—*C'est où exactement?*
—*C'est sur la rue de la Marne, à côté du théâtre.*

Zoom!

Châlons-en-Champagne is a city of about 50,000 inhabitants located some 48 kilometers to the southeast of Reims. Two canals from the nearby Marne River cut through the city (until recently, its name was Châlons-sur-Marne). In the 15th century Châlons was considered by the king (Henri III) to be "the main city of Champagne." Today it is a center for agribusiness.

1. cathédrale St-Étienne / sur le boulevard Victor Hugo, près du bureau de poste
2. restaurant Le Carillon Gourmand / sur la place Tessier, à côté de l'hôtel d'Angleterre
3. commissariat de police / au coin de la rue Carnot et du boulevard Victor Hugo
4. épicerie Blacy / dans le boulevard Grandthille, près du musée
5. église Notre-Dame-en-Vaux / sur la place Tessier, en face de la fontaine *(fountain)*
6. stade / dans l'avenue du Président Roosevelt, loin du centre-ville *(center of the city)*
7. gare / dans la rue Jean Jaurès / de l'autre côté de la Marne

Ça se dit comment?

Pour identifier les bâtiments de commerce *(To identify commercial buildings)*

une banque	*bank*
une bijouterie	*jewelry store*
une boucherie	*butcher shop*
une boulangerie-pâtisserie	*bakery*
un (bureau de) tabac	*store that sells tobacco, stamps, etc.*
un centre commercial	*mall*
une charcuterie	*delicatessen*
une épicerie	*small grocery store*
une librairie	*bookstore*
un magasin de matériel électronique	*electronics store*
un magasin de musique	*music store*
un magasin de sports	*sporting goods store*
un magasin de vêtements	*clothing store*
une papeterie	*stationery store*
une pharmacie	*drugstore, pharmacy*
un salon de coiffure	*hairdresser, barber shop*
un supermarché	*supermarket*

F. Est-ce qu'il y a un(e)... à Châlons-en-Champagne? Edris and his wife are constantly asking passersby if a place can be found in Châlons-en-Champagne. The passersby answer and locate the place for them. Imitate their conversation using the information provided.

MODÈLES: boucherie / dans la rue Récamier, à côté de la banque
—*Est-ce qu'il y a une boucherie dans le quartier?*
—*Oui, il y a une boucherie dans la rue Récamier, à côté de la banque.*

magasin de sports / non
—*Est-ce qu'il y a un magasin de sports ici* (here) *à Châlons?*
—*Non, il n'y a pas de magasin de sports ici.*

1. magasin de musique / dans la rue de la Marne, en face de l'office du tourisme
2. épicerie / dans le boulevard Grandthille, à côté de la boulangerie
3. pharmacie / dans la rue Récamier, en face de la banque
4. Fnac / non
5. parking / dans la rue de la Marne, au bout du boulevard Victor Hugo
6. librairie / dans la rue Récamier, entre la pharmacie et la charcuterie
7. salon de coiffure / dans la rue Lochet, derrière l'église St-Alpin
8. aéroport / non
9. magasin de vêtements / dans la rue Garinet
10. boucherie / dans la rue Récamier, à côté de la banque

FLASH **VOCABULAIRE**

il y a *there is, there are*
 Il y a une gare à Châlons.
 Il y a des librairies à Châlons.

il n'y a pas de (d') *there isn't, there aren't*
 Il n'y a pas d'aéroport à Châlons.
 Il n'y a pas de centres commerciaux à Châlons.

LE FRANÇAIS PARLÉ

In informal French, **il y a** is often pronounced «**ya**» and **il n'y pas de** becomes «**ya pad**».

♟ᴳ. S'il vous plaît, Monsieur (Madame). Now imagine that you're visiting Châlons-en-Champagne. Following the suggestions given, stop a passerby and ask for information. In the first part of this activity, your partner will answer your questions with the help of the map on page 70.

MODÈLE: l'hôtel Bristol
—*S'il vous plaît, Monsieur (Madame). Où est l'hôtel Bristol?*
—*L'hôtel Bristol? Il est dans l'avenue Sémard, de l'autre côté de la Marne.*
—*Merci beaucoup, Monsieur (Madame).*
—*Je vous en prie.*

1. le palais des sports
2. le musée du cloître de Notre-Dame-en-Vaux
3. le cimetière

4. la gare
5. l'église St-Loup
6. la bibliothèque

In the second part of the activity, your partner will answer with the help of the map on page 70.

MODÈLE: une épicerie
—*S'il vous plaît, Madame (Monsieur). Est-ce qu'il y a une épicerie près d'ici?*
—*Oui, il y a une épicerie dans le boulevard J. Grandthille, en face de la boulangerie.*
—*Merci beaucoup, Monsieur (Madame).*
—*Je vous en prie.*

7. une librairie
8. une banque
9. un magasin de vêtements

10. un salon de coiffure
11. une charcuterie
12. un parking

Do **À faire! (2-1)** on page 57 of the **Manuel de préparation.**
* Follow-up: city vocabulary, place prepositions
* Preparation: prepositions **à** and **de** with definite article **(Contrôle 4)**

Exercice de substitution

1. Je vais à la *Fnac.* (magasin de matériel électronique / librairie-papeterie / université / collège)
2. Est-ce que Jeanne va au *magasin de musique?* (bijouterie / centre commercial / aéroport / restaurant)
3. Ils ne vont pas à la *papeterie.* (magasin de vêtements / boulangerie / musée / hôtel de ville)
4. Il est en face de l'*église.* (banque / parc / épicerie / palais de justice)
5. Elle est à côté du *café.* (synagogue / lycée / église / cinéma)
6. Il est près de la *ville.* (stade / pharmacie / aéroport / salon de coiffure)

Rappel grammatical

Les prépositions *à* et *de* avec l'article défini

MASCULIN	au	du
FÉMININ	à la	de la
DEVANT UNE VOYELLE OU UN *H* MUET	à l'	de l'

À vous!

H. D'où tu es, toi? *(Where are you from?)* Find out from a classmate where he/she is from and something about the city or town.

MODÈLE: —*D'où tu es, toi?*

—*Moi, je suis de (Waterford). C'est un petit village près d'(Albany).*

—*Qu'est-ce qu'il y a à Waterford?*

—*À Waterford, il y a des magasins et des boutiques. Il y a une banque. Il y a...*

—*Est-ce qu'il y a un cinéma à Waterford?*

—*Non, il n'y a pas de cinéma.*

FLASH VOCABULAIRE

C'est une (assez) grande ville.	*It's a (fairly) big city.*
C'est une (assez) petite ville.	*It's a (fairly) small city.*
C'est un (petit) village.	*It's a (small) town.*
Qu'est-ce qu'il y a à... ?	*What is there in . . . ?*
Est-ce qu'il y a un (une)... ?	*Is there a . . . ?*
Est-ce qu'il y a des... ?	*Are there (some) . . . ?*

FLASH GRAMMAIRE

Le pronom **y** *(there)*

—Tu vas souvent au théâtre?	*Do you often go to the theater?*
—Oui, j'**y** vais cinq ou six fois par an.	*Yes, I go **(there)** five or six times a year.*
—Tu vas souvent à la piscine?	*Do you often go to the pool?*
—Non, je n'**y** vais jamais.	*No, I never go **(there).***

I. Tu y vas souvent? *(Do you go there often?)* Find out from your classmates how frequently they go to the following places. Keep a record on a separate sheet of paper so that you can answer your instructor's questions.

MODÈLE: au cinéma

—*Tu vas souvent au cinéma, (Jack)?*

—*Oui, j'y vais souvent, deux ou trois fois par mois.*

—*Et toi, (Kristen), tu vas souvent au cinéma?*

—*Non, j'y vais rarement, deux ou trois fois par an.*

—*Et toi, (Mark), tu vas souvent au cinéma?*

—*Non, je n'y vais jamais.*

1. au cinéma
2. au théâtre
3. au parc
4. à la bibliothèque
5. au Macdo
6. au centre commercial
7. au supermarché
8. à l'aéroport

FLASH VOCABULAIRE

une fois par semaine *once a week*
deux ou trois fois par mois *two or three times a month*
quatre ou cinq fois par an *four or five times a year*

souvent *often*
de temps en temps *from time to time*
quelquefois *sometimes*
rarement *rarely*
ne... jamais *never*

■Échange: Pour aller à l'église Saint-Sulpice

Edris est en route au magasin de vêtements quand une femme l'arrête pour lui demander comment aller à l'église St-Sulpice.

comment: *how*
demander: *to ask*
en route: *on the way*
Je vous en prie: *You're welcome*
Là: *There*
quand: *when*
Vous allez voir: *You'll see*

FEMME: Pardon, Monsieur. L'église St-Sulpice? C'est loin d'ici?

EDRIS: Non, Madame, elle n'est pas loin d'ici. Vous prenez la rue de Rennes et vous allez tout droit. Vous tournez à droite dans la rue de Vaugirard. Vous traversez la rue Madame et vous continuez jusqu'à la rue Bonaparte. Là vous tournez à gauche. Vous allez voir l'église à votre droite, de l'autre côté de la place.

FEMME: Merci beaucoup, Monsieur.

EDRIS: Je vous en prie, Madame.

Ça se dit comment?

Pour demander des renseignements (To ask for directions)

Pardon, Madame (Monsieur, Mademoiselle).
    La rue (l'avenue, le boulevard, la place)…, s'il vous plaît?

S'il vous plaît, Madame (Monsieur, Mademoiselle).
    La rue (l'avenue, le boulevard, la place)…

Pardon me, Ma'am (Sir, Miss). Can you please tell me where . . . Street (Avenue, Boulevard, Square) is, please?

Pour dire comment aller quelque part (To say how to go somewhere)

Vous sortez (Tu sors) de la gare (du musée, de l'hôtel)…
    You come out of the train station (museum, hotel) . . .

Vous prenez (Tu prends) le boulevard (la rue, l'avenue)…
    You take . . . Boulevard (Street, . . . Avenue).

Vous allez (Tu vas) tout droit.
    You go straight ahead.

Vous tournez (Tu tournes) à gauche (à droite) dans la rue (dans l'avenue, sur le boulevard)…
    You turn left (right) on . . . Street (Avenue, Boulevard).

Vous continuez (Tu continues) jusqu'à la rue… (jusqu'à la place…, jusqu'à l'avenue…, jusqu'au boulevard…, jusqu'au feu.)
    You continue (up) to . . . Street (up to . . . Place, up to . . . Avenue, up to . . . Boulevard, up to the traffic light).

Vous traversez (Tu traverses) le boulevard (la rue, l'avenue, la place)…
    You cross . . . Boulevard (Street, Avenue, Place).

À vous!

J. Des renseignements. Use the cues to practice directions.

Le musée des Beaux-Arts, s'il vous plaît?

> MODÈLE: sortir (du restaurant)
> *Vous sortez du restaurant.*

1. sortir (de la gare / du bâtiment / de l'hôtel)
2. aller jusqu'à (la rue Pascal / la gare / le jardin public)
3. tourner (à gauche / à droite)
4. prendre (le boulevard Raspail / la rue de Vaugirard / la rue Garnier)
5. continuer jusqu'à (la rue Pompidou / le boulevard Manet / l'avenue du Cirque / la rue de la Paix)
6. traverser (la place / le boulevard / l'avenue / la rue)
7. Et voilà le musée des Beaux-Arts… (à gauche / à droite / devant vous / à côté de l'hôtel de ville)

K. Pardon, Monsieur (Madame). You're in Châlons-en-Champagne, standing in front of the **hôtel Angleterre** in the **rue Garinet**. Using the map on page 70, explain to the passersby how to get to the following places.

> MODÈLE: le musée des Beaux-Arts
> —*Pardon, Monsieur (Madame). Le musée des Beaux-Arts, s'il vous plaît?*
> —*Vous traversez la rue Garinet et vous prenez la rue Carnot. Vous continuez tout droit jusqu'à la rue Pasteur. Vous tournez à gauche et vous allez voir le musée à gauche.*

1. le bureau de poste
2. le palais des sports
3. le stade municipal
4. la gare

C. S'il vous plaît... ? You're at the **hôtel Relais St-Jean** in Troyes, east of Paris. As you sit in the lobby, you're asked by tourists how to get to certain places. Using the map of Troyes on page 79, give them as precise directions as possible.

MODÈLE: la gare

—*La gare, s'il vous plaît?*

—*La gare? Elle est au bout de la rue du Général de Gaulle.*

—*C'est loin d'ici?*

—*Non, non. Vous sortez de l'hôtel et vous tournez à gauche. Vous allez jusqu'au coin. C'est la rue du Général de Gaulle. Vous tournez à gauche encore une fois* (again) *et vous allez tout droit. Vous traversez le boulevard Carnot et la gare, elle est devant vous.*

—*Merci beaucoup, Madame (Monsieur).*

—*Je vous en prie.*

1. le bureau de poste
2. le restaurant Le Chanoine Gourmand
3. le stade municipal

You're now standing inside the **gare,** on the **boulevard Carnot.**

MODÈLE: un hôtel

—*Pardon, Madame (Monsieur). Est-ce qu'il y a un hôtel près d'ici?*

—*Oui. Il y a un hôtel dans la rue Montaubert.*

—*La rue Montaubert, elle est à gauche ou à droite?*

—*Vous sortez de la gare et vous allez à droite. Vous tournez à gauche dans la rue Charbonnel. Vous continuez jusqu'à la rue Montaubert. Là vous tournez à gauche et vous allez voir le Relais St-Jean.*

—*Merci bien, Monsieur (Madame).*

—*Je vous en prie.*

4. une boulangerie
5. une synagogue
6. un cinéma

TROYES

PISCINE

STADE MUNICIPAL

LA SEINE

Av. Vanier

Av. de Maisonneuve

Av. Pasteur

MUSÉE DES BEAUX-ARTS

B^d Gambetta

THÉÂTRE

R. de la Cité

PARC

GARE S.N.C.F.

B^d Carnot

R. Général de Gaulle

R. de la République

R. Montaubert

ÉGLISE ST-PIERRE

R. Boucherat

CATHÉDRALE

RESTAURANT LE CHANOINE GOURMAND

HÔTEL DE VILLE

R. de l'Isle

R. du Palais-de-Justice

PALAIS DE JUSTICE

HÔTEL RELAIS ST-JEAN

CINÉMA ZOLA

Quai La Fontaine

CANAL DE LA SEINE

R. Charbonnel

R. Champeaux

R. Zola

HÔTEL DE LA POSTE

Quai Dampierre

BUREAU DE POSTE

SYNAGOGUE

CHAMBRE DE COMMERCE

Victor Hugo

R. Salengro

R. de la Trinité

R. Saussier

PARKING MUNICIPAL

ÉPICERIE

R. Poincaré

R. des Bas Trévois

Pl. du Vouldy

BOULANGERIE

B^d du 14 Juillet

POLICE

Av. Brossolette

Dossier-France: Les villes françaises

Environ trois-quarts (75%) des Français habitent une région urbaine. Mais, à cause de la prépondérance de Paris (8,7 millions d'habitants dans l'agglomération parisienne), il y a peu de grandes villes: la France est un pays de villes moyennes (28 agglomérations de plus de 200 000 habitants) et petites (27 villes ayant entre 100 000 et 200 000 habitants).

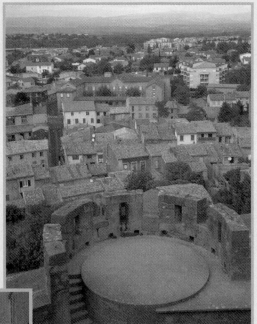

La plupart des villes en France datent du Moyen Âge. À l'origine, les cités étaient entourées de murs qui servaient de protection contre les envahisseurs.

Historiquement, beaucoup de villes se sont développées autour d'une église ou d'un château. Devant l'église ou le château se trouve souvent une grande place centrale.

Les rues qui datent du Moyen Âge sont souvent étroites et tortueuses. Il y a très peu de place pour circuler en voiture.

Dans les plus grandes villes, chaque quartier a sa place centrale (souvent avec une fontaine ou une statue), des cafés, des magasins et des immeubles résidentiels.

Dico

ayant entre: *having between*	**immeubles:** *apartment buildings*
chaque: *each*	**La plupart:** *The majority*
entourées de: *surrounded by*	**moyennes:** *medium*
envahisseurs: *invaders*	**petites:** *small*
Environ: *About*	**peu de:** *few*
étroites: *narrow*	**tortueuses:** *winding*

➤ *Qu'est-ce que vous avez appris?*

1. What was the main influence on the early development of cities?
   a. weather
   b. security
   c. chance
   d. medieval thought

2. Which of the following are most likely to be found in the center of a French city?
   a. a church
   b. a park
   c. a train station
   d. a castle

3. Which adjectives best describe French streets?
   a. long
   b. narrow
   c. winding
   d. unpaved

4. What is **un quartier?**
   a. ¼ of a city
   b. a neighborhood
   c. another name for the center of the city
   d. a protective wall

➤ *Qu'est-ce que vous en pensez?*

Many cities in the U.S. are laid out in fairly regular patterns resembling grids. Streets meet at right angles and run north/south or east/west. French cities obviously have a much different configuration. How do these differences affect how people give directions in French as opposed to English?

How is the town or city where you live laid out? Does it resemble a typical American or a typical French city or neither? Explain. What factors influenced how your town or city developed?

> Do **À faire! (2-2)** on page 65 of the **Manuel de préparation.**
> * Follow-up: asking for and giving directions
> * Preparation: the verb **être** (*Contrôle 5*)

Rappel grammatical

Le verbe *être*

Le verbe **être** *(to be)*	
je **suis**	nous **sommes**
tu **es**	vous **êtes**
il/elle/on **est**	ils/elles **sont**

Exercice de substitution

1. *Éric* est à Bordeaux. (je / Hélène et moi, nous / tu / elles)
2. *Monique* est de Paris. (Jean-Jacques / je / vous / ils / nous / tu)
3. Est-ce que *Matthieu* est au Macdo? (Monsieur et Madame Ledoux / vous / tu / Pierre)
4. *Yves et Mathilde* ne sont pas au café. (Jean-Luc / je / Denise / vous / elles / on / tu)

À vous!

M. Ils ne sont pas de Paris. Even though many of your French friends live in Paris, they were not born there. When you ask if they're from Paris, they tell you where they're originally from. Using the information provided, ask and answer questions according to the model.

> MODÈLE: vous / Avignon / une petite ville / Marseille
>
> —*Vous êtes de Paris?*
>
> —*Non, nous ne sommes pas de Paris. Nous sommes d'Avignon. C'est une petite ville près de Marseille.*

1. vous / Libourne / une petite ville / Bordeaux
2. tu / Pont-Évêque / un petit village / Lyon
3. Étienne et Dominique / Évreux / une petite ville / Rouen
4. vous / Roubaix / une assez grande ville / Lille
5. Pierre / Chenonceaux / un petit village / Tours
6. tu / Montauban / une petite ville / Toulouse

N. Sur mon portable. (*On my cell phone.*) While shopping at **Les 4 Temps,** a large shopping mall on the western outskirts of Paris, you get separated from your friends. You call them on your cell phone to find out where they are. Use the information provided to imitate the model conversation.

> MODÈLE: Jean-Luc / Navy Blue / un magasin de vêtements / dans la Rotonde des Miroirs, près de la Grand'Place
>
> —*Allô!*
>
> —*Jean-Luc, c'est toi? Où es-tu?*
>
> —*Je suis à Navy Blue.*
>
> —*C'est quoi, Navy Blue?*
>
> —*C'est un magasin de vêtements.*
>
> —*Où est-il?*
>
> —*Il est dans la Rotonde des Miroirs, près de la Grand'Place.*
>
> —*D'accord. J'arrive.*

1. Michèle / Vincara / une bijouterie / dans la rue des Arcades, en face de Bulle
2. Jean-Francis / Rodier Hommes / un magasin de vêtements / dans la rue des Arcades, en face de C & A
3. Jacqueline et Sophie / tante Julie / un fast-food / sur la place de la patinoire, à côté de la Cafétéria Casino
4. Gérard et Léon / Charles Jourdan / un magasin de chaussures (*shoes*) / près de la montée des Arcades

FLASH VOCABULAIRE

Où es-tu?
Où êtes-vous? } *Where are you?*
Où est...? *Where is . . . ?*
D'accord. *OK.*
J'arrive! *I'll be right there!*

▪Contexte: *Au magasin de vêtements*

Chez Celio, on peut acheter des vêtements pour hommes et pour femmes.
Par exemple, on peut y acheter...

un tee-shirt 25€

un jean 39€
un blouson 45€

un pull 34€
29€

un pantalon 33€

une robe 120€

des chaussures 60€

une chemise 24€

une jupe 99€
65€

un costume 220€

➤ Qu'est-ce que vous en pensez?

France has traditionally been associated with high fashion (**la haute couture**) and famous designers such as Coco Chanel, Yves Saint-Laurent, Givenchy, Pierre Cardin, Balenciaga, Christian Dior, and many others. Yet some of the clothing vocabulary you just learned comes from English. What factors might explain this apparent paradox?

Ça se dit comment?

Pour identifier les vêtements *(To identify items of clothing)*

un anorak	*winter jacket*	une jupe	*skirt*
un blouson	*jacket*	un pantalon	*pants*
des baskets *(f.pl.)*	*sneakers*	un pull	*sweater*
des bottes *(f.pl.)*	*boots*	une robe	*dress*
des chaussettes *(f.pl.)*	*socks*	des sandales *(f.pl.)*	*sandals*
des chaussures *(f.pl.)*	*shoes*	un short	*shorts*
(des souliers, *m.pl.*)		un sweat	*sweatshirt*
une chemise	*shirt*	un tailleur	*(woman's) suit*
un chemisier	*blouse*	un tee-shirt	*t-shirt*
un costume	*(man's) suit*	des tennis *(m.pl.)*	*sneakers*
une cravate	*tie*	une veste	*light jacket*
un débardeur	*tank top*	les vêtements *(m.pl.)* pour femmes	*women's clothing*
un jean	*jeans*	les vêtements pour hommes	*men's clothing*
un jogging	*warmup suit*		

Zoom!

It was in the 10th century that shoes became popular in France. Previously, people wore sandals (which came from Egypt) and boots (which were invented by the Chinese). Today France produces about 120 million pairs of shoes each year along with 50 million pairs of slippers **(pantoufles).**

Ça se dit comment?

Pour compter de 21 à 100 *(To count from 21 to 100)*

21	vingt et un	41	quarante et un	61	soixante et un	81	quatre-vingt-un
22	vingt-deux	42	quarante-deux	62	soixante-deux	82	quatre-vingt-deux
23	vingt-trois	43	quarante-trois	63	soixante-trois	83	quatre-vingt-trois
24	vingt-quatre	44	quarante-quatre	64	soixante-quatre	84	quatre-vingt-quatre
25	vingt-cinq	45	quarante-cinq	65	soixante-cinq	85	quatre-vingt-cinq
26	vingt-six	46	quarante-six	66	soixante-six	86	quatre-vingt-six
27	vingt-sept	47	quarante-sept	67	soixante-sept	87	quatre-vingt-sept
28	vingt-huit	48	quarante-huit	68	soixante-huit	88	quatre-vingt-huit
29	vingt-neuf	49	quarante-neuf	69	soixante-neuf	89	quatre-vingt-neuf
30	trente	50	cinquante	70	soixante-dix	90	quatre-vingt-dix
31	trente et un	51	cinquante et un	71	soixante et onze	91	quatre-vingt-onze
32	trente-deux	52	cinquante-deux	72	soixante-douze	92	quatre-vingt-douze
33	trente-trois	53	cinquante-trois	73	soixante-treize	93	quatre-vingt-treize
34	trente-quatre	54	cinquante-quatre	74	soixante-quatorze	94	quatre-vingt-quatorze
35	trente-cinq	55	cinquante-cinq	75	soixante-quinze	95	quatre-vingt-quinze
36	trente-six	56	cinquante-six	76	soixante-seize	96	quatre-vingt-seize
37	trente-sept	57	cinquante-sept	77	soixante-dix-sept	97	quatre-vingt-dix-sept
38	trente-huit	58	cinquante-huit	78	soixante-dix-huit	98	quatre-vingt-dix-huit
39	trente-neuf	59	cinquante-neuf	79	soixante-dix-neuf	99	quatre-vingt-dix-neuf
40	quarante	60	soixante	80	quatre-vingts	100	cent

Ici, en France...

Tu as du fric? Do you have any money? The French word for money is **l'argent,** but many people use the slang expression **fric.** Since the French Revolution at the end of the 18th century, our main unit of currency had been the **franc.** However, with the creation of a common monetary system in Europe, the **franc** was replaced by the **euro** (early 2002). The main units of currency are the **euro** and the **euro cent.** When you give prices, you write **22€50** or **22,50** and you say: **vingt-deux euros cinquante.**

> ## ▶ Qu'est-ce que vous en pensez?

Imagine the effect of suddenly replacing U.S. dollars with another form of currency. What changes would occur? What problems might arise? How do you think people would feel about the change?

À vous!

O. Qu'est-ce qu'on porte? *(What do people wear?)* Answer the following questions about what people wear.

1. Les vêtements unisexes: que portent les hommes et les femmes?
2. Les vêtements pour femmes: que portent les femmes?
3. Les vêtements pour hommes: que portent les hommes?
4. Qu'est-ce qu'on porte pour aller dîner dans un restaurant très chic?
5. Qu'est-ce qu'on porte pour jouer au tennis?
6. Qu'est-ce qu'on porte pour aller au cinéma?
7. Qu'est-ce que tu portes aujourd'hui *(today)*?

P. Combien? As you listen to these short conversations, identify the price mentioned in each one. [items 1–7]

Q. C'est combien, un pantalon? You and a friend are at the Celio clothing store (see page 83). As you see items that interest you, you ask each other about their prices and then react to what you hear. Select items in any order you wish.

MODÈLES: —*C'est combien, un pantalon?*
—*33 €. (Trente-trois euros.)*
—*Ah, c'est un peu cher.*

—*C'est combien, les chaussures?*
—*65 €. (Soixante-cinq euros.)*
—*Elles sont en solde* (on sale). *C'est un très bon prix.*

FLASH VOCABULAIRE

C'est (très, assez, un peu) cher.	It's (very, fairly, a little) expensive.
C'est un (très) bon prix.	It's a (very) good price.
C'est un prix intéressant.	It's an attractive price.
Il/Elle est (Ils/Elles sont) en solde.	It's (They're) on sale.

◼Échange: *Je cherche une chemise*

Edris est chez Celio où il parle avec une vendeuse.

VENDEUSE:	Bonjour, Monsieur. Vous cherchez quelque chose?
EDRIS:	Bonjour, Madame. Oui, je cherche une chemise.
VENDEUSE:	De quelle couleur?
EDRIS:	Je ne sais pas... euh... bleue ou verte ou rouge.
VENDEUSE:	Quelle taille?
EDRIS:	44, je pense.
VENDEUSE:	Voici une chemise bleue. Elle est en solde.
EDRIS:	Ah, oui? C'est combien?
VENDEUSE:	23 €. Elle est très jolie.
EDRIS:	Oui, elle est très bien. Bon. Je la prends.

Dico

Je ne sais pas: *I don't know*
je pense: *I think*
joli: *pretty, nice-looking*
quelque chose: *something*
vendeuse: *saleswoman*

Ça se dit comment?

Pour identifier les couleurs *(To identify colors)*

blanc (blanche)	⬭	bleu(e)	⬭	orange	⬭	violet(te)	⬭
noir(e)	⬭	vert(e)	⬭	rouge	⬭	mauve	⬭
gris(e)	⬭	jaune	⬭	rose	⬭	beige	⬭
brun(e) / marron	⬭						

FLASH GRAMMAIRE

L'accord des adjectifs *(Adjective agreement)*

Adjectives agree with the nouns they modify.

> **Le** pantalon est **bleu.**   **La** chemise est **bleue.**

Most adjectives form the feminine by adding **-e** (unless they already end in **-e**).

> **gris → grise**   **vert → verte**

BUT: **rouge → rouge**

EXCEPTIONS: **blanc → blanche / violet → violette / marron** (which doesn't change)

La place des adjectifs *(Adjective position)*

Adjectives of color go after the noun they modify.

> un pantalon **bleu**   une chemise **bleue**

Ça se dit comment?

Pour acheter un vêtement
(To buy an item of clothing)

Je cherche...
I'm looking for . . .

Quelle taille?
What size?

De quelle couleur?
What color?

Je le (la) prends.
I'll take it.

Les tailles

Femmes: robes, tailleurs, jeans, pantalons

USA	5/6	7/8	9/10	11/12	13/14	15/16
France	36	38	40	42	44	46

Femmes: pulls, sweats, chemisiers

USA	30	32	34	36	38	40	42
France	36	38	40	42	44	46	48

Hommes: complets, pulls, sweats, chemises

USA	34	36	38	40	42	44	46
France	44	46	48	51	54	56	59

Hommes: jeans, pantalons

USA	26	28	30	32	34	36	38	40
France	36	38	40	42	44	46	48	50

Hommes et femmes: tee-shirts

USA	XS	S	M	L	XL	XXL
France	1	2	3	4	5	6

À vous!

 R. **De quelle couleur est le drapeau... ?** Ask your partner the colors of the flags.

MODÈLE: le drapeau français
—*De quelle couleur est le drapeau français?*
—*Il est bleu, blanc et rouge.*

Algérie   **Allemagne**   **Brésil**

États-Unis d'Amérique   **France**   **Mexique**

Each of the colors on the Olympic flag represents one of the five continents.

le bleu = l'Europe
le noir = l'Afrique
le rouge = l'Amérique
le jaune = l'Asie
le vert = l'Australie

1. le drapeau allemand
2. le drapeau américain (des USA)
3. le drapeau mexicain
4. le drapeau algérien
5. le drapeau brésilien
6. le drapeau français

👥 S. Qu'est-ce qu'ils portent? Tell your classmate what each person is wearing. Don't forget to give the color.

MODÈLE: —Qu'est-ce que Jean-Pierre porte?
—Il porte un polo blanc et un pantalon noir.

Jean Pierre

Sylvie

Thomas

Alain

M. Bergerac

Jeanne

Mireille et Vincent

Annick

Et toi?

👥 T. C'est qui? Think of a classmate and tell your partner one item of clothing the classmate is wearing (without identifying him/her). Your partner will ask you questions until he/she can guess who the person is.

MODÈLE: —Il/Elle porte un pantalon.
—De quelle couleur est le pantalon?
—Il est noir.
—Il/Elle porte une chemise rouge?
—Oui.
—C'est John?
—Oui, c'est John.

U. Chez Celio. Edris and Mariam are at the Celio clothing store. For each item Edris or Mariam is looking to buy, imagine his or her conversation with the salesperson. Talk about colors, size, and price.

MODÈLE: un blouson / 68€
—*Bonjour, Madame. Vous cherchez quelque chose?*
—*Bonjour, Mademoiselle. Oui, je cherche un blouson.*
—*De quelle couleur?*
—*Blanc.*
—*Quelle taille?*
—*40.*
—*Voici un blouson blanc en taille 40.*
—*C'est combien?*
—*68 euros, Madame.*
—*Ah, c'est un bon prix. Je le prends.*

Pour Mariam
1. une jupe / 53€
2. un chemisier / 37€
3. un jogging / 43€
4. un pull / 50€

Pour Edris
5. un pantalon / 58€
6. une chemise / 38€
7. un jogging / 43€
8. un short / 29€

> Do **À faire! (2-3)** on page 71 of the **Manuel de préparation.**
> * Follow-up: clothing, colors
> * Preparation: agreement and position of adjectives
>   *(Contrôle 6)*

Rappel grammatical

L'accord et la place des adjectifs de couleur

Agreement

Adjectives of color agree in *gender* and in *number* with the nouns they modify. Note that some have the same form in the masculine and feminine. Some do not take **s** in the plural.

MASCULINE	FEMININE	PLURAL
vert	verte	verts / vertes
bleu	bleue	bleus / bleues
rouge	rouge	rouges
jaune	jaune	jaunes
noir	noire	noirs / noires
brun	brune	bruns / brunes
blanc	blanche	blancs / blanches
violet	violette	violets / violettes
orange	orange	orange
marron	marron	marron

Position

Adjectives of color come *after* the noun they modify.

un pantalon **bleu**   des chemisiers **blancs et rouges**
une jupe **verte**   des bottes **noires**

Exercice de substitution
1. *Le pantalon* est vert. (la robe / le short / la jupe / les sandales / le tee-shirt / les baskets)
2. *La chemise* est blanche. (le pantalon / la jupe / les chaussures / le tailleur / les tennis)
3. *Un pantalon* bleu. (un short / des chaussures / une robe / un costume / une jupe)
4. *Une chemise* jaune. (une jupe / un jogging / une robe / des bottes / des baskets / un short)

À vous!

V. Et eux, qu'est-ce qu'ils portent? Identify the clothing items and colors worn by each person.

FLASH VOCABULAIRE

| clair | *light* | un pantalon **bleu clair** / une chemise **vert clair** |
| foncé | *dark* | un short **vert foncé** / des tennis **bleu foncé** |

Colors with **clair** and **foncé** are invariable; they do *not* agree with the noun they modify.

W. Qu'est-ce que je mets avec... ? *(What do I wear with . . . ?)* Find out from a classmate his/her recommendations as to what to wear with these clothing items.

> MODÈLE: un pantalon bleu
> —*Qu'est-ce que je mets avec un pantalon bleu?*
> —*Avec un pantalon bleu, tu mets une chemise blanche ou bleue et une cravate rouge ou, si tu préfères, tu mets une chemise rouge avec un pull blanc. Et tu mets des chaussures noires, bien sûr (of course).*

1. un pantalon marron
2. un tee-shirt jaune
3. un jean
4. un short vert
5. une veste violette
6. un pull blanc

FLASH VOCABULAIRE

je mets *I put on*
tu mets *you put on*

Couleurs et personnalité

Quelle est ta couleur préférée? Choisis une couleur dans la liste et regarde la description correspondante. Est-ce que c'est la description de ta personnalité?

Ta couleur préférée, c'est

le rouge: Tu es ambitieux/ ambitieuse, sportif/sportive et sympathique

le bleu: Tu es réservé(e), calme et gentil(le)

le noir: Tu es sérieux/sérieuse, fort(e) et mystérieux/mystérieuse

le blanc: Tu es élégant(e), aimable et poli(e)

le vert: Tu es sérieux/sérieuse, ouvert(e) et bavard(e)

le jaune: Tu es sociable, énergique et charmant(e)

le rose: Tu es romantique, généreux/généreuse et sensible

le gris: Tu es sérieux/sérieuse, tranquille et organisé(e)

le violet: Tu es studieux/studieuse, intelligent(e) et amusant(e)

le marron: Tu es patient(e), responsable et studieux/studieuse

l'orange: Tu es ambitieux/ ambitieuse, courageux/ courageuse et heureux/heureuse

X. **Quelles sont tes couleurs préférées?** Find out from each of your partners what his/her favorite colors are and what clothing he/she has of those colors.

> Notice that in French, when talking *about* colors you use an article and the masculine form. **Moi, je préfère le bleu.** *(I prefer blue.)* **J'aime beaucoup les bruns et les verts de Cézanne.** *(I really like the browns and greens of Cézanne.)*

MODÈLE:
—*Quelles sont tes couleurs préférées, Marie?*
—*Moi, j'aime beaucoup le bleu et le violet.*
—*Tu as des vêtements bleus?*
—*Ah, oui. J'ai trois jupes bleues, deux chemisiers bleus et des jeans bleus aussi.*
—*Et tu as des vêtements violets?* etc.

FLASH GRAMMAIRE

The demonstrative adjectives **ce, cet, cette, ces**

In French, to indicate *this* or *that,* you use **ce** or **cette;** to indicate *these* or *those,* you use **ces.**

ce pantalon	*this (that) pair of pants* (m.)
cet anorak	*this (that) winter jacket* (m., beginning with a vowel sound)
cette jupe	*this (that) skirt* (f.)
ces pulls	*these (those) sweaters* (m.pl.)
ces sandales	*these (those) sandals* (f.pl.)

Y. **C'est de qui, ce tableau?** *(Who did this painting?)* Read the *Zoom!* on page 93 and try to identify who did each of the paintings. Then have a short discussion about the artist's colors and your feelings about the painting.

FLASH VOCABULAIRE

le tableau	*painting*
le peintre	*painter*
utiliser...	*to use . . .*
les couleurs claires	*light colors*
les couleurs foncées	*dark colors*
les couleurs vives	*bright colors*

MODÈLE:
—*C'est de qui, ce tableau?*
—*C'est un tableau de Seurat, je pense* (I think).
—*Il utilise des couleurs claires.*
—*Oui. J'aime les bleus et les verts.*
—*Moi, j'aime beaucoup Seurat. Et toi?*
—*Moi, je n'aime pas tellement Seurat.
Je préfère Manet et Renoir.*

Zoom!

During the second half of the 19th century, France was the art capital of the world. Among the famous painters of that period are:

- **Manet** (1832–1883): precursor of the impressionists; known for his use of broad, simple color areas and vivid, bold brush technique
- **Cézanne** (1839–1906): post-impressionist, known for his landscapes and still lifes in which natural forms begin to be reduced to geometric figures
- **Monet** (1840–1926): leader of the impressionists; known for his paintings of the same scene under different light conditions

- **Renoir** (1841–1919): also an impressionist; known for his paintings of people, oftentimes enjoying themselves
- **Gauguin** (1848–1903): stockbroker who turned painter later in life, known for his paintings of Tahiti
- **Seurat** (1859–1891): known for his paintings characterized by minuscule points of pure color (**pointillisme**)

■ Contexte: *Au magasin de matériel électronique*

Darty est un magasin d'électroménager et de matériel hi-fi et vidéo. On peut y acheter...

un moniteur

un clavier

une souris

un ordinateur (multimédia)
(avec lecteur CD-ROM /
avec lecteur DVD) 1.270 euros

un ordinateur portable
1.110 euros

une télécommande

un téléviseur
245 euros

des haut-parleurs

une chaîne hi-fi
290 euros

un caméscope
629 euros

Ça se dit comment?

Pour identifier le matériel électronique *(To identify electronic equipment)*

un caméscope	*camcorder*	un ordinateur (portable)	*(laptop) computer*
une chaîne hi-fi	*stereo set*	un portable	*cell phone*
un clavier	*keyboard*	une radiocassette laser	*boombox with CD player*
des haut-parleurs *(m.pl.)*	*speakers*	un répondeur	*telephone answering machine*
un lecteur DVD	*DVD player*	une souris	*mouse*
un magasin de matériel électronique	*electronics store*	une télécommande	*remote control*
un magnétoscope	*VCR*	un télécopieur	*fax machine*
un moniteur	*monitor*	un téléviseur	*TV set*

➤ *Qu'est-ce que vous en pensez?*

In France, as in the U.S., cell phones have become very common. How has the use of cell phones changed our behavior? Are the behavioral changes always for the better? Why or why not?

un magnétoscope
255 euros

une radiocassette laser
139 euros

un portable
85 euros

un télécopieur
215 euros

un répondeur
23 euros

Ça se dit comment?

Pour compter de 101 à 1 000 000 *(To count from 101 to a million)*

101	cent un	1 000	mille
102	cent deux	2 000	deux mille
		2 500	deux mille cinq cents
200	deux cents	1 551	deux mille cinq cent cinquante et un
201	deux cent un	1 000 000	un million
202	deux cent deux		

À vous!

Z. Soyons précis! As you listen to the mini-conversations, write the missing numbers on a separate sheet of paper.   [items 1–16]

AA. Lisez! (Read!)

1. Read the telephone numbers (**les numéros de téléphone**) aloud in French.
   a. 05.61.83.92.42
   b. 04.98.66.54.78
   c. 01.34.52.76.97
   d. 03.84.91.71.95
   e. 02.35.78.16.49

2. Give the population of these cities in French.
   a. Lyon   422 444
   b. Lille   178 301
   c. Marseille   807 726
   d. Bordeaux   213 274
   e. Paris   2 152 423

3. In French, decimals are written with a comma; for example, **3,2 (trois virgule deux)** = 3.2 *(three point two)*. Read the following decimals in French.
   a. 9,80   g. 16,1
   b. 10,61   h. 79,81
   c. 29,72   i. 30,95
   d. 13,3   j. 31,4
   e. 253,46   k. 426,6
   f. 357,75   l. 338,94

> Large numbers in French are not written with commas but rather with spaces or with periods. Therefore, **2 354 780** and **2.345.780** both are the equivalents of 2,354,780 *(two million three hundred fifty-four thousand seven hundred and eighty).*

BB. Est-ce que tu as...? *(Do you have . . . ?)* Find out from your partner if he/she has each of the electronic items mentioned below.

MODÈLE: un caméscope
          —*Est-ce que tu as un caméscope?*
          —*Oui, j'ai un caméscope.* OU *Non, je n'ai pas de caméscope. Mais je voudrais avoir un caméscope.* OU *Non, je n'ai pas de caméscope. Je n'ai pas besoin d'un caméscope.*

1. un caméscope
2. un ordinateur avec lecteur CD-ROM
3. une chaîne hi-fi
4. un téléviseur avec télécommande
5. un magnétoscope
6. une radiocassette laser
7. un portable

FLASH VOCABULAIRE

j'ai un/une (des)... *I have a (a/an, some)*
je n'ai pas de (d')... *I don't have a (an, any) . . .*
j'aimerais avoir un (une, des)... *I'd like to have a (a/an, some) . . .*
j'ai besoin d'un (d'une, de)... *I need a (a/an, some) . . .*
je n'ai pas besoin de (d')... *I don't need a (an, any) . . .*

In France, you can pay in cash **(en liquide, en espèces)**; with a check **(par chèque)** if your purchase amounts to at least 10 euros; or with a debit/credit card **(par carte bleue, par carte de crédit)** if your purchase amounts to at least 20 euros. Most checking accounts come with a debit card that you can use at no extra cost at an ATM **(distributeur automatique de billets)**. You must use your PIN number **(code confidentiel)**.

CC. C'est combien, une chaîne-hi-fi? Ask a classmate how much each of the electronic items costs in France. When you hear the answer, comment on it using the expressions you learned while talking about clothing prices: **C'est (très, assez) cher. / C'est un bon prix (un prix intéressant).**

> MODÈLE: une chaîne hi-fi / 180€
> —*C'est combien, une chaîne hi-fi?*
> —*180 euros.*
> —*Ah, c'est assez cher.*

1. un téléviseur couleur / 450€
2. un magnétoscope / 120€
3. un appareil photo / 320€
4. un portable / 50€
5. un ordinateur (avec moniteur et lecteur CD-ROM) / 2.800€
6. un lecteur CD / 25€

In Belgium and Switzerland, the numbers between 70 and 99 are not the same as in France.

EN BELGIQUE	EN SUISSE
70 **septante**	70 **septante**
80 **octante**	80 **huitante**
90 **nonante**	90 **nonante**

Do **À faire! (2-4)** on page 77 of the **Manuel de préparation.**
* Follow-up: electronics vocabulary, numbers from 70 to 1,000,000
* Preparation: the verb **avoir** *(Contrôle 7)*

Rappel grammatical

Le verbe *avoir*; quelques expressions avec *avoir*

Le verbe **avoir** *(to have)*	
j'**ai**	nous **avons**
tu **as**	vous **avez**
il/elle/on **a**	ils/elles **ont**

Elle **n'a pas de** voiture.	*She **doesn't have** a car.*
Nous **avons besoin d'**une calculatrice.	*We **need** a calculator.*
Tu **n'as pas faim,** mais tu **as soif,** c'est ça?	*You're **not hungry,** but you're **thirsty,** is that right?*

Exercice de substitution

1. *Luc* a soif, mais il n'a pas faim. (Chantal / je / nous / Irène et Claude / tu / vous / on)
2. Est-ce que *François* a un caméscope? (tu / Mireille / Michèle et Francine / vous / Jean-Jacques)
3. *Ils* n'ont pas de téléviseur. (elle / tu / nous / je / elles / Éric)
4. *Ils* n'ont pas d'ordinateur non plus. (il / nous / vous / on / je / tu / elles)
5. *Nous* avons besoin d'*une calculatrice*. (Jacques, un ordinateur / je, un magnétoscope / vous, une chaîne hi-fi / tu, un lecteur DVD / ils, un téléviseur couleur)

À vous!

DD. Une enquête. Survey several of your classmates as to what they possess in each of the following categories. Be prepared to report back to the class on the results.

Musique et audiovisuel: **cassette, CD, jeu vidéo, cassette vidéo**
Matériel électronique: **ordinateur, chaîne hi-fi, magnétoscope, lecteur DVD,** etc.
Moyens de transport: **voiture, moto, vélo, vélomoteur** *(motorbike)*
Vêtements: **jean, blouson, tee-shirt, pull, tailleur, costume,** etc.

EE. C'est *aller* ou *avoir*? In French, a single sound is often all that distinguishes two expressions with quite different meanings. This is true for certain forms of **aller** and **avoir** (e.g., **vous allez, vous avez**). Use a separate sheet of paper to do this listening exercise.   [items 1–15]

FF. Une petite discussion. Discuss the following topics with a few classmates. Find out how they feel about the topics suggested, and then talk about what they have or would like to have or don't feel they need in each category.

1. Tu aimes (Vous aimez) la musique? (une chaîne hi-fi / un lecteur DVD / un baladeur ou un walkman / une radiocassette)
2. Tu aimes (Vous aimez) les films? (un téléviseur couleur / un magnétoscope / un caméscope)
3. Tu aimes (Vous aimez) les vêtements unisexes? (un jean / un blouson / un tee-shirt / un sweat / des sandales / des tennis)

Le monde francophone

Le petit commerce Les villes francophones ont souvent des boutiques élégantes et des centres commerciaux à l'européenne. Mais beaucoup de gens préfèrent acheter la nourriture, les vêtements, les articles ménagers, les bijoux, etc., selon les vieilles traditions.

Les souks au Maroc et en Tunisie sont toujours pleins de gens qui cherchent des objets fabriqués par les artisans. Chaque rue étroite bordée de petites boutiques a sa spécialité: tapis, objets en cuir, meubles, poterie, henné, maquillage.

Dans les marchés en plein air à Abidjan, capitale de la Côte d'Ivoire, on peut tout acheter—nourriture, fleurs, tissus, vêtements, statues en bois, instruments de musique.

En Guadeloupe on vend toutes sortes de spécialités de l'île dans les épiceries et les marchés: des thés, du poisson, des crustacés, des légumes et des fruits.

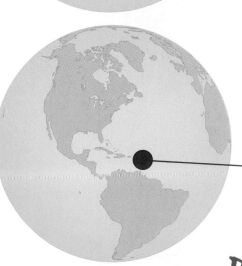

Dico 📖

beaucoup de: *many*	**marchés en plein air:** *outdoor markets*
bijoux: *jewelry*	**ménager:** *household*
bordée de: *lined with*	**meubles:** *furniture*
chaque: *each*	**nourriture:** *food*
crustacés: *shellfish*	**pleins de gens:** *full of people*
cuir: *leather*	**poisson:** *fish*
en bois: *wooden*	**poterie:** *pottery*
étroite: *narrow*	**selon les vieilles:** *according to the old*
fleurs: *flowers*	**souks:** *North African commercial streets*
gens: *people*	**tapis:** *rugs*
henné: *hair- and face-dye*	**tout:** *everything*
maquillage: *makeup*	

➤ Qu'est-ce que vous en pensez?

Where are the small businesses located in the area where you live? Who shops there? Why? Are there other traditional shopping sites, such as roadside farm stands, that still exist in your area? What has been the effect of malls and large chains on shopping habits?

◾Lecture: *Deux calculatrices*

GG. Pré-lecture. When you read an ad in a newspaper or magazine, how often do you expect to find each of the following types of information—always? usually? rarely? never?

1. type of product
2. brand name
3. name and address of manufacturer
4. price
5. materials, ingredients, and/or features
6. picture of the product
7. reasons for buying the product
8. testimonials

Pour lire

Skimming and scanning

Skimming and scanning are two techniques you use when your main concern is to get information from a document or text.

Skimming involves looking quickly over the materials to get a general idea of the type of text you're dealing with and the basic content you're likely to find. In skimming, you make use of the physical layout and design as well as of any apparent cognates. Exercise GG basically asks you to skim the ads for general information.

Scanning involves looking over the material in search of a particular piece of information. In scanning, you focus on specific details while ignoring unrelated information. Exercise II asks you to scan the calculator ads in order to answer certain questions.

Skimming and scanning usually occur simultaneously and are very useful when you have a specific need for information and are confronted with large amounts of unfamiliar vocabulary.

**QUE LA PUISSANCE
SOIT AVEC TOI !**

Plus de puissance, plus de rapidité, plus de graphisme, plus de mémoire, maintenant à portée de main.

En concevant l'outil mathématique le plus puissant du marché, Texas Instruments a révolutionné le monde des calculatrices.

Plus qu'une simple calculatrice, la **TI-92** est la première plate-forme mathématique. Elle intègre des logiciels puissants jusqu'ici disponibles seulement sur des ordinateurs, avec une facilité d'utilisation étonnante (clavier d'ordinateur, menus déroulants, aide syntaxique, catalogue alphabétique de toutes les commandes...).

Les expressions et résultats sont affichés sous forme de symboles comme dans un livre de 1ère S ou Math. Spé.

TI-92 : - 1 Mo de mémoire ROM
- 128 Ko RAM (ext. à 256 Ko)*
- Microprocesseur 68000
- Résultats symboliques
- Graphique en 3D
- Géométrie interactive
- Editeur de texte

On a tous besoin d'une Texas Instruments.

TEXAS INSTRUMENTS

Disponible au 4e trimestre 1996. · Internet : http://www.ti.com/calc/docs/92.htm · 3615 TEXAS (2,23 F/mn)

HH. Casio et Texas Instruments. Read the two calculator ads. Then say which types of information listed in Exercise GG are contained in each ad.

II. Casio et Texas Instruments (suite). Scan the calculator ads in order to answer the following questions.

1. What's the main difference between the two ads?
2. What details are provided by the Texas Instruments ad?
3. What's the point of the Casio ad?
4. What populations are targeted by both ads?
5. How can you get more information about either of the calculators?
6. In your opinion, which ad is more effective?

> Do **À faire! (2-5)** on page 86 of the **Manuel de préparation.**
> * Vocabulary review
> * Grammar review

∎Intégration

🧍🧍🧍 JJ. Aux Galeries Lafayette ou au Printemps. Two large French department store chains are **Les Galeries Lafayette** and **Printemps.** You and a classmate want to go shopping for clothes. On the basis of the drawings, decide which store you want to go to, then each of you goes there and buys the items in question. A third classmate plays the role of the salesperson. See page 88 for sizes.

MODÈLES:
—*Tu veux faire du shopping?*
—*Oui, j'ai besoin d'un short.*
—*Tu veux aller aux Galeries Lafayette ou au Printemps?*
—*Je préfère aller au Printemps; c'est moins cher. OU J'aime bien les vêtements aux Galeries Lafayette.*

Aux Galeries Lafayette OU Au Printemps
—*Bonjour, Monsieur (Madame, Mademoiselle). Vous cherchez quelque chose?*
—*Bonjour, Mademoiselle (Madame, Monsieur). Oui. J'ai besoin d'un short.*
—*Et la taille?, etc.*

GALERIES Lafayette

un tee-shirt à lacets
~~25€~~ 18€

un tee-shirt à boutons
~~28€~~ 18€

un pantalon
40€

un collier fantaisie
15€

un tee-shirt imprimé
20€

un short
25€

un bermuda imprimé
18€

une chemise imprimée
~~50€~~ 35€

une robe
~~50€~~ 35€

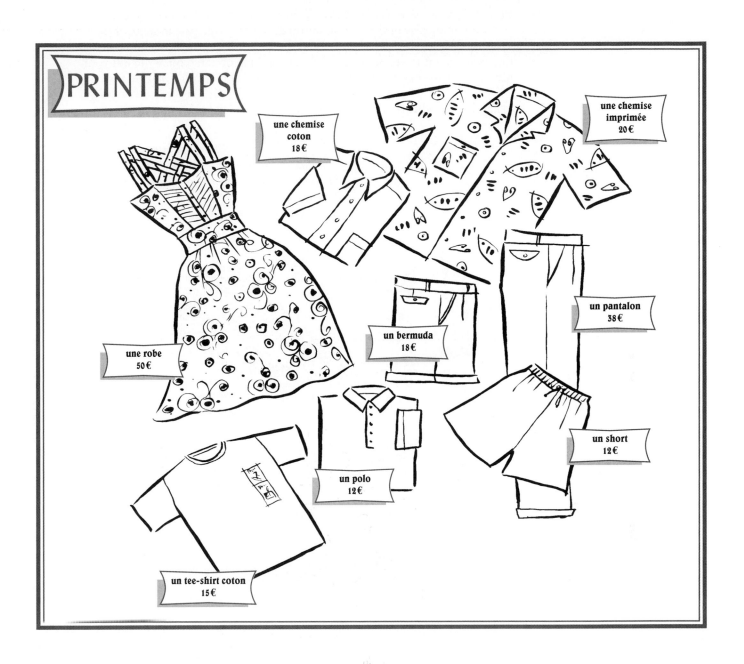

PRINTEMPS

une chemise
coton
18 €

une chemise
imprimée
20 €

une robe
50 €

un bermuda
18 €

un pantalon
38 €

un short
12 €

un polo
12 €

un tee-shirt coton
15 €

KK. C'est quel nombre? Write down the numbers mentioned in each of the short conversations the instructor plays for you.   [items 1–10]

👥 LL. Au festival de Tarascon. Tarascon is a small town in southern France, not far from Avignon. Every year **la Fête des Fleurs** (*flowers*) is celebrated there. You're visiting Tarascon on the day of the festival, so you decide to participate in some of the activities. With the help of the festival poster and the vocabulary provided, choose at least five things you want to see or do. Then, using the map of Tarascon, write out your itinerary for the day. Include notes on directions so that you won't get lost.

VERBES: **aller / aller danser / manger / regarder / visiter**

MODÈLE: 10h30   *regarder le défilé devant l'hôtel*
11h   *aller à la place de la Mairie pour regarder les danses folkoriques (on tourne à gauche sur le boulevard Itam, on tourne à droite dans la rue du Jeu-de-Paume, on tourne à droite encore une fois et on continue jusqu'à la place de la Mairie) etc.*

In France, most public events are listed in official time—that is, using the 24-hour clock. For times after 12 noon, subtract 12 from the official time. For example, **14h** = 2:00 in the afternoon; **19h30** = 7:30 in the evening.

FÊTE DES FLEURS

Tarascon

samedi 27 juin

10h30	Défilé[1]: la Grande Cavalcade (bd Victor Hugo, bd Gambetta, bd Itam)
11h–12h	Danses folkloriques (place de la Mairie)
12h–14h	Dégustation[2]: spécialités de la région au bord du[3] Rhône
13h–15h	Concert de rock: Louis Bertgani et «Les Visiteurs» (place de la Mairie)
14h–18h	Sports: tennis, judo, volley-ball (stade municipal)
16h–18h	Exposition de peintures (musée des Beaux-Arts)
19h–21h	Concert d'orgue[4] (Église Sainte-Marthe)
19h–21h	Dégustation: spécialités de la région (au bord du Rhône)
21h30	Spectacles son et lumière[5] (devant le château)
22h30	Feux d'artifice[6] (au bord du Rhône)
23h	Bal[7] populaire (devant le château)

[1]*Parade*   [2]*(Food) tasting*   [3]*on the banks of*   [4]*organ*   [5]*sound and light*   [6]*Fireworks*   [7]*Dance*

▪Lexique

Pour indiquer où se trouve un bâtiment
Où est...?
Il est / Elle est...
    dans la rue...
    dans l'avenue...
    sur le boulevard...
    sur la place...

Pour situer quelque chose
au bout de
au coin de
à droite (de)
à gauche (de)
de l'autre côté de
en face de
à côté de
(tout) près de
loin de
entre
devant
derrière

Pour décrire un endroit
C'est une (assez) grande ville.
C'est une (assez) petite ville.
C'est un (petit) village.
Est-ce qu'il y a un (une)... ?
Est-ce qu'il y a des... ?
Qu'est-ce qu'il y a à... ?

Pour indiquer la fréquence
une fois par semaine
deux ou trois fois par mois
quatre ou cinq fois par an
souvent
de temps en temps
quelquefois
rarement
ne... jamais

Pour demander des renseignements
Pardon, Madame (Monsieur, Mademoiselle). La rue
(l'avenue, le boulevard, la place)... , s'il vous
plaît?
S'il vous plaît, Madame (Monsieur, Mademoiselle).
La rue (l'avenue, le boulevard, la place)...

Pour dire comment aller quelque part
Vous sortez (Tu sors) de la gare (du musée, de
l'hôtel)...
Vous prenez (Tu prends) le boulevard (la rue,
l'avenue)...
Vous allez (Tu vas) tout droit.
Vous tournez (Tu tournes) à gauche (à droite) dans
la rue (dans l'avenue, sur le boulevard)...
Vous continuez (Tu continues) jusqu'à la rue...
(jusqu'à la place... jusqu'à l'avenue... , jusqu'au
boulevard... , jusqu'au feu).
Vous traversez (Tu traverses) le boulevard (la rue,
l'avenue, la place)...

Pour parler d'argent
un billet
un euro
un euro cent
une pièce

Pour commenter les prix
C'est (très, assez, un peu) cher.
C'est un (très) bon prix.
C'est un prix intéressant.
Il/Elle est (Ils/Elles sont) en solde.

Pour acheter un vêtement
De quelle couleur?
Je cherche...
Je le (la) prends.
Quelle taille?

Pour parler de tableaux
le peintre
le tableau
utiliser
    les couleurs claires
    les couleurs foncées
    les couleurs vives

Pour parler de ses possessions
j'ai un (une, des)...
je n'ai pas de (d')...
j'aimerais avoir un (une, des)...
j'ai besoin d'un (d'une, de)
je n'ai pas besoin de (d')...

Thèmes et contextes

Les endroits publics *(m.pl.)*
un aéroport
une bibliothèque
une boutique
un bureau de poste
un café
une cathédrale
un cimetière

un cinéma
un collège
un commissariat de police
une école primaire
une église
une gare
une gare routière
un hôtel

un hôtel de ville / une mairie
un lycée
un magasin
une mosquée
un musée
un palais de justice
un parc / un jardin public
un parking
une piscine
un restaurant
un stade
une synagogue
un temple
un théâtre
une université

Les bâtiments commerciaux *(m.pl.)*
une banque
une bijouterie
une boucherie
une boulangerie-pâtisserie
un (bureau de) tabac
un centre commercial
une charcuterie
une épicerie
une librairie
un magasin de matériel électronique
un magasin de musique
un magasin de sports
un magasin de vêtements
une papeterie
une pharmacie
un salon de coiffure
un supermarché

Les couleurs *(f.pl.)*
beige
blanc (blanche)
bleu(e)
brun(e)
gris(e)
jaune
marron
mauve
noir(e)
orange
rose
rouge
vert(e)
violet(te)

Pour compter de 21 à 1 000 000
See pp. 84 and 95.

Le matériel électronique
un caméscope
une chaîne hi-fi
un clavier
des haut-parleurs *(m.pl.)*
un lecteur DVD
un magasin de matériel électronique
un magnétoscope
un moniteur
un ordinateur (portable)
un portable
une radiocassette laser
une souris
une télécommande
un télécopieur
un téléviseur

Les vêtements *(m.pl.)*
un anorak
un blouson
des baskets *(f.pl.)*
des bottes *(f.pl.)*
des chaussettes *(f.pl.)*
des chaussures *(f.pl.)*
une chemise
un chemisier
un costume
une cravate
un débardeur
un jean
un jogging
une jupe
un pantalon
un pull
une robe
des sandales *(f.pl.)*
un short
des souliers *(m.pl.)*
un sweat
un tailleur
un tee-shirt
des tennis *(m.pl.)*
une veste
les vêtements *(m.pl.)* **pour femmes (hommes)**

Vocabulaire général

Noms
un drapeau

Verbes
avoir
être
je mets
tu mets

Autres expressions
à
ce, cet, cette, ces
clair
d'accord
de
foncé
il n'y a pas de (d')
il y a
J'arrive!
y

C'est quoi, ça?
Qu'est-ce que c'est?

Où es-tu/êtes-vous?
Où est... ?

Branchez-vous!

Internet

Please visit the **Je veux bien!** website at **http://jvb.heinle.com.** You'll find activities to practice the vocabulary and grammar you've learned in this chapter as well as cultural exploration activities that guide you through websites from around the French-speaking world.

Vidéo

Please visit the **Je veux bien!** website at **http://jvb.heinle.com** for the video activities that accompany this chapter. You'll get the most from watching the video for this chapter if you first visit the website and print out the video activities for this chapter. Then watch the video (in your classroom, language lab, or at home) and complete the activities for the chapter.

AU-DELÀ DU COURS:
Une ville où on parle français

Interview someone who comes from or has spent a lot of time in a French-speaking city (i.e., a city in France or in the Francophone world). Have this person describe the city to you in as much detail as possible. Try to determine to what degree it resembles the cities talked about in this chapter and in what ways, if any, it's different.

LECTURE:
La place Ville-Marie à Montréal

Read the following short text about one of Montreal's largest attractions, then do the reading exercise that follows.

En France, le mot «place» signifie un espace public entouré de constructions. À Montréal et au Canada en général, le mot «place» désigne souvent un bâtiment colossal où se trouvent des bureaux, des commerces, des jardins intérieurs, des restaurants et des distractions.

Construite en 1957 par l'architecte I. M. Pei (architecte aussi du nouveau Louvre à Paris), la place Ville-Marie est un exemple impressionnant de l'urbanisme montréalais, bien adapté au climat difficile de cette région située au nord du continent américain. Dans la tour, en forme de croix, il y a des bureaux. Sous la tour on trouve d'immenses parkings, un vaste centre commercial, des restaurants de toutes sortes, des agences bancaires, des cinémas, etc. Les galeries marchandes du centre commercial sont reliées au métro (la station Bonaventure), aux gares de train et d'autobus, à huit grands hôtels, au palais des Congrès, à des logements (studios et appartements), à l'université du Québec, à la place des Arts (où se trouvent des théâtres et des salles de concert) et à un autre grand centre commercial (la place Bonaventure).

En somme, les 400 000 personnes qui, chaque jour, fréquentent la place Ville-Marie y trouvent une véritable ville sous la ville.

Adapted from **Au Québec,** *Guide Hachette Visa, pp. 92–93*

Dico

bâtiment: *building*
bureaux: *offices*
chaque jour: *each day*
croix: *cross*
entourés de: *surrounded by*
marchandes: *stores*
reliées: *connected*
sous: *under*
tour: *tower*

> ## Qu'est-ce que vous avez compris?

1. Your traveling companions, who don't speak French, see a sign for **la place Ville-Marie** and ask you what it is. Give them an explanation with as many details as you can.
2. Why might a French visitor to Montreal be somewhat confused the first time he/she saw the sign for **la place Ville-Marie?** (What would he/she be expecting to find?)

Carte d'identité: Le Québec

CANADA

QUÉBEC

Québec
Montréal

Situation: province au nord-est du Canada; à 1 heure d'avion de New York, à 7 heures d'avion de Paris

Population: 6 549 000 habitants (les Québécois)

Superficie: 1 688 000 km² (plus de 3 fois la superficie de la France)

Capitale: Québec

Villes principales: Montréal, Sherbrooke, Trois Rivières

Géographie: au sud, le long du fleuve Saint-Laurent, terres basses favorables à l'agriculture; au nord, forêts

Langues: français (81,2%), anglais (12%), amérindien, inuktitut (langue des Inuits)

Religion principale: catholicisme

Économie: agriculture, industries du bois (papier), métallurgie

Histoire: 1534—découverte du Saint-Laurent par l'explorateur français Cartier; 1608—fondation de la ville de Québec par Champlain; 1657—Guerre de Sept Ans entre la France et l'Angleterre; 1763—création de la province du Québec; 1791—le Bas-Canada francophone se sépare du Haut-Canada anglophone; 1840—réunion des deux Canadas avec l'anglais comme langue officielle; 1848—rétablissement du français comme langue officielle avec l'anglais; 1867—le Québec devient une province fédérée du Canada; 1968—proclamation du français comme seule langue officielle de la province

Deux villes: Québec et Montréal

Capitale de la province, Québec est la seule ville fortifiée d'Amérique du Nord. Elle est perchée sur un haut promontoire qui domine le Saint-Laurent. Beaucoup plus petite que Montréal (sa population est de 645 500 habitants), elle demeure une ville presque exclusivement francophone.

Montréal est située sur une grande île (50 km de long, 15 km de large) dans le Saint-Laurent. Ville cosmopolite de plus de 3 millions d'habitants, elle a vraiment une ambiance internationale. Francophone à l'est, anglophone à l'ouest, la ville comprend aussi des quartiers chinois, italiens, haïtiens, grecs et portugais.

ambiance: *atmosphere*
Ans: *Years*
bois: *wood*
comprend: *includes*
demeure: *remains*
fleuve: *river*
heure: *hour*
Inuits: *un Eskimo group*
promontoire: *headland*
rétablissement: *reestablishment*
seul(e): *only, single*
superficie: *area*
terres basses: *lowlands*

➤ Qu'est-ce que vous en pensez?

Founded in 1968, the **Parti Québécois** (separatist political party) continually calls for referendums on the possibility of Quebec separating from Canada and becoming an independent country with French as its sole official language. How has the history of the province contributed to this desire for independence?

Are there parts of the U.S. that seem "different" from the rest of the country? In what way(s)? Can you imagine a separatist party developing there? Why (not)?

ARCHITECTURE:
Les cathédrales

All of the major cities in France have at their center one or more cathedrals. Most of these impressive edifices date from the Middle Ages and reflect the two dominant styles of medieval architecture—the Romanesque and the Gothic.

l'église de Vézelay

L'architecture romane
(Romanesque architecture)

The 11th and 12th centuries in France saw the development of monastic orders and of a religious fervor inspired by the Crusades. Accompanying this religious revival was the construction of numerous churches in what came to be known as the Romanesque style.

Romanesque churches are characterized by the thickness of the walls, the solidity of the bell towers (**les tours clochers**), the use of buttresses (**contreforts**), and the prevalence of unbroken arches (**les arcs en plein cintre**). One of the most striking examples of Romanesque architecture is found at Vézelay, to the southeast of Paris.

une tour-clocher

des contreforts

l'arc en plein cintre

L'architecture gothique
(Gothic architecture)

Gothic architecture appeared in France toward the end of the 12th century along with the development of cities. Due to new construction techniques that allowed for more height and less weight, these cathedrals stretch up towards the sky as if a symbol of the power of faith. Gothic architecture reached its height in the 14th and 15th centuries. It is characterized by tall steeples (replacing the heavy Romanesque towers), flying buttresses (**les arcs-boutants**) that replace the earlier slab-like buttresses, broken arches (**l'arc brisé** or **l'arc en ogive**), and the use of stained glass windows (**les vitraux**). The cathedral at Reims is a wonderful example of the richness of Gothic architecture.

la cathédrale de Reims

des arcs boutants

l'arc brisé /
l'arc en ogive

un vitrail

On the basis of what you've learned about Gothic and Romanesque architecture, identify the style of each of the following buildings. Justify your choice by reference to some of the structural characteristics.

l'église de Notre-Dame-la-Grande (Poitiers)

la cathédrale de Chartres

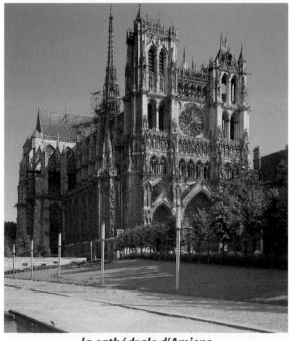

la cathédrale d'Amiens

« Pour toi mon amour » de Jacques Prévert

It's not at all unusual for someone to buy a small present for the person he/she is in love with. And in France one could go to an open-air market (**marché**) to find such a present. However, in this short poem by Jacques Prévert, the simple act of buying a present leads to a deeper idea about love. Listen to the poem being read aloud, then discuss the questions that follow with some of your classmates.

> # Pour toi mon amour
>
> Je suis allé au marché aux oiseaux
> Et j'ai acheté des oiseaux
> Pour toi
> mon amour
> Je suis allé au marché aux fleurs
> Et j'ai acheté des fleurs
> Pour toi
> mon amour
> Je suis allé au marché à la ferraille
> Et j'ai acheté des chaînes
> De lourdes chaînes
> Pour toi
> mon amour
> Et puis je suis allé au marché aux esclaves
> Et je t'ai cherchée
> Mais je ne t'ai pas trouvée
> mon amour.
>
> Jacques Prévert, *Paroles*
> ©1949 Éditions Gallimard

The verbs in this poem are all in the past tense. Thus, **je suis allé** means *I went*; **j'ai acheté**, *I bought*; **j'ai cherché**, *I looked for*; and **je n'ai pas trouvé**, *I didn't find*.

Dico

chercher: *to look for*
esclaves: *slaves*
ferraille: *scrap iron*
fleurs: *flowers*
lourdes: *heavy*
oiseaux: *birds*
te (t'): *you (familiar form)*
trouver: *to find*

Le sens du texte

1. Who are the two characters in the poem? Who did what? How can you tell?
2. What is the importance of the order of events? Do some or all of the presents have symbolic value?
3. What does the ending of the poem suggest about the relationship between the two characters? About love in general?

La forme du poème

Pick out all the repetitions in the poem. At what point(s) is there a break in the pattern of repetitions? What is the impact of this (these) break(s) on the visual appearance of the poem? What relationship does this impact have to the meaning(s) of the poem?

LECTURE:

Ça te branche, les maths? (Mathématiques)

Education in France is under the direction of the **Ministère de l'Éducation Nationale.** Curricula are determined at the national level; thus, students in all schools study basically the same material in the same manner. For example, here are some excerpts from a math textbook used in **collèges** in France. **6e** is roughly the equivalent of 7th grade in the U.S. Study the table of contents, the sample, and the accompanying exercises. Then compare them with a similar textbook used in schools in your area. Report to the class on the similarities and differences you discover.

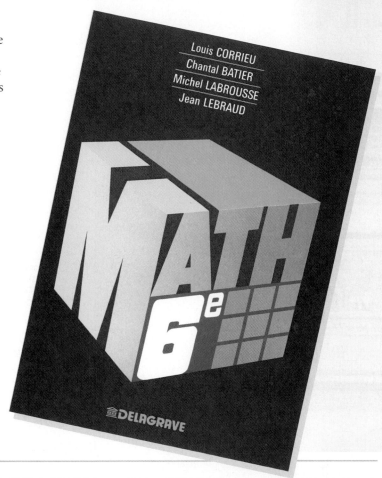

Louis CORRIEU
Chantal BATIER
Michel LABROUSSE
Jean LEBRAUD

MATH 6e

DELAGRAVE

Division

activité 6

a. Un moniteur de colonie de vacances partage (de façon équitable) un paquet de quarante-huit bonbons entre les huit enfants de son groupe. Chaque enfant reçoit six bonbons.
Pourquoi?

6 est le ***quotient exact*** de 48 par 8 car $48 = 8 \times 6$.
On écrit $48 : 8 = 6$.
Pour trouver le quotient de 48 par 8 tu effectues une *division*.
48 est le *dividende*, 8 est le *diviseur*.

● Remarque : *tape sur ta calculatrice*

$\boxed{5} \boxed{\div} \boxed{0} \boxed{=}$. *Que se passe-t-il?*

Dans une division, le diviseur ne doit pas être égal à 0.

b. Le moniteur organise ensuite un jeu de cartes. Il distribue les cartes d'un jeu de cinquante-deux, à ses huit colons, de façon à ce que chacun ait le plus de cartes possible.
Combien de cartes reçoit chaque enfant? Combien reste-t-il de cartes non distribuées?

Complète : $52 \, | \, 8$ $52 = (8 \times ...) + ...$

6 est le *quotient entier* de 52 par 8.
Quel est le dividende? Quel est le diviseur?
4 est le ***reste*** de cette division.
Quel est le reste de la division effectuée au a. ?

Dans une division, le reste est toujours inférieur au diviseur.

DIVIDENDE = DIVISEUR × QUOTIENT EXACT

Avec ta calculatrice, effectue :

$\boxed{5} \boxed{2} \boxed{\div} \boxed{8} \boxed{=}$.

La réponse affichée est 6,5.
6,5 est le quotient exact de 52 par 8 car on a : $8 \times 6,5 = 52$.
On écrit : $52 : 8 = 6,5$.

● Remarque : on a vu que 6 est le quotient entier de 52 par 8 mais écrire « $52 : 8 = 6$ » est faux car l'égalité « $8 \times 6 = 52$ » est fausse.

● Application :

1) *Quels sont le quotient entier et le quotient exact de 158 par 16? de 630 par 6? de 4 par 5?*

2) *Quels sont le quotient entier et le reste de la division de 432 par 7? de 432 par 6? de 432 par 10?*
Écris, pour chaque division, une égalité de la forme :

$$432 = (... \times ...) + ...$$

(Attention : le reste est inférieur au diviseur.)

45

Calcul mental :

$56 : 7$; $48 : 6$; $25 : 5$; $100 : 2$; $40 : 4$; $54 : 9$;
$120 : 2$; $120 : 5$; $26 : 2$; $44 : 4$; $36 : 2$; $210 : 7$;
$150 : 3$; $300 : 2$; $90 : 3$.

Quel est le quotient exact de 4 par 1? celui de 1 par 4?
Quel est le quotient exact de 5 par 2? celui de 2 par 5?
Quel est le quotient exact de 8 par 5? celui de 5 par 8?

Complète le tableau :

Dividende	Diviseur	Quotient entier	Reste
46	2		
2	46		
125		15	5
	31	29	1
274	274		

Dans cet exercice, le reste de la division de deux nombres est zéro.
1) Que devient le quotient de ces deux nombres si l'on multiplie le dividende par deux?
2) Que devient le quotient de ces deux nombres si l'on multiplie le diviseur par deux?
3) Que devient le quotient de ces deux nombres si l'on divise le diviseur par deux?

c.

On installe une clôture entre deux arbres distants de 13 m.
On plante cinq piquets.
Pour calculer la distance entre deux piquets on a divisé 13 par 6 :

$$
\begin{array}{r|l}
13 & 6 \\
10 & \overline{2{,}166} \\
40 & \\
40 & \\
4 & \\
\end{array}
$$

Cette distance au mètre près est : 2 mètres (par défaut).
Cette distance au décimètre près est : 2,1 mètres par défaut (elle est de 2,2 mètres par excès).
Cette distance au centimètre près est 2,16 mètres par défaut.

On dit que :
2 est le *quotient approché à 1 près par défaut* (ou quotient entier) de 13 par 6.
2,1 est le *quotient approché à 0,1 près par défaut* de 13 par 6.
2,16 est le *quotient approché au centième près par défaut* de 13 par 6.

● Remarque :

Puisque la division « ne s'arrête pas » on écrit :

$$13 : 6 = 2{,}166\ldots.$$

2,166 n'est pas le quotient exact de 13 par 6.

● Application :
Trouve le quotient approché au dixième près par défaut de 24 par 11.
Trouve le quotient approché à 0,001 près par défaut de 3 par 7.

Avec la calculatrice, des soustractions pour effectuer des divisions :
1) Calcule 52 − 13 − 13 − 13 − 13 avec la calculatrice.
Complète alors 52 = 13 × ...
2) Calcule 55 − 13 − 13 − 13 avec la calculatrice.
Complète alors 55 = (13 × ...) + ...
3) De la même façon, trouve le reste de la division de 75 par 31, en effectuant des soustractions successives, puis complète :

$$75 = (31 \times ..) + ...$$

x	y	$x + y$	$(x + y) \cdot 2$	$x : 2$	$y : 2$	$(x : 2) + (y : 2)$
16	42					
0,3	13,4					
146	352					

Un roman de 580 pages a une épaisseur de 4,7 cm (couverture non comprise).
1) Quelle est l'épaisseur d'une feuille de ce livre (donne une valeur arrondie).
2) Le chapitre V « va » de la page 65 à la page 124.
Quelle est environ l'épaisseur de ce chapitre ?

Une fermière a ramassé 345 œufs. Combien peut-elle remplir de boîtes de 12 œufs ?

CHAPITRE 3

On sort ce soir?

> " In this chapter, I take the **métro** (the Paris subway) home. On my way to the **métro** station, I stop to give directions to a passerby. At home, I show my wife what I bought, and then we make plans to go out for the evening. "

Chapter Support Materials
MP: pp. 101–140

MP Audio CD2, Tracks 2–11

OBJECTIVES

In this chapter, you'll learn to:

- take the subway and other means of transportation;
- make plans;
- talk about the past;
- talk about movies;
- get information;
- make comparisons.

In order to perform these activities, you'll learn to use:

- the verbs **prendre, sortir, vouloir,** and **pouvoir;**
- verbs ending in **-re;**
- the **passé composé** (past tense);
- the question words **comment, combien,** and **quand.**

You'll also read and/or hear about transportation and the movies in France and in the Francophone world.

Contexte: *Les moyens de transport à Paris*

Comment est-ce qu'on se déplace à Paris?

Laetitia et Clarisse prennent
l'autobus pour aller à l'école

M. et Mme Paillard habitent
dans la banlieue. Ils prennent
le RER pour aller travailler.

M. Villeminey prend sa voiture
pour aller travailler.

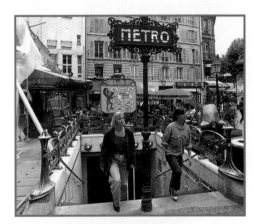

Martine prend le métro
pour aller à la fac.

Jacques et ses amis vont
à l'école à pied.

Didier fait les courses à vélomoteur.

Dico

à pied: *on foot*
banlieue: *suburbs*
fait les courses: *does errands*
moyens de transport: *means of transportation*
se déplace: *get (move) around*
la fac = faculté *(part of the university)*

Les touristes visitent la ville en autocar et en bateau-mouche.

Ça se dit comment?

Pour identifier les moyens de transport (To identify means of transportation)

un autocar (un car)	intercity or tourist bus
un autobus (un bus)	city bus
un avion	airplane
un car de ramassage	school bus
le métro	(city) subway
une moto(cyclette)	motorcycle
le RER	subway (from suburbs to Paris)
un taxi	taxi
un train	train
un vélo	bike
un vélomoteur	motorbike
une voiture	car

Ici, en France...

La voiture, toujours la voiture! Paris has an extensive and very well-developed public transporation system: 14 subway lines, 56 bus routes, and 5 suburban train lines **(le RER [le Réseau Express Régional]).** Nevertheless, almost two-thirds of the people living in Paris and the surrounding region use their cars daily to get around. The result? The twin problems of congestion and pollution. Traffic jams **(les embouteillages)** are daily occurrences, and at vacation time it can take hours just to get out of the city. And because of the immense number of cars and trucks, air quality is often extremely poor, to the point that on days when there is a pollution alert, only drivers with even-numbered (or, alternately, odd-numbered) license plates are allowed to drive in the city.

> ## Qu'est-ce que vous en pensez?

What public transportation is available in your area? Do people make use of it? Why (not)? Does your area have problems with traffic congestion and air pollution? What measures have been (should be) taken?

À vous!

A. Comment y aller? *(How do we get there?)* Listen to the short conversations and indicate which means of transportation the people decide on.

1. à pied / en métro
2. en autobus / en voiture
3. en avion / par le train
4. en métro / en taxi
5. en autobus / à vélomoteur
6. par le train / en voiture

B. Pour aller à... Use **il (elle) prend** or **ils (elles) prennent** and an expression from each column to write a sentence that describes what people are doing in each drawing.

MODÈLE: *Pour rentrer, Jacques prend le métro.* OU
Jacques prend le métro pour rentrer.

A	B
pour aller à...	l'avion
pour rentrer	le bus
pour visiter	le métro
	le train
	un taxi

FLASH VOCABULAIRE

il/elle/on prend	he/she/one takes
ils/elles prennent	they take

Jacques

Pierre

M. et Mme Polloni

Charles et Sophie

M. et Mme Tournaire

Mme Joncour

Hélène

Ça se dit comment?

Pour indiquer le moyen de transport
(To indicate the means of transportation)

prendre l'avion (le train, le bus, le car, un taxi, etc.)
    to take the plane (train, bus, intercity bus, a taxi, etc.)
y aller en avion (en bus, en autocar, par le train, en métro, en voiture)
    to go (there) by plane (bus, intercity bus, subway, car)
y aller à pied (à vélo, à vélomoteur)
    to go (there) on foot (by bike, by motorbike)

C. On prend le train? You and a classmate disagree about how to go somewhere. In each case, the second person justifies his/her preference. Alternate using the forms **prendre** and **y aller.**

FLASH VOCABULAIRE

C'est plus rapide.
    It's faster.
C'est moins cher.
    It's cheaper. (It's less expensive.)
C'est plus (moins) agréable.
    It's more (less) pleasant.
C'est plus (moins) amusant.
    It's more (less) fun.
C'est plus (moins) dangereux.
    It's more (less) dangerous.

MODÈLE: train / avion
—*On prend le train?*
—*Mais non. Moi, je préfère y aller en avion. C'est plus rapide.*
OU
—*On y va par le train?*
—*Non. Moi, je préfère prendre l'avion. C'est plus rapide.*

1. métro / à pied
2. taxi / bus
3. avion / train
4. à pied / bus

5. train / voiture
6. bus / vélo
7. voiture / métro
8. vélomoteur / métro

Sur 10 vélos vendus *(sold)* en France, 7 sont des VTT (vélos tout-terrain).

Conseils pratiques

Si le VTT t'intéresse sérieusement:
● achète un VTT avec beaucoup de vitesses (entre 18 et 21 vitesses si possible)
● choisis un vélo équipé d'un "clic" (qui indique le changement de vitesse)
● équipe ton VTT de phares avant et arrière et d'une sonnette. C'est obligatoire en France!
● commence par des itinéraires courts et faciles. Ne force pas au début
● augmente progressivement les distances et la difficulté des terrains
● entraîne-toi régulièrement
● inscris-toi dans un club de VTT

LE VTT

◼ Échange: *Comment y aller?*

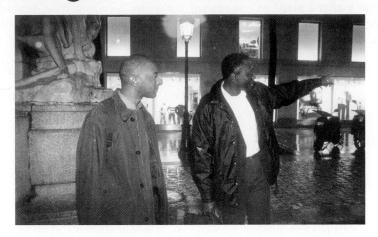

Un passant nord-africain arrête Edris dans la rue.

PASSANT: Asalaam malekum.
EDRIS: Malekum salaam.
PASSANT: Excusez-moi. Je dois aller à la gare du Nord. Je peux y aller à pied?
EDRIS: Non, non. C'est trop loin.
PASSANT: Alors, comment y aller? Il y a un autobus? Je suis pressé.
EDRIS: Oui, mais l'autobus n'est pas très rapide. Vous pouvez prendre un taxi, mais c'est plus cher. Pourquoi ne pas prendre le métro? C'est une ligne directe. Et vous descendez à la gare du Nord.
PASSANT: Il faut combien de temps pour y aller?
EDRIS: Un quart d'heure... 20 minutes au maximum.
PASSANT: Merci bien.
EDRIS: Je vous en prie.
PASSANT: Jamm ag jamm.
EDRIS: Jamm rekk.

Dico 📖

Asalaam... salaam: *traditional Arabic Muslim greetings*
Il faut... temps: *How long does it take ...*
Jamm ag jamm: *traditional Arabic Muslim expression of leave-taking;* literally: *Peace and peace*
Jamm rekk: literally: *Peace only*
Je dois: *I have to, must*
Je peux: *I can*
passant: *passerby*
pressé: *in a hurry*
Un quart d'heure: *A quarter of an hour*
Vous pouvez: *You can*

▐ Ça se dit comment?

Pour indiquer sa destination *(To indicate where you're going)*
Je dois aller...   *I have to go ...*
Je voudrais aller...   *I'd like to go ...*

Pour apprendre les moyens de transport possibles
(To find out the possible means of transportation)
Comment y aller?   *How can I get there?*
Je peux y aller (à pied, en   *Can I get there (on foot, by car, by bus, etc.)?*
  voiture, en bus, etc.)?
Il y a un autobus (un train, etc.)?   *Is there a bus (a train, etc.)?*

Pour savoir la durée du trajet *(To find out how long the trip takes)*
Il faut combien de temps pour y aller?   *How long does it take to get there?*
  un quart d'heure   *a quarter of an hour*
  vingt minutes   *twenty minutes*
  une demi-heure   *half an hour*
  trois quarts d'heure   *three quarters of an hour*
  une heure   *one hour*
  ...au maximum   *...at most*

À vous!

D. Je peux y aller à pied? When a stranger asks for help in getting somewhere, answer his/her questions using the information provided. A classmate will play the role of the stranger.

FLASH VOCABULAIRE

trop	too
trop cher	too expensive
trop lent	too slow
trop loin	too far

MODÈLE: la gare du Nord / à pied, trop loin / autobus, un quart d'heure ou 20 minutes

—*Excusez-moi, Madame. Je dois aller à la gare du Nord. Je peux y aller à pied?*
—*À la gare du Nord? Non, Monsieur. C'est trop loin. Prenez l'autobus, Monsieur.*
—*Il faut combien de temps pour y aller en autobus?*
—*Un quart d'heure... 20 minutes au maximum.*
—*Ah, merci beaucoup, Madame.*
—*Je vous en prie, Monsieur.*

1. au Louvre / à pied, trop loin / autobus, 20–25 minutes
2. à la Villette / en taxi, très cher / métro, une demi-heure
3. à Versailles / en autobus, trop lent / le RER, une demi-heure ou 40 minutes
4. à la place Charles de Gaulle-Étoile / en autobus, tout près / à pied, 10 minutes ou un quart d'heure
5. à Lyon / en avion, très cher / train, deux heures
6. à Rome / en voiture, très loin / avion, deux heures

E. Comment y aller? Imagine that you and a classmate are in a U.S. city with different transportation possibilities. Create a conversation in which one of you explains to the other the best way to get somewhere.

> Do **À faire! (3-1)** on page 101 of the **Manuel de préparation.**
> * Follow-up: transportation vocabulary
> * Preparation: verbs ending in **-re** and **prendre** *(Contrôle 8)*

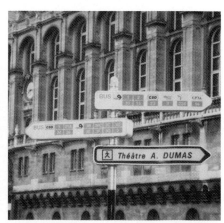

Le monde francophone

D'autres moyens de transport

La plupart des pays francophones ont des moyens de transport modernes. Pourtant, il y a aussi des moyens originaux pour se déplacer.

LA SUISSE

À Lausanne et dans d'autres villes en Suisse, on peut se déplacer en tramway.

Le Maroc

LE MAROC

HAÏTI

À Haïti, on peut se déplacer en tap-tap. Ces camions transformés en mini-bus sont peints en couleurs vives et décorés d'animaux et d'autres motifs.

L'ALGÉRIE

Dans les déserts d'Algérie et du Maroc, on peut se déplacer à dos de chameau.

➤ Qu'est-ce que vous en pensez?

Le tramway, les chameaux et les tap-taps—are they signs of the past, of a less technologically advanced society, or of an attempt to adapt to local conditions? Explain. Are there unusual means of transportation in the U.S.? Give examples.

Dico

camions: *trucks*
La plupart: *The majority*
originaux: *unusual*
pays: *countries*
peints: *painted*
Pourtant: *However*
se déplacer: *to get around*
vives: *bright*

Rappel grammatical

Les verbes en -re et le verbe *prendre*

- Les verbes en **-re** (**descendre**: *to get off, go down* / **attendre**: *to wait for*)

descendre	attendre
je **descends**	j'**attends**
tu **descends**	tu **attends**
il/elle/on **descend**	il/elle/on **attend**
nous **descendons**	nous **attendons**
vous **descendez**	vous **attendez**
ils/elles **descendent**	ils/elles **attendent**

- Le verbe **prendre** *(to take, eat, get)*

je **prends**	nous **prenons**
tu **prends**	vous **prenez**
il/elle/on **prend**	ils/elles **prennent**

Exercice de substitution

1. *Il* descend toujours à Solférino. (nous / tu / ils / je / elle / vous)
2. *Nous* attendons le bus. (elle / je / ils / vous / on / tu)
3. *Marie-Hélène* prend toujours une omelette. (Jacques / tu / nous / vous / ils / je)
4. *Gérard* ne prend jamais le métro. (je / nous / Chantal / elles / tu)

À vous!

F. Prenons l'autobus! Many people take the bus in Paris. Indicate where each of the following people goes, the number of the bus (or buses) that each takes, and the stop where he/she usually gets off.

MODÈLE: Gilles / au bureau *(office)* / 38 et 72 / Pont de Grenelle
Pour aller au bureau, Gilles prend le 38 et le 72. Il descend d'habitude à Pont de Grenelle.

1. Nicole / à l'université / 48 / rue des Saints-Pères
2. André et sa femme / au bureau / 47 et 89 / rue de Vaugirard
3. nous / à la Défense / 73 / place de la Défense
4. tu / à Montmartre / 95 / boulevard de Clichy
5. moi, je / à l'aéroport / 76 et 351 / Roissy
6. vous / à la Bastille / 91 / avenue Ledru

ᴋᴋ G. Qui est-ce que tu attends? Quel train est-ce que tu prends? It's not unusual to see people you know when you're at the train station. Find out who the people are waiting for and what train they're taking. Imitate the model.

> MODÈLE: Anaïs / tu / Claire / vous / le train pour Orléans
> —*Salut, Anaïs! Qui est-ce que tu attends?*
> —*J'attends Claire.*
> —*Quel train est-ce que vous prenez?*
> —*Nous prenons le train pour Orléans.*

1. Anthony / tu / Christian / vous / le train pour Poitiers
2. Anne et Céline / vous / Élodie / vous / le train pour Valence

> MODÈLE: Nicolas / il / Paul / ils / le train pour Rennes
> —*Tiens, voilà Nicolas! Qui est-ce qu'il attend?*
> —*Il attend Paul.*
> —*Quel train est-ce qu'ils prennent?*
> —*Ils prennent le train pour Rennes.*

3. Bénédicte / elle / Catherine / elles / le train pour Versailles
4. Georges et Philippe / ils / Simon et Thomas / ils / le train pour Amiens

ᴋᴋ H. Échange. Ask a classmate the following questions.

1. Quel moyen de transport est-ce que tu prends pour aller à l'université? pour aller au travail? pour aller en ville? pour rentrer chez toi *(to go home)?*
2. Tu prends souvent l'avion?
   Oui? Combien de fois par an? Où est-ce que tu vas?
   Non? Tu voudrais le prendre plus souvent *(more often)?* Pour aller où?
3. En France, on prend souvent le train. Les Américains prennent-ils le train? Pour aller où? Et toi, tu prends le train de temps en temps?
4. En France, on prend l'autobus aussi. Est-ce que tu prends l'autobus?
   Oui? Combien de temps est-ce que tu attends le bus normalement—cinq minutes? dix minutes? un quart d'heure? une demi-heure?
   Non? Est-ce que tu préfères prendre un taxi?

Quelle direction, s'il vous plaît?

Dans la station de métro Montparnasse Bienvenüe, un touriste demande à Edris de l'aider.

TOURISTE: S'il vous plaît, Monsieur? Je voudrais aller à la Défense.

EDRIS: Pas de problème, Monsieur. Vous prenez la direction Porte de la Chapelle. Vous changez à Concorde, direction La Défense. Et vous descendez à la Grande Arche. Vous avez un ticket?

TOURISTE: Non.

EDRIS: Bien. Vous allez là-bas et vous prenez un ticket au guichet.

TOURISTE: Merci, Monsieur.

EDRIS: Je vous en prie.

 Dico

demande: *asks*
guichet: *ticket window*

Ici, en France...

The fastest way to get around Paris is on the **métro** (that's what the subway is called here). There are 14 lines covering over 200 kilometers, with 380 stations. Each line has a number, but most of the time people refer to them by the stations at either end of the line—for example, **Ligne 4** is called **Porte d'Orléans—Porte de Clignancourt.** So, to find your route, you look at **un plan de métro** like the one on page 128. On the map, you find the station where you want to get off and the station at the end of the line (for example, **la direction Porte d'Orléans).** If you need to change trains, just find a station where the two lines meet and determine the first **direction** you need to go in. When you get to the changing point (called **une correspondance),** look for signs for the second **direction.**

Be careful, however. Don't confuse the **métro** with the **RER.** The **RER (Réseau Express Régional)** refers to the regional trains that run between Paris and the suburbs. There are five lines—**A, B, C, D, E.** Line B, for example, goes out to the Charles de Gaulle airport at Roissy; line A will take you to **Marne-la-Vallée (Parc Disneyland).**

You can buy **métro** tickets singly **(un ticket)** or in books of ten **(un carnet [de dix]).** You can also buy special tickets for various periods of time; for example, **une Carte orange** is for unlimited travel for one week or one month. All of the tickets can also be used on buses.

Ça se dit comment?

Pour demander comment prendre le métro (To ask how to take the subway)

Où est-ce que j'achète un ticket?	*Where do I buy a ticket?*
je change?	*change trains?*
je descends?	*get off?*
Quelle direction est-ce que je prends?	*What direction do I go in?*

Pour expliquer comment prendre le métro (To explain how to take the subway)

Vous achetez (Tu achètes) un ticket (au guichet).	*You buy a ticket (at the ticket window).*
Vous prenez (Tu prends) la direction...	*You go in the . . . direction.*
Vous changez (Tu changes) à...	*You change at . . .*
Vous descendez (Tu descends) à...	*You get off at . . .*

> ➤ *Qu'est-ce que vous en pensez?*

What U.S. cities have subway systems? What form(s) of public transportation do you have where you live? Do people use these means of transportation frequently? Why (not)? What does that suggest about your area and the people who live there?

À vous!

I. Quelle direction? Help some friends and strangers to get where they want to go on the **métro.** The first station indicates where the person is at the moment. The second station is where the person wants to go. Use the metro map on page 128 to figure out the itinerary for the person. (The number-letter combinations in parentheses will help you locate the station.)

MODÈLES: Alain / la place de la Bastille
St-Lazare (D4) → Bastille (F5)
—*Moi, je vais à la place de la Bastille. Quelle direction est-ce que je prends?*
—*Tu prends la direction Mairie d'Issy.*
—*Où est-ce que je change?*
—*Tu changes à Concorde, direction Château de Vincennes.*
—*Où est-ce que je descends?*
—*Tu descends à Bastille.*

M. Genois / l'Opéra
Montparnasse Bienvenüe (D6) → Opéra (D4)
—*Excusez-moi. Je voudrais aller à l'Opéra. Quelle direction est-ce que je prends?*
—*Vous prenez la direction Porte de Clignancourt.*
—*Où est-ce que je change?*
—*Vous changez à Châtelet, direction La Courneuve.*
—*Et je descends à Opéra?*
—*Oui, c'est ça.*

1. Jacqueline / le boulevard Raspail
   Charles de Gaulle–Étoile (B/C4) → Raspail (D7)
2. Albert / la gare de Lyon
   Gare du Nord (E/F3) → Gare de Lyon (F/G6)
3. Mme Fantout / la tour Eiffel
   Louvre–Rivoli (E5) → Trocadéro (B5)
4. M. Dervelle / le Moulin Rouge
   Odéon (E6) → Place de Clichy (D3)

J. Prenons le métro! Explain to each person how to take the subway. Specify the kind of ticket to buy. Consult the metro map on page 128

MODÈLE: *Tu vas (Vous allez) à la station Monceau, tu prends (vous prenez) un carnet de dix, tu prends (vous prenez) la direction... , etc.*

1. Olga, your German friend, is in Paris for four or five days. Her hotel is near the **Odéon** station (E6). She wants to go to the church near the **Madeleine** station (D4).
2. Mr. and Mrs. Van D'Elden, Dutch friends of your family, are spending three weeks in Paris. Their hotel is near the **Palais Royal** station (D5). Their first day in the city they want to go to a store near the **Montparnasse Bienvenüe** station (D6).
3. A stranger passing through Paris is trying to get from the airline terminal at the **Porte Maillot** (B4) to the **gare du Nord** (E/F3).

The Paris **métro**, whose first line was inaugurated at the time of the 1900 World's Fair, is known throughout the world. However, several other French cities—including **Marseille, Lyon, Lille,** and **Toulouse**—have their own subway systems.

> Do **À faire! (3-2)** on page 107 of the **Manuel de préparation.**
> * Follow-up: **métro**
> * Follow-up: reading about transportation

Qui sont les Français? D'où viennent-ils?

Dans l'annuaire des téléphones on trouve non seulement des noms traditionnellement «français» (Dupuy, Dubois, Pommier, Lagrange, Lemoine, Cousin) mais aussi des noms d'origine étrangère—flamande (Huyghes, Mertens), allemande (Becker, Muller, Schmidt), italienne (Lombardi, Rossi), basque (Etcheverry) et bretonne (Le Goff, Kerquévec).

Les étrangers sont des immigrés qui n'ont pas la nationalité française. La majorité des immigrés viennent d'Europe (du Portugal, d'Italie, d'Espagne) et d'Afrique du Nord (d'Algérie et du Maroc).

Paris, ville multiculturelle

Dans les rues de Paris, on voit des gens de toutes les couleurs et de toutes les nationalités.

Il y a des quartiers habités principalement par des immigrés—par exemple, la Goutte d'Or et Belleville.

Les rues du Quartier latin sont bordées de restaurants ethniques—grecs, vietnamiens, tunisiens et chinois.

Dico

bordées: *lined*
fondé: *founded, established*
organisme: *organization*
réclame: *calls for*

On n'est pas tous d'accord

Le Front National est un parti politique très conservateur qui réclame l'expulsion des étrangers de France.

SOS-Racisme est un organisme fondé pour combattre le racisme et pour aider les étrangers.

➤ Qu'est-ce que vous avez appris?

Indicate whether each statement is *True* or *False*

1. The U.S. is often called a "melting pot"; France has much less cultural diversity.
2. Most immigrants to France come from countries relatively close by.
3. Belleville and La Goutte d'Or are ethnic neighborhoods in Paris.
4. The Front National and SOS-Racisme represent opposing ends of the political spectrum.

➤ Qu'est-ce que vous en pensez?

What similarities do you see between the ethnic and racial makeup of France and the U.S.? What differences? How might you account for both the similarities and the differences?

▪Lecture: «L'homme qui te ressemble» de René Philombe

René Philombe (1930–   ) est un poète africain du Cameroun. Dans ce poème il implore le lecteur d'accepter tous les gens, peu importe leur lieu d'origine ou leur apparence.

Pour lire

Reading a poem

When reading a poem, it's not enough just to understand all of the words and expressions. You need to read aloud or listen to the poem in order to get a feel for the sounds and rhythms. You need to pay attention to words and phrases that are repeated as well as to the words and phrases in the "power" positions—i.e., beginnings and endings. Finally, you need to make connections—not only between words and phrases in the poem, but also between the poem and your own experiences.

L'homme qui te ressemble

J'ai frappé à ta porte
J'ai frappé à ton cœur
pour avoir bon lit
pour avoir bon feu
pourquoi me repousser?
Ouvre-moi mon frère!...

Pourquoi me demander
si je suis d'Afrique
si je suis d'Amérique
si je suis d'Asie
si je suis d'Europe
Ouvre-moi mon frère!...

Dico

cieux: *skies, heavens*
cœur: *heart*
dieux: *gods*
épaisseur de ma bouche: *thickness of my mouth*
feu: *fire (warmth)*
frère: *brother*
J'ai frappé à ta porte: *I knocked at your door*
je ne suis qu'un homme: *I'm only a human being*
lieu: *place*

lit: *bed*
longueur de mon nez: *length of my nose*
Ouvre-moi: *Open up (the door) to me*
peau: *skin*
peu importe: *no matter what*
repousser: *push away*
tous les gens: *all people*
tous les temps: *of all times (periods)*

Pourquoi me demander
la longueur de mon nez
l'épaisseur de ma bouche
la couleur de ma peau
et le nom de mes dieux?
Ouvre-moi mon frère!...

Je ne suis pas un noir
je ne suis pas un rouge
je ne suis pas un jaune
je ne suis pas un blanc
mais je ne suis qu'un homme.
Ouvre-moi mon frère!...

Ouvre-moi ta porte
Ouvre-moi ton cœur
car je suis un homme
l'homme de tous les temps
l'homme de tous les cieux
l'homme qui te ressemble!...

René Philombe, *Petites gouttes de chant pour créer un homme*

 K. Qu'est-ce que tu as compris? After having read and listened to "**L'homme qui te ressemble**," discuss with your classmates the following questions.

1. The poem has two characters: **je** (the poet, who is speaking) and **tu** (**ta porte, ton cœur**—the person to whom the poet addresses his words). What little scene is being enacted? What is the relationship between the **je** and the **tu**?
2. What phrases are repeated in the poem? What ideas is the poet stressing by means of these repetitions?
3. What phrase begins and ends the poem? What idea does this phrase reinforce?

■Échange: *Qu'est-ce que tu as acheté?*

De retour chez lui, Edris montre la nouvelle chemise à sa femme.

ce que: *what*
c'est très gentil: *it's very nice (of you)*
De retour chez lui: *Back home*
Elle te plaît?: *Do you like it? (lit: Is it pleasing to you?)*
j'ai acheté: *I bought*
je suis allé: *I went*
Je t'en prie: *You're welcome*
montre: *is showing*
nouvelle: *new*
tu as acheté: *did you buy?*
tu l'as payée: *did you pay for it*

☕LE FRANÇAIS PARLÉ

In spoken French, the phrase **ce n'est pas** is often shortened to **c'est pas: C'est pas très cher. C'est pas vrai. C'est pas très intéressant comme prix.**

FLASH GRAMMAIRE

je suis allé (je = male)	} *I went*
je suis allée (je = female)	
j'ai acheté	*I bought*
j'ai payé	*I paid*

☕LE FRANÇAIS PARLÉ

In spoken French, the verb form **je suis** is often shortened to **j'suis: J'suis allée au cinéma.**

FLASH VOCABULAIRE

d'abord	*first*
ensuite / puis	*next*
enfin	*finally*

MARIAM: Qu'est-ce que tu as acheté?
EDRIS: Je suis allé chez Celio. J'ai acheté une chemise. Voilà, regarde.
MARIAM: Combien est-ce que tu l'as payée?
EDRIS: 29 euros. Ce n'est pas cher. Elle te plaît?
MARIAM: Ah, oui. Elle est très bien.
EDRIS: Je suis allé à la Fnac aussi. Regarde ce que je t'ai acheté. C'est le nouveau roman d'Aminata Sow Fall.
MARIAM: Ah, c'est très gentil. Merci beaucoup.
EDRIS: Je t'en prie.

À vous!

L. Qu'est-ce que tu as acheté? *(What did you buy?)* Léa went on a shopping spree at **Les 4 Temps** shopping center. Using the information provided, recreate her description of what she bought.

> MODÈLE: d'abord / papeterie / un bloc-notes et des stylos / 6 euros
> *D'abord je suis allée à la papeterie où j'ai acheté un bloc-notes et des stylos. J'ai payé 6 euros.*

1. ensuite / magasin de sports / une raquette de tennis et des balles de tennis / 108 euros
2. puis / magasin de vêtements / un jean et un blouson / 90 euros
3. ensuite / bijouterie / un bracelet et des boucles d'oreilles *(earrings)* / 100 euros
4. puis / magasin de musique / des CD et un magazine / 79 euros
5. ensuite / magasin de matériel électronique / un caméscope / 595 euros
6. enfin / je suis rentrée *(I came [went] home)*

M. Où...? Qu'est-ce que...? Combien...? Question a classmate about his/her shopping activities. Your partner will respond, choosing a store and one of the items mentioned. Ask the following questions each time:

- **Où est-ce que tu es allé(e)?**
- **Qu'est-ce que tu as acheté?**
- **Combien est-ce que tu l'as payé(e)?**

> MODÈLE: —*Où est-ce que tu es allé(e)?*
> —*Je suis allé(e) à la Fnac.*
> —*Qu'est-ce que tu as acheté?*
> —*J'ai acheté un appareil photo.*
> —*Combien est-ce que tu l'as payé?*
> —*Je l'ai payé 33 euros.*

1. FNAC—appareil photo (33€) / calculatrice (15€) / cassette audio (2,50€)

2. MADISON (magasin de musique)—CD (16€) / vidéocassette (22€) / jeu vidéo (39€)

3. PLAISIR DE LIRE (librairie)—livre de bandes dessinées (12€) / roman policier (9€) / livre d'histoire (29€)

4. DARTY (magasin de matériel électronique)—téléviseur (189€) / baladeur (37€) / portable (85€)

5. LA REDOUTE (magasin de vêtements)—pantalon (39€) / tee-shirt (19€) / sweat (32€)

6. GO SPORT (magasin de sport)—raquette de tennis (68€) / ballon de foot (15€) / vélo d'appartement *(exercise bike)* (150€)

7. POP BIJOUX (bijouterie)—montre *(watch)* (36€) / boucles d'oreilles *(earrings)* (12€) / bracelet (20€)

FLASH GRAMMAIRE

tu es allé (je = male)	
tu es allée (je = female)	*you went*
tu as acheté	*you bought*
tu as payé	*you paid*

 LE FRANÇAIS PARLÉ

In spoken French, the verb forms **tu as** and **tu es** are often shortened to **t'as** and **t'es**:
Qu'est-ce que t'as acheté?
Où est-ce que t'es allé(e)?

N. Une interview. Ask a classmate about a time when he/she went shopping for clothing. Use the expressions below to find out as much as you can.

> MODÈLE: où / aller
> —*Où est-ce que tu es allé(e)?*
> —*Je suis allé(e) à (Gap).*

1. où / aller
2. qu'est-ce que / acheter
3. combien / payer
4. qui / y aller avec toi
5. comment / y aller
6. qu'est-ce que / il (elle) acheter
7. combien / il (elle) payer

> Do **À faire! (3-3)** on page 110 of the **Manuel de préparation.**
> * Follow-up: talking about shopping in the past
> * Preparation: the **passé composé** *(Contrôle 9)*

Rappel grammatical

Le passé composé

- Les verbes conjugués avec **avoir**

j'**ai acheté**	nous **avons acheté**
tu **as acheté**	vous **avez acheté**
il/elle/on **a acheté**	ils/elles **ont acheté**

- D'autres verbes conjugués avec **avoir**

regarder (regardé)
écouter (écouté)
aimer (aimé)
travailler (travaillé)
attendre (attendu)
prendre (pris), etc.

- Les verbes conjugués avec **être**

je **suis allé(e)**	nous **sommes allé(e)s**
tu **es allé(e)**	vous **êtes allé(e)(s)**
il/on **est allé**	ils **sont allés**
elle **est allée**	elles **sont allées**

- D'autres verbes conjugués avec **être**

arriver (arrivé)
descendre (descendu)
entrer (entré)
rentrer (rentré)
rester (resté) *(to remain, stay)*

Note that most French verbs are conjugated with **avoir.** Many of the 20 or so verbs conjugated with **être** refer to the idea of movement.

- Le négatif du passé composé

Elle *n'*a *pas* **écouté le CD.**
Nous *ne* **sommes** *pas* **descendus à Odéon.**

Exercice de substitution

1. Qu'est-ce que *tu* as acheté? (vous / il / elles / tu / ils / elle)
2. *J'*ai regardé la télé. (nous / elle / tu / ils / vous / je / on)
3. *Elle* a pris le métro. (je / nous / elles / il / vous / tu)
4. *Je* n'ai pas travaillé samedi. (nous / elle / ils / vous / tu / il / elles)
5. Où est-ce que *tu* es descendu? (elle / vous / ils / tu / il)
6. Quand est-ce que *tu* es arrivé? (ils / elle / vous / tu / elles / il)
7. Où est-ce qu'*ils* sont allés? (tu / elle / vous / elles / il)
8. *Je* suis restée à la maison. (nous / elle / ils / on / elles)
9. *Nous* ne sommes pas allés au cinéma. (elle / je / ils / on / vous / elles)
10. *Elle* a écouté la radio. (nous / je / ils / elle / on / elles)
11. Quand est-ce qu'*il* est rentré? (tu / elles / vous / elle / ils)
12. *Je* n'ai pas aimé le film. (elle / nous / tu / ils / vous / il)

À vous!

O. **C'est _avoir_ ou _être_?** Since verbs in the **passé composé** are conjugated with **avoir** or with **être**, it's important to distinguish clearly between the forms of each auxiliary verb.

Before doing some exercises on the **passé composé,** listen to the sentences in the present tense and indicate whether the verb you hear is a form of **avoir** or of **être**.

FLASH GRAMMAIRE

Additional verbs conjugated with **avoir** (and their past participles)

faire (fait)	_to make, do, take_
réveiller (réveillé)	_to wake (someone) up_
déjeuner (déjeuné)	_to have lunch_
voir (vu)	_to see_

Additional verb conjugated with **être** (and its past participle)

retourner (retourné)	_to return, go back_

P. **Jeudi dernier.** (_Last Thursday._) Edris Diallo is describing what he and his wife Mariam did last Thursday.

MODÈLE: je / regarder les actualités (_news_) à la télé
  J'ai regardé les actualités à la télé.

1. je / faire du jogging
2. Mariam / rester au lit (_in bed_)
3. je / rentrer
4. je / prendre une douche (_shower_)
5. je / réveiller Mariam
6. nous / manger un petit quelque chose   _direct object = avoir_
7. nous / aller au travail
8. moi, je / déjeuner à la Crêpe Bretonne
9. je / attendre un quart d'heure pour avoir une table
10. je / voir mon ami Joseph au restaurant
11. nous / parler ensemble pendant quelques minutes
12. Mariam et moi, nous / rentrer à la même heure (_at the same time_)
13. nous / préparer le dîner ensemble (_together_)
14. après le dîner, je / aller au magasin de vidéos
15. moi, je / regarder un très bon film
16. Mariam / écouter un concert à la radio

Quiz en passé composé tomorrow

Q. Une journée à Reims. (*A day in Reims.*) Your friends Marc and Pauline spent yesterday visiting the historic city of Reims. Using the 16 verbs in the drawing, describe their activities in the numbered order shown.

MODÈLE: *Hier, ils ont quitté l'hôtel Le Bon Moine tôt le matin* (early in the morning).

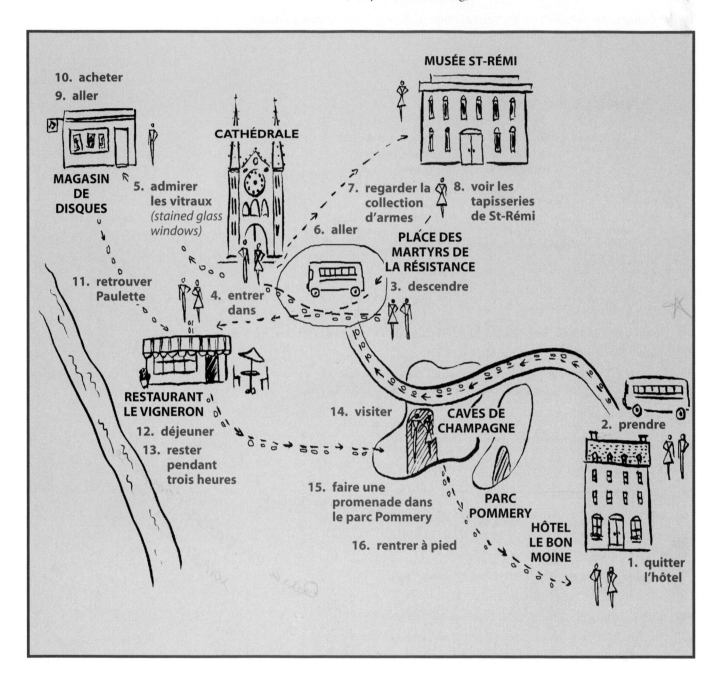

MUSÉE ST-RÉMI

10. acheter
9. aller

MAGASIN DE DISQUES

CATHÉDRALE

5. admirer les vitraux (*stained glass windows*)

7. regarder la collection d'armes

8. voir les tapisseries de St-Rémi

6. aller

PLACE DES MARTYRS DE LA RÉSISTANCE

11. retrouver Paulette

4. entrer dans

3. descendre

RESTAURANT LE VIGNERON

12. déjeuner

13. rester pendant trois heures

14. visiter

CAVES DE CHAMPAGNE

2. prendre

15. faire une promenade dans le parc Pommery

PARC POMMERY

16. rentrer à pied

HÔTEL LE BON MOINE

1. quitter l'hôtel

R. Quinze jours en Suisse. Your good friend has just returned from a two-week trip to Switzerland. Using **quand est-ce que?**, ask him/her questions about the details of the trip. He/She will answer on the basis of the information provided on the calendar and using expressions such as **il y a quinze jours, la semaine dernière, mardi dernier.** Today is Thursday the 26th.

MODÈLE: quitter les États-Unis
—*Quand est-ce que tu as quitté les États-Unis?*
—*J'ai quitté les États-Unis il y a deux semaines.*

1. arriver à Genève
2. prendre le train pour aller à Lausanne
3. visiter Ouchy
4. voir la cathédrale
5. retourner à Genève
6. faire du shopping
7. acheter une montre (*watch*)
8. rentrer aux États-Unis

GRAMMAIRE

The interrogative **quand**

quand est-ce que?	*when?*

Quand est-ce que tu as visité le Louvre?
When did you visit the Louvre?

VOCABULAIRE

lundi	*Monday*
mardi	*Tuesday*
mercredi	*Wednesday*
jeudi	*Thursday*
vendredi	*Friday*
samedi	*Saturday*
dimanche	*Sunday*

lundi dernier	*last Monday*

LUNDI	MARDI	MERCREDI	JEUDI	VENDREDI	SAMEDI	DÎMANCHE
9	**10**	**11** *quitter les États-Unis*	**12** *arriver à Genève*	**13** *Genève*	**14** *Genève*	**15** *Genève*
16 *Genève*	**17** *Genève*	**18** *Genève*	**19** *prendre le train pour Lausanne*	**20** *visiter Ouchy*	**21** *voir la cathédrale*	**22** *retourner à Genève*
23 *faire des achats, acheter une montre*	**24** *faire des achats*	**25** *rentrer aux États-Unis*	**26** AUJOURD'HUI	**27**	**28**	**29**

Zoom!

Ouchy is the "lake front" of Lausanne, the busiest steamer port on **Lac Léman** (Lake Geneva). Byron wrote "The Prisoner of Chillon" here. The cathedral of Lausanne (13th century) is the finest Gothic building in Switzerland.

The interrogative **comment**

comment est-ce que?	*how?*

**Comment est-ce qu'ils
sont allés à Lille?**
How did they go to Lille?

S. Qu'est-ce que tu as fait à Paris? Find out from your classmates what they did when they were in Paris. Each student will choose *one* of the places shown below and will answer your specific questions on the basis of the information provided.

POSSIBLE QUESTIONS: **Qu'est-ce que tu as fait? Où est-ce que tu es allé(e)? Comment est-ce que tu y es allé(e)? Qu'est-ce que tu as vu? Où est-ce que tu as mangé? Qu'est-ce que tu as acheté?**

POSSIBLE VERBS AND EXPRESSIONS: **acheter / aller / descendre / déjeuner / dîner / faire une excursion** *(to go on an outing)* **/ faire une promenade** *(to take a walk)* **/ rentrer / visiter / voir**

Versailles

le palais / les jardins / le parc
le magasin de souvenirs (vidéos / photos / affiches *[posters]*)
le train (gare de Versailles-Rive droite)
le snack-bar

Vincennes

le château / le jardin zoologique (lions, tigres, éléphants)
le magasin de souvenirs (animaux en peluche *[stuffed animals]* / vidéos)
le métro (château de Vincennes) / l'autobus (56)
le snack-bar

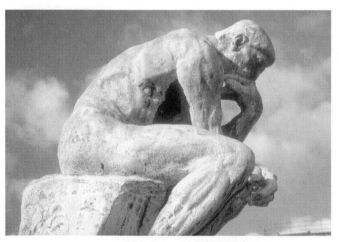

le musée Rodin

le musée / les sculptures (*le Penseur* / Balzac / *les Bourgeois de Calais*) / le jardin
le magasin de souvenirs (cartes postales / livres)
le métro (Varenne)
le snack-bar dans le jardin

l'hôtel des Invalides

le Dôme (le tombeau de Napoléon) / le musée de l'Armée / le jardin
le magasin de souvenirs (cartes postales / livres / souvenirs)
le métro (Varenne ou la tour Maubourg) / l'autobus (28 ou 49 ou 69)
les restaurants près de la Seine

T. Et toi, qu'est-ce que tu as fait? Ask a classmate the following questions about a recent day when you had classes.

MODÈLE: —*Est-ce que tu as pris une douche hier (vendredi dernier)?*
—*Oui, j'ai pris une douche.* OU
Non, je n'ai pas pris de douche. Et toi?
—*Moi (aussi), j'ai pris une douche.* OU
Moi (non plus), je n'ai pas pris de douche.

1. Est-ce que tu as pris une douche hier (vendredi dernier)?
2. À quels cours *(To which courses)* est-ce que tu es allé(e)?
3. Où est-ce que tu as déjeuné?
4. Où est-ce que tu as dîné? Avec qui?
5. Qu'est-ce que tu as fait après *(after)* le dîner? (Tu as étudié? Tu as regardé la télé? Tu as écouté des CD? Tu as téléphoné à quelqu'un *(someone)*? Tu as parlé avec quelqu'un? Tu as fait une promenade? Tu as fait du sport?)

U. Hier (Mercredi dernier)... Choose a recent day and describe your activities to a classmate. Use some or all of the verbs and expressions suggested.

VERBES: **prendre une douche / aller au cours de... / déjeuner / dîner / étudier / parler / téléphoner / faire une promenade / faire du sport**

V. Hier ou demain? *(Yesterday or tomorrow?)* Verbs conjugated with **avoir** and a past participle to express past time often sound like verbs constructed with **aller** and an infinitive to express future time. For example, **j'ai écouté** (past) and **je vais écouter** (future).

Listen to the sentences and indicate whether they refer to the past or the future. [items 1–14]

■Contexte: *On va au cinéma?*

❝ When you read film descriptions in movie guides like ***Pariscope*** and ***L'Officiel des spectacles,*** you'll often see the abbreviations **vo** and **vf.** That's because foreign films in France are shown both in the original language with subtitles (**vo = version originale**) and dubbed in French (**vf = version française**). It's up to you to decide which version you'd prefer to see. ❞

On va au cinéma?

O □**A SCENE AT THE SEA** — Japonais, coul. (91 – 1h41). Comédie dramatique, de Takeshi Kitano: Éboueur en bord de mer, Shigeru est sourd-muet de naissance, comme sa fiancée. Un jour, une planche de surf trouvée dans une poubelle de la plage lui donne une passion: devenir champion. Le silence, l'émotion et la mer... Avec Kurodo Maki, Hiroko Oshima, Sabu Kawahara. **Trois Luxembourg 6ᵉ** (vo).

J ◆**BABAR, ROI DES ÉLÉPHANTS** — Franç., coul. (98 – 1h16). Dessin animé, de Raymond Jalefice: Né dans la forêt, Babar, l'éléphant, est élevé en ville par une adorable vieille dame qui l'a recueilli à la mort de sa mère, tuée par un chasseur. D'après les albums de Jean et Laurent de Brunhoff. **Denfert 14ᵉ, Saint-Lambert 15ᵉ.**

C △**BOYS (LES)** — Canadien, coul. (99 – 2h). Comédie de Louis Saia: L'arrivée d'une équipe canadienne de hockey sur glace sème une joyeuse zizanie dans la station de sports d'hiver de Chamonix. Le plus gros succès de l'histoire du cinéma québécois. Avec Daniel Russo, Marc Messier, Rémy Girard, Patrick Huard, Serge Thériaut, Luc Guérin, Yvan Ponton, Roc Lafortune, Paul Houde. **Gaumont Opéra Premier 2ᵉ, Gaumont Marignan 8ᵉ, Gaumont Parnasse 14ᵉ, Gaumont Aquaboulevard 15ᵉ.**

Paris Ile-de-France
pariscope
du mercredi 14 au mardi 20 février 2001
festivals de Venise-Toronto-Londres-La Havane
www.pariscope.fr

H □ÉLIZABETH — Brit., coul. (98 – 2h04). Fresque historique, de Shekhar Kapur: À la mort de Marie Tudor en 1558, Élizabeth, fille d'Henri VIII, devient reine d'Angleterre. Dans un pays au bord de la ruine et refusant tout mariage d'intérêt, elle affirme sa volonté et son indépendance. Avec Cate Blanchett, Geoffrey Rush, Christopher Eccleston, Joseph Fiennes, Richard Cantona, Vincent Cassel, Jamie Foreman, James Frain, Emily Mortimer. **Cinoches 6ᵉ** (vo), **Grand Pavoir 15ᵉ** (vo).

F □MATRIX (La matrice) — Amér., coul. (99 – 2h15). Science-fiction, de Andy et Larry Wachowki: Dans un espace-temps situé entre présent et futur, un pirate informatique rejoint un groupe d'insoumis qui veulent réformer le monde où la vie répond désormais à une insupportable uniformité. Avec Keanu Reeves, Laurence Fishburne, Carrie-Ann Moss, Hugo Weaving, Gloria Foster, Joe Pantoliano, Marcus Chong, Julian Arahanga. **UGC Orient- Express 1er** (vo), **UGC George V 8ᵉ** (vo), **Gaumont Opéra Français 9ᵉ**, **Gaumont Parnasse 14ᵉ** (vf), **Gaumont Aquaboulevard 15ᵉ**, **Pathé Wepler 18ᵉ**.

B △TEMPS RETROUVÉ (LE) — Franç., coul. (98 – 2h42). Biographie romancée, de Raoul Ruiz: En 1922, sur son lit de mort, Marcel Proust voit les personnages de son œuvre incarner les épisodes de sa propre vie. Réalité et fiction se confondent. D'après «À la recherche du temps perdu». Avec Catherine Deneuve, John Malkovich, Emmanuelle Béart, Vincent Perez, Pascal Greggory, Édith Scob, Elsa Zylberstein, Chiara Mastroianni, Marie-France Pisier, Marcello Mazzarella. **Lucernaire Forum 6ᵉ**, **Trois Luxembourg 6ᵉ**.

D □MADAME BOVARY, de Claude Chabrol — Franç., coul. (91 – 2h05). Drame de Claude Chabrol: Mariée à un brave médecin de campagne, Emma, par insatisfaction et vanité, fait le malheur de cet homme et le sien propre. D'après le roman de Gustave Flaubert. Avec Isabelle Huppert, Jean-François Balmer, Christophe Malavoy, Jean Yanne, Lucas Belvaux, Christiane Minnazzoli, Jean-Louis Maury, Florent Gibassier. **14 Juillet Parnasse 6ᵉ**.

C △MAMAN, J'AI RATÉ L'AVION! (Home alone) — Amér., coul. (90 – 1h50). Comédie, de Chris Columbus: Oublié à Chicago, dans la fièvre du départ de la famille pour Paris, un petit garçon se fait le gardien vigilant et imaginatif de la maison menacée par d'inquiétants visiteurs. Avec Macaulay Culkin, Catherine O'Hara, John Heard, Joe Pesci, Daniel Stern, Roberts Blossom. **Saint-Lambert 15ᵉ** (vf).

EXPLICATION DES SIGNES — GENRE DES FILMS

○ Films classés X
□ Interdits aux moins de 16 ans.
△ Interdits aux moins de 12 ans.
◆ Recommandés aux très jeunes.
(vo) : version originale
(vf) : version française

A Aventure
B Biographie
C Comédie
D Drame
E Épouvante Horreur
F Fantastique Science-Fiction
G Guerre
H Historique
J Dessin animé Vie animaux
K Karaté
M Film musical
O Comédie dramatique
P Policier Esplonnage
W Western
X Divers

Quel genre de films

66 Moi, j'aime beaucoup le cinéma. Je vais au cinéma presque tous les week-ends avec des copains. J'aime toutes sortes de films: les westerns, les films d'aventures, les films de science-fiction, les films comiques... Je n'aime pas beaucoup les films de guerre ni les films d'horreur. 99

André, Bordeaux

66 J'aime les films comiques comme *The Mask*, et aussi les films d'aventures comme *Twister:* c'est un film particulier de suspense qui donne des sensations fortes! Alors, le fou rire et la peur: avec ça, qui n'est pas content? 99

Raphaël, Alençon

66 Moi, j'aime bien James Bond, mais je préfère les films qui font peur... Je pense que le genre de films qu'on aime dépend de notre caractère. 99

Danaëlle, Marseille

66 Moi, j'adore les films d'espionnage. Et j'aime aussi les films humoristiques. Mais les films d'action, c'est pas mon truc, et les films d'amour, c'est lassant... 99

Caroline, Chaville

Dico

bouche: *mouth*	**fou rire:** *uncontrollable laughter*	**mon truc:** *my "thing"*
car: *because*	**genre:** *kind, type*	**ne me plaît pas:** *I don't like*
cela: *it, that*	**lassant:** *tiresome*	**paroles:** *words*
ensemble: *together*	**me dérange:** *bothers me*	**sous-titrés:** *subtitled*
fortes: *strong*		

aimez-vous?

" Moi, j'aime tous les films. Je
trouve idiot de ne pas aimer les
films quand ils sont sous-titrés
car c'est encore plus désagréable
quand la bouche et les paroles ne
vont pas ensemble. "

Marie, Malakoff

" Moi, cela ne me dérange pas si
les films sont en noir et blanc.
Mais ce que je regrette, c'est que
maintenant il y a beaucoup trop
de films violents, et cela ne me
plaît pas. "

Frédéric, Vannes

➤ Qu'est-ce que vous en pensez?

Based on what young French people
say about films, what might you
conclude about the popularity of
movies as a leisure-time activity in
France? Do you agree or disagree with
some of the opinions they voice? For
example, do you find romantic movies
boring? What do you think about
violence in films? Does it matter to
you if films are in color or in black
and white? Does it bother you if a
film has subtitles? What are your
favorite types of films? Why?

Ça se dit comment?

Pour classer les films *(To name types of films)*

une biographie	*biography*
une comédie (dramatique, musicale)	*(dramatic, musical) comedy*
un dessin animé	*cartoon*
un documentaire	*documentary*
un film comique	*comedy*
un film d'action	*action film*
un film d'amour	*love story (film)*
un film d'animation	*animated (cartoon) film*
un film d'aventures (d'action)	*adventure film*
un film d'épouvante (d'horreur)	*horror film*
un film d'espionnage	*spy film*
un film de guerre	*war film*
un film de science-fiction	*science fiction film*
un film dramatique	*drama*
un film expérimental	*experimental film*
un film historique	*historical film*
un film policier	*police (detective) drama*
un western	*western*

Pour indiquer l'origine nationale d'un film *(To give the national origin of a film)*

C'est un film étranger.	*It's a foreign film.*
C'est un film allemand.	*It's a (an) German film.*
américain.	*American film.*
anglais.	*English film.*
espagnol.	*Spanish film.*
français.	*French film.*
italien.	*Italian film.*
japonais.	*Japanese film.*
russe.	*Russian film.*

À vous!

W. Renseignons-nous! *(Let's get some information!)* Each week in Paris you can buy entertainment guides at newsstands **(kiosques).** Answer the questions about the following excerpt from one of these guides, *L'Officiel des spectacles.*

1. What kind of film is *La Double Vie de Véronique?* When was it made? Who directed it? How many movie theaters is it playing at?
2. One place where *La Double Vie de Véronique* is being shown is the **UCG Ciné Cité les Halles.** Where is this movie house located? Where do you get off the subway when you go there?
3. You're meeting a friend who is not free until after 8:30 P.M. Which showing can you attend?
4. There are usually short subjects and ads before the main feature. At what time will *La Double Vie de Véronique* actually start?
5. How much will it cost to see the film? Does everyone pay the same price?
6. Is the film dubbed or subtitled? How do you know?

X. Quel genre de films est-ce que tu aimes? Interview a classmate to find out how similar or different your tastes in films are. First, ask him/her to react to each of the following types of films. Then report to another group or to the class about the two of you.

MODÈLE: —*Est-ce que tu aimes les films d'épouvante?*
—*Oui, j'aime beaucoup ça. Et toi?*
—*Moi aussi, j'adore les films d'épouvante.*
(Later, you report . . .)
—*(John) et moi, nous aimons tous les deux les films d'épouvante.*

1. les films d'épouvante
2. les films d'amour
3. les films d'espionnage
4. les comédies musicales
5. les westerns
6. les films policiers
7. les films d'animation
8. les films de science-fiction
9. les films de guerre
10. les films dramatiques
11.–12. *(two other film types of your choice)*

Ça se dit comment?

Pour donner une réaction positive (films) (To give a positive reaction to a film or type of film)

J'aime (J'aime beaucoup, J'adore) les films...	*I like (like a lot, love) . . . films.*
Ça me plaît beaucoup.	*I like it a lot.*
J'ai (beaucoup) aimé...	*I (really) liked . . .*

Pour donner une réaction négative (films) (To give a negative reaction to a film or type of film)

Je n'aime pas (du tout) les films...	*I (really) don't like . . . films.*
(Les films d'action), c'est pas mon truc.	*(Action films), that's not my thing.*
Ça ne me plaît pas (du tout).	*I don't like it (at all).*
Je n'ai pas aimé...	*I didn't like . . .*

Y. Pourquoi (pas)?
Find out from your classmates how they reacted to various films that are popular now or have been popular in the past. Make sure each student justifies his/her choice.

MODÈLE: **La Guerre des Étoiles** (Star Wars)
—Est-ce que tu as aimé **La Guerre des Étoiles?**
—Oui, j'ai beaucoup aimé.
—Pourquoi?
—J'ai aimé l'intrigue et j'ai beaucoup aimé les effets spéciaux.
—Et toi, tu as aimé **La Guerre des Étoiles?**
—Moi, non. Je n'aime pas les films de science-fiction.

> Do **À faire! (3-4)** on page 117 of your **Manuel de préparation.**
> * Follow-up: the **passé composé**
> * Follow-up: movie vocabulary

Ça se dit comment?

Pour dire ce qu'on a aimé ou pas aimé à propos d'un film
(To say what you liked or didn't like about a movie)

J'ai aimé (Je n'ai pas aimé)...
I liked (I didn't like) . . .

les effets spéciaux	*the special effects.*
la violence	*the violence*
l'intrigue	*the plot*
l'histoire	*the story*
le décor	*the setting*
la musique	*the music*
les acteurs	*the actors*
le suspense	*the suspense*

◼️Échange: *Vous voulez aller au cinéma?*

Mariam téléphone à leurs amis, les Dervelle, pour les inviter au cinéma. C'est Christine, la fille des Dervelle, qui répond au téléphone.

MARIAM: Allô? Bonjour, Christine. C'est Mariam Diallo. Ta maman est là?
CHRISTINE: Oui, Madame. Ne quittez pas. Je vais la chercher. Maman! Maman! C'est Madame Diallo à l'appareil.
FABIENNE: Attends, j'arrive... Bonjour, Mariam. Ça va?
CHRISTINE: Ah, oui, très bien. Et toi?
FABIENNE: Oh, oui. Ça va bien.
MARIAM: Je téléphone pour savoir si Bernard et toi, vous voulez aller au cinéma ce soir avec Edris et moi? On passe un film de Jean-Paul Rappeneau au Rex.
FABIENNE: Comment il s'appelle, le film?
MARIAM: *Le Hussard sur le toit.* On dit que c'est très bien.
FABIENNE: Bon, d'accord. On veut bien y aller avec vous. Le film est à quelle heure?
MARIAM: La séance commence à 20h30.
FABIENNE: Alors, rendez-vous à vingt heures quinze devant le cinéma?
MARIAM: D'accord. À ce soir. Allez, au revoir, Fabienne.
FABIENNE: À ce soir, Mariam.

à quelle heure: *what time*
Attends: *Wait*
fille: *daughter*
Le Hussard sur le toit: *The Horseman on the Roof*
leurs: *their*
pour savoir: *to find out*
rendez-vous: *we'll meet*
séance: *show (including previews)*

Le téléphone

En France, pour utiliser un téléphone public, on a besoin d'une télécarte. On peut acheter des télécartes dans les bureaux de poste, dans les gares, dans les kiosques à journaux, etc.

Collection Historique

Téléphone Berliner 1910
*Téléphone mobile de forme pupitre, à magnéto d'appel.
Il est équipé d'un combiné dit "aérophone".
Ce modèle fut assez peu répandu.*

France Telecom

Télécarte 50 unités
Cette carte ne peut être vendue que sous emballage scellé ou par distributeur automatique.

France Telecom

A 7A491 047
222362255

Regie T
La Communication sur la Télécarte
133 av. des Champs-Elysées
75409 Paris Cedex 08

LES NUMÉROS IMPORTANTS

- le 12: les renseignements *(information)*
- le 15: le Samu (les secours médicaux)
- le 17: la police
- le 18: les pompiers

Un numéro de téléphone en France a dix chiffres. Les deux premiers chiffres représentent la région et les deux suivants représentent la ville. Les numéros de tous les portables commencent par 06.

Ça se dit comment?

Pour téléphoner (To talk on the phone)

Allô.	*Hello.*
Je voudrais parler à...	*I'd like to speak to . . .*
Est-ce que je peux parler à...	*Could I speak to . . .?*
C'est de la part de qui?	*May I say who's calling?*
C'est... à l'appareil.	*It's . . . calling.*
Ne quittez (quitte) pas.	*Hang on.*
Je vais le (la) chercher.	*I'll go get him (her).*
Je vous (te) le (la) passe.	*Here he (she) is.*

Ici, en France...

In France, official time (I think it's called "military time" in the United States) is used for everything that's printed—movie and concert times, train schedules, school course announcements, etc. Official time is based on a 24-hour clock (beginning at 1 in the morning), and the hour is treated as a 60-minute whole: **14h15 = quatorze heures quinze; 17h30 = dix-sept heures trente; 22h45 = vingt-deux heures quarante-cinq.** If you're not used to times presented this way, here's a hint: after you get to **12h (douze heures)** (i.e., 12 noon), just subtract 12 from the 24-hour time: for example, **14h15** − 12 = 2:15 in the afternoon; **22h45** − 12 = 10:45 in the evening.

Les Sumériens (peuple d'Asie) sont les premiers à diviser le jour *(day)* en douze périodes et la nuit *(night)* en douze périodes, soit *(that is)* vingt-quatre heures en tout *(in all)*.

À vous!

Z. Des messages. Listen to the various messages from an answering machine and write down the five numbers you're supposed to call.   [items 1–5]

AA. Allô... allô... First, call some friends. Follow the model.

> MODÈLE: Véronique (sa cousine)
>
> —*Allô? Ici* [your name]. *C'est toi, Véronique?*
>
> —*Non, c'est sa cousine.*
>
> —*Oh, je m'excuse. Est-ce que Véronique est là?*
>
> —*Oui, je te la passe.*

1. Marcelle (sa sœur *[sister]*)
2. Jean-Pierre (son cousin)

Now call people you don't know very well.

> MODÈLE: Lucien Péras / 01 40 22 61 03
>
> —*Allô, allô. C'est bien le 01 40 22 61 03?*
>
> —*Oui, Monsieur (Madame, Mademoiselle).*
>
> —*Je voudrais parler à Lucien Péras, s'il vous plaît.*
>
> —*C'est de la part de qui?*
>
> —*C'est* [your name] *à l'appareil.*
>
> —*Ne quittez pas. Je vais voir s'il est là...*

3. Michel Roux / 05 61 32 73 22
4. Anne Brisset / 01 47 42 65 39

Ça se dit comment?

Pour proposer une activité (To suggest an activity)

Tu voudrais (Vous voudriez)... ?	*Would you like (to) . . . ?*
Tu veux (Vous voulez... ?)	*Do you want (to) . . . ?*

Pour accepter (To accept)

Bien sûr.	*Certainly.*
Pourquoi pas?	*Why not?*
Oui. C'est une bonne idée.	*Yes. That's a good idea.*
Oui. Je veux bien.	*Yes. I'd like to.*

Pour refuser (To refuse)

Je voudrais bien, mais je ne peux pas.	*I'd like to, but I can't.*
Malheureusement je ne peux pas.	*Unfortunately, I can't.*

Pour exprimer son plaisir (To express your pleasure)

Chouette!	*Great!*
Super!	*Terrific!*

Pour exprimer sa déception (To express your disappointment)

C'est dommage.	*That's too bad.*
Une autre fois, peut-être.	*Some other time, maybe.*

Pour fixer un rendez-vous (To arrange to meet)

On se retrouve... Rendez-vous...	*We'll meet . . .*

Exercice de substitution

1. *Je* veux habiter à Paris. (nous / mes amis / Jacques / tu)
2. Est-ce que *Michel* veut aller en ville? (tu / Martine / les autres / vous)
3. *Anne-Marie* ne veut pas de frites. (je / les autres / nous / Mélanie / on)
4. *Nous* pouvons jouer au tennis. (je / elles / tu / Henri / vous)
5. *Je* ne peux pas rester. (nous / Annick / les autres / tu / on / vous)
6. Est-ce qu'*Axelle* peut y aller? (je / nous / on / Jacques et Henri / vous / tu)

GRAMMAIRE

Les verbes *vouloir* et *pouvoir*

vouloir *(to want, wish)*

je **veux**	nous **voulons**
tu **veux**	vous **voulez**
il/elle/on **veut**	ils/elles **veulent**

pouvoir *(to be able to, [can])*

je **peux**	nous **pouvons**
tu **peux**	vous **pouvez**
il/elle/on **peut**	ils/elles **peuvent**

BB. Malheureusement... When you inquire about whether someone is going to do something with you, your partner indicates that the person(s) would like to but can't.

MODÈLE: Yves / dîner avec nous
> —Est-ce qu'Yves va dîner avec nous?
> —Il veut dîner avec nous, mais malheureusement il ne peut pas.

1. Cécile / aller au cinéma avec nous
2. tu / venir au concert avec nous
3. Ahmed et Olivier / dîner avec nous
4. vous / jouer au tennis avec nous
5. Élisabeth et Fatima / venir au théâtre avec nous
6. Jacques / venir au musée avec nous

👥👥👥 CC. Une invitation. Call up a friend and invite him/her to do something with you tonight (**ce soir**). When he/she accepts, arrange a time and place to meet.

> MODÈLE: aller au cinéma / chez moi *(at my house)* / 19h
>
> VOUS (PATRICE): *Allô? Je voudrais parler à Isabelle. C'est Patrice...*
> CATHERINE: *Attends. Ne quitte pas. Je vais la chercher...*
> *Isabelle, c'est Patrice à l'appareil.*
> ISABELLE: *J'arrive. Salut. Ça va?*
> PATRICE: *Oui, ça va bien. Et toi?*
> ISABELLE: *Pas mal.*
> PATRICE: *Écoute, tu veux aller au cinéma ce soir?*
> ISABELLE: *Oui, je veux bien. Où est-ce qu'on se retrouve?*
> PATRICE: *Rendez-vous chez moi à 17 heures.*
> ISABELLE: *D'accord. À ce soir.*
> PATRICE: *À ce soir.*

1. aller au cinéma / devant le cinéma / 17h30
2. aller à un concert / au stade / 18h
3. jouer au tennis / chez moi / 16h45
4. aller à un match de foot / au stade / 19h30
5. aller à une fête *(party)* / chez moi / 21h15
6. aller au théâtre / devant le théâtre / 20h30

GRAMMAIRE

> **Le verbe *sortir*** *(to go out, leave)*
>
> | je **sors** | nous **sortons** |
> |---|---|
> | tu **sors** | vous **sortez** |
> | il/elle/on **sort** | ils/elles **sortent** |
>
> PASSÉ COMPOSÉ: **sorti (être)**

👥👥 DD. On sort ce soir? Ask a classmate what the following people are going to do tonight. He/She will choose an activity from the **Ça se dit comment?**

> MODÈLE: Jacques / Michèle / ils
> —*Est-ce que Jacques sort ce soir?*
> —*Oui, il sort avec Michèle.*
> —*Qu'est-ce qu'ils vont faire?*
> —*Ils vont aller au cinéma.*

1. Janine / Patricia / elles
2. M. et Mme Guicheteau / ils
3. Jacqueline / moi / vous
4. tu / des copains *(pals, buddies)* / vous
5. Sylvie / Jean-Louis / ils
6. vous / Edris et Mariam / vous

👥👥👥 EE. Des invitations. Play out the following scenes with your classmates. Make sure you use proper telephone language when you call.

1. You call a friend and invite him/her to do something with you tonight. He/She accepts, and you make arrangements to meet.
2. You call a friend and invite him/her to do something with you tonight. He/She is unable to go with you, so you call a second friend, who accepts.
3. You call some friends of your parents to invite them to a party you're organizing for your parents at a restaurant. They accept, and you arrange for them to meet at the restaurant.

USEFUL VOCABULARY: **organiser une fête pour mes parents**

Exercice de substitution

1. *Françoise* sort tous les soirs *(every evening).* (Henri / je / nous / M. et Mme Carle / vous / Gilbert / tu)
2. Est-ce qu'*Alfred* sort ce soir? (Valentine / tu / les autres / nous / Jean-Pierre / vous)
3. *Roger* n'est pas sorti hier soir. (Chantal / nous / les autres / je / Thierry / vous / on)

Ça se dit comment?

Pour identifier des activités *(To name some activities)*

aller à une fête
to go to a party
aller à un concert
to go to a concert
aller à un match de foot (de basket)
to go to a soccer match (a basketball game)
faire les magasins
to go shopping
faire un pique-nique
to go on a picnic
faire un tour à pied (à vélo)
to go for a walk (a bike ride)
sortir dîner
to go out for dinner

Le monde francophone

Des films d'Afrique

Keïta
(The Heritage of the Griot)
réalisateur: Dani Kouyaté
Burkina Faso, 1995
en jula et français
avec sous-titres en anglais
94 mn

Mélange de deux histoires: celle de l'Afrique de l'Ouest du XIIIe siècle et celle d'aujourd'hui. Les deux personnages: Mabo Keïta, adolescent du Burkina Faso, qui est en train d'apprendre l'histoire de sa famille; Sundjata, son ancêtre du 13e siècle. Ensemble ils veulent comprendre leur destin. Pour Keïta, ce qui est important pour le développement de son pays, c'est la tradition africaine plutôt que le mode de vie importé de l'Ouest.

Femmes aux yeux ouverts
(Women with Open Eyes)
Anne-Laure Folly
Togo, 1994
en français avec sous-titres en anglais
52 mn

Réalisé par une femme africaine, ce film a pour sujet les femmes africaines. Portraits contemporains de femmes du Burkina Faso, du Mali, du Sénégal et du Bénin. Le film montre comment les femmes africaines s'organisent pour revendiquer leurs droits dans quatre domaines: le mariage, la santé, les droits économiques et les droits politiques.

Afrique, je te plumerai
(Africa, I will Fleece You)
Jean-Marie Teno
Cameroun, 1992
en français avec sous-titres en anglais
88 mn

Grâce à ce film, nous comprenons un peu mieux les effets désastreux de cent ans de colonisation au Cameroun et comment les médias, les livres et les institutions européennes ont mené à la destruction des traditions camerounaises. Le message? Pour retrouver l'Afrique authentique, il faut étudier et comprendre le phénomène de la colonisation du passé et du présent et reconstruire la réalité africaine.

Sango Malo
(The Village Teacher)
réalisateur: Bassek ba Kobhio
Cameroun, 1991
en français avec sous-titres en
anglais 94 mn

Ce film présente un portrait du village africain typique. Il fait le contraste entre deux sortes de formations: celle de l'instituteur traditionnel rigidement orienté vers l'Europe et celle du jeune instituteur radical (Malo) qui met l'accent sur le développement des compétences pratiques nécessaires dans une communauté rurale. Malo enseigne aux villageois à dépendre d'eux-mêmes et à construire leur propre avenir.

➤ Qu'est-ce que vous avez appris?

Choose the best answer.

1. In the film **Keïta,** what do Mabo Keïta and Sundjata have in common?
   a. They're both warriors.
   b. They both lived several centuries ago.
   c. They're relatives.

2. The film **Femmes aux yeux ouverts** can probably best be classified as a:
   a. social comedy
   b. documentary
   c. love story

3. The film **Afrique, je te plumerai** encourages its African viewers to:
   a. exploit the presence of Europeans
   b. build a new future for themselves
   c. destroy the old ways of living

4. What does Sango Malo NOT teach his students?
   a. to live in a rural setting
   b. to be self-sufficient
   c. to imitate the European way of life

➤ Qu'est-ce que vous en pensez?

What themes are prevalent in the four Francophone African films you've just read about? What would explain the importance of these themes in African cinema?

Dico

celle: *the one*
ce qui: *what's*
comprendre: *to understand*
d'apprendre: *to find out about*
droits: *rights*
enseigne: *teaches*
Ensemble: *Together*
est en train d'apprendre: *is finding out about*
eux-mêmes: *themselves*
femme: *woman*
Grâce à: *Thanks to*
il faut étudier: *you have to study*
leur(s): *their*
Mélange: *Combination*
met l'accent sur: *stresses*
mode de vie: *way of life*
montre: *shows*
ont mené: *led*
pays: *country*
plutôt que: *rather than*
propre avenir: *own future*
réalisateur: *director*
Réalisé par: *Directed by*
reconstruire: *to reconstruct*
revendiquer: *to reclaim*
santé: *health*
siècle: *century*
un peu mieux: *a little better*
vers: *toward*
villageois: *villagers*

■Intégration

FF. **Tiens! J'ai un e-mail de… Il (Elle) est rentré(e) de Paris.** One of your classmates has received an e-mail from a friend who just returned from a visit to Paris. Have a conversation about the message, using the questions suggested. Your classmate will invent answers to the questions.

QUESTIONS: **Il (Elle) a aimé Paris?**
Qu'est-ce qu'il (elle) a fait? *(What did he [she] do?)*
Comment est-ce qu'il (elle) a circulé à Paris?
Qu'est-ce qu'il (elle) a acheté?

MODÈLE: —*Tiens! J'ai un e-mail de… Il (Elle) est rentré(e) de Paris.*
—*Est-ce qu'il (elle) a aimé Paris?*
—*Oui, il (elle) a beaucoup aimé sa visite.*
—*Qu'est-ce qu'il (elle) a fait?*
—*Il (Elle) est allé(e) aux musées, il (elle) a acheté des souvenirs… etc.*
—*etc.*

GG. **Un week-end dont je me souviens bien.** *(A weekend I remember well.)* Tell your classmates about a special weekend that you remember well. In French, describe your activities. Your classmates can ask questions for clarification.

HH. **Allons au cinéma.** Make arrangements with another student to go to the movies. Discuss the kind of film you would like to see (based on your statements about likes and dislikes), select a film, and arrange where and when you'll meet.

II. **Pour organiser un groupe.** You and several classmates want to do something together on Saturday night. However, you're having trouble getting organized because whenever an activity is suggested, there is usually someone who *doesn't want to do it.* Finally, you agree on an activity, but then you have trouble deciding on where and when to meet—i.e., there is someone who *can't meet* at that time or at that place. Keep the discussion going until your plans are completely agreed upon. Along with all the appropriate verbs, make use of the verbs **vouloir** and **pouvoir.**

Do **À faire! (3-5)** on page 123 of the **Manuel de préparation.**
* General review of chapter

·Lexique

Pour se débrouiller

Pour indiquer le moyen de transport
prendre l'avion (le train, le bus, le car, un taxi, etc.)
y aller en avion (en bus, en autocar, par le train,
    en métro, en voiture)
y aller à pied (à vélo, à vélomoteur)

Pour comparer les moyens de transport
C'est plus rapide.
C'est moins cher.
C'est plus agréable.
C'est plus amusant.
C'est plus (moins) dangereux.

Pour indiquer sa destination
Je dois aller...
Je voudrais aller...

Pour apprendre les moyens de transport possibles
Comment y aller?
Je peux y aller (à pied, en voiture, en bus, etc.)?
Il y a un autobus (un train, etc.)?

Pour savoir la durée du trajet
Il faut combien de temps pour y aller?
    un quart d'heure
    vingt minutes
    une demi-heure
    trois quarts d'heure
    une heure (au maximum)

Pour demander comment prendre le métro
Où est-ce que j'achète un ticket?
               je change?
               je descends?
Quelle direction est-ce que je prends?

Pour expliquer comment prendre le métro
Vous achetez (Tu achètes) un ticket (au guichet).
Vous prenez (Tu prends) la direction...
Vous changez (Tu changes) à...
Vous descendez (Tu descends) à...

Pour indiquer l'origine nationale d'un film
C'est un film étranger.
C'est un film allemand.
           américain.
           anglais.
           espagnol.
           français.
           italien.
           japonais.
           russe.

Pour raconter une suite d'actions
d'abord
ensuite / puis
enfin

Pour donner une réaction positive (films)
J'aime (J'aime beaucoup, J'adore) les films...
Ça me plaît beaucoup.
J'ai (beaucoup) aimé...

Pour donner une réaction négative (films)
Je n'aime pas (du tout) les films...
(Les films d'action), c'est pas mon truc.
Ça ne me plaît pas (du tout).
Je n'ai pas aimé...

**Pour dire ce qu'on a aimé ou pas aimé à propos
d'un film**
J'ai aimé (Je n'ai pas aimé)...
    les effets spéciaux *(m.pl.)*
    la violence
    l'intrigue *(f.)*
    l'histoire *(f.)*
    le décor
    la musique
    les acteurs *(m.pl.)*
    le suspense

Pour téléphoner
Allô.
Je voudrais parler à...
Est-ce que je peux parler à...
C'est de la part de qui?
C'est... à l'appareil.
Ne quittez (quitte) pas.
Je vais le (la) chercher.
Je vous (te) le (la) passe.

Pour proposer une activité
Tu voudrais (Vous voudriez)... ?
Tu veux (Vous voulez... ?)

Pour accepter
Bien sûr.
Pourquoi pas?
Oui. C'est une bonne idée.
Oui. Je veux bien.

Pour refuser
Je voudrais bien, mais je ne peux pas.
Malheureusement je ne peux pas.

Pour exprimer son plaisir
Chouette!
Super!

Pour exprimer sa déception
C'est dommage.
Une autre fois, peut-être.

Pour fixer un rendez-vous
On se retrouve...
Rendez-vous...

Pour identifier des activités
aller à un concert
aller à une fête
aller à un match de foot (de basket)
faire les magasins
faire un pique-nique
faire un tour à pied (à vélo)
sortir dîner

Thèmes et contextes

Les moyens de transport
un autocar (un car)
un autobus (un bus)
un avion
un car de ramassage
le métro
une moto(cyclette)
le RER
un taxi
un train (par le train)
un vélo
un vélomoteur
une voiture

Les jours de la semaine
lundi
mardi
mercredi
jeudi
vendredi
samedi
dimanche

Vocabulaire général

Verbes
arriver
attendre
déjeuner
descendre
entrer
pouvoir
prendre
rentrer
rester
retourner
réveiller
sortir
voir (vu)
vouloir

Les genres de film
une biographie
une comédie (dramatique, musicale)
un dessin animé
un documentaire
un film comique
un film d'action
un film d'amour
un film d'animation
un film d'aventures (d'action)
un film d'épouvante (d'horreur)
un film d'espionnage
un film de guerre
un film de science-fiction
un film dramatique
un film expérimental
un film historique
un film policier
un western

combien de... est-ce que... ?
combien est-ce que... ?
comment est-ce que... ?
quand est-ce que... ?

Branchez-vous!

Internet

Please visit the **Je veux bien!** website at **http://jvb.heinle.com.** You'll find activities to practice the vocabulary and grammar you've learned in this chapter as well as cultural exploration activities that guide you through websites from around the French-speaking world.

Vidéo

Please visit the **Je veux bien!** website at **http://jvb.heinle.com** for the video activities that accompany this chapter. You'll get the most from watching the video for this chapter if you first visit the website and print out the video activities for this chapter. Then watch the video (in your classroom, language lab, or at home) and complete the activities for the chapter.

AU-DELÀ DU COURS:

Une soirée au cinéma

Check the movie listings in your area for French or Francophone films. If you find some, organize a group to go see and then discuss the film. If there are no French films playing in your area, go to a video store and organize a French film night. Invite other students; then show and discuss the film.

LECTURE:
«Ma ville, Paris»

Mickaël, un jeune Parisien, parle de la ville où il est né.

Paris est une très belle ville. Il y a environ deux millions d'habitants à Paris (onze millions dans la région parisienne). Il y a beaucoup de choses intéressantes à voir et à faire à Paris. Il y a des monuments célèbres comme la tour Eiffel, l'Arc de Triomphe, les églises de Notre-Dame et du Sacré-Cœur, le Centre Pompidou et la Cité des Sciences à la Villette.

Il y a aussi des quartiers très intéressants: Montmartre, c'est le quartier des artistes, des peintres; le quartier des Champs-Élysées où on trouve beaucoup de magasins, de restaurants et de cafés très chics; et, le Quartier latin, le quartier des étudiants où on peut manger dans des restaurants ethniques très variés.

Mes endroits préférés pourtant sont le quartier de la Défense, avec un monument splendide—la Grande Arche— et le quartier du Trocadéro, au pied de la tour Eiffel. Il y a beaucoup de jeunes dans ces quartiers. C'est le paradis pour les «skaters» et «roller-skaters» (amateurs de patins à roulettes et de planches à roulettes).

Dans la région parisienne, il ne faut pas oublier Disneyland Paris, à Marne-la-Vallée, à trente minutes de Paris. Alors, venez vite, chers amis, pour une visite mémorable de Paris!

Avant la lecture
Which of the following words would you expect someone to use when describing the city where he/she lives?

boissons / population / monuments / crêpes / visiter / caméscope / magasins / région / ville / pâtes

Dico

Alors: *So*
au pied de: *at the foot of*
célèbres: *famous*
chers: *dear*
endroits: *places*
environ: *about*
est né: *was born*
jeunes: *young people*
patins à roulettes: *roller skates*
planches à roulettes: *skateboards*
venez vite: *come right away*

▶ Qu'est-ce que vous avez appris?

1. What two population figures does Mickaël give? What's the difference between the two?
2. Match the photos to the places mentioned by Mickaël.
3. What are Mickaël's favorite places in Paris? Why?

▶ Qu'est-ce que vous en pensez?

How old does Mickaël appear to be from his picture? To what degree do you think his view of Paris is a function of his age? On the basis of what you know about Paris, what might someone older choose to talk about?

If you were asked to talk about your city (or, if you're from a small town, the nearest big city), what would you choose to mention? Why?

HISTOIRE:

Le cinéma français

Le cinéma est né en France à la fin du XIXe siècle et le septième art continue à jouer un rôle important dans la vie culturelle française. Voici une mini-histoire du développement du cinéma au cours du siècle dernier.

Les pionniers

*Les frères **Louis et Auguste Lumière** inventent le cinématographe. En 1895, ils présentent à Paris les premières projections animées.*

*En 1897, **Georges Méliès** construit à Montreuil le premier studio du monde. Il y invente les trucages pour son film* Voyage dans la lune *(1902).*

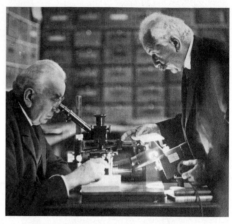

Louis et Auguste Lumière

Les années vingt: L'«avant-garde»

***Abel Gance** invente le triple écran. Parmi ses films on compte* J'accuse! *(1919, au sujet de l'affaire Dreyfus),* La Roue *(1923) et* Napoléon *(1926).*

***René Clair** crée des films poétiques et ironiques comme* Entr'acte *(1924),* Un chapeau de paille d'Italie *(1927) et* À nous la liberté *(1931).*

Les années trente: Les «classiques»

*Les films de **Jean Vigo**,* Zéro de conduite *(1932) et* L'Atalante *(1934), ont pour sujets la révolte et l'amour.*

*Fils du célèbre peintre impressionniste, **Jean Renoir** est connu pour ses films où se mélangent le réalisme et la fantaisie:* Boudu sauvé des eaux *(1932),* Le crime de M. Lange *(1935),* La grande Illusion *(1937) et* La règle du jeu *(1939).*

Jean Renoir

Les années cinquante et soixante:
Les «nouveaux»

Les films de Jacques Tati, **Les vacances de M. Hulot** *(1953) et* **Mon oncle** *(1958), renouvellent le cinéma comique français.*

Jean-Luc Godard fait partie de la «nouvelle vague» de cinéastes qui cherchent une plus grande liberté de style et des thèmes plus réalistes. Parmi ses films: **À bout de souffle** *(1960),* **Pierrot le fou** *(1965) et* **Week-end** *(1967).*

Jacques Tati

Comme Godard, représentant de la «nouvelle vague», François Truffaut crée des films mémorables tels que **Les 400 Coups** *(1959),* **Jules et Jim** *(1962) et* **Fahrenheit 451** *(1966).*

François Truffaut

D'autres cinéastes de renom et leurs films

Alain Resnais, *Hiroshima mon amour*
Louis Malle, *Au revoir les enfants* et *Les Amants*
Éric Rohmer, *Ma Nuit chez Maud* et *Le Genou de Claire*
Diane Kurys, *Diabolo Menthe*
Jean-Jacques Beneix, *Diva*
Claire Denis, *Chocolat*

 Déco

au cours de: *during*
de renom: *well-known*
dernier: *last*
est né: *was born*
fait partie de: *belongs to*
Fils: *Son*
fin: *end*
«nouvelle vague»: *New Wave*
Parmi: *Among*
se mélangent: *are mixed*
tels que: *such as*
triple écran: *three screen*
trucages: *special effects*

➤ *Qu'est-ce que vous en pensez?*

How many of these directors and films are you familiar with? Films from the U.S. are enormously popular in France; why do you think French films are less popular in the U.S.?

How have the movies affected the way people live and think? Do you think this influence has been mainly positive or negative? Why?

ACTIVITÉ CULTURELLE:
Les Français et le petit écran

Les Français s'interrogent sur le rôle de la télévision dans la vie française: 47% le trouvent positif; 46%, négatif. Pourtant, s'ils sont partagés sur la valeur de la télévision, très peu de Français peuvent échapper à son influence.

La durée d'écoute

En moyenne, le nombre d'heures passées chaque jour devant le petit écran

Les Français en général	3h12
Les 4–10 ans	1h41
Les 11–14 ans	2h08
Les 15–49 ans	2h37
Les plus de 50 ans	4h04

L'offre et la demande

Répartition de l'offe de programmes des six chaînes hertziennes et de la consommation (4 ans et plus, en %):

	TV offerte	TV consom-mée
–Films	5,2	8,0
–Fictions TV	21,5	26,5
–Jeux	4,0	7,5
–Variétés	8,4	4,6
–Journaux télévisés	5,4	14,0
–Magazines documentaires	29,8	16,7
–Sport	3,2	5,4
–Émissions jeunesse	8,1	3,2
–Publicité	7,7	9,7
–Divers	6,7	4,3

Médiamétrie

L'équipement télé des Français

Évolution du taux d'équipement de ménages en téléviseurs et magnétoscopes (en %):

Téléviseurs: 15, 39, 67, 83, 90, 94, 95, 98, 99

dont couleur: 3, 10, 44, 65, 91, 94, 94

Magnétoscope: 2, 9, 33, 68, 78

Multiéquipement couleur: 7, 29, 34, 40

1960 1965 1970 1975 1980 1985 1990 1995 1999

Médiamétrie

Qu'est-ce que vous regardez à la télé?

Olivier Chapron

«Moi, je regarde les informations et la météo. Je regarde le journal télévisé de 20h tous les soirs.»

Mathilde Hiquet

«Je ne regarde pas très souvent la télé. Quand je la regarde, je préfère les magazines et les documentaires.»

Gérard Trénois

«Moi, j'adore regarder les films télévisés. Et aussi les feuilletons.»

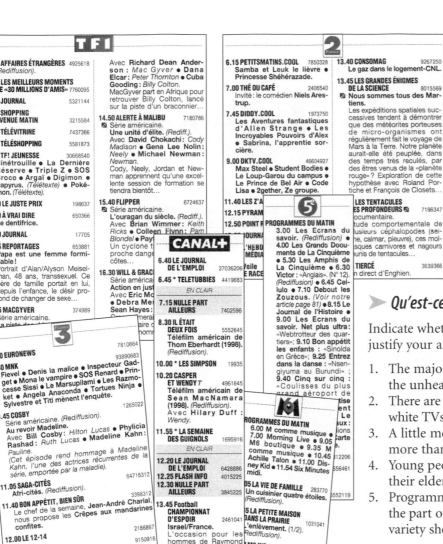

TF1

5.50 AFFAIRES ÉTRANGÈRES 4925618 (Rediffusion).	Avec Richard Dean Anderson : *Mac Gyver* ● Dana Elcar : *Peter Thornton* ● Cuba Gooding : *Billy Colton.* MacGyver part en Afrique pour retrouver Billy Colton, lancé sur la piste d'un braconnier…
6.20 LES MEILLEURS MOMENTS DE «30 MILLIONS D'AMIS» 7760095	
6.45 JOURNAL 5321144	
6.55 SHOPPING AVENUE MATIN 3215584	14.50 ALERTE À MALIBU 7180786 ● Série américaine. *Une unité d'élite.* (Rediff.) Avec David Chokachi : *Cody Madison* ● Gena Lee Nolin : *Neely* ● Michael Newman : *Newman.* Cody, Neely, Jordan et Newman apprennent qu'une excellente session de formation se tiendra bientôt…
7.40 TÉLÉVITRINE 7437366	
8.05 TÉLÉSHOPPING 5581873	
9.00 TF! JEUNESSE 30668540 Cinétrouille ● La Dernière Réserve ● Triple Z ● SOS Croco ● Argaï ● Digimon ● Papyrus. *(Télétexte)* ● Pokémon. *(Télétexte)*	
12.10 LE JUSTE PRIX 198637	15.40 FLIPPER 6724637 ● Série américaine. *L'ouragan du siècle.* (Rediff.) Avec Brian Wimmer : *Keith Ricks* ● Colleen Flynn : *Pam Blondel* ● Pay… Un cyclone s'annonce proche dange… côtes…
12.50 À VRAI DIRE 650366 Le dentifrice.	
13.00 JOURNAL 17705	
13.25 REPORTAGES 653881 ● Papa est une femme formidable ! Portrait d'Alan/Alyson Meiselman, 48 ans, transsexuel. Ce père de famille portait en lui, depuis l'enfance, le désir profond de changer de sexe…	16.30 WILL & GRAC… Série américai… Action en just… Avec Eric Mc… ● Debra Mes… Sean Hayes:…
13.55 MACGYVER 374989 Série américaine. La piste des…	

CANAL+

6.40 LE JOURNAL DE L'EMPLOI 27036206	
6.45 * TELETUBBIES 4419683	
EN CLAIR	
7.15 NULLE PART AILLEURS 7402596	
8.30 IL ÉTAIT DEUX FOIS 5552645 Téléfilm américain de Thom Eberhardt (1998). (Rediffusion).	
10.00 * LES SIMPSON 19935	
10.20 CASPER ET WENDY T 4961645 Téléfilm américain de Sean MacNamara (1998). (Rediffusion). Avec Hilary Duff : *Wendy.*	
11.55 * LA SEMAINE DES GUIGNOLS 1695916	
EN CLAIR	
12.20 LE JOURNAL DE L'EMPLOI 6428886	
12.25 FLASH INFO 4015225	
12.30 NULLE PART AILLEURS 3845225	
13.45 Football CHAMPIONNAT D'ESPOIR 2461041 Israel/France. L'occasion pour les hommes de Raymond Domenech de conforter leur fauteuil de leaders face à une équipe, battue à l'aller (3-0).	

France 2

6.15 PETITSMATINS.COOL 7850328 Samba et Leuk le lièvre ● Princesse Shéhérazade.	13.40 CONSOMAG 9267250 Le gaz dans le logement-CNL.
7.00 THÉ OU CAFÉ 2406540 Invité : le comédien Niels Arestrup.	13.45 LES GRANDES ÉNIGMES DE LA SCIENCE 8015569 ● Nous sommes tous des Martiens. Les expéditions spatiales successives tendent à démontrer que des météorites porteuses de micro-organismes ont régulièrement fait le voyage de Mars à la Terre. Notre planète aurait-elle été peuplée, dans des temps très reculés, par des êtres venus de la «planète rouge» ? Exploration de cette hypothèse avec Roland Portiche et François de Closets…
7.45 DIDDY.COOL 1973750 Les Aventures fantastiques d'Allen Strange ● Les Incroyables Pouvoirs d'Alex ● Sabrina, l'apprentie sorcière.	
9.00 DKTV.COOL 46604927 Max Steel ● Student Bodies ● Le Loup-Garou du campus ● Le Prince de Bel Air ● Code Lisa ● 2gether, Ze groupe.	
11.40 LES Z'A…	
12.15 PYRAM…	
12.50 POINT R…	

France 3

7810664	
6.00 EURONEWS 93890683	
6.40 MNK Fievel ● Denis la malice ● Inspecteur Gadget ● Mona le vampire ● SOS Renard ● Princesse Sissi ● Le Marsupilami ● Les Razmoket ● Angela Anaconda ● Tortues Ninja ● Sylvestre et Titi mènent l'enquête.	
1265022	
10.45 COSBY Série américaine. (Rediffusion). *Au revoir Madeline.* Avec Bill Cosby : *Hilton Lucas* ● Phylicia Rashad : *Ruth Lucas* ● Madeline Kahn : *Pauline.* (Cet épisode rend hommage à Madeline Kahn, l'une des actrices récurrentes de la série, emportée par la maladie).	
64716312	
11.05 SAGA-CITÉS 3398312 Afri-cités. (Rediffusion).	
11.40 BON APPÉTIT, BIEN SÛR Le chef de la semaine : Jean-André Charial, nous propose les Crêpes aux mandarines confites.	
2186867	
12.00 LE 12-14 9150916	
13.50 KENO 7413747	
13.55 C'EST MON CHOIX	

La Cinquième

| 12.50 PROGRAMMES DU MATIN 3.00 Les Ecrans du savoir. (Rediffusion). ● 4.00 Les Grands Documents de La Cinquième ● 5.30 Les Amphis de La Cinquième ● 6.30 Victor : «Anglais». (N° 12). (Rediffusion) ● 6.45 Cellulo ● 7.10 Debout les Zouzous. (Voir notre article page 81) ● 8.15 Le Journal de l'Histoire ● 9.00 Les Ecrans du savoir. Net plus ultra: «Webtrotteur des quartiers»; 9.10 Bon appétit les enfants : «Sinolda en Grèce»; 9.25 Entrez dans la danse : «Nsengiyuma au Burundi» ; 9.40 Cinq sur cinq : «Coulisses du plus grand aéroport de…» | |

M6

PROGRAMMES DU MATIN 6.00 M comme musique ● 7.00 Morning Live ● 9.05 M6 boutique ● 9.35 M comme musique ● 10.45 Achille Talon ● 11.00 Disney Kid ● 11.54 Six Minutes midi.	
…05 LA VIE DE FAMILLE 283770 Un cuisinier quatre étoiles. (Rediffusion).	
…5 LA PETITE MAISON DANS LA PRAIRIE 1031041 …l'enlèvement. (1/2). (Rediffusion).	
…6 M6 KID 58554206 …es jeux vidéo.	

In what ways do the TV pages of a French television guide look like the TV pages in a U.S. magazine? In what ways (if any) do they differ?

How do you think the statistics dealing with TV viewing in France would compare with similar statistics about the U.S.? How would you explain the similarities and/or differences?

➤ **Qu'est-ce que vous avez appris?**

Indicate whether the statement is *True* or *False* and justify your answer.

1. The majority of French people are disturbed by the unhealthy influence of TV.
2. There are still a considerable number of black and white TVs in use in France.
3. A little more than ⅓ of households in France have more than one TV set.
4. Young people in France watch more TV than do their elders.
5. Programming on French TV reflects the desire on the part of viewers to watch documentaries and variety shows.

Déco

consommée: *consumed (watched)*
dont: *including*
durée d'écoute: *viewing time*
échapper: *to escape*
émissions jeunesse: *children's programs*
En moyenne: *On the average*
feuilleton: *soap opera*
informations: *news*
jeux: *game shows*
ménages: *households*
météo: *weather*
multiéquipement: *more than one set*
offerte: *offered (shown)*
partagés: *divided*
petit écran: *small screen (TV)*
Répartition: *Division*
s'interrogent: *are asking themselves questions*
taux d'équipement: *percentage owning a TV set*
valeur: *value*
variétés: *music and comedy show*

Jacques Guibert
«J'aime regarder les émissions musicales et les variétés.»

Béatrice Le Gall
«Moi, je regarde les séries américaines comme Seinfeld et Cosby.»

2 Une famille française

La ville de Reims

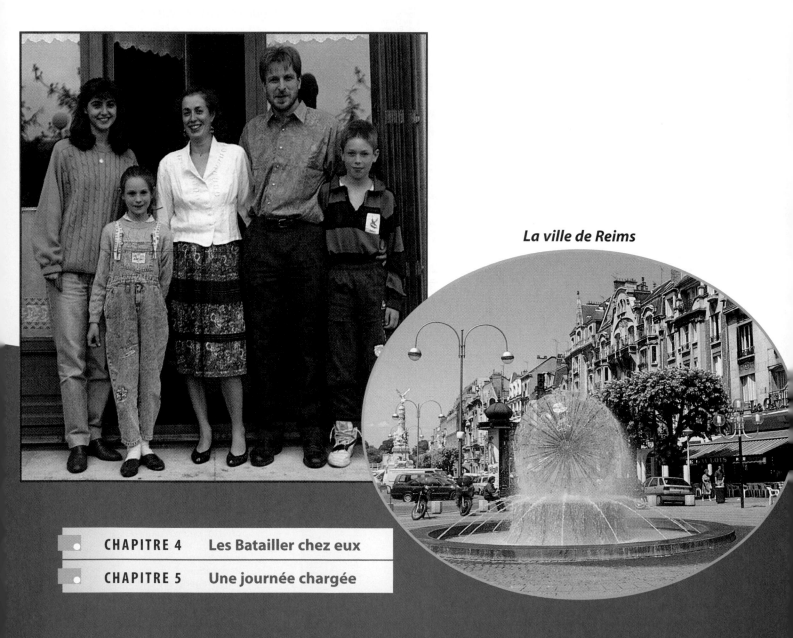

| CHAPITRE 4 | Les Batailler chez eux |
| CHAPITRE 5 | Une journée chargée |

❝ Mon mari, André, et moi, nous habitons avec nos deux enfants, Benoît et Adeline, dans la banlieue (*suburbs*) de Reims, une ville de 180 000 habitants située à 150 km au nord-est de Paris. Reims est célèbre pour sa cathédrale gothique, où on sacrait (*coronated*) les rois (*kings*) de France. Et la ville se trouve en Champagne, région que vous connaissez sans doute (*probably*) à cause de son vin pétillant (*sparkling*). **❞**

❝ Ma femme, Hélène, et moi, nous travaillons tous les deux à plein temps (*full time*). Par conséquent, nous avons une jeune fille au pair qui s'occupe (*takes care*) des enfants et aide à la maison. Cette année (*This year*) notre au pair s'appelle Cecilia; elle est du Portugal. **❞**

Benoît Batailler
10 ans
écolier

Adeline Batailler
8 ans
écolière

Cecilia Dos Santos
19 ans
jeune fille au pair

André Batailler
35 ans
programmeur

Hélène Batailler
34 ans
représentante
de commerce

Reims
Paris

Les Batailler chez eux

> " Notre maison se trouve dans la banlieue de Reims, à Cormontreuil. Notre petite maison moderne est assez typique des maisons de banlieue. "

Chapter Support Materials
MP: pp. 142–182

MP Audio CD2,
TRACKS 12–21

OBJECTIVES

In this chapter, you'll learn to:

- talk about your home;
- enumerate the contents of your house;
- tell about your family and its origins;
- describe people and places;
- name professions.

In order to perform these activities, you'll learn to use:

- descriptive adjectives;
- possessive adjectives.

You'll also read and/or hear about housing in France and the Francophone world.

◖Contexte: *La maison des Batailler*

le cabinet de toilette (les WC, m.pl.)

la cuisine

l'entrée (f.)

le jardin

la salle de séjour (le living)

❝❝ Voici notre petite maison. Au rez-de-chaussée, il y a une entrée avec un cabinet de toilette, une salle de séjour et une cuisine. Nous n'avons pas de salle à manger; nous mangeons dans la cuisine. Au premier étage, il y a des chambres et une salle de bains. Derrière *(Behind)* la maison, il y a un jardin avec beaucoup de fleurs *(flowers)*. ❞❞

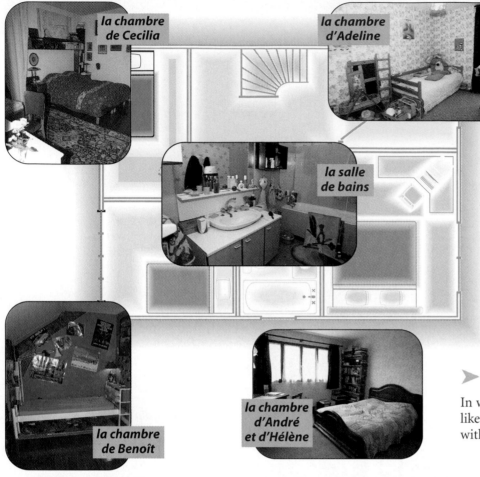

la chambre de Cecilia

la chambre d'Adeline

la salle de bains

la chambre de Benoît

la chambre d'André et d'Hélène

❝❝ Bien entendu (*Of course*), toutes les maisons françaises ne se ressemblent pas. Mes parents ont **une terrasse** derrière la maison et **une cave à vin** au sous-sol. Chez les parents d'André, il y a **des balcons** au premier étage. Ses parents ont **un bureau** et **une chambre d'amis. ❞❞**

➤ *Qu'est-ce que vous en pensez?*

In what ways does the Bataillers' house look like houses or apartments you're familiar with? In what ways is it different?

Ça se dit comment?

Pour dire où on habite (*To say where one lives*)

un appartement	apartment
une caravane	trailer
une maison	house
une résidence universitaire	dormitory

Pour indiquer l'étage d'un bâtiment
(*To indicate the floor of a building*)

au sous-sol	in the basement
au rez-de-chaussée	on the first (ground) floor
au premier étage	on the second floor
au deuxième étage	on the third floor
au troisième étage	on the fourth floor
etc.	

Pour identifier les pièces d'une maison (*To identify the rooms in a house*)

un balcon	balcony	un garage	garage
un bureau	study	un jardin	yard, garden
un cabinet de toilette	toilet, half-bath	une salle à manger	dining room
une cave (à vin)	(wine) cellar	une salle de bains	bathroom
une chambre	bedroom	une salle de séjour	
une chambre d'amis	guest room	(un living) (un salon)	living room
un couloir	hallway	une terrasse	terrace
une cour	courtyard	les toilettes (f.pl.)	ladies'/men's room, bathroom
une cuisine	kitchen	une véranda	porch
une entrée	entryway	les WC (m.pl.)	toilet, water closet
un escalier	stairs		

Ici, en France...

You need to know that in France floors of a building are counted differently than in the United States. In French, the word **étage** is used only for floors above the ground level; the term for *ground floor (first floor)* is **le rez-de-chaussée** (literally, *the level of the pavement*). Consequently, each **étage** is one floor higher than its designation would suggest in English. For example:

So, when someone asks you, **C'est bien le septième étage ici?**, make sure you're on the *eighth* floor (American style) before you say yes!

À vous!

A. La maison d'Éliane et l'appartement de Jean-Paul. As you listen first to Éliane and then to Jean-Paul describing where they live, write on a separate sheet of paper the number of each feature their house or apartment has.

1. un balcon
2. un bureau
3. un cabinet de toilette
4. une chambre
5. une cuisine
6. une entrée
7. un jardin
8. une salle à manger
9. une salle de bains
10. une salle de séjour

B. Chez les Diallo. *(At the Diallos' place.)* Edris et Mariam Diallo habitent dans un appartement à Paris. Identifiez les pièces de leur appartement.

MODÈLE: *Ça, c'est l'entrée.*

Ensuite, comparez la maison des Batailler (pp. 169–170) à l'appartement des Diallo, en utilisant des expressions comme: **Chez les Batailler, il y a... / Chez les Diallo, il n'y a pas de...**

MODÈLE

FLASH VOCABULAIRE

Les nombres ordinaux *(Ordinal numbers)*

1er **le premier** (1ère **la première**)	*first*
2e **le (la) deuxième**	*second*
3e **le (la) troisième**	*third*
4e **le (la) quatrième**	*fourth*
5e **le (la) cinquième**	*fifth*
6e **le (la) sixième**	*sixth*
7e **le (la) septième**	*seventh*
8e **le (la) huitième**	*eighth*
9e **le (la) neuvième**	*ninth*
10e **le (la) dixième**	*tenth*
11e **le (la) onzième**	*eleventh*
12e **le (la) douzième**	*twelfth*
13e **le (la) treizième**	*thirteenth*
14e **le (la) quatorzième**	*fourteenth*
15e **le (la) quinzième**	*fifteenth*
16e **le (la) seizième**	*sixteenth*
17e **le (la) dix-septième**	*seventeenth*
18e **le (la) dix-huitième**	*eighteenth*
19e **le (la) dix-neuvième**	*nineteenth*
20e **le (la) vingtième**	*twentieth*
21e **le (la) vingt et unième**	*twenty-first*
22e **le (la) vingt-deuxième**	*twenty-second*
etc.	

C. L'immeuble. *(The apartment building.)* Indiquez à quel étage habitent les personnes indiquées.

MODÈLES: Où habitent les Ponce?
Ils habitent au quatrième à droite (on the right).

Où habitent les Ouahib?
Ils habitent au cinquième à gauche (on the left).

1. Où habitent les Norval?
2. Où habitent les Boschetti?
3. Où habitent les Chamoul?
4. Où habitent les Francezon?
5. Où habitent les Palito?
6. Qui habite au premier à droite?
7. Qui habite au cinquième à gauche?
8. Qui habite au troisième à gauche?

BOSCHETTI	**6e**	KARAMBOU
OUAHIB	**5e**	CHAMOUL
LAVOIR	**4e**	PONCE
MOUNEYRES	**3e**	MAHJOB
NORVAL	**2e**	OUAZINE
FRANCEZON	**1e**	VIRGIS
ASKOLOVICH	**R de Ch.**	PALITO

◼●Échange: *Le tour de la maison*

Hélène fait visiter la maison à la nouvelle jeune fille au pair.

MME BATAILLER: Ici, en bas, vous avez la salle de séjour, la cuisine-salle à manger—c'est là que nous mangeons... et il y a un cabinet de toilette dans l'entrée.

CECILIA: Et les chambres, elles sont en haut?

MME BATAILLER: Oui... on va monter... Voici votre chambre. Elle est petite, mais il y a un lit très confortable, une grande armoire et une petite étagère.

CECILIA: Ah, oui. Elle est très jolie. Et les enfants?

MME BATAILLER: Leurs chambres sont en face... Et voilà la salle de bains au bout du couloir.

Dico

fait visiter: *shows*
grande armoire: *large wardrobe*
jolie: *pretty*
Leurs: *Their*
lit: *bed*
monter: *to go up*
nouvelle: *new*
petite étagère: *small bookshelf*

Ça se dit comment?

Pour se situer *(In order to situate oneself)*

en bas	*downstairs*
en haut	*upstairs*
devant la maison	*in front of the house*
derrière la maison	*in back of the house*
en face	*across the way*
en face de la chambre	*across from the bedroom*
à côté	*next door*
à côté de la chambre	*next to the bedroom*
au bout	*at the end*
au bout du couloir	*at the end of the hallway*
tout près	*very nearby*
près de l'entrée	*near the entryway*
à gauche	*on the left*
à gauche de l'entrée	*to the left of the entryway*
à droite	*on the right*
à droite de l'escalier	*to the right of the stairs*
entre le living et la cuisine	*between the living room and the kitchen*

À vous!

D. Deux plans. *(Two floor plans.)* Listen again to Éliane and Jean-Paul describing the house and apartment where they live. This time make a labeled floor plan of the house and apartment. Use a separate piece of paper.

La maison d'Éliane

Rez-de-chaussée

Premier étage

L'appartement de Jean-Paul

E. Chez toi. *(At your house.)* Posez des questions à un(e) camarade de classe à propos de la maison ou de l'appartement où il (elle) habite. Demandez-lui par exemple:

Est-ce que tu habites dans une maison ou dans un appartement?

une maison
Combien d'étages est-ce qu'il y a?
Qu'est-ce qu'il y a au rez-de-chaussée? au premier étage?
 (au deuxième étage?)
Est-ce qu'il y a un (une)... ?
Qu'est-ce qu'il y a en face de (la salle de bains)?
Qu'est-ce qu'il y a près de (l'entrée)?

un appartement
À quel étage est l'appartement?
Combien de pièces *(rooms)* est-ce qu'il y a?
Est-ce qu'il y a un (une)... ?
Qu'est-ce qu'il y a en face de (la salle de bains)?
Qu'est-ce qu'il y a près de (l'entrée)?

FLASH VOCABULAIRE

The general word for *room* in French is **une pièce**. The word **une chambre** refers to a specific type of room, *a bedroom*.

F. Une maison ou un appartement que je connais bien. Faites la description d'une maison ou d'un appartement que vous connaissez. Indiquez à quel étage se trouve chaque pièce. Situez les pièces les unes par rapport aux autres *(in relation to each other)*.

> Do **À faire! (4-1)** on page 142 of the **Manuel de préparation.**
> * Follow-up: rooms of a house or apartment
> * Preparation: adjective agreement and placement
> *(Contrôle 10)*

Un immeuble parisien. En France, beaucoup de personnes achètent leur appartement. À Paris, les loyers sont très élevés.

Une maison traditionnelle. On y entre directement de la rue. Il n'y a pas de pelouse devant la maison.

Un pavillon. Cette maison ressemble aux maisons américaines. Il y a des espaces verts entre la maison et la rue.

Une HLM (Habitation à loyer modéré). Ces immeubles, destinés aux familles avec des ressources modestes, sont situés principalement dans les banlieues des grandes villes.

Dico

banlieues: *suburbs*
élevés: *high*
espaces verts: *green areas*
immeuble: *apartment building*
loyers: *rents*
pavillon = *maison moderne*
pelouse: *lawn*
rue: *street*

Les Français habitent...

dans des maisons individuelles	54%
dans des appartements	38%
dans d'autres logements	8%

Les Américains habitent...

dans des maisons individuelles	68%
dans des appartements	30%
dans d'autres logements	2%

QUELQUES FAITS

- 75% des Français habitent dans des zones urbaines.
- 65% des logements possèdent un jardin ou un balcon.
- 79% des maisons ont un garage.
- Seuls 1,5% des ménages français sont équipés de la climatisation.

➤ Qu'est-ce que vous avez appris?

Indicate whether each statement is *True* or *False*; justify your answers.

1. French apartment dwellers often own their apartments.
2. Most low-cost housing in France is located in the inner city.
3. People in France are more likely to live in apartments than are people in the United States.
4. A large majority of French people live in a city or the suburbs.
5. Gardens are more popular than garages in France.
6. About 1 of every 5 French houses or apartments is air-conditioned.

➤ Qu'est-ce que vous voyez?

En français, les mots **maison** et **pavillon** sont tous les deux l'équivalent du mot anglais *house*. Regardez les photos d'une maison et d'un pavillon. En quoi sont-ils différents l'un de l'autre?

Ensuite, regardez la photo de l'immeuble parisien. Ressemble-t-il à un immeuble aux États-Unis? Expliquez.

Finalement, regardez la photo d'une HLM. En quoi ressemble-t-elle au *low-income housing* aux États-Unis? En quoi est-elle différente?

Dico

climatisation: *air-conditioning*
ménages: *households*

Rappel grammatical

Les adjectifs de description

- Adjectives agree in gender and number with the nouns they modify.

La maison est verte.	The house is green.
Les appartements sont grands.	The apartments are big.

- When used with a noun, most adjectives *follow* the noun they modify.

Elle porte une jupe bleue.	She's wearing a blue skirt.
C'est une cuisine bien équipée.	It's a well-equipped kitchen.
Nous avons des meubles traditionnels.	We have traditional-style furniture.

- Some adjectives are placed *before* the noun they modify; for example, grand *(large, big, tall)*, petit *(small, little, short)*, nouveau *(new)*, vieux *(old)*, joli *(pretty)*, beau *(beautiful)*, bon *(good)*, mauvais *(bad)*.

C'est une vieille maison.	It's an old house.
Elle a un joli jardin.	She has a pretty garden.

- When two adjectives modify the same noun, each adjective occupies its normal position, either before or after the noun.

C'est un bel appartement moderne.	It's a beautiful modern apartment.
Regarde les jolies fleurs jaunes et blanches.	Look at the pretty yellow and white flowers.

- The adjectives **beau, nouveau,** and **vieux** have special forms.

MASCULINE SINGULAR:	**beau**	**nouveau**	**vieux**
MASCULINE SINGULAR BEFORE A VOWEL:	**bel**	**nouvel**	**vieil**
MASCULINE PLURAL:	**beaux**	**nouveaux**	**vieux**
FEMININE SINGULAR:	**belle**	**nouvelle**	**vieille**
FEMININE PLURAL:	**belles**	**nouvelles**	**vieilles**

À vous!

🎧 **G. Chez nous.** *(At our place.)* Listen as various people tell something about where they live, then choose the adjectives that best correspond to the description you've heard.

MODÈLE: **You hear:** Chez nous, il y a un très grand living avec des meubles modernes. Notre living est assez joli, mais il n'est pas très ensoleillé.

You see: Le living est...
(a) ensoleillé (b) sombre (c) grand (d) petit

You choose: (b) and (c)

1. La maison est... (a) nouvelle (b) vieille (c) bien aménagée (d) bien équipée
2. L'appartement est... (a) nouveau (b) vieux (c) grand (d) petit
3. La salle de séjour est... (a) moderne (b) traditionnelle (c) grande (d) petite
4. La cuisine est... (a) moderne (b) traditionnelle (c) propre (d) sale
5. Le jardin est... (a) grand (b) petit (c) joli (d) laid
6. Les chambres sont... (a) grandes (b) petites (c) modernes (d) confortables

1. *La ville* est très belle. (le living / la maison / l'appartement / les garçons / les filles)
2. *L'appartement* est nouveau. (les maisons / la voiture / le living / la robe / le pantalon)
3. *Le téléviseur* est vieux. (la maison / l'appartement / les professeurs / les robes / le garage)
4. Nous avons une maison *moderne*. (grand / blanc / vieux / nouveau / petit / beau / confortable)
5. Ils habitent dans un *grand* bâtiment *(building)*. (moderne / nouveau / vieux / joli / bien équipé / beau)
6. Elle a un *petit* appartement. (très confortable / nouveau / moderne / ensoleillé / vieux / joli)

Ça se dit comment?

Pour décrire son logement
(To describe your house or apartment)

moderne	*modern*
traditionnel / traditionnelle*	*traditional*
ancien / ancienne*	*old*
grand / grande	*large, big, tall*
petit / petite	*small, little, short*
vieux / vieille	*old*
nouveau / nouvelle	*new*
joli / jolie	*pretty*
laid / laide	*ugly*
moche	*ugly*
sombre	*dark*
ensoleillé / ensoleillée	*sunny*
sale	*dirty*
propre	*clean*
confortable	*comfortable*
bien aménagé / bien aménagée	*well laid out, fixed up*
bien équipé / bien équipée	*well-equipped*

*Note that **traditionnel** doubles the **l** and **ancien** doubles the **n** before adding **e** in the feminine.

H. Comment est...? Répondez aux questions en choisissant dans la liste des adjectifs qui décrivent l'image.

grand / petit / moderne / traditionnel / propre / sale / ensoleillé / sombre / confortable / pratique / joli / laid / blanc / noir / gris / brun / marron / bleu / vert / jaune / orange / rouge / rose / violet

MODÈLE: Comment est la maison des Goidin?

Elle est petite. Elle est blanche et grise.
C'est une petite maison blanche et grise.

1. Comment est la maison des Poujouly?
2. Comment est la maison des Schmitt?
3. Comment est l'appartement de Dominique?
4. Comment est la chambre de Julie?
5. Comment est la cuisine des Potain?
6. Comment est le jardin des Adejès?
7. Comment sont les meubles des Thouron?
8. Comment sont les vêtements de Marie-Hélène?
9. Comment est la maison (l'appartement) où vous habitez?

Ça se dit comment?

Pour identifier les meubles
(To identify furniture)

une armoire	*wardrobe, free-standing closet*
un bureau	*desk*
un canapé (**un sofa**)	*couch, sofa*
une chaise	*chair*
une commode	*chest of drawers, dresser*
une étagère	*bookshelf*
un fauteuil	*armchair*
une lampe	*lamp*
un lit	*bed*
une table	*table*

I. Les meubles des Batailler. Faites la description des meubles chez les Batailler en utilisant les adjectifs suggérés.

Qu'est-ce qu'il y a dans la salle de séjour chez les Batailler?

1   **2**

joli   confortable

Qu'est-ce qu'il y a dans la cuisine?

moderne

Qu'est-ce qu'il y a dans la chambre de M. et Mme Batailler?

grand

vieux

nouveau

Qu'est-ce qu'il y a dans la chambre d'Adeline?

beau

petit

Qu'est-ce qu'il y a dans la chambre de Benoît?

moderne

assez *(rather)* laid

👫 **J. Où est-ce que tu habites? Qu'est-ce qu'il y a dans ta maison (dans ton appartement)?** Posez les questions suivantes pour apprendre quelque chose au sujet de la maison ou de l'appartement d'un(e) camarade de classe.

- Est-ce que tu habites dans une maison? dans un appartement?
- Comment est ta maison (ton appartement)?
- De quelle couleur est la maison (l'immeuble [*apartment building*])?
- Combien de pièces est-ce qu'il y a?
- Qu'est-ce qu'il y a dans (la salle de séjour, ta chambre, etc.)?
- Est-ce que tu as... ?
- Comment est (sont)... ?

FLASH **GRAMMAIRE**

mon / ma *my*
   mon appartement
   ma maison

ton / ta *your (familiar)*
   ton vélo
   ta voiture

Le monde francophone

Le logement
Voici des exemples de vieux et de nouveaux logements dans des régions francophones.

Maison typique dans l'île d'Orléans

Vieille maison de la ville de Québec

LE QUÉBEC

LA MARTINIQUE

Martinique

Maison coloniale près de Fort-de-France

Case typique de Saint-Pierre

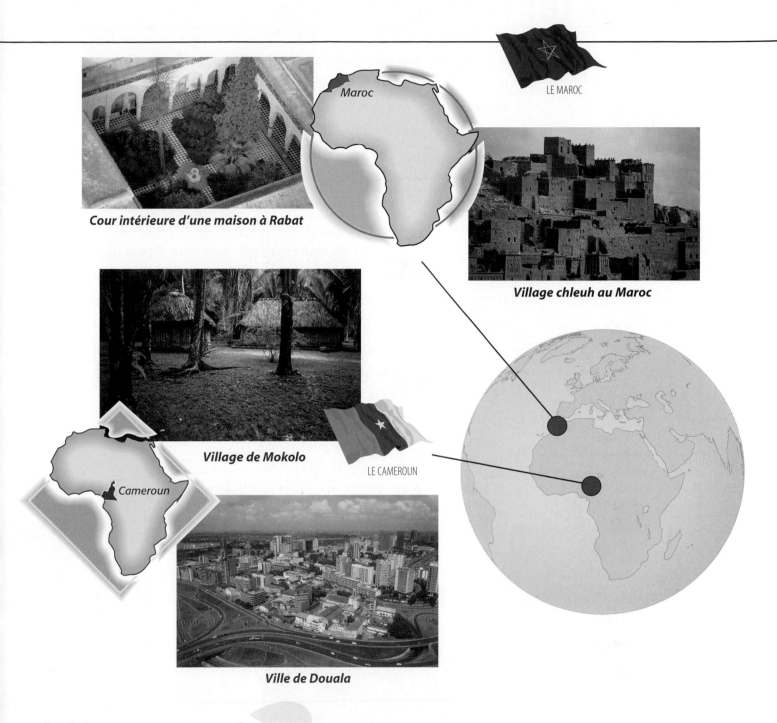

Cour intérieure d'une maison à Rabat

Maroc

LE MAROC

Village chleuh au Maroc

Village de Mokolo

LE CAMEROUN

Cameroun

Ville de Douala

➤ *Qu'est-ce que vous en pensez?*

Quelles différences est-ce qu'il y a entre les deux photos de chaque région? Est-ce qu'il y a les mêmes différences dans votre région? Pourquoi ou pourquoi pas? Quelles différences est-ce qu'il y a entre votre région et la Martinique, le Maroc et le Québec?

> Do **À faire! (4-2)** on page 149 of the **Manuel de préparation.**
> * Follow-up: descriptive adjectives, furniture
> * Follow-up: reading and writing (apartment ad)

■ Contexte: *La famille Batailler*

❝ Bonjour. Je m'appelle Benoît Batailler. Benoît, c'est mon prénom. Batailler, c'est mon nom de famille. Comme vous le savez déjà, nous sommes quatre dans ma famille. J'ai un père, une mère et une sœur. Ma sœur s'appelle Adeline. Elle a huit ans. Moi, j'ai dix ans. Nous habitons à Reims, en Champagne.

Nous avons aussi de la famille qui n'habite pas à Reims. Mes grands-parents paternels habitent à Poitiers avec mon oncle Gérard et mon oncle Thierry. Mon père a deux frères, mais il n'a pas de sœurs. Mon oncle Gérard est marié avec ma tante Élise. Ils ont deux enfants—un fils, Pierre, et une fille, Jacqueline. Ce sont mes cousins. Jacqueline a 16 ans; Pierre a 12 ans. Mon oncle Thierry n'est pas marié; il est divorcé.

Mon père est d'une famille nombreuse, mais pas ma mère. Elle est fille unique—pas de sœurs, pas de frères. Ma grand-mère maternelle est décédée en 1991. Mon grand-père habite près de chez nous. ❞

Mes parents, ma sœur et moi—chez nous

Mémère et Pépère à Poitiers—1998

Oncle Gérard, Tante Élise, en visite chez nous

Dico 📖

avoir... ans: *to be . . . years old*
Comme vous le savez: *As you know*
est décédée: *died, passed away*
famille nombreuse: *large family*
fille (fils) unique: *only child*
nom de famille: *last name*
prénom: *first name*

Jacqueline—
en visite chez nous

Pierre—
en visite chez nous

Oncle Thierry—
à Perros-Guirec

Pépé—chez nous

Ça se dit comment?

Pour identifier les membres de la famille
(To identify family members)

les parents *(m.pl.)*	parents, relatives
un père	father
une mère	mother
un beau-père	stepfather, father-in-law
une belle-mère	stepmother, mother-in-law
les enfants *(m.pl.)*	children
un fils	son
une fille	daughter
un fils unique (une fille unique)	only child
un frère	brother
une sœur	sister
un demi-frère	half-brother, stepbrother
une demi-sœur	half-sister, stepsister
les grands-parents *(m. pl.)*	grandparents
un grand-père *(pl.* des grands-pères)	grandfather
une grand-mère *(pl.* des grand[s]-mères)	grandmother
un oncle	uncle
une tante	aunt
un cousin	(male) cousin
une cousine	(female) cousin
un neveu *(pl.* des neveux)	nephew
une nièce	niece
une femme	wife
un mari	husband

À vous!

Ça se dit comment?

Pour donner son âge *(To give your age)*

avoir... ans | to be . . . years old

Quel âge as-tu? | **Quel âge a ton frère?**
Quel âge tu as? *(familier)* | **Quel âge il a, ton frère?** *(familiar)*
J'ai dix-neuf ans. | **Il a onze ans.**

Pour décrire sa famille *(To describe your family)*

avoir (être d') une famille nombreuse	*to have (be from) a large family*
il y a... personnes dans (ma) famille	*there are . . . people in (my) family*
être fils (fille) unique	*to be an only son (daughter)*
être l'aîné(e)	*to be the eldest*
être marié(e) avec	*to be married to*
être divorcé(e)	*to be divorced*
être décédé(e)	*to be deceased*
être vivant(e)	*to be alive*
être d'origine...	*of . . . background*

FLASH GRAMMAIRE

My (with a plural noun)

mes *my*	**mes cousins**
tes *your*	**tes parents**
(familiar)	

K. La famille d'Edris et de Mariam. As you listen to Edris and Mariam Diallo describe their families, take notes so that you can report to the class on what you've understood.

Note culturelle

In West Africa, polygamy was the rule for centuries. The head of the family would construct adjoining huts for each of his wives and their children. In exchange for the moral and physical protection he afforded them, he gained access to a large work force. While examples of this system are still prevalent among older generations (and talked about in many novels written by female writers from the region), there seems to be a tendency among young people to prefer monogamy, and in some countries (such as the Ivory Coast), polygamy is forbidden by law. Nevertheless, habits and traditions evolve slowly. Young men, especially those with money, still take up with multiple women, often very young ones. However, with monogamy the official social policy, the males no longer feel obligated to care for and protect their women. The streets of Abidjan and other African cities are full of young women, without education and without regular jobs—victims of social change.

L. Ma famille... et la tienne. *(My family . . . and yours.)* Ask a classmate questions about his/her family. Depending on the general age of your classmate, some of the questions (e.g., age) may not be appropriate. Decide which questions to ask and not to ask.

1. Moi, je m'appelle... Et toi?
2. Mon prénom, c'est... Et ton prénom?
3. Mon nom de famille, c'est... Et ton nom de famille?
4. Moi, j'ai... ans. Et toi, quel âge as-tu?
5. Nous sommes... dans ma famille: j'ai... Et vous êtes combien dans ta famille?
6. Mon père s'appelle... Comment s'appelle ton père?
7. Ma mère s'appelle... Comment s'appelle ta mère?
8. J'ai ... frère(s). Il(s) s'appelle(nt)... Il a (Ils ont)... ans. (Je n'ai pas de frères.) (Je suis fils [fille] unique.) Et toi?
9. J'ai... sœur(s). Elle(s) s'appelle(nt)... Elle a (Elles ont)... ans. (Je n'ai pas de sœurs.) (Je suis fils [fille] unique.) Et toi?

M. Du côté maternel... Du côte paternel... *(On your mother's side . . . On your father's side . . .)* Posez des questions à un(e) camarade de classe au sujet de sa famille éloignée *(extended)*.

1. Est-ce que ta mère est d'une famille nombreuse?

2. Combien d'oncles est-ce que tu as du côté maternel? Comment est-ce qu'ils s'appellent? Est-ce qu'ils sont mariés? Est-ce qu'ils ont des enfants? des fils? des filles?

3. Comment s'appellent tes cousins? Quel âge ont-ils? Où est-ce qu'ils habitent?

4. Est-ce que ta mère a des sœurs? Comment est-ce qu'elles s'appellent? Est-ce qu'elles sont mariées? Est-ce qu'elles ont des enfants?

5. Tes grands-parents maternels, ils sont toujours *(still)* vivants ou est-ce qu'ils sont décédés?

6. Et ton père, il est d'une famille nombreuse?

7. Tu as des oncles et des tantes du côté de ton père? Comment est-ce qu'ils s'appellent? Ils sont mariés?

8. Comment s'appellent tes cousins du côté de ton père? Quel âge ont-ils? Où est-ce qu'ils habitent?

9. Et tes grands-parents paternels, ils sont toujours vivants? Ils habitent avec ta famille?

La cathédrale de Reims et les rois de France
In the year 498, the bishop Rémi baptized Clovis, the leader of the Franks. Thus, the union of the Franks and Christianity was made official. In memory of that event, between 1223 and 1825, the cathedral of Reims was the site of the coronation **(le sacre)** of many of the kings of France.

French kings (the first was named in 987 and the last was removed from the throne in 1848) belonged to five families. These families and their most famous representatives were:

les Capétiens	Hugues Capet (987–996)
	Louis IX (Saint Louis)
	(1226–1270)
les Valois	Louis XI (1461–1483)
les Valois-Orléans	Louis XII (1498–1515)
les Valois-Angoulême	François Ier (1515–1547)
	Henri II (1547–1559)
les Bourbons	Henri IV (1589–1610)
	Louis XIV [le Roi Soleil]
	(1643–1715)
	Louis XVI (1774–1792)

■Échange: *La famille de Cecilia*

Mme Batailler interroge Cecilia au sujet de sa famille.

aîné: *older*
font: *do*
industrie alimentaire: *food business*
représentant de commerce: *salesman*
sa: *her*

MME BATAILLER: Et vos parents, qu'est-ce qu'ils font?
CECILIA: Eh bien, mon père est représentant de commerce; il travaille dans l'industrie alimentaire. Ma mère, elle est à la maison avec les enfants.
MME BATAILLER: Vous êtes combien dans votre famille?
CECILIA: J'ai deux frères et deux sœurs. Mon frère aîné est ingénieur à Bruxelles; sa femme est belge. Mes deux sœurs vont au lycée et mon autre frère est tout petit.

Ça se dit comment?

Pour identifier les professions *(To identify professions)*

un acteur / une actrice	*actor/actress*	**un(e) fonctionnaire**	*civil servant*
un agriculteur / une agricultrice	*farmer*	**un homme d'affaires / une femme d'affaires**	*businessman (woman)*
un fermier / une fermière			
un(e) architecte	*architect*	**un homme politique / une femme politique**	*politician*
un(e) artiste	*artist*		
un(e) assistant(e)	*teaching assistant*	**un infirmier / une infirmière**	*nurse*
un athlète professionnel / une athlète professionnelle	*professional athlete*	**un ingénieur / une femme ingénieur**	*engineer*
un avocat / une avocate	*lawyer*	**un(e) journaliste**	*journalist, reporter*
un cadre / une femme cadre	*business executive*	**un mécanicien / une mécanicienne**	*mechanic*
un chanteur / une chanteuse	*singer*		
un commerçant / une commerçante	*shopkeeper*	**un médecin / une femme médecin**	*doctor*
un commercial / une commerciale	*traveling salesperson*		
un(e) comptable	*accountant*	**un musicien / une musicienne**	*musician*
un(e) dentiste	*dentist*	**un ouvrier / une ouvrière**	*factory worker*
un(e) élève	*elementary, middle-school, high school student*	**un pharmacien / une pharmacienne**	*pharmacist*
		un(e) prof, un professeur	*teacher, professor*
		un programmeur / une programmeuse	*computer programmer*
un employé de maison / une employée de maison	*housekeeper*	**un représentant de commerce / une représentante de commerce**	*sales representative*
un étudiant / une étudiante	*university student*	**un(e) secrétaire**	*secretary*
une femme au foyer	*housewife*	**un vendeur / une vendeuse**	*salesperson (in a store)*

Ça se dit comment?

Pour identifier les nationalités *(To identify nationalities)*

allemand / allemande	*German*	**japonais / japonaise**	*Japanese*
américain / américaine	*American*	**marocain / marocaine**	*Moroccan*
anglais / anglaise	*English*	**mexicain / mexicaine**	*Mexican*
belge	*Belgian*	**portugais / portugaise**	*Portuguese*
canadien / canadienne	*Canadian*	**québécois / québécoise**	*Quebecker*
chinois / chinoise	*Chinese*	**russe**	*Russian*
égyptien / égyptienne	*Egyptian*	**sénégalais / sénégalaise**	*Senegalese*
espagnol / espagnole	*Spanish*	**suisse**	*Swiss*
français / française	*French*	**vénézuélien / vénézuélienne**	*Venezuelan*
italien / italienne	*Italian*	**vietnamien / vietnamienne**	*Vietnamese*

À vous!

N. Les professions. Identifiez leurs professions.

MODÈLES:

Voilà M. Chevalier.
Il est avocat.

Voilà M. et Mme Richard.
Ils sont pharmaciens.

M. Chevalier

M. et Mme Richard

FLASH GRAMMAIRE

When identifying someone's profession, use **être** + the name of the profession *without* an article.

Elle **est avocate.**	*She's a lawyer.*
Ils **sont ouvriers.**	*They're factory workers.*

In French, adjectives of nationality are NOT capitalized.

Il est **italien.**	*He's Italian.*
Nous avons une voiture **italienne.**	*We have an Italian car.*

1

M. Aubert

2

M. et Mme Forrestier

3

Mme Longin

4

M. Cordier

5

M. Dumoulin

6

Nicole et Suzanne Martineau

7

Patrick Desnoyers

8

Georges Denis

9

Mme Férenczi

10

Mlle Jacquier

11

Antoine Assayas

12

Jean Raymond et Catherine Jagege

O. Les nationalités. You're with a group of people from all over the world. Find out their nationalities by making the indicated assumption and then correcting your mistake.

MODÈLE: Marguerite—portugais / New York
—*Marguerite est portugaise?*
—*Mais non, elle est de New York.*
—*Ah, bon. Elle est américaine.*
—*Oui, c'est ça.* (That's right.) *Elle est américaine.*

1. Monique—suisse / Paris
2. Lin-Tao *(m.)*—japonais / Beijing
3. Francesca—mexicain / Rome
4. Jean-Pierre—belge / Vancouver
5. Verity *(f.)*—américain / Londres *(London)*
6. Fumiko et Junko *(f.)*—égyptien / Tokyo
7. Carlos et Pablo—espagnol / Guadalajara
8. Natasha et Svetlana *(f.)*—canadien / Moscou
9. Eberhard *(m.)* et Heidi—suisse / Berlin
10. Gina et Sofia—vénézuélien / Madrid
11. Edris et Dovi—marocain / Dakar
12. Janine et Françoise—français / Bruxelles

Ici, en

Chez vous, vous parlez souvent de vos origines étrangères—par exemple, *My mother's family is Norwegian. I'm Italian and Swiss.* En France, on a tendance à s'identifier à la région d'où vient sa famille—par exemple, **Je suis champenois (de Champagne)** ou **breton (de Bretagne)** ou **provençal (de Provence)** ou **auvergnat (d'Auvergne).**

France

©1993 Magellan Geographix℠ Santa Barbara CA

> **Qu'est-ce que vous en pensez?**

Comment expliquez-vous les différentes façons dont les Français et les Américains parlent de leurs origines?

P. **Quelle profession? Quelle nationalité?** Identifiez la *profession* et la *nationalité* de chaque personne qui parle.   [items 1–8]

Q. **Ma famille.** Faites la description de votre famille proche en adaptant le modèle suivant à votre cas particulier.

MODÈLE: *Il y a... personnes dans
ma famille. J'ai... frères
et... sœurs. (Je n'ai pas
de... / Je suis... unique.)
Mon père est d'origine...
Il est... Il travaille à...
Ma mère est d'origine...
Elle est... Elle travaille à...
Mon frère est... Il habite à...
Ma sœur est... Elle va à...*

Ensuite, faites la description de votre famille éloignée *(extended)*.

FLASH VOCABULAIRE

être d'origine + adjectif féminin
= *to be of . . . background*

Il est italien.
   He's Italian (i.e., from Italy).

Il est d'origine italienne.
   *He's Italian (i.e., his ancestors
   were from Italy; he lives here and
   may have been born elsewhere).*

Do **À faire!** **(4-3)** on page 152 of the **Manuel de préparation.**
* Follow-up: family, professions, nationalities
* Preparation: possessive adjectives *(Contrôle 11)*

Rappel grammatical

Les adjectifs possessifs

	MASCULIN	FÉMININ		
	SINGULIER	SINGULIER	PLURIEL	
je	mon	ma	mes	*my*
tu	ton	ta	tes	*your*
il/elle/on	son	sa	ses	*his, her, one's*
nous	notre	notre	nos	*our*
vous	votre	votre	vos	*your*
ils/elles	leur	leur	leurs	*their*

Exercice de substitution

1. Voilà mon *vélo.* (crayon / immeuble / maison / clés / amis / résidence / baladeur)
2. Où est ta *résidence?* (maison / chemise / cahier / sac à dos / bloc-notes / calculatrice / CD / amis / stylos)
3. Nous aimons notre *maison.* (voiture / ordinateur / professeurs / caméscope / amis / résidence)
4. Est-ce que vous avez votre *stylo?* (calculatrice / cahiers / carnet / blouson / voiture / clés)
5. Où est David? Voici son *crayon.* (maison / appartement / ami / amie / cassettes / amis / chaîne hi-fi / cahier)
6. Où est Chantal? Voici son *baladeur.* (livre / appartement / maison / voiture / clés / amis / téléviseur / jean)
7. Voilà leur *appartement.* (chambre / voiture / clés / amis / tee-shirts / livres / caméscope)

À vous!

R. Des réponses logiques. Choose the logical answer to each question that you hear, paying close attention to the possessive adjectives.

MODÈLE: **You hear:** Tu vas téléphoner à ton frère?

You see: **a.** Oui, je vais téléphoner à ton frère.
b. Oui, je vais téléphoner à mon frère.

You choose: b

1. a. Non, je n'aime pas mon cours d'anglais.
   b. Non, je n'aime pas ton cours d'anglais.

2. a. Oui, je connais tes cousins.
   b. Oui, je connais mes cousins.

3. a. Non, nous n'habitons pas avec vos parents.
   b. Non, nous n'habitons pas avec nos parents.

4. a. Oui, nous allons dîner avec notre fils.
   b. Oui, nous allons dîner avec votre fils.

5. a. Oui, je voudrais parler avec ton père.
   b. Oui, je voudrais parler avec mon père.

6. a. Non, il ne cherche pas ma femme.
   b. Non, il ne cherche pas ta femme.

7. a. Oui, elle va téléphoner à vos amis.
   b. Oui, elle va téléphoner à nos amis.

8. a. Non, il ne va pas acheter ma maison.
   b. Non, il ne va pas acheter ta maison.

S. Non, ce n'est pas... You and several classmates are trying to figure out the owner of certain objects. Each group member denies ownership and attributes it to *one or two* other students in the group. Finally, the questioner realizes that it belongs to him/her.

MODÈLE: livre

JEAN: (looking at Marie) *C'est ton livre?*

MARIE: *Non, ce n'est pas mon livre.* (pointing to Renée) *C'est son livre.*

RENÉE: *Mais non, ce n'est pas mon livre.* (pointing to Jacques et Hélène) *C'est leur livre.*

JACQUES (or HÉLÈNE): *Non, ce n'est pas notre livre.* (looking at Jean) *C'est ton livre.*

JEAN: *Oui, c'est vrai. C'est mon livre.*

OBJECTS: **un cahier / une calculatrice / un ordinateur / des cassettes / une montre** *(watch)* **/ un appartement / un ami / une amie / des tee-shirts / un pantalon**

> REMEMBER: If you're speaking to your instructor or to someone considerably older than you, use **vous** and **votre/vos** rather than **tu** and **ton/ta/tes.**

T. Nos familles. Posez des questions à un(e) camarade de classe à propos de sa famille. Ensuite, décrivez la famille de votre camarade à d'autres étudiants.

QUESTIONS POSSIBLES:

Il y a combien de personnes dans ta famille?

Combien de frères (sœurs) est-ce que tu as?

Comment s'appelle ton frère (aîné *[older]*/cadet *[younger]*)?

Quel âge a ta sœur (aînée/cadette)?

Où est-ce que ta famille habite?

Est-ce que ton frère (ta sœur) travaille?

Est-ce que ton père est d'origine (italienne)?, etc.

▪ **Contexte:** *Nos voisins, les Kambouta*

❝ Je voudrais vous parler de nos voisins, les Kambouta. Ils sont burkinabés—c'est-à-dire qu'ils sont du Burkina, un petit pays africain. La famille habite en France depuis cinq ans. ❞

Le Burkina (appelé aussi le Burkina Faso) est un petit pays en Afrique occidentale. Sa capitale est Ouagadougou.

Mme Kambouta a 40 ans. Elle est femme au foyer—c'est-à-dire qu'elle s'occupe de la famille et de la maison. Elle est petite. Elle a les cheveux longs. Elle est très belle.

M. Kambouta a 42 ans. Il est homme d'affaires. Il est grand et il a les cheveux noirs.

Be careful not to confuse **cheveux** *(hair)* and **chevaux** *(horses).*

Rachid a 16 ans. Il est assez costaud. Il a les cheveux courts. Il aime beaucoup les livres et les ordinateurs.

Nikiéma a 10 ans. Il est mince. Il a les cheveux courts comme son père. C'est un bon copain. Il aime beaucoup le football. Un jour il voudrait retourner en Afrique pour représenter son pays dans des compétitions internationales.

assez costaud: *fairly stocky*
chevaux: *horses*
cheveux: *hair*
concours hippiques: *horse shows*
courts: *short*
habite en France depuis cinq ans: *have been living in France for five years*
pays: *country*
s'occupe: *takes care of*
Un jour: *Someday*
voisins: *neighbors*
yeux: *eyes*

Marianne a 14 ans. Elle est mince. Elle a les yeux verts comme sa mère. Elle adore les chevaux. Elle participe aux concours hippiques au centre d'équitation.

Freida a 7 ans. Elle est petite. Elle a les cheveux frisés. Elle aime beaucoup la musique et la danse.

You can qualify your descriptions by adding **assez** *(fairly)* and **plutôt** *(rather)* to an adjective:

Il est assez grand.
He's fairly tall.
Elle est plutôt mince.
She's rather thin.

Ça se dit comment?

Pour décrire le physique d'une personne *(To give someone's physical description)*

Il/Elle est **jeune.**
       assez âgé(e).
Il/Elle a les cheveux **blonds.**
       noirs.
       bruns, châtains, marron *(brown).*
       gris *(gray).*
       roux *(red).*
Il/Elle a les cheveux **longs.**
       courts *(short).*
       frisés *(curly).*
       raides *(straight).*
Il/Elle est **chauve** *(bald).*
Il/Elle a les yeux **bleus.**
       bruns, marron *(brown).*
       verts.
Il/Elle est **grand(e).**
       petit(e).
       mince *(thin).*
       maigre *(skinny).*
Il est **costaud** *(stocky).*
Il est **beau** *(handsome).*
Elle est **belle** *(beautiful).*
       jolie *(pretty).*

À vous!

U. C'est qui? Identify which of the following has (have) the physical characteristics mentioned in the questions you hear. [items 1–10]

M. Pégard   **Mme Pégard**   **Jean-Pierre**   **Sylviane**

ᛦᛦ V. Comment est (ton frère)? *(What's [your brother] like?)* Faites la description de plusieurs personnes (membres de votre famille, amis) en choisissant les adjectifs et les expressions appropriés.

> MODÈLE: —*Comment est ton frère (ta mère, ton ami[e], etc.)?*
> —*Il (Elle) est... Il (Elle) a...*

Use the expressions **tous les deux** or **toutes les deux** to express the idea of *both*:

Ils (s)ont tous les deux...
Elles (s)ont toutes les deux...

ᛦᛦ W. Des comparaisons. Utilisez ce que vous avez appris en faisant l'exercice V pour faire des comparaisons.

> MODÈLE: *Mon frère est grand; le frère de Jacqueline est petit. Mon frère a les cheveux blonds; le frère de Jacqueline a les cheveux noirs. Mais ils ont tous les deux les yeux bruns.*

●Échange: *Et les enfants?*

M. et Mme Batailler font la description de leurs enfants à leur nouvelle jeune fille au pair, Cecilia.

MME BATAILLER: Benoît a dix ans. Il est plutôt sérieux. Il travaille bien à l'école.
M. BATAILLER: Mais il est sportif aussi. Il adore le rugby et le foot.
CECILIA: Et la petite?
MME BATAILLER: Adeline? Elle a huit ans. Elle est très bavarde. Elle parle sans arrêt.
M. BATAILLER: Mais elle est très, très gentille... et marrante comme tout.
MME BATAILLER: Elle aime beaucoup la musique. Elle joue du violon.

bavarde: *talkative*
comme tout: *as anything*
gentille: *nice*
joue: *plays*
marrante: *funny*
sans arrêt: *nonstop*

Ça se dit comment?

Pour identifier les traits de caractère (To identify personality traits)

actif / active	*active*	indépendant / indépendante	*independent*
ambitieux / ambitieuse	*ambitious*	intellectuel / intellectuelle	*intellectual*
bavard / bavarde	*talkative*	intelligent / intelligente	*intelligent*
courageux / courageuse	*courageous, brave*	malhonnête	*dishonest*
cruel / cruelle	*cruel*	marrant / marrante	*funny*
de bonne humeur	*good-humored, in a good mood*	naïf / naïve	*naive, innocent*
de mauvaise humeur	*ill-humored, in a bad mood*	optimiste	*optimistic*
discret / discrète	*discreet*	paresseux / paresseuse	*lazy*
dynamique	*dynamic*	pessimiste	*pessimistic*
égoïste	*self-centered, selfish*	réaliste	*realistic*
frivole	*frivolous, flighty*	réservé / réservée	*reserved*
généreux / généreuse	*generous*	sérieux / sérieuse	*serious*
gentil(le)	*nice*	sportif / sportive	*likes sports*
honnête	*honest*	sympathique (sympa)	*nice*
idéaliste	*idealistic*	timide	*shy*
impatient / impatiente	*impatient*	travailleur / travailleuse	*hard-working*

À vous!

X. Masculin ou féminin? Indicate whether the adjectives you hear are masculine (**m**), feminine (**f**), or both masculine and feminine (**mf**).   [items 1–16]

Y. Benoît et Adeline. Répondez aux questions à propos des traits de caractère des enfants Batailler.

1. Benoît aime jouer au rugby. Est-ce qu'il est dynamique ou réservé?

2. Adeline partage *(shares)* toujours son pain au chocolat avec son amie Martine. Est-ce qu'elle est généreuse ou égoïste?

3. Benoît travaille bien à l'école. Il ne regarde pas souvent la télé. Est-ce qu'il est sérieux ou paresseux?

4. Adeline a trouvé 250€ dans la rue. Elle les a donnés *(gave them)* à la police. Est-ce qu'elle est honnête ou malhonnête?

5. Benoît aime les livres classiques et les films historiques. Est-ce qu'il est sérieux ou frivole?

6. Adeline joue du violon et du piano. Est-ce qu'elle est active ou paresseuse?

7. Benoît voudrait être un joueur de rugby professionnel, mais il comprend qu'il est nécessaire d'étudier aussi. Est-ce qu'il est réaliste ou naïf?

8. Adeline parle sans arrêt et elle dit bonjour à tout le monde *(everybody)*. Est-ce qu'elle est bavarde ou timide?

9. Benoît n'aime pas attendre *(to wait)*. Est-ce qu'il est patient ou impatient?

10. Adeline est toujours de bonne humeur. Est-ce qu'elle est optimiste ou pessimiste?

Z. Les Kambouta. Lisez les descriptions de la famille Kambouta, puis proposez au moins trois adjectifs ou expressions pour décrire chaque membre de la famille.

1. M. Kambouta travaille 10 à 12 heures par jour *(hours a day)*. Au Burkina il s'est opposé au *(opposed)* dictateur du pays. Il pense *(thinks)* qu'il est possible de trouver des solutions aux problèmes du monde.
2. Mme Kambouta s'occupe de sa famille et de la maison. Elle est aussi membre d'un organisme qui aide les pauvres *(poor)* et les handicapés. Elle sourit *(smiles)* beaucoup.
3. Rachid passe des heures et des heures *(hours)* devant son ordinateur. Il étudie le latin et le grec. Il regarde les actualités *(news)* à la télévision. Il trouve qu'il y a beaucoup de problèmes dans le monde.
4. Nikiéma joue au football tous les jours *(every day)*. Il voudrait représenter le Burkina dans des compétitions internationales. C'est un très bon copain de Benoît.
5. Marianne sourit beaucoup comme sa mère. Mais elle ne parle pas beaucoup. Les autres membres de la famille n'aiment pas les chevaux. Mais elle continue de participer aux concours hippiques au centre d'équitation.
6. Freida parle beaucoup. Ce qu'elle dit *(What she says)* est souvent très amusant. Mais elle n'aime pas tellement l'école et elle ne travaille pas beaucoup. Elle préfère regarder la télé ou jouer avec Adeline.

AA. Une description. Faites la description d'un(e) ami(e) ou d'un membre de votre famille. Précisez son âge et parlez de son apparence physique et de ses traits de caractère.

Do **À faire! (4-4)** on page 162 of the **Manuel de préparation.**
* Follow-up: describing people
* Preparation: irregular descriptive adjectives
  (Contrôle 12)

Rappel grammatical

Les adjectifs de description (formes irrégulières)

-f	changes to	**-ve**	sportif	→ **sportive**
-n	changes to	**-nne**	bon	→ **bonne**
-el	changes to	**-elle**	intellectuel	→ **intellectuelle**
-il	changes to	**-ille**	gentil	→ **gentille**
-x	changes to	**-se**	sérieux	→ **sérieuse**
-et	changes to	**-ète**	discret	→ **discrète**
-er	changes to	**-ère**	cher	→ **chère**

REMINDER: **beau (bel, belle, beaux, belles)**
nouveau (nouvel, nouvelle, nouveaux, nouvelles)
vieux (vieil, vieille, vieux, vieilles)

Exercice de substitution

1. *Pierre et Henri* sont très sportifs. (Hélène et sa sœur / Jacques / Marie et son frère / Isabelle)
2. *Marielle* est plutôt sérieuse. (Hervé / mes frères / mes sœurs / mes parents / Jacqueline)
3. *Les sandwichs* sont très bons. (les omelettes / la pizza / le vin rouge / les croissants)
4. *Michel* est très discret. (Martine / nos professeurs / nos amies / Jean-Jacques)
5. *Sa mère* est très gentille. (son père / ses sœurs / sa famille / ses grands-parents / son frère)
6. Qu'est-ce que *Georges* est beau! (Sylvie / tes sœurs / tes frères / Martin)
7. *Mon jean* est nouveau. (ma chemise / mon short / mes stylos / mon ordinateur / mes cassettes)
8. *Mon grand-père* est assez vieux. (ma grand-mère / notre maison / nos livres / notre immeuble / notre voiture / mes tantes)

À vous!

BB. Tiens, voilà... ! Vous montrez des photos à des camarades de classe qui donnent leurs réactions en utilisant les adjectifs proposés.

> MODÈLE: notre cuisine (bien équipé / grand / beau / spacieux)
> —*Tiens, voilà notre cuisine!*
> —*Elle a l'air (looks like it's) bien équipée!*
> —*Qu'est-ce qu'elle est grande! (Wow, is it ever big!)*
> —*Elle est belle, votre cuisine!*
> —*Oui, et elle est spacieuse aussi.*

1. la maison de Nicolas (petit / laid / vieux)
2. l'appartement de Catherine (grand / joli / neuf *[brand-new]* / spacieux)
3. la cathédrale de Reims (grand / beau / ancien)
4. le château de Chenonceaux (grand / beau / ancien)
5. la voiture de Jean-Alex (neuf / joli / pas cher)
6. le père et la mère de Didier (vieux / gentil / pas sportif / intellectuel)
7. les cousines d'Évelyne (grand / sportif / paresseux)
8. la sœur de Paulette (mince / gentil / discret / actif)

CC. Mon ami(e) et moi. Faites une comparaison entre vous et un(e) ami(e). SUJETS POSSIBLES: âge, apparence physique, traits de caractère, famille. Puis demandez à un(e) camarade de classe de se comparer *(compare him or herself)* à vous et à votre ami(e).

> MODÈLE: *Mon ami(e) s'appelle... Il (Elle) habite à... Il (Elle) a... ans.*
> *Il (Elle) a les yeux... Il (Elle) est très... , mais il (elle) n'est pas... ,*
> *etc. Moi, je suis (je ne suis pas) comme mon ami(e). Je suis... ,*
> *mais je ne suis pas... J'ai... , mais je n'ai pas... , etc. Et toi, tu es*
> *comme nous? Toi et ton ami(e), vous êtes... ? vous avez... ?, etc.*

DD. Quelqu'un d'exceptionnel. *(Somebody special.)* Choisissez quelqu'un d'exceptionnel (un membre de votre famille, un[e] ami[e]) et faites sa description à des camarades de classe qui vous poseront des questions au sujet de cette personne.

> MODÈLE: *Je vais parler de quelqu'un d'exceptionnel (d'intéressant, de*
> *bizarre, d'amusant, de célèbre [famous], etc.). Il (Elle) est...*
> *Il (Elle) a... , etc.*

■Lecture: *Ma famille*

Pour lire

Words of the same family

Another reading strategy you can use to develop your French vocabulary is to guess the meaning of words belonging to a family of words that you already know. For example:

If you know	You can guess that	Means
arriver	**l'arrivée**	*arrival*
écouter	**un exercice d'écoute**	*listening exercise*
un ami	**un match amical**	*friendly match*
la cuisine	**un cuisinier**	*cook*

Isabelle Amblard, a French student spending a year in the United States, wrote the following description of herself and her family. Although there are numerous words you've never seen before, you should be able, with the help of your reading strategies, to get the gist of her description.

Bonjour, je m'appelle Isabelle Amblard. Je suis française et j'ai vingt-deux ans. J'ai fait mes études primaires et secondaires en Gironde (dans la région de Bordeaux) où je suis née, mais je suis allée à l'Université Catholique de l'Ouest à Angers dans le Maine-et-Loire. J'ai une licence d'anglais et j'ai obtenu un diplôme de traductrice trilingue l'année dernière. Je suis maintenant assistante de français dans une université américaine.

J'ai un frère et une sœur qui sont tous les deux plus âgés que moi. Mon frère s'appelle Jean-Marie et il a vingt-neuf ans. Il est militaire de rang et il habite à Strasbourg avec sa femme Gabie, qui est alsacienne. Ils sont mariés depuis deux ans et ils n'ont pas d'enfants. Gabie a trente ans et elle travaille comme comptable à Auchan Strasbourg.

Ma sœur Sylvie a vingt-cinq ans. Elle est comptable chez Elf Aquitaine. C'est une grande entreprise pétrolière française. Elle s'est fiancée avec Franck, son petit ami, l'été dernier et ils vont se marier en juillet. Franck travaille pour un cabinet d'ingénieurs qui conçoit des prototypes électroniques. Ils vivent actuellement à Saint-Nazaire, dans le nord-ouest de la France.

Mon père Michel a quarante-neuf ans. Il est contremaître chez Elf Aquitaine, c'est-à-dire qu'il contrôle la production d'essence d'une unité de cette usine et en vérifie la qualité. Ma mère, qui a aussi quarante-neuf ans, est femme au foyer. Elle a arrêté de travailler pour élever ses enfants. De temps en temps, elle garde les enfants des voisins. Mes parents habitent à Bourg-sur-Gironde, un petit village situé à trente-neuf kilomètres de Bordeaux, dans le sud-ouest de la France.

EE. Les mots. Work with the following reading strategies designed to help you better understand the vocabulary that Isabelle uses.

Cognates

1. Give the English meaning of the following cognates found in paragraph 1: **un diplôme, trilingue, assistante.**
2. Find as many cognates as you can in the other paragraphs and give their English meaning.

False cognates

3. In paragraph 1, the word **licence** does not mean *license*. On the basis of the context, what would be another possible meaning?
4. In paragraph 4, the word **contrôle** does not mean *controls* (in the sense of *in charge of, directs*). If you know that when you arrive in France from the United States, you have to go through the **contrôle des passeports** and if you've noticed that in the **Manuel de préparation** you do a **Contrôle** for each grammar topic, what meaning might you guess for the verb **contrôler** in the phrase **contrôler la production d'essence** *(gas)?*

Words of the same family

5. You already know the words **étudier, âge,** and **élève.** In the passage, find words that come from the same families. What is the meaning of each word?

FF. Isabelle et sa famille. Imagine that as part of Isabelle's year abroad, she is going to be staying with you. Explain to your family and friends as much as you can about Isabelle and her family background.

■Intégration

GG. Je suis... Présentez-vous *(Introduce yourself)* à la classe. Parlez de votre famille, de votre maison, de vos activités et de vos traits de caractère.

HH. L'arbre généalogique. À l'aide de votre arbre généalogique et de photos (si vous en avez), décrivez votre famille à des camarades de classe. Donnez plusieurs renseignements *(several pieces of information)* sur les membres de votre famille: si vous n'avez pas de photos, décrivez l'aspect physique de chaque personne, puis parlez de son travail, de ses activités, de son caractère. Vos camarades de classe peuvent vous poser des questions.

II. Un(e) invité(e). Un(e) ami(e) francophone vient *(comes)* pour passer quelques jours avec vous et votre famille. Vous allez le (la) chercher à l'aéroport. En rentrant chez vous, vous parlez de ce qu'il (elle) va trouver *(find)* chez vous.

1. Faites la description de votre maison (appartement).
2. Faites la description de la chambre que votre ami(e) va occuper.
3. Parlez du matériel (téléviseur, chaîne hi-fi, etc.) que vous avez chez vous.

JJ. Un(e) nouvel(le) ami(e). Vous venez de *(have just)* faire la connaissance d'un(e) nouvel(le) étudiant(e). Décrivez son aspect physique et quelques *(a few)* traits de caractère.

KK. Claire Turquin. Écoutez une jeune Française parler de sa famille, de sa maison et de ses intérêts *(interests)*. Répondez aux questions que votre professeur vous pose.

Do **À faire! (4-5)** on page 169 of the **Manuel de préparation.**
* Follow-up: family
* Pronunciation (vowels) and writing
* General review of the chapter

▪Lexique

Pour se débrouiller

Pour se situer

à côté (de)
à droite (de)
à gauche (de)
au bout (de)
au (premier) étage
au rez-de-chaussée
au sous-sol
devant
derrière
en bas
en haut
en face (de)
entre
(tout) près de

Pour décrire une maison

être ancien(ne)
beau (belle/bel)
bien aménagé(e)
bien équipé(e)
confortable
ensoleillé(e)
grand(e)
joli(e)
laid(e)
moche
moderne
nouveau (nouvelle/nouvel)
petit(e)
propre
sale
sombre
traditionnel(le)
vieux (vieille/vieil)

Pour parler de son âge

avoir... ans
Quel âge as-tu (avez-vous)?
Quel âge tu as?
J'ai (dix-neuf) ans.

Pour décrire sa famille

avoir (être d') une famille nombreuse
il y a... personnes dans (ma) famille
être fils (fille) unique
être l'aîné(e)
être marié(e) avec
être divorcé(e)
être décédé(e)
être vivant(e)

Pour parler de ses origines

être d'origine + adjectif au féminin

Pour décrire le physique d'une personne

avoir les cheveux blonds (bruns [châtains, marron], gris, noirs, roux)
avoir les cheveux longs (courts, frisés, raides)
être chauve
avoir les yeux bleus (bruns, marron, verts)
être (assez) âgé(e)
beau (belle)
costaud
grand(e)
jeune
joli(e)
maigre
mince
petit(e)

Pour identifier les traits de caractère

être actif (active)
ambitieux (ambitieuse)
bavard(e)
courageux (courageuse)
cruel(le)
de bonne (mauvaise) humeur
discret (discrète)
dynamique
égoïste
frivole
généreux (généreuse)
gentil(le)
honnête
idéaliste
impatient(e)
indépendant(e)
intellectuel(le)
intelligent(e)
malhonnête
marrant(e)
naïf (naïve)
optimiste
paresseux (paresseuse)
pessimiste
réaliste
réservé(e)
sérieux (sérieuse)
sportif (sportive)
sympathique (sympa)
timide
travailleur (travailleuse)

Thèmes et contextes

Le logement
> un appartement
> une caravane
> une maison
> une résidence universitaire

La maison
> le balcon
> le bureau
> le cabinet de toilette
> la cave (à vin)
> la chambre (d'amis)
> le couloir
> une cour
> la cuisine
> l'entrée (f.)
> l'escalier (m.)
> le garage
> le jardin
> une pièce
> la salle à manger
> la salle de bains
> la salle de séjour / le living / le salon
> la terrasse
> la véranda
> les WC (m.pl.) / les toilettes (f.pl.)

Les meubles (m.pl.)
> une armoire
> un bureau
> un canapé / un sofa
> une chaise
> une commode

> une étagère
> un fauteuil
> une lampe
> un lit
> une table

Les membres de la famille
> les parents (m.pl.)
>> la femme
>> le mari
>> la mère
>> le père
> les enfants (m.pl.)
>> la fille
>> le fils
>> le fils (la fille) unique
>> le frère
>> la sœur
>> le demi-frère
>> la demi-sœur
> les grands-parents (m.pl.)
>> la grand-mère
>> le grand-père
> l'oncle (m.) / la tante
> le cousin / la cousine
> le neveu / la nièce
> la belle-mère / le beau-père

Les professions
> un acteur / une actrice
> un agriculteur / une agricultrice
> un(e) architecte
> un(e) artiste
> un(e) assistant(e)
> un(e) athlète professionnel(le)
> un(e) avocat(e)
> un cadre / une femme cadre
> un chanteur / une chanteuse
> un(e) commerçant(e)
> un(e) commercial(e)
> un(e) comptable
> un(e) dentiste
> un(e) élève
> un(e) employé(e) de maison
> un(e) étudiant(e)
> une femme au foyer
> un fermier / une fermière
> un(e) fonctionnaire
> un homme (une femme) d'affaires
> un homme (une femme) politique
> un infirmier / une infirmière
> un ingénieur / une femme ingénieur
> un(e) journaliste
> un(e) mécanicien(ne)
> un médecin / une femme médecin
> un(e) musicien(ne)
> un ouvrier / une ouvrière
> un(e) pharmacien(ne)
> un(e) prof, un professeur
> un programmeur / une programmeuse
> un(e) représentant(e) de commerce
> un(e) secrétaire
> un vendeur / une vendeuse

Les nationalités (f.pl.)
> allemand(e)
> américain(e)
> anglais(e)
> belge
> canadien(ne)
> chinois(e)
> égyptien(ne)
> espagnol(e)
> français(e)
> italien(ne)

> japonais(e)
> marocain(e)
> mexicain(e)
> portugais(e)
> québécois(e)
> russe
> sénégalais(e)
> suisse
> vénézuélien(ne)
> vietnamien(ne)

Vocabulaire général

Noms
> une jeune fille au pair
> une fleur

Verbes
> avoir l'air
> monter

Autres expressions
> chez
> tous (toutes)
> les deux

Branchez-vous!

Internet

Please visit the **Je veux bien!** website at **http://jvb.heinle.com.** You'll find activities to practice the vocabulary and grammar you've learned in this chapter as well as cultural exploration activities that guide you through websites from around the French-speaking world.

Vidéo

Please visit the **Je veux bien!** website at **http://jvb.heinle.com** for the video activities that accompany this chapter. You'll get the most from watching the video for this chapter if you first visit the website and print out the video activities for this chapter. Then watch the video (in your classroom, language lab, or at home) and complete the activities for the chapter.

AU-DELÀ DU COURS:
Une famille francophone

Find a Francophone individual or family that you can interview (in French or in English) and about whom you can report to your class and/or your instructor. If there are no Francophones in your community, make use of the Internet to help you in your search for information.

LITTÉRATURE:
«Familiale» de Jacques Prévert

This poem was published shortly after the end of World War II. Read the poem, with the help of the vocabulary provided, then answer the questions that follow.

Familiale

La mère fait du tricot
Le fils fait la guerre
Elle trouve ça tout naturel la mère
Et le père qu'est-ce qu'il fait le père?
Il fait des affaires
Sa femme fait du tricot
Son fils la guerre
Lui des affaires
Il trouve ça tout naturel le père
Et le fils et le fils
Qu'est-ce qu'il trouve le fils?
Il ne trouve rien absolument rien le fils
Le fils sa mère fait du tricot son père des affaires lui la guerre
Quand il aura fini la guerre
Il fera des affaires avec son père
La guerre continue la mère continue elle tricote
Le père continue il fait des affaires
Le fils est tué il ne continue plus
Le père et la mère vont au cimetière
Ils trouvent ça naturel le père et la mère
La vie continue la vie avec le tricot la guerre les affaires
Les affaires la guerre le tricot la guerre
Les affaires les affaires et les affaires
La vie avec le cimetière.

Jacques Prévert, *Paroles*
© 1946, Éditions Gallimard

Dico

affaires: *business*
aura fini: *will finish (will have finished)*
cimetière: *cemetery*
fait: *does*
fera: *will do*
guerre: *war*
ne... plus: *no longer*
ne... rien: *nothing*
tricot: *knitting*
trouve: *finds, thinks*
tué: *killed*
vie: *life*

Analyse

1. Who are the members of this family? What does each one do?

2. How does the poet feel about each of the following? Explain your answer by referring to the poem.

   a. knitting   b. business   c. war

3. Read the poem aloud. Often a poet makes use of a sound or a series of sounds to tie together some of the key words of the poem. List the important words of this poem that are linked together by sound (i.e., they rhyme). The words **fils** and **vie** do not fit in this group. Why not?

Carte d'identité: Le Burkina

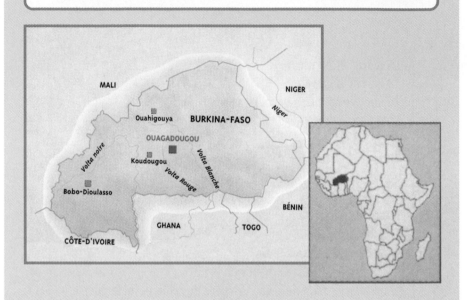

Ancien *(former)* **nom:** la Haute-Volta

Situation: en Afrique occidentale; le Burkina est entouré du Mali, du Niger, du Bénin, du Togo, du Ghana et de la Côte d'Ivoire

Population: 10 000 000 d'habitants

Géographie: pays assez plat *(flat)* traversé par trois fleuves—la Volta Noire, la Volta Rouge et la Volta Blanche

Capitale: Ouagadougou

Langues: français, dioula et plus de 60 autres langues tribales

Religion: religions traditionnelles (53%), Islam (36%), catholicisme (11%)

Économie: agriculture

Histoire: au XIIe siècle, les Mossi (le groupe dominant aujourd'hui) et les Gourmantché fondent des royaumes guerriers; au XVIIIe siècle les Dioula unifient l'ouest du pays; 1919—colonisée par les Français, la Haute-Volta fait partie du Haut-Sénégal-Niger; 1932—partagée *(divided)* entre le Soudan, la Côte d'Ivoire et le Niger; 1960 indépendance; 1983—le capitaine Thomas Sankara prend le pouvoir et change le nom du pays en Burkina

Les jeunes d'Ouagadougou

Nom, prénom: Boukary, Djima
Âge: 21 ans
Il aime: le lycée, le football et le jardinage qui lui permet de payer sa scolarité

«Je compte être professeur parce que ça me plaît d'être à l'école. J'aimerais enseigner à mon tour, ou bien être médecin pour pouvoir aider les gens.»

Nom, prénom: Diarra, Moussa
Âge: 24 ans
Il aime: le cinéma, la musique

«Je ne me proclame pas réalisateur (*film director*), je fais petit à petit. Je prépare un second projet, j'en suis à la relecture du scénario, je le fais lire autour de moi et après j'entamerai (*will undertake*) la recherche de financement et ça c'est pas facile.»

Nom, prénom: Diallo Adja, Marianne
Âge: 23 ans
Elle aime: se distraire et œuvrer à la promotion de la culture et du sport au Burkina

«Notre groupe ("Les Amazones", des majorettes féministes) est présent à toutes les grandes manifestations du pays, c'est important de donner une image dynamique au public.»

Nom, prénom: Ouédrago, Ben Hamed, dit Big Ben
Âge: 27 ans
Il aime: son travail d'animateur TV, radio ou fêtes, sortir et rencontrer des gens, la musique qu'il pratique en amateur comme guitariste ou batteur (*drummer*).

«Je suis jeune et ma plus grande joie, c'est d'être avec des jeunes. Ils sont les bâtisseurs de demain (*builders of tomorrow*).»

➤ Qu'est-ce que vous en pensez?

1. On vous demande: C'est quoi, le Burkina? Qu'est-ce que vous répondez? Qu'est-ce que vous pouvez dire pour aider quelqu'un à connaître un peu le Burkina?
2. Ouagadougou, c'est la capitale cinématographique de l'Afrique. Depuis 1969, tous les deux ans on y organise un Festival de film panafricain; on passe une centaine de films africains. Est-ce que vous avez vu un film africain? Oui? Parlez-en à vos camarades de classe. Non? Allez au magasin de vidéos louer (*to rent*) un film africain.

HISTOIRE ET ARCHITECTURE:
Le palais de Versailles

L'architecture classique
Le palais de Versailles est un bel exemple de l'architecture classique du XVIIᵉ et du XVIIIᵉ siècles. Ce style est caractérisé par la symétrie et par la simplicité des lignes.

Louis XIV—roi de France (1661–1715)—appelé «Le Roi Soleil», symbole de la monarchie absolue.

Louis XIV y organise réceptions et fêtes, cérémonies et jeux pour occuper les nobles et maintenir son pouvoir. C'est un grand privilège d'être invité à assister au lever et au coucher du roi.

Sous Louis XIV, le gouvernement de la France quitte Paris pour se fixer à Versailles. Le roi dirige lui-même la construction d'un magnifique palais entouré de jardins. 20 000 personnes—nobles, serviteurs, soldats, etc.—habitent à Versailles à l'époque de Louis XIV.

Grands Appartements du Roi et de la Reine, galerie des Glaces

FRANÇAIS

Versailles

C'est dans la galerie des Glaces qu'on a signé le traité de Versailles, mettant fin à la Première Guerre mondiale.

Dico

à la française: *very symmetrical*
coucher: *going to bed*
galerie des Glaces: *Hall of Mirrors*
«Le Roi Soleil»: *The Sun King*
lever: *getting up*
pouvoir: *power*
Première Guerre mondiale: *World War I*

Le Domaine de Versailles

Le parc et les jardins sont ouverts tous les jours, sauf en cas d'intempéries ou lors de cérémonies officielles.

L'accès aux jardins est gratuit, sauf les jours de «Grandes Eaux Musicales» (les samedis de juillet et août et les dimanches d'avril à octobre).

Le parc est ouvert toute l'année à 7h ou 8h du matin ; les horaires de fermeture, qui varient selon les mois, sont affichés aux grilles.

Légende (LE PARC)
- borne d'appel d'urgence
- téléphone
- cafétéria, restaurant
- rafraîchissements
- toilettes
- toilettes handicapés
- parking
- départ du petit train
- librairie
- vente de guides
- barques
- vélos
- glaces

Pour contribuer à la conservation du patrimoine, nous vous prions de ne pas toucher aux vases ni aux statues, notamment aux bronzes du Parterre d'eau, de ne pas marcher sur les pelouses, de ne pas pique-niquer dans le parc et de jeter les déchets dans les corbeilles.

Grille des Matelots

Porte St-Antoine

Arboretum de Chèvreloup

GRAND TRIANON

PETIT TRIANON

HAMEAU DE LA REINE

LES JARDINS
- Jardin du Roi
- Salle des Marronniers
- Bosquet de la Colonnade
- Bassin du Miroir
- Bassin et parterre de Latone
- Salle de Bal
- Parterre d'Eau
- Pièce d'Eau des Suisses
- Orangerie
- Parterre Sud
- Les Grandes heures du Parlement

- Bosquet de l'Encelade
- Bassin d'Apollon
- Bosquet des Dômes
- Tapis vert
- Bosquet des Bains d'Apollon
- Grille de la Reine
- Grille de Neptune
- Bassin de Neptune
- Bassin du Dragon
- Parterre Nord
- Grille du Dragon

Trajet pédestre ......

Du château de Versailles au Domaine de Trianon (1500 m)
15 min par le petit train
25 min à pied, par les jardins

Du château de Versailles à la tête du Grand Canal (1000 m)
15 min à pied

Du château de Versailles à l'extrémité du Grand Canal (3500 m)
60 min à pied

A 13 →

Potager du Roi

CHÂTEAU

Grille d'Honneur

SALLE DU JEU DE PAUME

Grande Écurie

MUSÉE DES CARROSSES

Potager

Bus 171

Versailles Rive Gauche SNCF

Versailles Chantiers SNCF

Versailles Rive Droite SNCF

Musée des Carrosses
samedi et dimanche
Renseignement 01-30 83 77 88

En ville
1. Potager du Roi
2. Musée Lambinet
3. Cathédrale Saint-Louis
4. Hôtel de Ville (Hôtel du Grand Maître)
5. Préfecture
6. Église Notre-Dame
7. Théâtre Montansier
8. Office du tourisme
   2 bis, avenue de Paris
   78000 Versailles
   Tel : 01 39 24 88 88

9. Centre de Musique Baroque de Versailles
   (Hôtel des Menus Plaisirs)

Le parc de Versailles comprend non seulement le palais mais aussi des jardins à la française, deux «petits» châteaux (le Grand et le Petit Trianon) et un petit village rustique (le Hameau), créé pour la reine Marie-Antoinette, femme de Louis XVI.

> ➤ **Qu'est-ce que vous en pensez?**

It's been said that "Versailles taught Europe the art of living, good manners and well-bred behaviour . . . a love of beauty and of work well-done . . ."
On the basis of what you've read and seen here, what support can you give to this idea? Can you at the same time see how Versailles may well have contributed, some 130 years after its construction, to the French Revolution?

APERÇU CULTUREL:
La famille française

La vie en famille

*Comme dans beaucoup de pays, la famille en France est en train de se transformer.
Voici quelques statistiques qui montrent plusieurs aspects de cette transformation.*

	1970/1980	1996/1997
nombre de mariages	6,2 pour 1 000 habitants	4,9 pour 1 000 habitants
nombre de divorces	22 pour 1 000 mariages	42 pour 1 000 mariages
nombre de couples vivant en union libre	6,3% des couples	12,4% des couples
nombre de mariages mixtes— avec un(e) étranger(-ère)	6,2% des mariages	8,4% des mariages
nombre moyen d'enfants	2,47 par femme	1,72 par femme
nombre de femmes au foyer	60% des femmes entre 20 et 59 ans	30% des femmes entre 20 et 59 ans
nombre d'enfants (20–24 ans) habitant chez leurs parents	51% des hommes 38% des femmes	60% des hommes 49% des femmes

Il y a combien d'enfants dans une famille en France?
Voici les statistiques:

- 50 pour cent
- 23 pour cent
- 18 pour cent
- 6 pour cent
- 2 pour cent
- 1 pour cent

(Pourcentage de familles / nombre d'enfants: zéro, un, deux, trois, quatre, cinq ou plus)

Dico

animaux familiers: *pets*
au moins: *at least*
en train de: *in the process of*
étranger(-ère): *foreigner*
femmes au foyer: *housewives*
foyers: *households*
montrent: *show*
moyen: *average*
plusieurs: *several*
vivant en union libre: *living together without being married*

Les animaux familiers

Quelques faits

- 52% des foyers en France possèdent un animal familier.
- La France est en Europe l'un des pays qui compte le plus d'animaux familiers: 16,3 millions de chiens et de chats en France, 14 millions au Royaume-Uni, 12 millions en Italie.
- 81% des agriculteurs ont au moins un chien ou un chat; 65% des commerçants, 57% des ouvriers, 47% des employés, 44% des professions intermédiaires et 37% des cadres supérieurs et professions libérales.

52% des foyers possèdent un animal familier

- un chien **28%**
- un chat **26%**
- **10%** des poissons
- **6%** un oiseau
- **6%** un lapin
- **4%** une tortue
- **2%** un cochon d'Inde
- **1%** un hamster
- **4%** d'autres animaux

➤ Qu'est-ce que vous avez appris?

Indicate whether each statement about families or pets in France is *True* or *False*. Justify your answers.

1. More and more people are getting married.
2. More and more couples are living together.
3. More and more mariages are breaking up.
4. More and more children are being born.
5. More and more women are working rather than staying home.
6. More and more older children are living at home.
7. About 25% of French families can be called "large" (3 or more children).
8. The French in general like pets.
9. Doctors and lawyers have more pets than factory and office workers.
10. Farmers are more likely to have pets than any other group.

➤ Qu'est-ce que vous en pensez?

1. Which of the trends revealed by these statistics are also found in the United States? Which ones are not?
2. In the United States, job, friends, income, and neighborhood tend to define who a person is; in France, social and geographical origins, family background, and culture play a greater role in defining one's sense of identity. As a result, the French tend to have a strong sense of belonging to an "inner" circle of relatives and friends who provide their basic support group; they generally respect, are patient with, and help those inside this circle. On the other hand, they don't necessarily feel the same obligation toward people on the "outside." Does the inner/outer distinction play a role in your experience? What factors might contribute to a difference between French and Americans concerning attitudes toward family and strangers? Might these differences contribute to the creation of stereotypes, such as "the rude and unfriendly Frenchman" and "the superficially friendly American?"

Une journée chargée

❝ Oh là là! Nous avons vraiment des journées très chargées *(very busy days)*! Hélène et moi, nous allons au travail tous les jours. Benoît et Adeline vont à l'école. Et il y a beaucoup de choses à faire à la maison. Heureusement *(Fortunately)* que Cecilia est là pour nous aider et nous avons une employée de maison qui vient une fois par semaine pour faire le ménage *(to do the housework)*. **❞**

Chapter Support Materials
MP: pp. 183–224

 MP Audio CD3, Tracks 2–8

OBJECTIVES

In this chapter, you'll learn to:

- talk about daily routine;
- talk about your household responsibilities;
- situate events in time;
- ask questions about dates and times.

In order to perform these activities, you'll learn to use:

- the present and **passé composé** of pronominal verbs;
- the verbs **partir, quitter, faire, mettre,** and **devoir.**

You'll also read and/or hear about daily life in France and in the Francophone world.

Contexte: *La journée des enfants Batailler...*

"" Pendant l'année scolaire, la journée de Benoît et d'Adeline est assez chargée. Ils se lèvent de bonne heure et ils ont un emploi du temps rempli d'activités. **""**

Adeline se lève toujours la première à 6h30. «Tu as passé une bonne nuit?»

Elle prend sa douche tout de suite.

Benoît, lui, se lève vers 7h.

Il fait sa toilette.

 Dico

année scolaire: *school year*
au dernier moment: *at the last minute*
«Bonne journée!»: *"Have a nice day!"*
chargée: *busy*
de bonne heure: *early*
emploi du temps: *schedule*
fait sa toilette: *washes up*
rempli de: *full of*
se lèvent: *get up*
tout de suite: *immediately, right away*
«Tu as passé une bonne nuit?»: *"Did you sleep well?"*

Il s'habille.

La famille Batailler prend le petit déjeuner entre 7h15 et 7h45. Benoît arrive toujours au dernier moment.

À 8h Benoît et Adeline quittent la maison pour aller à l'école. «Bonne journée!»

Benoît et Adeline rentrent de l'école vers 4h30.

Ils prennent un goûter.

Ils font leurs devoirs tout de suite.

Avant le dîner, ils jouent avec leurs copains.

La famille Batailler dîne vers 8h. «Tu as passé une bonne journée?»

Après le dîner, s'ils n'ont plus de devoirs, ils regardent un peu la télé.

Adeline se couche vers 9h et son frère se couche entre 9h30 et 10h. «Bonne nuit!»

➤ **Qu'est-ce que vous en pensez?**

When you were the age of Benoît and Adeline, was your daily schedule similar to or different from theirs? Explain.

Dico

après: *after*	**se couche:** *goes to bed*
avant: *before*	**s'ils n'ont plus de devoirs:**
«Bonne nuit!»: *"Good night!"*	*if they don't have any*
font leurs devoirs: *do their*	*more homework*
homework	**«Tu as passé une bonne**
goûter: *snack*	**journée?»:** *"Did you*
quittent: *leave*	*have a nice day?"*
rentrent: *come home*	

Ça se dit comment?

Pour décrire sa journée *(To describe your day)*

se coucher	*to go to bed*	**se lever**	*to get up*
dîner	*to have dinner*	**prendre une douche**	*to take a shower*
faire sa toilette	*to wash up, brush teeth, etc.*	**prendre un goûter**	*to have a snack*
faire ses devoirs	*to do one's homework*	**prendre le petit déjeuner**	*to have breakfast*
s'habiller	*to get dressed*	**quitter la maison**	*to leave the house*
jouer avec ses copains	*to play with one's pals*	**rentrer (à la maison)**	*to come home*

Ça se dit comment?

Pour demander et dire l'heure *(To ask and tell the time)*

Quelle heure est-il?	*What time is it?*
Vous avez (Tu as) l'heure, s'il vous (te) plaît?	*Do you have the time?*

Il est
une heure.

Il est
deux heures.

Il est deux
heures dix.

Il est deux
heures et quart.

Il est deux
heures et demie.

Il est trois heures
moins le quart.

Il est trois
heures moins dix.

Il est midi.

Il est minuit
et demi.

> Notice that in conversational time you use the expressions **et quart, et demi(e)** and **moins le quart**. And, since conversational time is based on a twelve-hour clock, if you need to distinguish between A.M. and P.M., you simply add the expression **du matin, de l'après-midi,** or **du soir.**
>
> **du matin** *in the morning*
> **neuf heures douze du matin** = 9:12 A.M.
> **de l'après-midi** *in the afternoon*
> **deux heures et demie de l'après-midi** = 2:30 P.M.
> **du soir** *in the evening*
> **huit heures moins vingt du soir** = 8:40 P.M.

> Since the word **heure** is feminine, you add **-e** to **demi (quatre heures et demie)** in all cases except **midi et demi** (12:30 P.M.) and **minuit et demi** (12:30 A.M.).

À vous!

A. Vrai ou faux? Indiquez si les phrases sont vraies ou fausses. Si la phrase est fausse, corrigez-la.

MODÈLE: Benoît se lève toujours le premier.

Faux. Adeline se lève toujours la première. OU
Faux. Benoît se lève après (after) *Adeline.*

1. Adeline prend sa douche après le petit déjeuner.
2. Benoît fait sa toilette après 7h.
3. Benoît n'a pas beaucoup de temps pour son petit déjeuner.
4. Adeline quitte la maison avant *(before)* Benoît.
5. Benoît et Adeline prennent un goûter après l'école.
6. Benoît et Adeline jouent au rugby ensemble *(together)*.
7. Benoît et Adeline font leurs devoirs avant le dîner.
8. D'habitude *(Usually)*, Benoît et Adeline dînent avec leurs parents et Cecilia.
9. Après le dîner, ils regardent la télé.
10. Benoît se couche avant Adeline.

FLASH GRAMMAIRE

Le verbe **faire**	(3ᵉ personne)
il/elle fait	*he/she does*
ils/elles font	*they do*

quand? *when?*
  avant (l'école) *before (school)*
  après (l'école) *after (school)*

à quelle heure? *(at) what time?*
  à (8h) *at (8 o'clock)*
  vers (8h) *about (around) (8 o'clock)*
  entre (8h) et (9h) *between (8 o'clock) and (9 o'clock)*

B. Quand? À quelle heure? Répondez aux questions à propos de Benoît et d'Adeline.

1. À quelle heure est-ce qu'Adeline se lève?
2. À quelle heure est-ce que Benoît se lève?
3. À quelle heure est-ce que la famille Batailler prend le petit déjeuner?
4. À quelle heure est-ce que Benoît et Adeline quittent la maison pour aller à l'école?
5. Quand est-ce qu'ils rentrent de l'école?
6. Quand est-ce qu'ils font leurs devoirs—avant ou après le dîner?
7. Quand est-ce qu'ils jouent avec leurs copains?
8. Quand est-ce qu'ils regardent la télévision?
9. Quand est-ce que Benoît se couche—avant ou après Adeline?
10. À quelle heure est-ce qu'Adeline se couche? Et Benoît?

C. C'est à quelle heure? Write down the time you hear mentioned in each of the short conversations. Use French notation—for example, **6h15.** [items 1–8]

D. Quelle heure est-il, s'il vous plaît? Vous demandez l'heure à quelqu'un qui vous répond en utilisant les heures suggérées.

MODÈLE: 2h20
—*Quelle heure est-il, s'il vous plaît?* OU
Vous avez l'heure, s'il vous plaît?
—*Oui, bien sûr* (certainly). *Il est deux heures vingt.*

1. 8h20
2. 10h25
3. 10h55
4. 3h10
5. 7h45
6. 4h15
7. 12h *(midnight)*
8. 1h30
9. 11h45 (du matin)
10. 6h35

Zoom!

La journée des Français
22% se lèvent avant 6h.
33% se couchent après minuit.
87% regardent la télé.
70% écoutent la radio.
55% font des courses *(errands)*.
52% lisent *(read)* des magazines.
45% vont au travail.
9% utilisent un ordinateur au travail.
7% utilisent un ordinateur à la maison.

■Échange: *Les questions de Cecilia*

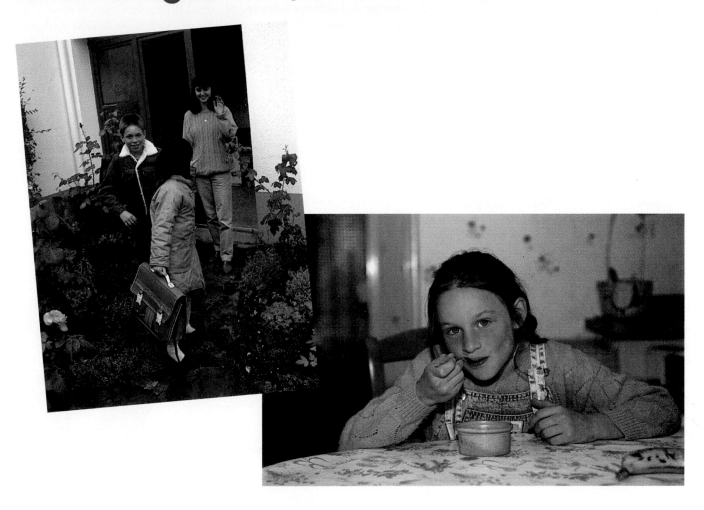

Cecilia, la nouvelle jeune fille au pair, pose des questions à Mme Batailler sur l'emploi du temps des enfants.

CECILIA:	À quelle heure est-ce que les enfants vont à l'école?
MME BATAILLER:	Ils partent vers 8h.
CECILIA:	Est-ce qu'ils rentrent pour déjeuner?
MME BATAILLER:	Non, non. Ils déjeunent à l'école.
CECILIA:	Et ils rentrent vers quelle heure l'après-midi?
MME BATAILLER:	Entre 4h30 et 5h. Normalement ils ont très faim... surtout Adeline. Elle prend toujours un bon goûter.
CECILIA:	Ah, oui? Qu'est-ce qu'elle mange?
MME BATAILLER:	Un yaourt et un fruit.
CECILIA:	Et Benoît?
MME BATAILLER:	Il mange une tartine et commence tout de suite ses devoirs. Comme ça, il peut jouer au rugby avec ses copains.

Comme ça: *That way*
commencer: *to begin*
partent: *leave*
surtout: *especially*
tartine: *bread with butter and/or jam*
yaourt: *yogurt*

À vous!

E. L'emploi du temps de Matthieu Briceno. Matthieu Briceno a 13 ans. Il va au collège *(junior high);* par conséquent, sa journée est un peu différente de celle de Benoît et d'Adeline. Étudiez son emploi du temps, puis répondez aux questions en transformant l'heure officielle en heure de conversation.

FLASH **GRAMMAIRE**

Les verbes *partir* (to leave) et *quitter* (to leave)

partir	quitter
je **pars**	je **quitte** (la maison)
tu **pars**	tu **quittes** (la maison)
il/elle/on **part**	il/elle/on **quitte** (la maison)
nous **partons**	nous **quittons** (la maison)
vous **partez**	vous **quittez** (la maison)
ils/elles **partent**	ils/elles **quittent** (la maison)
PASSÉ COMPOSÉ: **parti (être)**	PASSÉ COMPOSÉ: **quitté (avoir)**

The verb **partir** can be used alone or with a preposition (such as **à** *[to, for]* or **pour** *[for]*).

Je pars à 8h.
Elle part à l'université.
Ils sont partis à (pour) New York.

The verb **quitter** *must* have a direct object.

Je quitte la maison à 8h.
Nous quittons l'université après notre dernier cours.
Ils ont quitté l'hôtel hier matin.

6h15	*se lever*
6h30	*faire sa toilette*
6h45	*s'habiller*
7h15	*petit déjeuner*
7h45	*quitter la maison*
8h30 – 16h30	*école*
17h	*rentrer de l'école*
17h15	*goûter*
17h30 – 19h30	*temps libre*
19h45	*dîner*
20h30 – 22h30	*devoirs*
22h30	*télé*
23h – 23h30	*se coucher*

1. À quelle heure est-ce que Matthieu se lève?
2. Qu'est-ce qu'il fait le matin avant l'école?
3. À quelle heure est-ce qu'il part pour l'école?
4. Combien d'heures est-ce qu'il passe à l'école?
5. À quelle heure est-ce qu'il rentre à la maison?
6. Quand est-ce qu'il a du temps libre?
7. À quelle heure est-ce qu'il dîne?
8. Qu'est-ce qu'il fait après le dîner?
9. À quelle heure est-ce qu'il se couche?
10. Environ *(Approximately)* combien d'heures est-ce qu'il dort *(sleeps)* la nuit?

F. La journée de... Posez les questions à un(e) camarade de classe à propos de l'emploi du temps d'un membre de sa famille ou d'un(e) ami(e).

1. À quelle heure est-ce que ton frère (ton ami[e], etc.) se lève normalement?
2. Est-ce qu'il (elle) prend le petit déjeuner?
3. À quelle heure est-ce qu'il (elle) quitte la maison (l'appartement, la résidence) pour aller en cours?
4. À quelle heure est-ce qu'il (elle) déjeune?
5. À quelle heure est-ce qu'il (elle) rentre de l'université?
6. À quelle heure est-ce qu'il (elle) dîne d'habitude?
7. Qu'est-ce qu'il (elle) fait après le dîner?
8. À quelle heure est-ce qu'il (elle) se couche normalement?

Ici, en France...

C'est quoi, une journée typique en France? Eh bien, elle commence entre 6h30 et 7h30—sauf le mercredi pour les petits. Ah, vous ne le saviez pas (*You didn't know*)? En France, souvent, on ne va pas à l'école le mercredi, mais il y a alors des cours le samedi matin. (Pour les enfants plus âgés, c'est souvent le contraire: ils ont des cours au lycée le mercredi matin, mais pas le samedi.) De toute façon, la majorité des gens quittent la maison avant 8h30 après un petit déjeuner traditionnel—un café au lait (ou un express, si on préfère) et une ou deux tartines au beurre et à la confiture (*bread with butter and jam*).

Autrefois (*In the past*), les magasins et les bureaux fermaient (*closed*) entre 12h et 2h. Les gens rentraient à la maison ou allaient au restaurant pour déjeuner. Mais la France commence à adopter le système de la journée continue: les enfants mangent à l'école, les employés déjeunent à la cafétéria au travail, au café ou dans un fast-food.

Les enfants rentrent de l'école entre 4h et 5h. Les bureaux ne ferment pas avant 6h. Beaucoup de gens prennent l'apéritif (*have a drink*) avant de manger. Par conséquent, le dîner n'est pas servi avant 8h.

Quand est-ce qu'on se couche? Ça dépend. Mais il est intéressant de noter que les émissions télévisées (*TV shows*) les plus populaires commencent après 9h et que, si vous voulez regarder les dernières actualités (*the late news*), il faut souvent attendre minuit.

➤ *Qu'est-ce que vous en pensez?*

Would you like to have a daily schedule that follows more closely the French model? Why or why not?

Do **À faire! (5-1)** on page 183 of the **Manuel de préparation.**
* Follow-up: time and daily routine
* Preparation: pronominal verbs (*Contrôle 13*)

Rappel grammatical

Les verbes pronominaux

je **m'habille**	nous **nous habillons**
tu **t'habilles**	vous **vous habillez**
il/elle/on **s'habille**	ils/elles **s'habillent**

je ne **me lève** pas   je vais **me coucher**

REFLEXIVES: **s'amuser / se coucher / s'habiller / se préparer (pour) / se promener (à vélo, en voiture) / se reposer**

RECIPROCALS: **se parler / se retrouver / se téléphoner / se voir**

Exercice de substitution
1. *Je* me repose. (Jeanne / nous / vous / les autres / tu)
2. *Ils* se téléphonent souvent. (vous / mes sœurs / on / nous / nos cousins)
3. Est-ce que *tu* t'amuses bien? (vous / elles / Patrick / on)
4. *Elle* ne se promène jamais à vélo. (nous / je / tu / vous / mes parents)
5. À quelle heure est-ce qu'*ils* vont se coucher? (tu / nous / vous / on / Mireille)

À vous!

G. La journée de Cecilia. Cecilia décrit sa journée chez les Batailler à un membre de sa famille. En utilisant les éléments suggérés, recréez sa description.

1. je / se lever / à 7h15
2. M. Batailler et Adeline / se lever / avant moi
3. je / faire sa toilette / et / je / s'habiller
4. M. Batailler, Adeline et moi, nous / prendre notre petit déjeuner
5. M. et Mme Batailler / quitter la maison / entre 8h et 8h30
6. les enfants et moi, nous / se préparer pour aller à l'école
7. les enfants / partir à l'école / vers 9h
8. moi, je / aller en ville / à 10h
9. les enfants / rentrer / entre 4h30 et 5h
10. avant le dîner / les enfants et moi, nous / vérifier *(to check)* leurs devoirs
11. pendant le dîner / on / parler de la journée
12. après le dîner / la famille / regarder la télévision / et / moi, je / téléphoner à des amis
13. les enfants / se coucher / entre 9h et 10h
14. je / se coucher / entre 11h et 11h30

H. Notre journée. Un(e) camarade de classe et vous parlez d'une journée typique. Indiquez:

- à quelle heure vous vous levez
- ce que vous faites le matin
- quand et où vous déjeunez
- à quelle heure vous rentrez
- ce que vous faites le soir
- à quelle heure vous vous couchez

1. en semaine *(during the week)*
2. le week-end
3. pendant les vacances *(during vacation)*

Le monde francophone

La vie quotidienne

Hanoi est la capitale du Viêt Nam (l'ancienne colonie française d'Indochine). Voici deux jeunes d'Hanoi—Quynh et Tinh—qui parlent de leur emploi du temps.

VIÊT NAM

Dico

ancienne: *former*
attire: *attracts*
concours d'entrée: *entrance exam*
digue: *dike*
durent: *last*
emportons: *bring*
fleuve: *river*
prix: *prize*
promenades en barque: *boating outings*
soirée: *evening*

Quynh et sa copine sur une moto

Bonjour. Je m'appelle Quynh. J'ai 18 ans. Je suis élève au lycée et je prépare le concours d'entrée à l'université. Je voudrais faire des études de commerce international. L'année dernière j'ai eu le 3ème prix d'anglais de tous les lycées de Hanoi. J'aimerais voyager un jour et je crois qu'une carrière en commerce international me permettrait de voyager. La Chine, avec ses sites historiques et ses 40 siècles de civilisation, est un pays qui m'intéresse. La France m'attire aussi.

Mon emploi du temps? Vers 6h30, je me lève pour le petit déjeuner. À 7h30 c'est le début des cours officiels qui durent jusqu'à 12h. L'après-midi, les élèves d'une autre section viennent dans la même classe car il n'y a pas beaucoup de place dans notre école. Après le déjeuner, mes copines et moi, nous suivons des cours supplémentaires. Je rentre à la maison vers 5h. Je fais mes devoirs et j'aide ma mère à préparer le repas du soir pour toute la famille: ma sœur, mon oncle, mon grand-père et mes parents. Le soir, je reprends les devoirs.

Le week-end, avec des amis, je fais des promenades en barque sur le lac de l'Ouest ou nous partons à vélo ou en moto pour pique-niquer sur la digue du fleuve Rouge. Nous emportons une guitare et nous revenons en soirée.

Tinh au travail

Bonjour. Je m'appelle Tinh. J'ai 17 ans. J'ai quitté l'école et mon village à 14 ans. Je suis travailleur à la journée ici à Hanoi. Ça veut dire que je vais tous les matins au boulevard Kim Ma où j'attends qu'on vienne chercher les ouvriers. J'ai du travail tous les jours. On fait appel à nous pour des déménagements, des transports, des chargements ou déchargements. Quelquefois je travaille dans un chantier de construction.

Nous travaillons du lundi au samedi de 7h à 17h, parfois jusqu'à 21h. Après le déjeuner, nous faisons la sieste. Par conséquent, cela fait 10 ou 11 heures de travail par jour. Tous les soirs, après le travail je retrouve mon frère et des garçons de mon village qui travaillent aussi à Hanoi. Nous allons dormir dans une cabane. Nous y dormons à dix par terre sur une natte pour 2 000 dongs (15 euro cents). Pour 5 000 dongs on peut manger. Pendant la semaine nous allons parfois regarder un match de foot à la télé. La semaine dernière, j'ai vu la finale du championnat vietnamien entre l'équipe de l'armée et celle de Saigon. Celle de l'armée est ma favorite, alors je suis content qu'elle ait gagné! Le dimanche, je retourne au village voir ma famille et jouer au foot.

Dico

à la journée: *day (i.e., one day at a time)*
cabane: *shack*
Ça veut dire: *That means*
celle: *the one (here: team)*
chantier: *building site*
chargements: *loading*
déchargements: *unloading*
déménagements: *moving (from one house to another)*
dormir: *to sleep*
équipe: *team*
fait appel à: *calls on*
natte: *mat*
parfois: *sometimes*
par terre: *on the ground*
qu'on vienne: *for someone to come*

➤ Qu'est-ce que vous avez appris?

Indicate whether the statements are true or false; justify your answers.

1. Quynh is a student at the university in Hanoi.
2. She has classes only in the morning.
3. She's very studious.
4. She spends weekends with her family.
5. Tinh has a regular job.
6. He does different types of manual labor.
7. He often works nonstop from 7 in the morning until 9 at night.
8. His sleeping conditions are less than ideal.

➤ Qu'est-ce que vous en pensez?

How are the daily lives of Quynh and Tinh different from those of young people in the United States?

Would it surprise you to know that both Quynh and Tinh are very optimistic about the future? Why (not)? Discuss.

Zoom!

Ancien (*Former*) protectorat français, le Viêt Nam faisait partie (*belonged*), avec le Laos et le Cambodge, de l'Union indochinoise. Après la guerre d'Indochine (1946–1954) le pays fut (*was*) divisé entre la république démocratique du Viêt Nam au nord et la république du Viêt Nam au sud. Cette division mena (*led*) à la guerre du Viêt Nam dans laquelle les États-Unis jouèrent (*played*) un rôle principal.

�«Contexte: *Que font les enfants à la maison?*

❝ Est-ce que Benoît et Adeline aident à la maison? Bien sûr. Ils ont chacun certaines choses qu'ils sont obligés de faire régulièrement. ❞

Dico

chacun: *each*

Le matin, ils font leur lit avant d'aller à l'école.

Quand Benoît rentre de l'école, il donne à manger au chien et au chat.

Ensuite il promène le chien.

Le soir, Adeline met la table.

Et après le dîner, Benoît débarrasse la table.

Après le dîner, Adeline vide la poubelle.

Et Benoît aide à faire la vaisselle.

En général, le samedi, ils rangent leur chambre.

Qu'en pensent Benoît et Adeline?

❝ Je n'aime pas aider à faire le ménage. Heureusement, notre employée de maison, Mme Aubain, vient une fois par semaine. Et ma chambre, maman insiste pour que je la range régulièrement. Mais je ne comprends pas pourquoi. C'est ma chambre et moi, j'aime bien un certain désordre! ❞

❝ Moi, j'aime bien aider à la maison: mettre la table, la débarrasser, faire la vaisselle, ranger ma chambre. Mais c'est du travail, ça! Pourquoi est-ce qu'on n'est pas payés, Benoît et moi? J'ai demandé ça à papa, mais il a dit que c'est notre responsabilité de faire les tâches ménagères. ❞

Heureusement: *Fortunately*
vient: *comes*

➤ Qu'est-ce que vous en pensez?

Did you help out at home when you were little? What kinds of chores were you required to do? What things did you do voluntarily?

Do you agree with Adeline that children should be paid for doing chores? Why (not)?

Ça se dit comment?

Pour parler des tâches domestiques *(To talk about household chores)*

débarrasser la table	*to clear the table*
donner à manger aux animaux	*to feed the animals (pets)*
faire son lit	*to make one's bed*
faire le ménage	*to do housework*
faire la vaisselle	*to do the dishes, load and unload the dishwasher*
mettre la table	*to set the table*
nettoyer la maison	*to clean the house*
promener le chien	*to walk the dog*
ranger sa chambre	*to pick up one's room*
vider la poubelle	*to take out the garbage*

À vous!

I. Vrai ou faux? En vous basant sur le *Contexte,* indiquez si les phrases sont vraies ou fausses. Si la phrase est fausse, corrigez-la.

1. Le matin, avant l'école, Benoît et Adeline font leur lit.
2. L'après-midi, après l'école, Adeline donne à manger au chien et au chat.
3. L'après-midi, après l'école, Benoît promène le chien et le chat.
4. Adeline met la table et Benoît la débarrasse.
5. Après le dîner, Benoît vide la poubelle et Adeline aide à faire la vaisselle.
6. Le samedi, généralement, les enfants Batailler rangent leur chambre.

J. Que font les enfants à la maison? L'employée de maison, Mme Aubain, pose des questions à Hélène Batailler à propos des enfants Batailler. En jouant le rôle d'Hélène, répondez aux questions de Mme Aubain.

1. Est-ce que les enfants font leur lit le matin?
2. Qui donne à manger aux animaux?
3. Qui promène le chien?
4. Qui met la table?
5. Qui la débarrasse?
6. Qui vide la poubelle?
7. Qui aide à faire la vaisselle?
8. Est-ce que les enfants rangent leur chambre tous les jours *(every day)*?

GRAMMAIRE

The verb *faire* *(to do, to make)*

je **fais**	nous **faisons**
tu **fais**	vous **faites**
il/elle/on **fait**	ils/elles **font**

PASSÉ COMPOSÉ: **fait (avoir)**

GRAMMAIRE

The verb *mettre* *(to put [on], to set [the table])*

je **mets**	nous **mettons**
tu **mets**	vous **mettez**
il/elle/on **met**	ils/elles **mettent**

PASSÉ COMPOSÉ: **mis (avoir)**

Exercice de substitution

1. *Jean-Jacques* fait la vaisselle. (Béatrice / nous / les amis de Sylvie / je / vous / tu)
2. *Marie-Claire* ne fait pas le ménage. (Stéphane / je / vous / mon ami / tu / nous / mes camarades de chambre)
3. Qu'est-ce que *Pierre* a fait? (tu / vous / les autres / on / nous / Chantal)

Exercice de substitution

1. *Je* mets la table? (nous / Sylviane / les petits / tu / vous / on)
2. Où est-ce que *tu* mets la lampe? (Maman / je / nous / vous / les autres)
3. *Il* a mis un pull-over. (nous / elle / les garçons / je / on)

K. Et toi? Posez des questions à votre camarade de classe au sujet des tâches ménagères chez lui (elle).

1. Est-ce que tu fais ton lit tous les jours?
2. Est-ce que tu ranges régulièrement ta chambre?
3. Qui met la table chez toi?
4. Qui la débarrasse?
5. Est-ce que tu fais la vaisselle?
6. Tu as un chien? Qui promène le chien? Qui donne à manger au chien?
7. Tu as un chat? Qui donne à manger au chat?
8. Qui vide la poubelle chez toi?

L. Et toi (suite)? Posez des questions à un(e) autre camarade de classe à propos des tâches ménagères chez lui (elle) récemment. Attention: les verbes sont au passé composé!

1. Est-ce que tu as fait ton lit ce matin?
2. Est-ce que tu as rangé ta chambre récemment?
3. Qui a mis la table pour le dîner hier soir?
4. Qui a débarrassé la table?
5. Qui a fait la vaisselle?
6. Qui a vidé la poubelle?

81% des Français de 10–18 ans déclarent ranger leur chambre toujours ou de temps en temps, 91% mettent la table, 78% la débarrassent, 42% font les courses *(do the shopping)*, 42% préparent les repas, 38% font le ménage, 33% vident la poubelle.

Do **À faire! (5-2)** on page 191 of the **Manuel de préparation.**
* Follow-up: pronominal verbs, chores, **faire,** and **mettre**

▣ Contexte: *Et les adultes, que font-ils?*

❝ Chez nous, comme dans toutes les familles,
il y a beaucoup de travail à faire. Nous avons une employée
de maison, Mme Aubain, qui vient une fois par semaine pour
faire le ménage. ❞

L'employée de maison vient une fois par semaine.

Elle nettoie la cuisine et la salle de bains.   **Elle passe l'aspirateur.**   **Elle fait la lessive.**

➤ *Qu'est-ce que vous en pensez?*

How does your family compare to the
Batailler family when it comes to household
chores?

To what extent have gender roles changed
as far as the type of household chores men
and women do? Are there still some tasks
reserved primarily for one gender or the
other? Discuss.

Ça se dit comment?

Pour parler des tâches domestiques (suite) *(To talk about
household chores [continued])*

aider... à	*to help . . . (to do something)*
amener... à	*to take (a person somewhere)*
bricoler	*to tinker, do odd jobs*
faire des petites réparations	*to make small repairs*
faire du jardinage	*to work in the garden*
faire la cuisine	*to do the cooking*
faire la lessive	*to do the laundry*
faire le barbecue	*to barbecue*
faire les courses	*to do the shopping, run errands*
nettoyer	*to clean*
s'occuper de	*to take care of*
passer l'aspirateur	*to vacuum*
préparer les repas	*to prepare meals*

Ma femme s'occupe des repas et du jardin.

Elle fait les courses.

Elle fait la cuisine.

Elle aime aussi faire du jardinage.

Moi, je travaille à la maison aussi.

Je fais souvent la vaisselle.

J'aime bricoler et faire
des petites réparations.

Et c'est moi qui fais le barbecue.

Enfin, nous avons notre jeune fille au pair, Cecilia.

Elle s'occupe des enfants
avant et après l'école.

Elle les aide à faire leurs devoirs.

Elle les amène au
parc ou au cinéma.

Dico

C'est moi qui: *I'm the one who*
vient: *comes*

À vous!

M. Qui fait quoi chez Vanessa Baudry? Vanessa Baudry est une jeune lycéenne qui fait quelquefois du baby-sitting chez les Batailler. À l'aide des renseignements donnés, répondez aux questions sur les responsabilités des différents membres de sa famille.

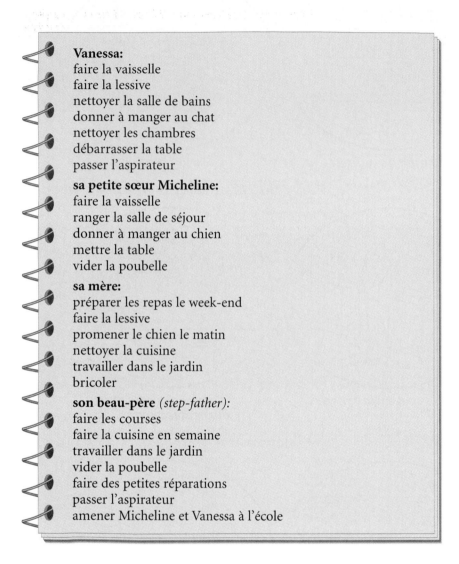

Vanessa:
faire la vaisselle
faire la lessive
nettoyer la salle de bains
donner à manger au chat
nettoyer les chambres
débarrasser la table
passer l'aspirateur

sa petite sœur Micheline:
faire la vaisselle
ranger la salle de séjour
donner à manger au chien
mettre la table
vider la poubelle

sa mère:
préparer les repas le week-end
faire la lessive
promener le chien le matin
nettoyer la cuisine
travailler dans le jardin
bricoler

son beau-père *(step-father):*
faire les courses
faire la cuisine en semaine
travailler dans le jardin
vider la poubelle
faire des petites réparations
passer l'aspirateur
amener Micheline et Vanessa à l'école

Tu sais d'où vient le mot «poubelle»? La poubelle tient son nom d'un certain M. Poubelle. M. Poubelle était un administrateur dans la région parisienne. En 1884, il a imposé l'usage de la boîte à ordures *(trash can)* aux gens de sa région.

1. Qui fait les courses chez Vanessa?
2. Qui prépare les repas?
3. Qui met la table?
4. Qui la débarrasse?
5. Qui nettoie la maison?
6. Qui s'occupe des animaux?
7. Qui bricole et fait des petites réparations?
8. Qui sort la poubelle?
9. Qui fait du jardinage?
10. Qui amène les enfants à l'école?

🗣 **N. Qui fait quoi chez les Jacquemart?** Les Jacquemart habitent à Saint-Germain-en-Laye, dans la banlieue parisienne. Écoutez le fils cadet, Philippe, parler des tâches domestiques chez lui. Puis indiquez qui fait quoi en cochant *(by checking off)* les cases appropriées.

	M. Jacquemart	Mme Jacquemart	Philippe	François	l'employée de maison
1. faire les courses					
2. faire la cuisine					
3. mettre la table					
4. débarrasser la table					
5. nettoyer la salle de bains					
6. nettoyer les chambres					
7. nettoyer la cuisine					
8. passer l'aspirateur					
9. ranger les chambres					
10. faire les lits					
11. faire la lessive					
12. faire des petites réparations					
13. bricoler					
14. s'occuper des animaux					
15. travailler dans le jardin					
16. vider la poubelle					
17. faire la vaisselle					

🚶🏻 **O. Qui fait quoi chez toi?** Interviewez un(e) camarade de classe pour apprendre *(to find out)* qui fait quoi chez lui (elle). Ensuite résumez ce que vous avez appris pour vos camarades de classe.

⚡FLASH VOCABULAIRE

chez lui	*at his house*
chez elle	*at her house*
chez eux	*at their house* (masculine or masculine-feminine combination)
chez elles	*at their house* (feminine)

■ Contexte: *L'année des Français*

> ❝ Pour nous, l'année est rythmée par les fêtes et les vacances—c'est-à-dire, les moments de l'année où nous ne travaillons ni n'allons à l'école. Il y a trois fêtes que nous aimons particulièrement. ❞

Le Carnaval, c'est la période qui précède le temps de carême en février et en mars. (Le carême, ce sont les 46 jours d'abstinence entre le mardi gras et le jour de Pâques.) À Nice, il y a de grands défilés de chars décorés de fleurs.

Le 14 juillet, c'est la fête nationale française. La nuit du 13, il y a des bals populaires où on danse dans les rues. Le matin il y a des défilés militaires partout en France; le plus grand est sur l'avenue des Champs-Élysées, à Paris. Le soir, il y a des feux d'artifice.

Dico

allument: *light*
«Bonne Année!»: *"Happy New Year!"*
carême: *Lent*
chance: *luck*
chars: *floats*
congés payés: *paid vacation*
défilés: *parades*
droit à: *right to*
été: *summer*
fêtes: *holidays*
feux d'artifice: *fireworks*
fève: *bean*
fleurs: *flowers*
galette: *flat cake*
hiver: *winter*
Juifs: *Jews*
messe: *mass*
ne... ni n': *neither . . . nor*
ouvrent leurs cadeaux: *open their presents*
Pâques: *Easter*
parc de loisirs: *amusement park*
partout: *all over*
rendre visite à: *to visit (a person)*
repas: *meal*
roi ou reine: *king or queen*
vacances: *vacation*

La fête de Noël commence le 24 décembre, avec la messe de minuit et le réveillon, un repas traditionnel. Le jour de Noël (le 25 décembre) les enfants ouvrent leurs cadeaux. Les fêtes de fin d'année continuent: le premier janvier (le Jour de l'An), on se dit: «Bonne année!» et le 6 janvier (la Fête des Rois ou l'Épiphanie), on mange en famille la galette des Rois et la personne qui trouve la fève dans sa part de galette est couronnée roi ou reine du jour.

Les Juifs français célèbrent la fête de Hanoukka pendant huit jours à la fin de décembre. Chaque soir ils allument la menora et dînent en famille ou avec des amis.

➤ *Qu'est-ce que vous en pensez?*

What similarities and differences do you see between holidays in France and in the United States?

Would you rather be a student under the French calendar or the U.S. calendar? Why?

Nous avons de la chance en France. La grande majorité des gens qui travaillent ont droit à cinq semaines de congés payés pendant l'année. Pour cette raison, les vacances jouent un rôle très important pour nous.

D'AUTRES FÊTES	
le 1er mai	la Fête du Travail
le 15 août	l'Assomption
le 1er et 2 novembre	la Toussaint et le Jour des Morts

VACANCES SCOLAIRES		
	Universités	**Écoles**
NOËL	22 décembre–7 janvier	22 décembre–7 janvier
HIVER	23 février–4 mars	13 février–11 mars
PRINTEMPS	13 avril–29 avril	13 avril–29 avril
ÉTÉ	5 juillet–16 octobre	25 juin–5 septembre

Normalement, nous ne partons pas en vacances en décembre. Nous préférons célébrer les fêtes de fin d'année chez nous. Si nous voyageons, c'est pour rendre visite à des membres de la famille.

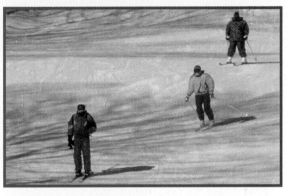

Nous aimons passer les vacances d'hiver dans les Alpes. Toute la famille adore le ski.

Pour les vacances de printemps, nous faisons souvent du tourisme. Hélène et moi, nous aimons visiter des sites ou des monuments historiques. Les enfants préfèrent visiter un parc de loisirs, comme Disneyland Paris ou le Futuroscope.

En été, nous partons toujours pour un mois. Quelquefois nous allons au bord de la mer; Hélène et Adeline adorent nager et faire du ski nautique. Quelquefois nous allons à la montagne parce que Benoît et moi, nous aimons faire de la randonnée et du camping.

Ça se dit comment?

Pour indiquer les mois de l'année (To name the months of the year)

janvier	avril	juillet	octobre
février	mai	août	novembre
mars	juin	septembre	décembre

en (au mois de) juin   *in (in the month of) June*

Pour demander et donner la date (To ask for and give the date)

Nous sommes le combien aujourd'hui?
Quelle est la date aujourd'hui?   } *What's today's date?*
Quel jour sommes-nous?

Nous sommes le 5 (avril).
Aujourd'hui c'est le 5 (avril).   } *Today is April 5. (It's the 5th [of April].)*
C'est aujourd'hui le 5 (avril).

le 5 avril 1995 (dix-neuf cent quatre-vingt-quinze)   *April 5, 1995*
le premier mars 2003 (deux mille trois)   *March 1, 2003*

Pour parler des fêtes et des vacances (To talk about holidays and vacations)

aller à la campagne	*to go to the country*
passer le mois de (juillet)	*to spend the month of (July)*
dans sa maison de campagne	*at one's country house*
aller au bord de la mer (à la plage)	*to go to the seashore (to the beach)*
nager	*to swim*
faire de la voile	*to sail*
faire de la planche à voile	*to windsurf*
aller à la montagne	*to go to the mountains*
faire du camping	*to camp*
faire de la randonnée	*to hike*
faire du tourisme	*to be a tourist*
visiter	*to visit (a place)*
passer le mois de... en famille	*to spend the month of . . . with one's family*
rendre visite à...	*to visit (a person)*

À vous!

P. Quand est-ce qu'on célèbre... ? Indiquez en quel mois on célèbre les fêtes suivantes.

MODÈLE: Quand est-ce qu'on célèbre la fête nationale française?
En (Au mois de) juillet.

1. Quand est-ce qu'on célèbre Noël et Hanoukka?
2. C'est quand, la fête de l'Assomption?
3. Quand est-ce qu'on célèbre le Jour de l'An et la Fête des Rois?
4. C'est quand, la fête de Pâques? (deux possibilités)
5. Quand est-ce qu'on célèbre la fête nationale américaine?
6. C'est quand, le Carnaval de Nice?
7. C'est quand, la Toussaint et le Jour des Morts?
8. Quand est-ce qu'on célèbre la Fête du Travail en France?
9. Quand est-ce qu'on célèbre la Fête du Travail aux États-Unis?
10. C'est quand, la Fête des Mères? Et la Fête des Pères?

Q. **Quel âge a...?** Quand on vous demande l'âge d'une célébrité, vous répondez avec sa date de naissance et son âge.

MODÈLE: —Quel âge a Céline Dion?
—Elle est née le 30 mars 1969 (dix-neuf cent soixante-neuf). Elle a donc (therefore)... ans.

Yannick Noah
joueur de tennis français d'origine camerounaise
(18 mai 1960)

Mel Gibson
acteur australien
(3 janvier 1956)

Alain Prost
coureur automobile français
(24 février 1955)

Yves Saint-Laurent
couturier français d'origine algérienne
(1er août 1936)

*MC Solaar
(Claude M'Barali)*
rappeur français d'origine tchadienne
(5 mars 1969)

Claire Bretécher
dessinatrice et éditrice française
(17 avril 1940)

Michel Polnareff
auteur et compositeur français
(3 juillet 1944)

Patrick Bruel
chanteur et acteur français
(14 mai 1959)

Patricia Kaas
chanteuse française
(5 décembre 1966)

Jean-Jacques Goldman
chanteur français
(11 octobre 1951)

Brigitte Bardot
actrice française
(26 septembre 1934)

Isabelle Adjani
actrice française
(27 juin 1955)

Martina Navratilova
championne de tennis américaine d'origine tchèque
(18 octobre 1956)

R. **Quelle est la date de votre anniversaire?** Trouvez la date de naissance de vos camarades de classe.

MODÈLE: —Quelle est la date de ton (votre) anniversaire?
—Mon anniversaire, c'est le 23 mars. OU
Je suis né(e) le 23 mars.

👥👥 **S. Quand est-ce qu'ils arrivent? Quand est-ce qu'ils partent?** Les parents de Francine Ardent ont une maison de campagne près des Sables d'Olonne sur la côte Atlantique. Chaque été, des membres de la famille leur rendent visite. Avec l'aide du calendrier et des renseignements donnés, répondez aux questions de Francine.

MODÈLE: l'oncle Bernard / 4 juillet—15 juillet
—*Quand est-ce qu'il arrive, l'oncle Bernard?*
—*Il arrive le 4 juillet. C'est un samedi.*
—*Et quand est-ce qu'il part?*
—*Il part le 15. C'est un mercredi.*
—*[to someone else] C'est bien, ça. Tu as entendu?*
(*Did you hear that?*) *L'oncle Bernard arrive le samedi 4 juillet et il part le mercredi 15.*
—*Et la tante Élise, quand est-ce qu'elle arrive?*, etc.

1. la tante Élise / 12 juillet—28 juillet
2. l'oncle Pierre / 26 juillet—10 août
3. mémé et pépé / 1ᵉʳ août—27 août
4. Jean-Jacques et Fabrice / 17 juillet—20 juillet
5. l'oncle Henri / 19 août—2 septembre
6. la tante Antoinette / 5 septembre—16 septembre

👥👥 **T. Ce qu'on a fait pendant les vacances.** Demandez à un(e) camarade de classe comment les personnes suivantes ont passé les vacances. Il (Elle) va répondre avec l'aide des suggestions.

MODÈLE: vacances de printemps: les Pernelet / aller au parc du Futuroscope (Poitiers) / y passer trois jours
—*Qu'est-ce que les Pernelet ont fait pendant les vacances de printemps?*
—*Ils sont allés au parc du Futuroscope, à Poitiers. Ils y ont passé trois jours.*

1. vacances de Noël: Patricia et sa sœur / le week-end de Noël: passer en famille / le week-end du Jour de l'An: aller rendre visite à leurs grands-parents (Nantes)
2. vacances d'hiver: Gilles / aller dans les Alpes avec des amis / faire du ski
3. vacances de Pâques: Sandra et sa famille / aller en Italie / passer 2 jours à Venise / passer 2 jours à Florence
4. vacances d'été: Bernard et sa famille / aller au bord de la mer / nager / faire de la planche à voile
5. vacances d'été: Marie-Hélène et son fiancé / aller à la montagne / faire du camping / faire de la randonnée
6. vacances d'été: Bruno et sa famille / aller à la campagne / passer trois semaines avec la famille de son oncle

⚉⚉ U. Et vous? Interviewez un(e) camarade de classe à propos des vacances.

(1) **Des vacances récentes:** Où est-ce qu'il (elle) est allé(e)? Avec qui? Combien de temps est-ce qu'il (elle) y a passé? Qu'est-ce qu'il (elle) a fait? Est-ce qu'il (elle) s'est bien amusé(e)?

(2) **Des vacances futures:** Où est-ce qu'il (elle) va? Quand est-ce qu'il (elle) va partir? Combien de temps est-ce qu'il (elle) va y passer? Quand est-ce qu'il (elle) va rentrer? Qu'est-ce qu'il (elle) va faire?

Do **À faire! (5-3)** on page 195 of the **Manuel de préparation.**
* Follow-up: holidays, dates, and vacation vocabulary
* Preparation: pronunciation (the letter **l**), **passé composé** of pronominal verbs **(Contrôle 14)**

Rappel grammatical

Le passé composé des verbes pronominaux

se lever *(to get up)*	
je **me suis levé(e)**	nous **nous sommes levé(e)s**
tu **t'es levé(e)**	vous **vous êtes levé(e)(s)**
il **s'est levé**	ils **se sont levés**
elle **s'est levée**	elles **se sont levées**

Je **ne** me suis **pas** levée très tôt.
Ils **ne** se sont **pas** amusés.

- Pronominal verbs (direct object pronoun)

    s'amuser
    se coucher
    se disputer *(to argue with)*
    s'ennuyer *(to be bored)*
    s'habiller
    se lever
    se préparer
    se promener
    se reposer
    se retrouver

- Pronominal verbs (indirect object pronoun)

    se parler
    se téléphoner

Exercice de substitution

1. *Je* me suis bien amusé hier soir. (Marie / nous / les garçons / vous / tu / on)
2. *Elle* ne s'est pas couchée de bonne heure. (tu / les enfants / je / vous / Henri / nous)
3. *Ils* se sont disputés? (vous / elles / les autres / Jeanne et ses parents)
4. *Elles* ne se sont pas téléphoné. (nous / vous / Michel et son frère / les étudiants)
5. Quand est-ce qu'*ils* se sont vus? (vous / nous / elles)

À vous!

🎧 **V. Le présent, le passé ou le futur?** Indiquez si le verbe de chaque phrase est au présent, au passé composé ou au futur immédiat.   [items 1–15]

W. Les jeunes mariés. Gaëlle et François Lasnier se sont mariés récemment. Après leur lune de miel *(honeymoon)*, ils sont de retour. Racontez ce qu'ils ont fait hier en mettant les verbes au passé composé.

FLASH VOCABULAIRE

avoir juste le temps de *to just have time to*
  [PASSÉ COMPOSÉ: **eu (avoir)**]
s'installer devant *to sit down at*
  [**se** = direct object]
retourner *to go back*
  [PASSÉ COMPOSÉ: **retourné (être)**]

1. Gaëlle: se lever à 7h / prendre une douche / s'habiller / prendre le petit déjeuner traditionnel
2. François: rester au lit jusqu'à 7h45 / faire rapidement sa toilette / s'habiller / avoir juste le temps de boire un café
3. Gaëlle et François: quitter l'appartement ensemble à 8h15 / aller à l'arrêt d'autobus / attendre dix minutes / prendre le 75
4. François: descendre le premier, à la place Galliéni / aller à son bureau / se préparer pour un voyage qu'il va faire
5. Gaëlle: continuer jusqu'à la place de la République / aller à son travail / s'installer devant son ordinateur
6. François et Gaëlle: se retrouver à 12h30 au restaurant pour déjeuner / se promener au jardin public / retourner à leur travail
7. Gaëlle: rentrer vers 6h / se reposer un petit moment / manger une omelette et une salade / passer l'aspirateur dans l'appartement / regarder un film à la télé
8. François: ne pas dîner à la maison / sortir avec des clients / rentrer vers 11h
9. François et Gaëlle: se parler de la journée / se coucher à minuit

👫 **X. Hier... samedi dernier...** Posez des questions à un(e) camarade de classe à propos de ce qu'il (elle) a fait: (a) hier (ou un autre jour de la semaine dernière) et (b) samedi ou dimanche derniers.

EXPRESSIONS INTERROGATIVES UTILES: **À quelle heure... ? / Quand... ? / Qu'est-ce que... ? / Où... ? / Combien de temps est-ce que tu as (vous avez) passé... / Avec qui... ?**

■Échange: *La journée de Cecilia*

Mme Batailler parle avec Cecilia de ses responsabilités en tant que jeune fille au pair.

CECILIA: Alors, qu'est-ce que je dois faire?
MME BATAILLER: Bon, l'essentiel c'est que tu t'occupes des enfants. Voyons... tu les réveilles entre 7h et 7h30, tu leur prépares un petit déjeuner et tu organises le départ à l'école. Puis, quand ils rentrent vers 4h30, tu leur donnes un petit goûter et tu les surveilles jusqu'au dîner.
CECILIA: Ah, je suis libre après le dîner?
MME BATAILLER: Oui, sauf le mercredi soir. Mon mari et moi, nous dînons en ville ce soir-là. Alors tu dois rester à la maison avec les enfants.
CECILIA: Est-ce que je dois faire le ménage?
MME BATAILLER: Non, non. Ce n'est pas nécessaire. Nous avons une employée de maison. Elle vient le vendredi.

Le soir, Mme Batailler pose des questions à Cecilia sur sa première journée avec les enfants.

MME BATAILLER: Alors, la journée s'est bien passée?
CECILIA: Oh, oui... oui.
MME BATAILLER: Tu n'as pas eu de problème pour réveiller les enfants?
CECILIA: Je ne les ai pas réveillés, ils se sont réveillés tous seuls. Adeline s'est réveillée à 7h15 et Benoît, dix minutes après. Ils se sont habillés, ils ont mangé une tartine et ils sont partis à l'école. Ils sont rentrés vers 4h30, ils ont pris leur goûter. Benoît a commencé ses devoirs et Adeline a joué avec ses copines. Tout s'est très bien passé.
MME BATAILLER: Ah, c'est formidable. Merci, Cecilia.

Dico

dois: *have to*
formidable: *terrific, great*
la journée s'est bien passée?:
    did the day go OK?
les réveilles: *wake them up*
les surveilles: *look after them*
leur: *(to) them*
libre: *free*
sauf: *except*
tartine: *bread with butter and/or jam*
tous seuls: *all by themselves*
Tout: *Everything*

FLASH VOCABULAIRE

réveiller: *to wake up (someone else)*
se réveiller: *to wake up (oneself)*
  Elle a réveillé les enfants. *She woke the kids up.*
  Elle s'est réveillée à 6h. *She woke up at six.*
coucher: *to put to bed (someone else)*
se coucher: *to go to bed (literally: to put oneself to bed)*
  Elle a couché le bébé. *She put the baby to bed.*
  Elle s'est couchée à 11h. *She went to bed at eleven.*
retrouver: *to meet (someone)*
se retrouver: *to meet (each other; subject = always plural)*
  Il a retrouvé son ami au café. *He met his friend at the cafe.*
  Jacques et son ami se sont retrouvés au café. *Jacques and his friend met at the cafe.*

À vous!

Y. La journée de Cecilia. Répondez aux questions à propos de la première journée de Cecilia avec les enfants Batailler.

1. Est-ce que Cecilia a réveillé les enfants entre 7h et 7h30? Pourquoi pas?
2. À quelle heure est-ce qu'Adeline s'est réveillée? Et son frère?
3. Qu'est-ce que les enfants ont fait avant de manger?
4. Qu'est-ce qu'ils ont mangé?
5. À quelle heure est-ce qu'ils sont rentrés?
6. De retour à la maison (*Back at the house*), qu'est-ce qu'ils ont fait d'abord?
7. Ensuite, qu'est-ce que Benoît a fait? Et sa sœur?
8. La première journée s'est bien passée?

Z. La soirée chez les Batailler. Répondez aux questions sur la soirée chez les Batailler.

1. Qui a préparé le dîner? (Mme Batailler)
2. À quelle heure est-ce qu'on a dîné? (à 8h)
3. Qui a fait la vaisselle? (M. Batailler)
4. Est-ce que les enfants l'ont aidé? (oui)
5. À quelle heure est-ce que M. Batailler est sorti? (vers 9h)
6. Où est-ce qu'il a retrouvé son ami Denis? (au café Mably)
7. Qu'est-ce que Mme Batailler et Cecilia ont regardé à la télé? (un film)
8. Est-ce que Cecilia a couché les enfants? (non... tous seuls)
9. À quelle heure est-ce qu'Adeline s'est couchée? (à 9h) Et Benoît? (à 9h45)
10. Est-ce que Cecilia s'est couchée avant ou après M. et Mme Batailler? (avant)

GRAMMAIRE

Le verbe *devoir*

je **dois**	nous **devons**
tu **dois**	vous **devez**
il/elle/on **doit**	ils/elles **doivent**

PASSÉ COMPOSÉ: **dû (avoir)**

The verb **devoir** in the present tense has several meanings:

- owing (money)   **Je dois 20 euros à ma sœur.**
  I owe my sister 20 euros.

- obligation   **Je dois retrouver Jean au café.**
  I'm supposed to meet Jean at the cafe.

- probability   **Suzanne n'est pas là? Elle doit être malade.**
  Suzanne's not here? She must be (is probably) sick.

The verb **devoir** also has multiple meanings in the **passé composé:**

- necessity/obligation   **Ils ont dû aller en ville.**
  They had to go into town.

- probability/speculation   **Où est Francine? Elle a dû oublier.**
  Where's Francine? She must have forgotten.

Exercice de substitution

1. *Elle* doit beaucoup d'argent. (tu / Jacques / je / nous / vous / mes frères)
2. *Nous* devons rentrer bientôt. (mes parents / ma sœur / Jules / je / tu / vous)
3. *Il* a dû aller en ville. (Marcelle / tu / ils / vous / je / nous)

AA. D'abord... Avant de faire certaines choses, il est parfois nécessaire de faire d'autres choses. Donnez ces précisions avec le présent de **devoir**.

> MODÈLE: Je vais aller au cinéma. (faire tes devoirs)
> *D'abord tu dois faire tes devoirs.*

1. Ils vont regarder la télé. (faire les courses)
2. Simone va aller au centre commercial. (manger quelque chose)
3. Je vais aller au café. (aider ta mère)
4. Nous allons nous promener. (faire vos devoirs)
5. Jacqueline va faire du ski. (parler à son père)
6. Je vais écouter mes CD. (préparer un goûter pour ton frère)

BB. Mes obligations. Expliquez à un(e) camarade de classe ce que vous avez dû faire la semaine dernière et ce que vous devez faire la semaine prochaine *(next week)*. Utilisez le passé composé et le présent du verbe **devoir**.

SUGGESTIONS: **faire mes devoirs / travailler / téléphoner à / rendre visite à / aller / parler à / acheter / faire /** etc.

> MODÈLE: *La semaine dernière, j'ai dû aller chez le dentiste.*
> *La semaine prochaine, je dois me préparer pour un examen de chimie.*

Dossier-France: L'emploi du temps des Français

Une journée typique chez les Français

6h30–7h

On se lève... Le père se lève souvent le premier parce qu'il veut la salle de bains pour se raser. Pendant ce temps-là, la mère prépare le petit déjeuner dans la cuisine. Pour le petit déjeuner, on prend un bol de café au lait ou une tasse de café noir et une tartine (du pain avec du beurre et de la confiture).

8h–8h30

C'est l'heure où il faut être à l'école ou au travail. Les enfants arrivent à l'école à pied, en car de ramassage, en autobus ou à vélo. Quelquefois ils sont conduits en voiture par un de leurs parents, qui continue jusqu'à son travail. D'autres parents prennent le train, le métro ou l'autobus pour aller à leur travail.

12h–13h

Aujourd'hui, avec le système de la journée continue dans les villes, beaucoup d'enfants et de parents ne rentrent pas à la maison pour le déjeuner. Les enfants déjeunent à la «cantine» de l'école. Au lycée, ils peuvent quitter l'école pour manger quelque chose dans un fast-food ou un café. Les parents mangent dans un «restaurant d'entreprise» ou dans un restaurant près de leur travail.

16h–19h

Quand les jeunes enfants rentrent de l'école, ils aiment bien prendre un goûter: du pain, de la confiture ou du chocolat, un fruit ou quelque chose d'autre.

18h–19h

Toute la famille est maintenant rentrée de l'école et du travail. Les enfants font leurs devoirs, les parents rangent la maison et préparent le dîner.

20h–20h30

Le dîner est prêt et on se met à table. C'est l'heure où on peut regarder les informations à la télé. On finit de manger vers 21h. Il faut débarrasser la table et faire la vaisselle.

 Dico

car de ramassage: *school bus*
conduits: *driven*
il faut: *it's necessary*
se raser: *to shave*

22h–minuit

On regarde la télé, les enfants finissent leurs devoirs, on parle au téléphone avec des amis, on écoute la radio ou on bricole. Les enfants se couchent vers 21h ou 21h30. Les adolescents se couchent un peu plus tard, entre 22h et minuit. Les parents aussi.

Le temps retrouvé

Evolution de l'emploi du temps de la vie d'un homme au XXe siècle :

En années				En % de vie éveillée	
	2000			**1900**	**2000**
	6				11
			Travail	42	28
1900	37				
12			Temps physiologique	13	21
	11				
21	6		Enfance, scolarité	24	11
7			**Transports**	10	29
3	15		**Temps libre**	11	
3					
46 ans	75 ans		**Espérance de vie**	100 %	100 %
29 ans	52 ans		**Temps éveillé**	15 h/jour	16 h 30

espérance de vie: *life expectancy*
scolarité: *school*
temps éveillé: *waking time*
temps physiologique: *time spent eating, sleeping, bathing, etc.*

❯ Qu'est-ce que vous avez appris?

1. What differences can you point out between the typical French day described here and a typical day in your family? Be as specific as possible.

2. Which of the following have *increased* between the years 1900 and 2000?
   a. life expectancy
   b. waking time
   c. work time
   d. free time
   e. school time
   f. travel time
   g. physiological time

3. Which of the above have decreased?

❯ Qu'est-ce que vous en pensez?

Of course, there is no such thing as a "typical" French day; each individual and family have their own variations. What factors contribute to this variety of schedules?

Which, if any, of the statistics presented in the chart surprised you? Why? Do you think that a chart based on a person from the U.S. would be similar? Why (not)? To what extent do you think that people in France (and the United States) are putting the new balance of time to good use? Explain.

Do **À faire! (5-4)** on page 204 of your **Manuel de préparation.**
* Follow-up: **devoir,** review of vocabulary and grammar from Chapter 5

▣Intégration

CC. Le samedi de Clotilde. Écoutez Clotilde Vautier, qui parle de ce qu'elle a fait samedi dernier. Ensuite répondez aux questions.

1. Qui est Clotilde?
2. Qu'est-ce qu'elle a fait samedi matin?
3. Pourquoi est-ce qu'elle s'est levée de si bonne heure *(so early)?*
4. Est-ce que les autres membres de sa famille se sont levés avec elle? Expliquez.
5. Qu'est-ce qu'elle a fait samedi après-midi?
6. Qu'est-ce qu'elle a fait samedi soir?

DD. La famille «idéale». Avec un(e) camarade de classe, préparez la description d'une journée typique dans une famille «idéale». Parlez de leur emploi du temps, des tâches domestiques et de leurs activités. Vous pouvez traiter ce sujet sérieusement (i.e., imaginez la famille «parfaite») ou bien, si vous préférez, de façon comique (i.e., imaginez une famille qu'on ne voudrait pas imiter).

EE. Un personnage de télévision ou de cinéma. Présentez à des camarades de classe le portrait que vous avez préparé pour l'exercice XXV du **Manuel de préparation.** Ils peuvent vous faire des suggestions.

FF. Hier. Racontez à un(e) camarade de classe toutes vos activités d'hier. Commencez au moment où vous vous êtes réveillé(e) et continuez jusqu'au moment où vous vous êtes couché(e). Mentionnez aussi ce que vous avez fait avec d'autres personnes (ma [mon] camarade de chambre et moi / mes enfants et moi / etc.).

Zoom!

The **Alliance française** is an official French organization that was created in 1883. Its goal is to spread the French language and culture around the world. With its headquarters in Paris, the **Alliance française** has 1,098 committees or affiliate groups in 137 countries and 800 centers where students of all ages go to study the French language. It's very possible that your town (or a neighboring one) has an **Alliance française** that organizes a variety of activities where French is spoken.

GG. Un message électronique. Vous passez six mois en France chez des amis français de vos parents qui habitent à Lille, dans le nord de la France. Vous étudiez le français à l'Alliance française. Après quelques semaines, vous envoyez *(send)* un message électronique à votre professeur. Vous parlez de:

1. votre nouvel emploi du temps
   - se lever: 7h30
   - petit déjeuner
   - cours à l'Alliance: 9h–12h
   - déjeuner
   - cours à l'Alliance: 2h–5h
   - dîner: 8h
   - télévision
   - se coucher: 11h30

2. vos activités du week-end dernier—excursion à Calais / aller à la plage / nager / se coucher tard / bien s'amuser
3. vos projets pour ce week-end—rester au lit / se lever tard / se reposer

Lexique

Pour se débrouiller

Pour demander et donner la date

> Nous sommes le combien aujourd'hui?
> Quelle est la date aujourd'hui?
> Quel jour sommes-nous?
> Nous sommes le 5 (avril).
> Aujourd'hui c'est le 5 (avril).
> C'est aujourd'hui le 5 (avril).
> le 5 avril 1995 (dix-neuf cent
>   quatre-vingt-quinze)
> le premier mars 2003 (deux mille trois)

Pour demander et dire l'heure

> Quelle heure est-il?
> Vous avez (Tu as) l'heure, s'il vous (te) plaît?
> Il est une heure.
> Il est deux heures.
> Il est deux heures dix.
> Il est deux heures et quart.
> Il est deux heures et demie.
> Il est trois heures moins le quart.
> Il est trois heures moins dix.
> Il est midi.
> Il est minuit et demi.

Thèmes et contextes

Les activités quotidiennes

> se coucher
> dîner
> faire sa toilette
> faire ses devoirs
> s'habiller
> jouer avec ses copains
> se lever
> prendre une douche
> prendre un goûter
> prendre le petit déjeuner
> quitter la maison
> rentrer (à la maison)

Les tâches domestiques

> aider... à
> amener... à
> bricoler
> débarrasser la table
> donner à manger aux animaux
> faire des petites réparations
> faire du jardinage
> faire la cuisine
> faire la lessive
> faire la vaisselle
> faire le barbecue
> faire le ménage
> faire les courses
> faire son lit
> mettre la table
> nettoyer (la maison)
> s'occuper de
> passer l'aspirateur
> préparer les repas
> promener le chien
> ranger sa chambre
> vider la poubelle

Les mois de l'année

> janvier
> février
> mars
> avril
> mai
> juin
> juillet
> août
> septembre
> octobre
> novembre
> décembre

Les fêtes et les vacances

> aller à la campagne
>   passer le mois de (juillet)
>   dans sa maison de campagne
> aller au bord de la mer (à la plage)
>   nager
>   faire de la voile
>   faire de la planche à voile
> aller à la montagne
>   faire du camping
>   faire de la randonnée
> faire du tourisme
>   visiter
> passer le mois de... en famille
>   rendre visite à...

Vocabulaire général

Nom

l'emploi du temps *(m.)*

Verbes

s'amuser
avoir juste le temps de
devoir
se disputer (avec)
s'ennuyer
faire
s'installer devant
mettre
se parler
partir
se préparer (pour)
se promener (à vélo, en voiture)
quitter
se reposer
retourner
(se) retrouver
(se) réveiller
(se) téléphoner
(se) voir

Autres mots et expressions

à
après
avant
chez lui
chez elle
chez eux (elles)
entre
de l'après-midi
du matin
du soir
vers

quand?	*when?*
à quelle heure?	*at what time?*

Branchez-vous!

AU-DELÀ DU COURS:

Interview d'un chef

Champagne is just one of the many wines for which France is justly famous. Go to a restaurant in your town or city and interview a chef about the uses of wine. What role does wine play in the preparation of food? in the serving and enjoyment of food? How does the chef feel about French wines compared to wines from California or from other countries? Report back to your instructor and/or the class about what you learned.

HISTOIRE:

La prise de la Bastille

La fête nationale française, le 14 juillet, commémore un événement-clé au début de la Révolution française. Voici quelques moments importants de 1789.

La France en 1789

À la fin du XVIIIe siècle la France est toujours une monarchie. Mais le peuple commence à critiquer les vices et les abus des nobles. En même temps, quelques intellectuels contestent le principe même de l'absolutisme royal et de l'inégalité des impôts. En plus, il y a une crise économique. La récolte de 1788 est mauvaise, le blé commence à manquer et le prix du pain monte rapidement. En même temps, la France a dépensé beaucoup d'argent en aidant les Américains dans leur révolte contre les Anglais. Le roi décide donc de convoquer les États-Généraux (pour la première fois depuis 1614)— une assemblée de représentants des trois ordres ou états: le clergé, les nobles et le tiers état (les bourgeois, les ouvriers, les commerçants, les agriculteurs, etc.).

Les événements

5 mai: Le roi Louis XVI ouvre les États-Généraux, mais on se dispute immédiatement au sujet de la manière de voter: par ordre (i.e., le clergé, la noblesse et le tiers état ont chacun un vote) ou par tête (chaque député a un vote).

17 juin: Les députés du tiers-état se proclament Assemblée nationale, se séparant ainsi du clergé et des nobles et affirmant le principe de la souveraineté nationale.

20 juin: Le roi fait fermer les portes de la salle de réunion, mais les députés du tiers état s'installent dans une salle voisine, la salle du Jeu de Paume, et font serment de ne pas se séparer avant d'avoir donné une constitution à la France.

23 juin: Le roi annule les décisions de l'assemblée du tiers état et ordonne à chaque ordre de travailler séparément.

27 juin: Le roi accepte l'idée d'une seule assemblée comprenant les trois états; on commence à écrire une constitution.

11 juillet: Influencé par ses deux frères et par la reine Marie-Antoinette, le roi place 20 000 soldats autour de Versailles et de Paris. Puis il renvoie son ministre réformateur Necker et le remplace par des ministres réactionnaires.

13 juillet: Les Parisiens forment un nouveau conseil et créent la Garde nationale. Mais les miliciens n'ont pas d'armes. Accompagnés d'une grande foule ils attaquent le couvent de Saint-Lazare, les Halles et l'Arsenal. Ils trouvent de la nourriture, mais les armes ont été transportées aux Invalides (fusils) et à la prison de la Bastille (poudre).

14 juillet: Une foule va aux Invalides et prend 32 000 fusils et 20 canons. Puis elle se dirige vers la Bastille. Après quatre heures de combat, le peuple prend possession de la prison, massacre le gouverneur de la forteresse et ses officiers et libère les sept prisonniers politiques.

16 juillet: On décide la destruction complète de la Bastille.

➤ Qu'est-ce que vous en pensez?

What similarities and what differences do you see between the beginnings of the French and American Revolutions?

La signification

Pour le peuple français, la Bastille est le symbole de l'absolutisme du roi; les événements du 14 juillet symbolisent donc la victoire sur la tyrannie. La prise et la destruction de la Bastille marquent l'entrée des Parisiens dans la Révolution. L'exemple de Paris est suivi en province. Six semaines après, l'Assemblée va adopter la Déclaration des Droits de l'homme et du citoyen, qui proclame l'égalité des droits et la liberté individuelle, la liberté de pensée et d'expression tout en posant le principe de la séparation des pouvoirs exécutif, législatif et judiciaire.

Dico

blé: *wheat*
chacun / chaque: *each*
donc: *therefore*
En plus: *In addition*
événement clé: *key event*
fait fermer les portes: *has the doors closed*
font serment: *swear*
foule: *crowd*
fusils: *rifles*
impôts: *taxes*
Jeu de Paume: *Tennis or Handball Court*
manquer: *to lack, be in short supply*
même: *very*
miliciens: *militiamen*
ouvre: *opens*
poudre: *gunpowder*
pouvoirs: *powers*
récolte: *harvest*
renvoie: *dismisses*
suivi: *followed*
tout en posant: *while at the same time establishing*

La Champagne

Carte d'identité: La Champagne

La Champagne est surtout connue pour son vin pétillant appelé le champagne. Selon la tradition, à la fin du XVIIᵉ siècle, Dom Pérignon, moine bénédictin, a découvert la méthode de double fermentation essentielle à la fabrication de ce vin célèbre dans le monde entier. La plupart des vignobles se trouvent dans la région de Reims.

Situation: à l'est de Paris, entre l'Île-de-France et la Lorraine

Population: 1 046 000 (les Champenois)

Villes principales: Reims, Troyes, Châlons-en-Champagne

Économie: vin (mousseux), céréales, élevage laitier, industrie textile et mercantile

QUELQUES DATES:

496: Clovis, roi des Francs, est baptisé par saint Rémi, évêque de Reims; Au Moyen Âge, le comté de Champagne est une des régions les plus prospères de l'Europe;

1284: le mariage du roi Philippe le Bel à Jeanne de Champagne rattache le comté au royaume de France;

1429: Jeanne d'Arc fait sacrer Charles VII roi de France à Reims;

1914: les Français arrêtent l'invasion allemande lors de la bataille de la Marne;

1970: mort du général de Gaulle à Colombey-les-Deux-Églises

> ## Qu'est-ce que vous en pensez?

Champagne is a region that has given its name to its most famous product. What other French products that you know bear the name of their place of origin?

Do we find the same phenomenon in the United States? If so, name the product(s); if not, discuss why not.

La cathédrale de Reims est une des grandes cathédrales du monde chrétien. Construite au XIIIᵉ siècle, c'est un bel exemple de style gothique. Vingt-cinq rois de France y furent sacrés entre 1223 (Louis VIII) et 1825 (Charles X).

Ancienne capitale de la Champagne, Troyes est une ville riche en églises, en musées et en vieilles maisons à colombage.

Dico

à colombage: *half-timbered*	**moine:** *monk*
élevage laitier: *dairy farming*	**mousseux:** *sparkling (wine)*
évêque: *bishop*	**pétillant:** *bubbly*
fait sacrer: *has crowned*	

ÉCOLOGIE:

La randonnée

La marche est aujourd'hui la réponse des amoureux de la nature aux rythmes frénétiques des grandes villes.

Près de deux Français sur trois marchent. Et pas seulement pour aller à leur bureau ou pour faire les courses! Un sac à dos, des grosses chaussures... et voilà nos randonneurs (c'est ainsi qu'on les appelle) partis à l'aventure l'espace de quelques heures, d'un week-end ou de plusieurs jours.

La randonnée pédestre est très populaire en France où l'on compte 180 000 kilomètres de sentiers balisés. Chemins de forêt, le long des rivières, à travers champs ou en moyenne montagne, ces circuits—rigoureusement interdits aux voitures—offrent aux marcheurs des itinéraires d'une durée variable: de quelques heures de marche pour les sentiers de promenade (PR, balisés en jaune) à plusieurs jours pour les sentiers de grande randonnée (GR, balisés en rouge).

La marche est un art de vivre où l'effort physique s'accompagne d'une véritable passion pour la nature. 6 000 bénévoles entretiennent chaque année leurs sentiers qui, laissés à eux-mêmes, disparaîtraient rapidement des cartes et des mémoires. Pour fêter le cinquantième anniversaire de la création des premiers GR, la Fédération française de la randonnée pédestre a donné rendez-vous à Paris à 30 000 randonneurs provenant de toutes les régions de France. Ils ont défilé dans les rues de la capitale pour témoigner de leur passion pour la marche et demander aux pouvoirs publics qu'ils les soutiennent dans leur effort de conservation des innombrables sites naturels de la France.

Les amis de la nature peuvent aider à nettoyer et à préserver les sentiers de randonnée.

Le Parc national de la Vanoise dans les Alpes (500 kilomètres de sentiers, 42 refuges)

Le GR20 en Corse (le sentier le plus dur d'Europe: 200 km, 6 à 8 heures de marche pendant 15 jours)

Des randonneurs

Díco

> ## Qu'est-ce que vous en pensez?

How does the popularity of hiking in France compare to that of hiking in the United States? Are there similar efforts made by cities and counties to facilitate this activity?

What other physical activities combine exercise, fun, and environmental concerns?

à travers champs: *through fields*
balisés: *marked*
bénévoles: *volunteers*
cartes: *maps*
chemins: *paths, lanes*
Corse: *Corsica*
durée: *length of time*
entretiennent: *keep up, take care of*
Ils ont défilé: *They paraded*
innombrables: *numerous*
interdits: *forbidden*

laissés... disparaîtraient: *left to themselves would disappear*
l'espace de: *within the space (here, time) of*
les soutiennent: *support them*
marche: *walking*
moyenne montagne: *medium-sized mountain*
pédestre: *on foot*
pouvoirs publics: *government*
provenant de: *coming from*
quelques: *a few*
sentiers: *paths*
témoigner: *to bear witness*

La ville de Marrakech date du Moyen Âge. Elle est particulièrement belle, avec des remparts et des quartiers anciens. Elle est entourée de palmeraies.

Carte d'identité: Le Maroc

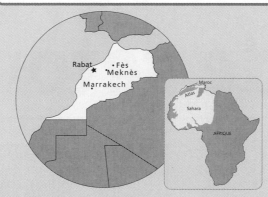

Situation: Le Maroc est situé à l'extrémité nord-ouest de l'Afrique, sur l'océan Atlantique et la mer Méditerranée, dans la région appelée par les Arabes *le Maghreb.*

Population: 27 560 000 habitants (les Marocains)

Géographie: dans le nord, montagnes (le Rif et les Atlas); dans le sud, désert (le Sahara)

Capitale: Rabat

Autres villes importantes: Casablanca, Marrakech, Fès

Langue officielle: arabe

Autres langues: berbère, français, hassania, espagnol

Religion: musulmans (95,95%)

Économie: agriculture, tourisme, artisanat

Histoire: d'abord sous l'influence des Espagnols et des Portugais, ensuite colonie française (1912–1956); proclame son indépendance en 1956

Gouvernement: monarchie constitutionnelle

La religion officielle du Maroc est l'Islam. Le roi du Maroc est un descendant du prophète Mahomet. Fès est un centre religieux musulman très important. Sa mosquée est la plus grande du Maghreb. Un rayon laser indique où est la Mecque. À Fès on trouve aussi la plus importante médina (quartier musulman, par opposition au quartier européen) d'Afrique du Nord.

Toutes les villes du Maroc ont un souk, un marché couvert avec des petites rues où l'on peut acheter des fruits, des légumes, des épices, des objets de toutes sortes... On doit marchander pour avoir un bon prix. Fès est aussi le centre artisanal du pays. 30 000 familles sont occupées par le travail du cuir, le tissage de la soie, la broderie et la céramique.

Dico

artisanat: *crafts*
broderie: *embroidery*
cuir: *leather*
entourée: *surrounded*
épices: *spices*
légumes: *vegetables*
marchander: *to bargain*
marché couvert: *covered market*
Mecque: *Mecca (holy site of Islam)*
palmeraies: *groves of palm trees*
rayon laser: *laser beam*
remparts: *ramparts (fortress walls)*
roi: *king*
tissage de la soie: *silk weaving*

➤ Qu'est-ce que vous en pensez?

Although the language spoken in most Moroccan homes is Arabic, many schools use French, and many Moroccan students eventually go to France to study. In addition, large numbers of immigrant workers in France come from Morocco. What do you imagine to be the most difficult adjustments for Moroccans studying and working in France?

Would you want to study and/or work in Morocco? Why (not)? What adjustments do you think you would have to make?

UNITÉ 3

Un voyage de retour

Jeannette Bragger
professeur de français
préférences: romans policiers,
cuisine française, reggae et
musique classique,
chats, voyager

Bonjour. Je m'appelle Jeannette Bragger. Je suis née en Suisse, mais j'habite aux États-Unis depuis quarante ans. J'ai des frères, des neveux et des nièces en Californie, mais les autres membres de ma famille habitent en France (ma mère était française, mon père suisse). Mes oncles, tantes et cousins habitent un petit village en Franche-Comté (dans l'est de la France) qui s'appelle Calmoutier. Dans cette unité, je vais leur rendre visite, nous allons fêter mon retour avec un grand repas et nous allons voir ce qu'on peut faire pendant une journée de pluie. ❞

CHAPITRE 7   Un repas de fête

CHAPITRE 6   De Washington à Paris

Paris
Calmoutier

CHAPITRE 8   Après la pluie, le beau temps

6 De Washington à Paris

❝❝ Après un vol de nuit qui n'a pas été très confortable (je dors très mal dans les avions), je suis arrivée à l'aéroport Charles de Gaulle près de Paris. Je suis d'abord passée au contrôle des passeports; ensuite j'ai récupéré mes bagages; et enfin j'ai passé la douane (*customs*). Ça a été très vite fait parce qu'on ne m'a pas demandé d'ouvrir mes valises (*suitcases*). Je suis sortie de l'aéroport et j'ai pris l'autocar Air France pour aller à Paris. Je suis arrivée à l'hôtel vers 11h. J'étais contente d'être enfin à Paris, une de mes villes préférées! **❞❞**

Chapter Support Materials
MP: pp. 225–270

MP Audio CD3,
TRACKS 9–15

OBJECTIVES

In this chapter, you'll learn to:

- get and pay for a hotel room;
- get a train ticket;
- name and talk about geographical areas;
- ask questions.

In order to perform these activities, you'll learn to use:

- the question words **quel** and **quelle;**
- prepositions with geographical names;
- the infinitive and the subjunctive with expressions of necessity and volition.

You'll also read and/or hear about hotels, train travel, and the village of Calmoutier.

Hôtel Chaplain ★★

11bis, RUE JULES-CHAPLAIN
75006 PARIS
☎ 01 43 26 47 64
Télex : 203191 F
Fax : 01 40 51 79 75
Métro : VAVIN - N.-D. DES CHAMPS
RER : PORT ROYAL

Bain - Douche - W.C. - Téléphone direct - Télévision dans toutes les chambres

Plan de Paris

*Si vous m'emportez par mégarde,
jetez-moi dans une boîte à lettres. Merci.*
*(If you take me with you by mistake,
please drop me in a mailbox. Thanks.)*

Une chambre à l'hôtel Chaplain

PRIX DES CHAMBRES	
	75 €
Douche + WC	75 €
Baignoire + WC	85 €
Twin Baignoire + WC	92 €
Triple Douche + WC	98 €
Triple Baignoire + WC	
Télévision couleur et téléphone direct dans toutes les chambres	
Petit déjeuner	6 €

- **Hôtels de grand luxe**—des salles de bains et des WC dans toutes les chambres
- **Hôtels **** (quatre étoiles)**—hôtels de première classe; la plupart des chambres avec salle de bains et WC privés
- **Hôtels *** (trois étoiles)**—très confortables; un grand nombre de chambres ont une salle de bains; ascenseur, téléphone
- **Hôtels ** (deux étoiles)**—confortables; 30% des chambres avec salle de bains
- **Hôtels * (une étoile)**—bonne qualité, confort moyen; au moins dix chambres avec lavabo; cabine téléphonique

Ça se dit comment?

Pour parler de l'hôtel (To talk about the hotel)

un ascenseur	elevator
une baignoire	bathtub
un balcon	balcony
une chaise	chair
une chambre	room
une clé	key
la climatisation	air conditioning
une douche	shower
un escalier	stairs
un fauteuil	armchair
l'heure (f.) de fermeture	closing time
un lavabo	sink
un lit	bed
le petit déjeuner	breakfast
la réception	hotel registration desk
une salle de bains	bathroom
un téléphone direct	direct-line telephone
des WC (m. pl.)	toilet

au moins: at least
cabine téléphonique: phone booth
étoiles: stars
moyen: average
la plupart des: most of the
privés: private
toutes: all

Ici, en France...

Avant de visiter la France, consultez le **Guide Michelin Rouge** des hôtels et restaurants. Vous y trouverez tous les hôtels importants dans chaque ville et les renseignements qu'il vous faut pour prendre une décision (prix, niveau de confort, aménagement [furnishings] des chambres, etc.). À part ces hôtels, la France a aussi des petites auberges (inns) et des chambres d'hôtes (bed-and-breakfasts) qui ont souvent beaucoup de charme et qui sont pour la plupart moins chères que les hôtels.

Voici quelques tuyaux (hints) si vous voulez voyager en France:

- Faites vos réservations avant d'arriver (par l'intermédiaire d'une agence de voyages, sur Internet ou par fax).
- Si vous arrivez sans réservation, consultez un **Accueil de France,** situé dans les aéroports et les gares principales.
- N'oubliez pas que les étages sont comptés de façon différente en France. Par exemple, **une chambre au premier étage** en France est au deuxième étage aux États-Unis.
- Chaque fois que vous quittez votre hôtel en France, on vous demande de laisser votre clé à la réception. Les employés savent ainsi que vous n'êtes pas dans votre chambre et qu'ils peuvent donc la nettoyer (clean it). Voici, par exemple, ce qui est écrit à la réception de l'hôtel Chaplain: **En sortant, remettez la clé à la réception. Merci.**
- Beaucoup d'hôtels ferment leurs portes après 10h ou 11h du soir. Pas de panique si vous rentrez très tard et ne pouvez pas entrer. Appuyez tout simplement sur la sonnette (ring the doorbell). Quelqu'un vous laissera entrer et vous donnera votre clé.

➤ Qu'est-ce que vous en pensez?

Est-ce que vous êtes jamais descendu(e) dans un hôtel aux États-Unis? Quelle sorte d'hôtel? Quels services est-ce que cet hôtel vous a offerts? Est-ce que vous connaissez des hôtels en France ou dans d'autres pays étrangers? Quelles sont les différences et les similarités entre les hôtels que vous connaissez? À votre avis, est-ce que les différences sont culturelles? Expliquez.

Zoom!

Le mot «hôtel» vient du latin **hospitale,** qui veut dire «auberge». Le mot «auberge» vient du mot **héberger** (to lodge, to house, to put up). Autrefois les voyageurs étaient hébergés dans des auberges simples et sans luxe. Ces auberges se trouvaient à la campagne et les voyageurs payaient une somme modique (modest) pour avoir un lit et quelque chose à manger. Aujourd'hui, ce même concept existe encore, mais les hôtels sont maintenant des établissements commerciaux bien plus chers que les petites auberges de campagne.

Comprenez-vous maintenant d'où vient le mot anglais **hospitality** et comment il est lié au mot **hôtel**?

À vous!

A. Des chambres d'hôtel. Pour chacune des conversations, notez les renseignements suivants sur une feuille de papier.

1. nombre d'étoiles de l'hôtel
2. pour combien de nuits
3. nombre de chambres
4. nombre de lits dans chaque chambre
5. ascenseur (oui ou non)
6. prix de la chambre (en euros)

B. À l'hôtel. Vous êtes à l'hôtel Chaplain. Vous téléphonez à un(e) ami(e) aux États-Unis qui va vous retrouver à Paris. Avec un(e) camarade de classe, répétez le début du dialogue et répondez ensuite à ses questions à propos de l'hôtel.

Au téléphone
—Allô, allô!
—(Nom de votre camarade)? C'est (votre nom) à l'appareil.
—Salut, (votre nom). Ça va?
—Oui, ça va bien. Je te téléphone de l'hôtel Chaplain à Paris. Tu viens mercredi?
—Absolument! J'arrive à 11h. L'hôtel est bien?
—Oui, c'est très confortable.
—Alors, tu peux me donner quelques renseignements *(information)*?
—Oui, bien sûr.

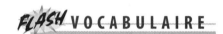

FLASH VOCABULAIRE

il me faut *I need*
ils vont me retrouver
they're going to meet me
je vais t'attendre
I'm going to wait for you

1. Si je prends le métro, à quelle station est-ce que je descends pour l'hôtel Chaplain?
2. Comment est-ce que je viens à l'hôtel?
3. Quelle est l'adresse de l'hôtel?
4. Quel est le nom du grand boulevard près de l'hôtel?
5. Quel est le numéro de téléphone de l'hôtel?
6. Combien coûte une chambre avec douche et WC?
7. Et si je veux prendre le petit déjeuner, c'est combien?
8. J'ai des amis qui vont me retrouver à l'hôtel. C'est combien pour une chambre pour trois personnes avec bain et WC?

—Bon, je pense que j'ai tout ce qu'il me faut. À mercredi, alors.
—D'accord. Je vais vérifier ta réservation et je vais t'attendre à l'hôtel. À bientôt. Au revoir.
—Au revoir, (votre nom).

C. Quel hôtel préfères-tu? Votre camarade et vous allez visiter Avignon, dans le Midi de la France. C'est votre camarade qui est chargé(e) de trouver l'hôtel. Posez-lui des questions selon les indications données.

J'ai trouvé deux bons hôtels à Avignon. Le premier n'est pas trop loin du palais des Papes, l'autre est plus loin du centre-ville.

Ibis Centre Gare, 42 bd St-Roch ☎ 04 90 85 38 38, Fax 04 90 86 44 81 –
🍴 15. AE ⓪ GB JCB
EZ r
Repas (75) - 95 , enf. 39 – ⬚ 35 – **98 ch** 390/450

Médiéval sans rest, 15 r. Petite Saunerie ☎ 04 90 86 11 06, Fax 04 90 82 08 64 – cuisinette 📺. GB
FY e
fermé 7 au 27 janv. - ⬚ 38 – **34 ch** 250/360

D'abord, demandez à votre camarade:

1. le nom de l'hôtel près du palais des Papes
2. l'adresse de l'hôtel
3. le numéro de téléphone
4. le prix d'une chambre
5. s'il y a un ascenseur
6. le prix du petit déjeuner
7. le nom du deuxième hôtel
8. l'adresse de cet hôtel
9. le numéro de téléphone
10. le prix d'une chambre
11. s'il y a un ascenseur
12. le prix du petit déjeuner

Maintenant, posez d'autres questions sur les hôtels et la ville d'Avignon qui vous semblent importantes ou intéressantes. Par exemple, est-ce que l'hôtel a un garage? Est-ce qu'il y a une télévision dans la chambre? Qu'est-ce qu'il y a dans le quartier? Qu'est-ce qu'on peut voir à Avignon?, etc.

Enfin, décidez ensemble quel hôtel vous préférez et pourquoi.

FLASH GRAMMAIRE

Quel est... ?
  Quel est le nom de... ?
    What's the name of . . . ?
  Quel est le numéro de téléphone de... ? *What's the phone number of . . . ?*
  Quel est le prix de...
    What's the price of . . . ?

Quelle est... ?
  Quelle est l'adresse de... ?
    What's the address of . . . ?

Quel + *nom*
  Quel hôtel est-ce que tu préfères? *What (Which) hotel do you prefer?*

Zoom!

Au début du XIVe siècle, Rome, la ville pontificale, était déchirée *(was torn apart)* par les conflits entre les partis politiques. Le pape *(pope)* Clément V a donc décidé de quitter Rome et d'installer la cour pontificale à Avignon. De 1309 à 1377, sept papes français ont résidé à Avignon, dans la résidence qui s'appelle le palais des Papes: Clément V (1305–1314), Jean XXII (1316–1334), Benoît XII (1334–1342), Clément VI (1342–1352), Innocent VI (1352–1362), Urbain V (1362–1370), Grégoire XI (1370–1378).

■Échange: *L'arrivée à l'hôtel*

Jeannette arrive à l'hôtel Chaplain à Paris et va à la réception.

compris: *included*
est en panne: *is broken down*
il faut payer: *you have to pay*
il faut que vous preniez: *you have to take*
Je vous en prie.: *You're welcome.*
Je vous remercie.: *Thank you.*
la nuit: *per night*

JEANNETTE: Bonjour, Madame. J'ai réservé au nom de Bragger.
EMPLOYÉE: Voyons... Ah oui. Une chambre avec un lit, douche et WC. C'est 75 euros la nuit.
JEANNETTE: Très bien. Est-ce que le petit déjeuner est compris?
EMPLOYÉE: Non, Madame. Il faut payer un supplément de 6 euros.
JEANNETTE: D'accord.
EMPLOYÉE: Voilà votre clé. Vous êtes dans la chambre 20. C'est au deuxième étage. Je regrette... l'ascenseur est en panne. Il faut que vous preniez l'escalier. Vous voulez qu'on vous aide avec les valises?
JEANNETTE: Merci, ça va. Je vous remercie, Madame.
EMPLOYÉE: Je vous en prie, Madame.

Ça se dit comment?

Pour demander une chambre d'hôtel (To ask for a hotel room)

Est-ce que vous avez une chambre pour (deux personnes / ce soir / etc.)?	*Do you have a room for (two people / tonight / etc.)?*
Je voudrais une chambre...	*I'd like a room . . .*
J'ai réservé une chambre au nom de...	*I reserved a room in the name of . . .*
Il me faut une chambre...	*I need a room . . .*

Pour préciser le type de chambre (To specify the type of room)

Une chambre pour une (deux, trois) personne(s)	*A room for one (two, three) person (people)*
avec un grand lit (deux lits)	*with one large bed (two beds)*
avec (une) douche ([une] baignoire)	*with (a) shower ([a] bathtub)*
avec (les) WC	*with (a) toilet*
avec (sans) salle de bains	*with (without) a bathroom*
au premier (deuxième, etc.) étage, si possible	*on the second (third, etc.) floor, if possible*
avec (un) balcon	*with (a) balcony*
qui donne sur la cour	*that overlooks the courtyard*
qui ne donne pas sur la rue	*that doesn't overlook the street*

Pour se renseigner à l'hôtel (To get information at the hotel)

C'est à quel étage?	*What floor is it on?*
C'est combien, la chambre? (Quel est le prix de la chambre?)	*How much is the room? (What's the price of the room?)*
Le petit déjeuner est compris?	*Is breakfast included?*
Est-ce qu'il y a un téléviseur dans la chambre?	*Is there a TV in the room?*
Et le téléphone, est-ce qu'il est direct? (Est-ce que c'est une ligne directe?)	*Is it a phone with a direct outside line? (as opposed to having to go through the hotel operator)*
Vous fermez à quelle heure, le soir?	*(At) what time do you close in the evening?*
Est-ce qu'il y a un ascenseur?	*Is there an elevator?*

À vous!

D. Au sujet des hôtels. Choisissez l'idée principale qui s'associe à chaque conversation.

1. Le sujet principal de la première conversation:
   a. l'ascenseur
   b. le petit déjeuner (compris ou non)
   c. le nombre de lits dans la chambre
   d. le prix de la chambre

2. Le sujet principal de la deuxième conversation:
   a. les services
   b. les prix des chambres
   c. l'étage où se trouvent les chambres
   d. le petit déjeuner

3. Le sujet principal de la troisième conversation:
   a. les services
   b. le nombre de personnes
   c. l'adresse de l'hôtel
   d. le prix de la chambre

4. Le sujet principal de la quatrième conversation:
   a. le prix de la chambre
   b. le nombre de personnes
   c. le nombre de lits dans la chambre
   d. le petit déjeuner

E. Quelle sorte de chambre? Utilisez les renseignements donnés pour dire quelle sorte de chambre vous voulez. Un(e) camarade de classe va jouer le rôle de l'employé(e).

MODÈLE: 2 personnes / 50€–60€ (52€ sans salle de bains / petit déjeuner 7€)

—Bonjour, Monsieur (Madame). Vous avez une chambre pour deux personnes, entre 50 et 60 euros?
—J'ai une chambre sans salle de bains pour 52 euros.
—Très bien. Et le petit déjeuner, c'est combien?
—Il faut que vous payiez un supplément de 7 euros.

1. 2 personnes / 70–80€ (78€ avec douche ou avec baignoire / petit déjeuner 4€)
2. 3 personnes / 80–90€ (89€ avec douche / petit déjeuner 7€)
3. 1 personne / 40–60€ (52€ avec baignoire et WC / petit déjeuner 6€)
4. 1 personne / 50–60€ (60€ sans douche, avec baignoire et WC / petit déjeuner 5€)

F. Oui, j'ai réservé. You arrive at a hotel where you've made a reservation. Go to the front desk and talk to the employee.

- Greet the person.
- Say that you reserved a room for two people in your name.
- Confirm that the room costs 73 euros.
- Ask if breakfast is included.
- Ask if there is an elevator.
- Thank the employee.

> Do **À faire! (6-1)** on page 226 of the **Manuel de préparation.**
> * Follow-up: hotel vocabulary, **quel**
> * Preparation: the infinitive and the subjunctive with expressions of necessity and volition (**Contrôle 15**)

L'emploi de l'infinitif et du subjonctif avec les expressions de nécessité et de volonté

L'emploi de l'infinitif avec les expressions de nécessité et de volonté

- **Expressions**

il faut	*it's necessary, you have to*
il est nécessaire de	*it's necessary*
il vaut mieux	*it's better*
vouloir	*to want*
préférer	*to prefer*

- **Making generalizations**

  Il faut toujours faire attention en classe.
  You always have to pay attention in class.
  Il est nécessaire de faire ses devoirs.
  It's necessary to do one's homework.

- **No change in subject**

  Je veux aller en France cet été.
  I want to go to France this summer.
  Elle préfère descendre à l'hôtel Mercure Palais des Papes.
  She prefers to stay at the hotel Mercure Palais des Papes.

L'emploi du subjonctif avec les expressions de nécessité et de volonté

- **Expressions**

il faut que	*it's necessary that*
il est nécessaire que	*it's necessary that*
il vaut mieux que	*it's better that*
vouloir que	*to want that*
préférer que	*to prefer that*

- **The present subjunctive**

  Endings: **-e, -es, -e, -ions, -iez, -ent**
  Formation: drop the **-ons** from the **nous** form of the present tense and then add the endings

	parler	attendre
il faut...	que je parle	que j'attende
	que tu parles	que tu attendes
	qu'il/elle/on parle	qu'il/elle/on attende
	que nous parlions	que nous attendions
	que vous parliez	que vous attendiez
	qu'ils/elles parlent	qu'ils/elles attendent

- **The subjunctive of irregular verbs**

aller	prendre	faire
que j'aille	que je prenne	que je fasse
que tu ailles	que tu prennes	que tu fasses
qu'il/elle/on aille	qu'il/elle/on prenne	qu'il/elle/on fasse
que nous allions	que nous prenions	que nous fassions
que vous alliez	que vous preniez	que vous fassiez
qu'ils/elles aillent	qu'ils/elles prennent	qu'ils/elles fassent

Exercice de substitution

1. Il faut que *je* révise mon français avant l'examen. (vous / elle / tu / nous / ils)
2. *Il est nécessaire d'*étudier à l'université. (il faut que tu / il vaut mieux / je veux que)
3. *Il est nécessaire de* prendre des vacances. (il vaut mieux / il faut que vous / il est préférable de)
4. *Il vaut mieux qu'elle* fasse les devoirs. (il est nécessaire de / il faut qu'ils / nous préférons que)
5. Elle préfère que *tu* ailles au supermarché. (nous / il / vous / elles / je)
6. *Il faut* apprendre le subjonctif. (je veux que vous / il vaut mieux / il faut que tu / il est nécessaire qu'ils)
7. Il faut que *tu* te lèves très tôt demain matin. (vous / nous / je / elle / ils)

À vous!

G. À mon avis... *(In my opinion . . .)* Utilisez les expressions de nécessité et de volonté pour encourager un(e) camarade de classe à faire quelque chose qu'il (elle) ne veut pas faire.

> MODÈLE: Je ne veux pas aller en ville; je vais regarder la télé.
>
> > KYLE: *Je ne veux pas aller en ville; je vais regarder la télé.*
> > VOUS: *Il vaut mieux que tu ailles en ville.* (subjonctif)
> > SANDY: *(votre nom) a raison. Il vaut mieux aller en ville.* (infinitif)

1. Je ne veux pas étudier; je vais jouer au football.
2. Nous n'allons pas attendre le bus; nous allons prendre un taxi.
3. Nous ne voulons pas faire les devoirs; nous allons regarder un match à la télé.
4. Je ne vais pas téléphoner à mes grands-parents; je vais sortir avec mes copains.
5. Je ne veux pas manger de fruits; je vais manger une glace.
6. Je ne vais pas aller à la bibliothèque; je vais aller au cinéma.
7. Nous ne voulons pas apprendre le subjonctif; nous préférons aller à la fête.
8. Je ne veux pas parler français en classe; je préfère parler anglais.

H. Des différends. *(Disagreements.)* Les membres de la famille Batailler s'entendent *(get along)* normalement très bien. Mais de temps en temps ils ne sont pas d'accord. Utilisez l'infinitif ou le subjonctif avec les expressions données pour exprimer leurs différends.

> MODÈLE: BENOÎT: J'aime... , mais ma mère veut que...
> > (jouer avec mes copains / faire d'abord mes devoirs)
>
> > *J'aime jouer avec mes copains, mais ma mère veut que je fasse d'abord mes devoirs.*

1. M. BATAILLER: J'aime... , mais ma femme préfère que...
   (dîner à la maison le vendredi soir / aller au restaurant)
2. ADELINE: Maman veut que... , mais moi, je préfère...
   (l'aider à faire la vaisselle / jouer avec mes copines)
3. BENOÎT ET ADELINE: Maman et papa veulent que... , mais nous aimons...
   (se coucher avant 10h / regarder un film à la télé)
4. MME BATAILLER: Benoît veut... , mais moi, je voudrais que...
   (aller au concert avec ses copains / y aller avec nous)
5. ADELINE: J'aime... pour aller en ville, mais papa veut toujours que...
   (prendre mon vélo / prendre l'autobus)
6. CECILIA: Mme Batailler ne veut pas que... , mais moi, j'aime beaucoup...
   (faire le ménage / passer l'aspirateur)

I. J'aimerais bien... , mais... Terminez les phrases suivantes en indiquant ce que vous aimeriez faire. Ensuite utilisez les expressions de nécessité et de volonté pour dire ce qui vous empêche de faire ce que vous voulez.

> MODÈLE: J'aimerais bien *(I'd like)* prendre un cours de...
>
> > *J'aimerais bien prendre un cours d'art, mais il faut que je prenne un cours de statistiques et mes parents veulent que je travaille.*

1. J'aimerais bien prendre un cours de...
2. Ce week-end, je voudrais...
3. J'aimerais bien voir le nouveau film de...
4. Cet été *(This summer)*, je veux aller...
5. Un jour, je voudrais...

La circulation aux heures de pointe

Zoom!

Étymologiquement, le mot «vacance» vient du latin *vacuum*, qui signifie «vide».

La durée moyenne des séjours a diminué.

Paris: la gare de Lyon

Les visites à la famille et aux amis représentent la moitié des séjours.

Loeb & Associés

Paris: l'aéroport Charles de Gaulle

Les parcs à thème sont plus visités que les sites traditionnels.

Dico

à l'étranger: *abroad, to foreign countries*
atteint: *reaches*
au moins: *at least*
contre: *against*
déplacements: *trips*
durée moyenne: *average duration*
estivale: *summer (adj.)*
heures de pointe: *rush hour*
jours ouvrables: *workdays*
taux de départ: *rates of departures*
une fois: *once*
vacances itinérantes: *tours*
vide: *empty*

Un peu moins de deux Français sur trois partent en vacances.

59% des Français sont partis en vacances au cours des douze derniers mois en 1999, contre 63% en 1997, 64% en 1996 et 66% en 1995 (mais 65% en 1994 et 61% en 1993). La proportion de personnes qui partent de leur domicile atteint 77% si l'on inclut les déplacements pour d'autres raisons que les vacances (professionnelles, médicales, scolaires...).

La grande majorité des vacanciers (90%) partent en été, mais plus de la moitié (57%) partent à d'autres moments de l'année. Sur quatre ans, entre 1992 et 1995, 75% des Français sont partis au moins une fois pendant l'été et 25% ne sont pas partis du tout. Un sur trois part à la fois en été et à d'autres moments de l'année. La montagne est la destination la plus souvent choisie par ceux qui partent en dehors de la période estivale (38% des vacanciers), devant les vacances itinérantes (20%), la mer (17%), la campagne (17%) et la ville (8%).

Cinq semaines et demie

Durée légale et contractuelle des vacances dans les pays européens et taux de départ (1994) :

Moyenne annuelle en 1993	Selon la loi	Selon les conventions collectives	Taux de départ en 1994
• Allemagne	- 18 jours ouvrables (20 dans les nouveaux Länder)	- 31 jours	78,2
• Danemark	- 30 jours de calendrier	- 5 semaines	71,0
• Belgique	- 24 jours ouvrables	- 5 semaines	63,2
• Espagne	- 30 jours de calendrier	- 23,5 jours	44,0
• Grèce	- 22 jours ouvrables	- 5 semaines	48,0
• FRANCE	- 5 semaines de calendrier	- 5,5 semaines	68,7
• Irlande	- 15 jours ouvrables	- 4 semaines	60,0
• Italie	-	- 22,7 jours	54,0
• Luxembourg	- 25 jours ouvrables	- 28 jours	n.c.
• Pays-Bas	- 4 semaines de calendrier	- 4,5 semaines	69,0
• Portugal	- 22 jours ouvrables	- 4,75 semaines	29,0
• Royaume-Uni	-	- 5 semaines	60,0

Maison de la France

HÔTELS & RESTAURANTS
FRANCE 2001
HÔTELS & RESTAURANTS

MICHELIN

550€ la semaine au Maroc vol compris

Offrez 7 jours de vacances à votre anorak.

Club Med
0 801 802 803

Quand on aime... on compte quand même.
Devarieuxvillaret

Le palmarès des parcs

Fréquentation des principaux parcs de loisirs (1996, en milliers d'entrées) :

	1996
• Disneyland Paris, Marne-la-Vallée	11 700
• Parc Futuroscope, Poitiers	2 800
• Parc Aquaboulevard, Paris	2 200
• Parc Astérix, Plailly	1 700
• Parc Marineland, Antibes	1 200
• Jardin d'acclimatation, Paris	1 000
• Parc floral de Paris	1 000
• Parc animalier de Vincennes, Paris	950

A deux heures d'ici !

Tunisie
Une envie de sérénité

Partir, une façon de se découvrir.
Newton 21

- *Les Français ont effectué 151,5 millions de séjours en France en 1996.*
- *Les Français représentent 1,8% des touristes qui se rendent aux États-Unis.*
- *Parmi ceux qui sont partis au moins une fois en vacances d'été entre 1996 et 1999, 65% ont effectué au moins un séjour à la mer, 33% à la montagne, 27% à la campagne, 15% en circuit itinérant, 7% à la ville (certains ayant effectué plusieurs types de séjours).*
- *Le prix moyen d'une chambre dans un hôtel sans étoile était de 143F en 1997 , contre 181F pour une étoile, 280F pour deux étoiles, 411F pour trois étoiles, 874F pour quatre étoiles.*
- *Michelin vend chaque année environ 400 000 exemplaires des Guides Rouges et près de 2 millions d'exemplaires de ses Guides Verts.*

En train, en avion, mais surtout en voiture

Evolution des modes de transport utilisés pour les voyages personnels[*] (en % des séjours effectués) :

	1994	1995	1996
Voiture particulière	77,4	77,7	77,0
Voiture de location	0,4	0,5	0,6
Minibus, camping-car	1,3	1,0	1,1
Avion	4,8	5,4	5,9
Train	11,2	11,0	11,2
Autocar	3,5	3,0	2,9
Autre	1,4	1,4	1,3

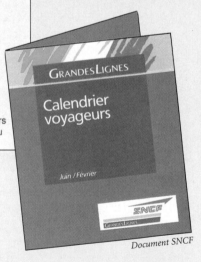

[*] Voyages d'agrément (vacances, tourisme, manifestations culturelles ou sportives, salons, foires...), visites à la famille ou aux amis, séjours linguistiques, cures, thalassothérapie... avec au moins une nuit passée hors de chez soi.

Ministère du Tourisme/Sofres

Document SNCF

➤ *Qu'est-ce que vous avez appris?*

1. Quelle est la durée légale des vacances en France? Comment est-ce que cette durée se compare aux vacances d'autres pays?
2. En général, quel est le moyen de transport le plus utilisé par les Français?
3. Selon les informations dans ce Dossier, qu'est-ce que vous pouvez dire sur les vacances/voyages des Français? Par exemple, quelles sont leurs destinations préférées? À quel moment de l'année partent-ils? Vont-ils souvent à l'étranger? Qui voyage le plus?
4. Quelle est l'origine du mot «vacances»? Quels mots anglais ont la même origine?

Dico 📖

ont effectué: *made*
Parmi ceux: *Among those*
séjours: *trips*
se rendent: *go*

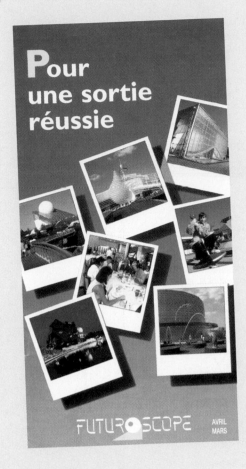

Pour une sortie réussie

FUTUROSCOPE

AVRIL
MARS

Une exposition permanente des images les plus étonnantes

Le Kinémax

Aucun autre lieu au monde ne permet de se familiariser en une seule visite avec les procédés d'images les plus-avant-gardistes :
Le Kinémax (un écran géant de 600 m²),
le Tapis Magique (1400 m² d'images sur deux écrans, l'un devant vous, l'autre sous vos pieds, donnant l'impression de flotter au-dessus des paysages).

Le Tapis Magique

Une véritable impression de réalité

Le Tapis Magique

Dans la plupart des salles, la frontière entre les spectateurs et l'écran disparaît : c'est en particulier le cas du Solido qui combine pour la première fois effet de relief et écran sphérique (800 m²) grâce à des lunettes à cristaux liquides.

> ## Qu'est-ce que vous en pensez?

1. Aux États-Unis, nous n'avons pas de durée légale des vacances. À votre avis, quel système est préférable, celui de la France (durée légale) ou celui des États-Unis?

2. En général, est-ce que les vacances sont vraiment une période «vide» où les gens ne font rien? Expliquez votre réponse.

3. Quelles similarités et différences est-ce que vous trouvez entre les vacances des Français et les vacances des Américains? Avant de répondre à cette question, vous pouvez surfer sur le net pour trouver des statistiques sur les vacances des Américains.

▣Lecture: *Le Guide Michelin*

Si vous voyagez en France, il est très utile d'avoir un *Guide Michelin Rouge* (guide des hôtels et des restaurants). Ce guide utilise un système un peu différent du classement officiel français des étoiles.

Voici ce que dit le *Guide Michelin* pour l'hôtel Lion à Vesoul (à dix kilomètres de Calmoutier).

VESOUL

Aigle-Noir (R. de l')	2
Alsace-Lorraine (R. d')	3
Annonciades (R. des)	4
Bains (R. des)	6
Banque (R. de la)	7
Faure (R. Edgar)	10
Fleurier (R. de)	12

Gare (R. de la)	13
Gaulle (Bd Ch.-de)	14
Genoux (R. Georges)	15
Gevrey (R.)	16
Girardot (R. du Cdt)	20
Grand-Puits (Pl. du)	21
Grandes-Faulx (R. des)	22
Ilottes (R. des)	23
Kennedy (Bd)	24

Leblond (R.)	25
Maginot (R. A.)	26
Morel (R. Paul)	27
Moulin-des-Prés (Pl. du)	28
République (Pl. de la)	29
St-Georges (R.)	30
Salengro (R. Roger)	31
Tanneurs (R. des)	32
Vendémiaire (R.)	33
Verlaine (R.)	35

Lion sans rest, 4 pl. République **(a)** ℘ 03 84 76 54 44, Fax 03 84 75 23 31 – ⬧ 📺 🅿 AE GB
fermé 5 au 17 août, 26 déc. au 6 janv. et sam. en janv. – ☕ 37 – **18 ch** 256/306

Le Lion est un hôtel à Vesoul. Situé sur la place République, c'est un hôtel «assez confortable». Le numéro de téléphone est le 03 84 76 54 44 et le numéro de fax est le 03 84 75 23 31. Il y a une télévision dans chaque chambre mais il n'y a pas de téléphone direct avec l'extérieur. Il y a un ascenseur. Un parking est réservé aux clients. Le Lion accepte deux cartes de crédit (American Express et Carte Bancaire). Il n'y a pas de restaurant. Pour le petit déjeuner, il faut payer un supplément de 37F. Le Lion a 18 chambres. Une chambre coûte entre 256 et 306F. L'hôtel est fermé du 5 au 17 août, du 26 décembre au 6 janvier et le samedi en janvier.

À vous!

J. **Les hôtels de Besançon.** Some friends of yours are planning to visit Besançon, the largest city in the region of Franche-Comté. Because they don't speak French, they ask for your help in finding a hotel. Read the following excerpts from the *Guide Michelin* using the reading strategy of scanning for details. Then answer their questions.

BESANÇON P 25000 Doubs 66 ⑮ G. Jura – 113 828 h Agglo. 122 623 h alt. 250 – Casino BY.

Voir *Site★★★ – Citadelle★★ : musée d'Histoire naturelle★ M³, musée comtois★ M², musée de la Résistance et de la Déportation★ M⁴ – Vieille ville★★ ABYZ : Palais Granvelle★, cathédrale★ (Vierges aux Saints★), horloge astronomique★, façades des maisons du 17ᵉ s.★ – Préfecture★ AZ P – Bibliothèque municipale★ BZ B – Grille★ de l'Hôpital St-Jacques AZ – Musée des Beaux-Arts et d'Archéologie★★.*

🛈 Office de Tourisme 2 pl. 1ère Armée Française ☎ 03 81 80 92 55, Fax 03 81 80 58 30.

Paris 405 ④ – Basel 168 ⑤ – Bern 156 ② – Dijon 92 ④ – Lyon 225 ④ – Nancy 207 ⑤.

BESANÇON

Allende (Bd S.) .... **AX** 2	Chaillot (R.) .... **BX** 12	Lagrange (Av. Léo) .... **AX** 27
Belfort (R. de) .... **BX**	Clemenceau (Av. Georges) .... **AX** 15	Montrapon (Av. de) .... **AX** 34
Brulard (R. Gén.) .... **AX** 5	Clerc (R. F.) .... **BX** 16	Observatoire (Av. de l') ..... **AX** 35
Carnot (Av.) .... **BX** 7	Fontaine-Argent (Av. de) .... **BX** 19	Ouest (Bd) .... **AX** 37
	Jouchoux (R. A.) .... **AX** 25	Paix (Av. de la) .... **BX** 38
		Vaite (R. de la) .... **BX** 55
		Voirin (R.) .... **BX** 57

```
🏨  Castan 🍴 sans rest, 6 square Castan ☎ 03 81 65 02 00, art@hotelcastan.fr,
    Fax 03 81 83 01 02, « Hôtel particulier du 17ᵉ », 🌿 – 📺 📞, 🅰🅴 🇬🇧        BZ  t
    fermé 23 déc. au 4 janv. et 31 juil. au 21 août – 🍽 65 – 10 ch 580/980

🏨  Novotel 🍴, 22 bis r. Trey ☎ 03 81 50 14 66, h0400@accor-hotels.com,
    Fax 03 81 53 51 57, 🏖, 🏊, 🌿 – 📶 🍴 📧 📺 📞 ♿ 🅿 – 🔔 200. 🅰🅴 ⓞ 🇬🇧 🇯🇨🇧   BX  e
    Repas (90) · 110 ♀, enf. 50 – 🍽 63 – 107 ch 505/575

🏨  Nord sans rest, 8 r. Moncey ☎ 03 81 81 34 56, Fax 03 81 81 85 96 – 📶 📺 📞 🚗 🅿 🅰🅴 ⓞ
    🇬🇧 🇯🇨🇧                                                                   BY  r
    🍽 35 – 44 ch 210/330

🏨  Relais Mercure Hôtel des Bains sans rest, 4 av. Carnot ☎ 03 81 80 33 11, h0598@acc
    or-hotels.com, Fax 03 81 88 11 14 – 📶 🍴 📺 ♿ 🅿 – 🔔 60. 🅰🅴 ⓞ 🇬🇧         BY  a
    fermé 14 déc. au 6 janv. – 🍽 68 – 67 ch 395/500

🏨  Siatel Châteaufarine Ⓜ, 6 r. L. Aragon, zone commerciale de Châteaufarine
    ☎ 03 81 41 12 22, Fax 03 81 41 12 22 – 📶, 📧 rest, 📺 📞 ♿ 🅿 – 🔔 80. 🇬🇧    AX  a
    Repas 78/118 ♀, enf. 39 – 🍽 35 – 30 ch 295/305 – ½ P 215

🏨  Ibis Centre Ⓜ sans rest, 21 r. Gambetta ☎ 03 81 81 02 02, ibis-besancon-centre@wanad
    oo.fr, Fax 03 81 81 89 65 – 📶 🍴 📧 📺 📞 ♿ 🅿 – 🔔 25. 🅰🅴 ⓞ 🇬🇧           BY  k
    🍽 37 – 49 ch 330/375

🏨  Siatel, 3 chemin des Founottes par N 57 : 3 km ☎ 03 81 80 41 41, Fax 03 81 80 41 41 –
    🍴, 📧 rest, 📺 📞 ♿ 🅿 – 🔔 40. 🇬🇧                                         AX  q
    Repas 69/118 ♀, enf. 39 – 🍽 35 – 36 ch 295/305 – ½ P 215

🏨  Relais des Vallières, 3 r. P. Rubens par bd de l'Ouest : 4 km ☎ 03 81 52 02 02,
    Fax 03 81 51 18 26 – 🍴 📺 ♿ 🅿 – 🔔 15. 🅰🅴 ⓞ 🇬🇧                          AX  n
    Repas (fermé dim. soir de nov. à avril) (75) · 95/165 ♀ – 🍽 37 – 49 ch 275/345 – ½ P 240/270

🏨  Régina sans rest, 91 Grande Rue ☎ 03 81 81 50 22, Fax 03 81 81 60 20 – 📺. 🅰🅴 ⓞ
    🇬🇧                                                                       BY  e
    fermé 24 déc. au 2 janv. – 🍽 35 – 20 ch 189/250
```

1. Which is the largest hotel in Besançon?
2. Which is the most expensive? Does the high price seem justified?
3. Which hotels have elevators?
4. Which hotels have restaurants?
5. Which hotel is the least expensive?
6. Which hotels have access for the disabled?
7. How much extra does breakfast cost at the **hôtel Novotel?**
8. In your opinion, which hotel should we choose? Why?

🏃🏃 *K.* **Je voudrais réserver une chambre.** You're going to be in Besançon. Before you get there, you call the hotel to reserve a room. With a classmate (who plays the role of the hotel employee), simulate the phone conversation. Be sure to explain:

- what kind of room you want
- for how many people
- for how many nights
- what dates

Also ask about meals, breakfast, television, phone, and anything else you want to know.

> Do **À faire! (6-2)** on page 236 of the **Manuel de préparation.**
> * Follow-up: the infinitive and subjunctive with expressions of necessity and volition; travel

▪ **Contexte:** *Paris-Vesoul par le train*

> 🟥🟥 Pour aller de Paris à Vesoul, je peux prendre un express (train direct) qui s'arrête très peu. Je pourrais aussi prendre le TGV (Train à grande vitesse) jusqu'à Besançon où je changerais de train pour aller à Vesoul. Mais cette fois-ci, je vais prendre la route la plus directe parce que, avec toutes mes valises, je n'ai pas envie de changer de train.
>
> En France, voyager par le train est très efficace. La SNCF (Société Nationale des Chemins de Fer Français) gère le système ferroviaire français. Son centre géographique et administratif est à Paris. La capitale a six gares, chacune desservant une région délimitée du pays et de l'Europe. Par conséquent, quand vous voulez prendre le train à Paris, il faut savoir non seulement votre destination mais aussi la gare d'où partent les trains pour cette région. 🟥🟥

Gare du Nord: région nord (Lille, la Belgique, l'Angleterre; le TGV Nord Europe, l'Eurostar)

Gare de l'Est: région est (Strasbourg, la Suisse, l'Allemagne)

Gare de Lyon: région sud-est (Lyon, Grenoble, Marseille, la Côte d'Azur, l'Italie; le TGV Midi-Méditerranée)

Gare d'Austerlitz: région sud-ouest (Orléans, Tours, Toulouse, Bordeaux, l'Espagne)

Gare Saint-Lazare: région ouest (la Normandie—Rouen, Le Havre)

Gare Montparnasse: région ouest (Nantes; la Bretagne—Saint-Malo, Rennes, Brest; le TGV Atlantique sud-ouest; le TGV Atlantique ouest)

Le train pour Vesoul part de la gare de l'Est.

Extérieur de la gare de l'Est

Intérieur de la gare de l'Est

Dico

cette fois-ci: *this time*
chemins de fer: *railroads*
desservant: *serving*
efficace: *efficient*
ferroviaire: *rail, train*
gère: *runs*
je changerais: *I would change*
je n'ai pas envie de changer:
  I don't feel like changing
valises: *suitcases*

GRANDES LIGNES
SNCF
110

Horaire
Paris - Bâle
du 31 Mai au 26 Septembre

● PARIS	● BALE
● Troyes	● St-Louis
● Chaumont	● Mulhouse
● Vesoul	● Belfort
● Lure	● Lure
● Belfort	● Vesoul
● Mulhouse	● Chaumont
● St-Louis	● Troyes
● BALE	● PARIS

Cette fiche ne comporte que les horaires pour les relations
au départ d'une localité ● à destination des localités ●   SNCF

Annonce du train pour Vesoul

Symboles

| A | Arrivée |
| D | Départ |

- Couchettes
- Voiture-lits
- ✕ Voiture-restaurant
- ⊗ Grill-express
- Restauration à la place
- ⍦ Bar
- Vente ambulante

- Eurocity
- Cabine 8

- ♿ Facilités handicapés
- Vélo
- # Train à supplément modulé

Remarque

Les trains circulant tous les jours ont leurs horaires indiqués en gras
Tous les trains offrent des places assises en 1ʳᵉ et 2ᵉ classe, sauf indication contraire dans les notes.

Numéro de train		68133	66231	68135	113	1743	1745	1847	1747	1945	115	66435	394/5	1947	117	66349	1749	66349	1169	469	469	1949
Notes à consulter		1	2		3	4	5	6 #	7	8 #	9 #	10		11 #	12	13	14	15	16	17	18	19
Paris-Est	D				07.30	**08.37**	11.52	13.30	13.42	16.09	**17.01**			18.09	18.57		18.57		22.12	**22.40**	22.40	23.29
Troyes	D					**10.16**		14.56		17.39				19.45	20.25		20.26			00.23	00.23	01.13
Chaumont	D					**11.09**		15.46		18.34				20.40			21.17			01.37	01.37	02.18
Vesoul	A				10.35	**12.13**	14.54	16.46	16.49	19.37	**20.06**			21.44	22.16		22.19			02.55	02.55	03.36
Vesoul	D				10.36	**12.16**	14.56	16.48	16.51	19.39	**20.07**			21.45	22.17		22.20			03.01	03.01	03.38
Lure	A					**12.36**	15.13	17.07						22.06			22.41			03.25	03.25	03.58
Belfort	A				11.10	**12.59**	15.34	17.29	17.27	20.18	**20.41**			22.30	22.54	23.00	23.04	23.09	02.28	**03.56**	03.56	04.24
Mulhouse	A				11.39	**13.33**	16.09	17.59	17.59	20.49	**21.11**			23.05	23.23	23.32	23.33	23.39	03.06	**06.23**	04.44	05.10
Mulhouse	D	05.54	06.30	**06.51**	11.47	**13.40**	16.11	18.09	18.09		**21.16**	21.25	22.08			23.39		23.39	03.07		**05.04**	
St-Louis (Haut-Rhin)	A	06.24	06.52	**07.24**	12.04	**13.57**	16.27	18.25	18.25		21.55			00.00		00.00					**05.21**	
Basel (Bale)	A	06.32	07.00	**07.33**	12.13	**14.06**	16.36	18.34	18.34		21.40		22.30	00.08		00.08	03.30				**05.30**	

Notes :

1. Circule : tous les jours sauf les dim et sauf le 8 juin 92- .

2. Circule : tous les jours sauf les sam, dim et sauf le 8 juin 92- .

3. Circule : tous les jours sauf les dim et sauf le 8 juin 92- - ⍦.

4. ⍦.

5. Circule : jusqu'au 4 juil 92 : les ven et sam;du 6 juil au 5 sept 92 : tous les jours;à partir du 11 sept 92 : les ven et sam- ⍦.

6. Circule : les sam, dim et fêtes sauf le 14 juil 92;Circule le 13 juil 92- ⍦- ♿.

7. Circule : tous les jours sauf les sam, dim et sauf le 8 juin et 13 juil 92- ⍦.

8. Circule : les ven- .

9. - ✕-1reCL-.

Nota : A Paris-Est, l'office de tourisme de Paris assure un service d'information touristique et de réservation hotelière.

10. .

11. Circule : jusqu'au 10 juil 92 : les ven, dim et fêtes sauf le 7 juin 92;Circule du 17 juil au 4 sept 92 : les ven;à partir du 6 sept 92 : les ven et dim- ⍦- ♿.

12. Circule : jusqu'au 10 juil 92 : les ven, dim et fêtes sauf le 7 juin 92;Circule du 17 juil au 4 sept 92 : les ven;à partir du 6 sept 92 : les ven et dim.

13. Circule : jusqu'au 10 juil 92 : les ven, dim et fêtes sauf le 7 juin 92;Circule du 17 juil au 4 sept 92 : les ven;à partir du 6 sept 92 : les ven et dim- .

14. Circule tous les jours sauf les ven et sauf le 31 mai, 8, 14, 21, 28 juin, 5 juil, 6, 13 et 20 sept92. 1ereCL - assurée certains jours ♿.

15. Circulation périodique- .

16. Circule : du 3 juil au 28 août 92 : les ven- 2eCL- 2e-.

17. Conditions spéciales d'admission pour ce train-Places couchées uniquement- .

18. Conditions spéciales d'admission pour ce train---2eCL.

Documents SNCF

TUYAUX POUR PRENDRE LE TRAIN EN FRANCE
(Hints for taking the train in France)

- Acheter un billet et réserver une place bien à l'avance, surtout pendant la haute saison touristique.
- Obtenir les billets et les réservations à une agence de voyage aux États-Unis ou en France, au guichet d'une gare, à un distributeur à la gare.
- À Paris, savoir de quelle gare part le train.
- Arriver à la gare au moins une demi-heure avant le départ du train.
- Regarder le panneau pour trouver la voie de départ du train.
- Composter le billet au composteur avant d'aller au quai de départ.
- Aller sur le quai et monter dans le train (le billet indique le numéro de la voiture).
- Trouver sa place dans le wagon (les places sont numérotées).

➤ *Qu'est-ce que vous en pensez?*

Quelles sont les différences entre la façon de se déplacer en France et aux États-Unis? Est-ce que vous prenez le train quand vous voyagez? Pourquoi (pas)? Quelles régions des États-Unis sont le mieux desservies par un système ferroviaire? Pourquoi? À votre avis, pourquoi est-ce qu'il y a moins de trains aux États-Unis qu'en Europe?

Ça se dit comment?

Pour voyager par le train (To travel by train)

un arrêt	*stop*
l'arrivée *(f.)*	*arrival*
un billet (aller simple, aller-retour)	*(one-way, round-trip) ticket*
un composteur	*ticket validation machine*
une couchette	*sleeping berth*
le départ	*departure*
un distributeur (de billets)	*automatic ticket machine*
fumeur, non-fumeur	*smoking, non-smoking*
une gare	*train station*
un guichet	*ticket window*
l'heure *(f.)* de départ (d'arrivée)	*departure (arrival) time*
l'horaire *(m.)* des trains	*train schedule*
une place	*seat (place) in a train*
première (deuxième) classe	*first (second) class*
un quai	*train departure/arrival platform*
le TGV (train à grande vitesse)	*high-speed train*
une voie	*train track*
une voiture	*train car*
un wagon-lit	*train car with individual sleeping compartments*

Pour voyager par le train (verbes) (To travel by train [verbs])

acheter un billet	*to buy a ticket*
(s')arrêter	*to stop*
arriver	*to arrive*
attendre	*to wait for*
changer de train	*to change trains*
composter (le billet)	*to validate (the ticket)*
faire une réservation	*to make a reservation*
partir	*to leave*

À vous!

C. Je ne comprends pas. You're traveling with a friend who doesn't speak French. Answer his/her questions about train travel in France.

1. Which Paris station do I have to go to if I want to take the train to Rennes? What about to Spain? And Lille? What about Marseille?
2. What does SNCF stand for and what does it do?
3. What choices do I have if I want to travel from Paris to Vesoul? What train station do I need to go to?
4. What steps are involved in taking the train in France?
5. I heard that I have to do something to the ticket before I get on the train. What is it?
6. How do I know which train car to get on?

M. L'horaire des trains Paris-Bâle. Pour aller à Vesoul, Jeannette prend un train sur la ligne Paris-Bâle *(Basel, Switzerland)*. Répondez aux questions selon l'horaire des trains. N'oubliez pas que les heures des trains sont indiquées selon le système de 24 heures. Par exemple, **17.01** veut dire *5:01 P.M.* en anglais.

1. De quelle gare est-ce qu'il faut partir pour aller à Vesoul?
2. Sur l'horaire, que veut dire le symbole «**D**»? Et le symbole «**A**»?
3. Quelle est la signification des horaires indiqués **en caractères gras** *(in boldface)*?
4. Combien de fois est-ce que le train de 8h37 s'arrête avant Vesoul? Quand est-ce qu'il arrive à Vesoul?
5. Quelles sont les heures de départ des quatre trains directs Paris-Vesoul, sans arrêt? Quand est-ce qu'ils arrivent à Vesoul?
6. Pour prendre le train de 13h42, quels jours est-ce qu'on peut voyager?
7. Quel est le seul train qui circule tous les jours et qui ne s'arrête pas entre Paris et Vesoul? Quels services sont offerts dans ce train?
8. Quels sont les trains avec des facilités pour les handicapés?

N. Hélène a pris le train. Hélène Batailler est allée à Strasbourg rendre visite à sa cousine. Voici ce qu'Hélène a fait pour se préparer à voyager par le train. Rétablissez la chronologie de ses activités et utilisez les expressions **d'abord, ensuite (puis)** et **enfin**.

a. Elle a regardé le tableau général des trains et elle a vu que son train allait partir de la voie G.
b. Elle a fait une réservation pour le 22 avril.
c. Elle a trouvé sa place (n° 66).
d. Elle a consulté un horaire.
e. Elle a composté son billet.
f. Elle est montée dans le train.
g. Elle a pris un taxi pour arriver à la gare une demi-heure avant le départ de son train.
h. Elle a acheté son billet.
i. Quand le train est entré en gare, elle a cherché la voiture 17.

Zoom!

Depuis 1981, la SNCF modernise le réseau ferroviaire en mettant en service des lignes régulières de turbo-trains. Le TGV, qui représente en 1999 20% de la totalité du trafic ferroviaire national, offre au voyageur la possibilité de voyages rapides et très confortables.

■●Échange: *À la gare*

Jeannette va à la gare de l'Est pour acheter un billet et réserver sa place dans le train pour Vesoul, une ville qui se trouve à dix kilomètres de Calmoutier.

JEANNETTE: Un billet de deuxième classe pour Vesoul, s'il vous plaît. De préférence le train de 13h42.

EMPLOYÉ: Pour Vesoul. Aller simple ou aller-retour?

JEANNETTE: Aller-retour. Je peux réserver?

EMPLOYÉ: Oui, bien sûr. C'est pour quand?

JEANNETTE: Départ le 10 juin, retour le 25 juin par le train de 9h44.

EMPLOYÉ: Fumeur ou non-fumeur?

JEANNETTE: Non-fumeur.

EMPLOYÉ: Voilà, Madame. Votre billet avec la réservation. C'est 73 euros.

JEANNETTE: Merci bien, Monsieur.

Ça se dit comment?

Pour réserver sa place dans le train (To reserve a place in the train)

Je voudrais acheter (Il me faut) deux billets pour Vesoul.	*I'd like to buy (I need) two tickets for Vesoul.*
aller simple / aller-retour	*one way / round trip*
première classe / deuxième classe	*first class / second class*
une couchette	*a sleeping berth*
un wagon-lit	*a sleep compartment (sleeping-car of a train)*
Je voudrais réserver (J'ai besoin de) trois places pour Bâle.	*I'd like to reserve (I need) three seats for Bâle.*
fumeur / non-fumeur	*smoking / non-smoking*
Est-il possible d'avoir une place dans le train de 14h35?	*Is it possible to get a place in the 2:35 P.M. train?*
Il y a encore des places dans le train de 14h35?	*Is there still room in the 2:35 P.M. train?*

Ici, en France...

Quand je suis en France, je n'ai pas de voiture et le train est donc le moyen de transport le plus efficace. Mais les Français utilisent aussi beaucoup leur voiture et la France a le réseau routier (*road network*) le plus dense d'Europe. Il y a plus de 700 000 kilomètres de routes rurales qui lient (*connect*) les villages et les communautés agricoles.

En 1958, on a commencé la construction des grandes routes et aujourd'hui, il y a à peu près 8 000 kilomètres d'autoroutes à péage (*four-lane toll highways*), qui ont des aires de repos (*rest stops*) et des stations-service (*gas stations*) tous les quinze kilomètres. La limite de vitesse sur les autoroutes est de 130 km (*80 miles*) à l'heure.

Avec ces autoroutes à péage, il y a aussi les grandes routes nationales (désignées par **N** et un nombre) où la limite de vitesse est de 110 km (*70 miles*) à l'heure. Et enfin, il y a aussi les routes départementales (**D** plus nombre) où la limite de vitesse est de 90 km (*55 miles*) à l'heure.

Quand on est en France, on remarque tout de suite que les Français aiment la vitesse *(speed)* et il n'est pas rare qu'ils reçoivent des contraventions *(traffic tickets).* Même sur les routes départementales comme la **D100** qui traverse le village de Calmoutier, les villageois ont l'habitude de circuler très vite... mais ils font toujours attention aux enfants et aux animaux!

➤ *Qu'est-ce que vous en pensez?*

Quels problèmes est-ce que les Français pourraient *(could)* avoir sur les routes aux États-Unis? Quels problèmes est-ce que les Américains pourraient avoir sur les routes en France?

À vous!

O. Au guichet. Écoutez les conversations au guichet d'une gare. Pour chaque conversation, notez les renseignements suivants.

1. les dates du voyage et la destination
2. les heures de départ et d'arrivée
3. les particularités des billets (par exemple, aller-retour, aller simple, non-fumeurs, etc.)
4. le prix des billets

P. Au guichet. Achetez des billets de train en utilisant les renseignements donnés. Un(e) de vos camarades va jouer le rôle de l'employé(e).

MODÈLE: 4 / Genève / aller-retour / 2^e

—*Je voudrais (Il me faut / J'ai besoin de) quatre billets pour Genève.*
—*Aller simple ou aller-retour?*
—*Aller-retour.*
—*Première ou deuxième classe?*
—*Deuxième, s'il vous plaît.*

1. 1 / Reims / simple / 1ère
2. 3 / Lille / aller-retour / 2^e
3. 2 / Bordeaux / aller-retour / 2^e
4. 4 / Cannes / simple / 1ère

Q. Réservons nos places! Faites des réservations en utilisant les renseignements donnés. Un(e) de vos camarades va jouer le rôle de l'employé(e).

MODÈLE: 3 / départ (18 sept., 13h25) / non-fumeur / retour (30 sept., 9h)

—*Je voudrais réserver trois places, s'il vous plaît.*
—*Quand est-ce que vous voulez partir?*
—*Le 18 septembre. Est-il possible d'avoir des places dans le train de 13h25?*
—*Voyons... oui. Fumeur ou non-fumeur?*
—*Non-fumeur.*
—*Et pour le retour?*
—*Retour le 30 septembre, le train de 9h, si c'est possible.*

1. 2 / départ (18 août, 8h45) / non-fumeur / retour (4 sept., 10h15)
2. 4 / départ (12 juin, 11h25) / non-fumeur / retour (19 juin, 15h30)
3. 1 / départ (3 avril, 22h, couchette) / non-fumeur / retour (31 avril, 21h, couchette)
4. 3 / départ (25 mai, 12h05) / non-fumeur / retour (10 juin, 18h30)
5. 2 / départ (13 oct., 21h29, wagon-lit) / fumeur / retour (26 oct., 10h12)

■Lecture: «Les trains de la Gare du Nord» (Jacques Charpentreau)

Les trains de la Gare du Nord

En passant
Par la Gare du Nord,
Attention! Le vent,
Le vent souffle fort!

Quand arrive le train d'Anvers
Avec la bise de l'hiver
Mets ton pull-over!

Quand vient le train des Pays-Bas
Ah! Mon Dieu! Mon Dieu qu'il fait froid!
Cache bien tes doigts!

Quand vient le train de la Norvège
Le vent sent la glace et la neige
Manteau te protège!

Le train de Suède est arrivé
Givre grésil crème glacée!
Mets tes gants fourrés!

C'est le rapide de Moscou
Si blanc qu'on n'y voit rien du tout
Couvre bien ton cou!

Arrive le train d'Helsinki
Ses wagons glissent sur des skis
L'hiver est ici!

Quand le train arrive du Pôle
Les flocons frôlent tes épaules
L'hiver est si drôle!

En passant
Par la Gare du Nord,
Attention! Le vent,
Le vent souffle fort!

Jacques Charpentreau, *Paris des enfants*
(L'École, 1978)

 Díco

bise: *north wind*
Cache: *Hide*
cou: *neck*
Couvre: *Cover*
crème glacée: *ice cream*
doigts: *fingers*
drôle: *funny/amusing*
gants fourrés: *fur gloves*
givre: *frost*
grésil: *sleet/hail*
glace: *ice*
glissent: *glide*
Les flocons frôlent tes épaules:
  *Snowflakes brush against
  your shoulders*
rapide: *express train*
Le vent souffle fort!: *The
  wind blows hard! (A strong
  wind blows!)*
vient: *comes/arrives*

R. Interprétation du poème. Answer the questions to arrive at an interpretation of the poem.

1. What are the countries from which trains arrive at the **Gare du Nord,** as mentioned in the poem?
2. The **Gare du Nord** is located in Paris. However, the word **nord** has many connotations. Find all the words and phrases in the poem that can be connected by word association to the idea of **nord.**
3. Poetry is often based on sounds. What patterns of sound repetitions can you hear in this poem?
4. While also enjoyed by adults, this poem was written for a children's poetry collection. Why might this poem appeal to children? What would they learn from it?

Do **À faire! (6-3)** on page 243 of the **Manuel de préparation.**
* Follow-up: train information
* Preparation: prepositions with geographical names
  (Contrôle 16)

Le monde francophone

Comment se déplacent-ils? L'eau, les montagnes, les déserts... voilà bien des obstacles qu'il faut franchir pour se déplacer dans les différentes régions francophones du monde. Dans certains cas, les moyens de transport les plus pratiques continuent à être les plus traditionnels. Dans d'autres cas, il faut avoir recours à des moyens de transport moins ordinaires pour pouvoir découvrir des coins fascinants du monde francophone.

Au Maroc et dans beaucoup de pays d'Afrique, le désert est extrêmement difficile à traverser. Le moyen de transport le plus utilisé par les habitants du désert continue donc à être le chameau. Mais la voiture et la bicyclette sont aussi parfois utilisées pour traverser le Sahara.

LE MAROC

Dico

attrayants: *attractive*
bateau à rames: *rowboat*
bateaux: *boats, ships*
beaucoup de monde: *many people*
centaines: *hundreds*
chameau: *camel*
coins: *corners*
franchir: *overcome*
lancement: *introduction*
navette: *ferry*
pirogue: *canoe*
prend le dessus: *gets the upper hand*
se déplacer: *get around*

LE SÉNÉGAL

Au Sénégal, près de Ziguinchor en Basse-Casamance, le transport en commun le plus pratique, c'est la pirogue.

LA SUISSE

En Suisse, le projet Train 2000 de la CFF (Chemins de fer fédéraux), dont la devise est «Fréquence, rapidité, continuité et confort», a été adopté en 1987 pour rendre plus attrayants les transports publics.

Un chic design pour la nouvelle locomotive Rail 2000, pesant 84 t.

Avec ses centaines de lacs, les bateaux représentent un moyen de transport important en Suisse, pour les touristes aussi bien que pour les habitants de ce pays montagneux.

Le Sacré Cœur de Balata: Et on circule en taxi.

En Martinique, sur la rivière Madame, on se déplace en bateau à rames.

LA MARTINIQUE (DÉPARTEMENT DE LA FRANCE)

La navette de la Pointe-du-Bout est utilisée par beaucoup de monde.

Exercice de substitution

1. Je vais au *Mexique*.
   (Allemagne / Vénézuela / Suisse / Pays-Bas / France / États-Unis)
2. Il vient d'*Israël*. (Brésil / Belgique / États-Unis / Mexique / Autriche / Danemark)
3. Quelle langue est-ce qu'on parle à *Vienne*? (Le Caire / Genève / Zurich / Besançon / Rome / Le Havre / La Nouvelle-Orléans / Montréal / Dakar)
4. Est-ce que tu viens de *Berne*? (Le Havre / Québec / Berlin / Le Caire / Bruxelles / Calmoutier)

Rappel grammatical

Les prépositions avec les noms géographiques

	FEMININE COUNTRY OR MASCULINE COUNTRY BEGINNING WITH VOWEL	MASCULINE COUNTRY BEGINNING WITH CONSONANT	PLURAL COUNTRY	CITY
to, in, at	en	au	aux	à
from	de (d')	du	des	de

Note: For cities that have a definite article, the prepositions **de** and **à** may contract with the definite article:

La Nouvelle-Orléans   à La Nouvelle-Orléans   de La Nouvelle-Orléans
Le Havre   au Havre   du Havre

À vous!

S. Un petit test. Expliquez où se trouve la ville mentionnée et quelle langue on y parle.

MODÈLE: Berlin

—*Où se trouve Berlin?*
—*En Allemagne.*
—*Quelle langue est-ce qu'on parle à Berlin?*
—*On y parle allemand.*

1. Londres
2. Bruxelles
3. Munich
4. Genève
5. Florence
6. Madrid
7. Lisbonne
8. Marseille
9. Dakar
10. Casablanca

T. D'où vient ta famille? Demandez à deux camarades de classe d'où vient la famille de leur père et de leur mère. Ensuite, expliquez à un(e) autre étudiant(e) ce que vous avez appris.

MODÈLE: —*D'où vient ta famille?*
—*La famille de mon père vient d'Angleterre et la famille de ma mère vient de Belgique.*

(À un[e] autre étudiant[e]):
—*(Nom de votre camarade) est d'origine anglaise et belge.*

U. Des itinéraires. Utilisez les renseignements donnés pour décrire les itinéraires des personnes suivantes.

MODÈLE: Itinéraire pour M. Farid
Paris / matin du 4 / train / Toulouse / 1 nuit
5 / Carcassonne / 2 jours
train / 7 / Montpellier / 3 jours
Paris / soir du 10

M. Farid est parti de Paris le matin du 4. Il a pris le train jusqu'à Toulouse. Il a passé une nuit à Toulouse. Il est reparti le 5. Il a passé deux jours à Carcassonne. Il a repris le train le 7 pour aller à Montpellier. Il a passé trois jours à Montpellier. Il est rentré à Paris le soir du 10.

1. Itinéraire pour Mme Lissieux
   Le Havre / après-midi du 15 / train / Caen / 2 nuits
   17 / Le Mans / 1 nuit
   train / matin du 18 / Tours / 4 jours
   Le Havre / soir du 22

2. Itinéraire pour Léa Jozat
   Rouen / après-midi du 22 / train / Paris / 1 nuit
   matin du 23 / avion / Paris-New York / 3 jours
   avion / après-midi du 26 / Boston / 5 jours
   avion / 1 / New York / 1 jour
   France / matin du 3

3. Itinéraire pour Éric Johnson
   soir du 14 / avion / New York-Genève / 2 jours
   train / 17 / Lausanne / 4 jours
   voiture / 21 / Berne / 1 nuit
   voiture / 22 / Lausanne / 2 nuits
   train / matin du 24 / Genève / avion / Genève-New York
   États-Unis / après-midi du 24

4. Itinéraire pour Alejandro Martínez
   matin du 17 / avion / Madrid-Bruxelles / 1 nuit
   avion / 18 / Bruxelles-Montréal / 8 jours
   voiture / 26 / Trois-Rivières / 2 nuits
   voiture / 28 / Québec / 3 jours
   voiture / 30 /Montréal
   le soir du 30 / avion Montréal-Bruxelles
   Madrid / soir du 31

V. C'est les vacances! Votre ami(e)—un(e) camarade de classe—et vous allez faire un voyage de quinze jours. Parce que vous avez beaucoup d'argent, vous pouvez aller où vous voulez. En classe, définissez les grandes lignes de votre itinéraire (par exemple, endroits que vous voulez visiter, moyens de transport). Ensuite, surfez sur le Web et créez votre itinéraire avec autant de détails que possible (par exemple, dates, pays et villes, durée de chaque séjour, hôtels, etc.). Quand vous aurez terminé votre itinéraire, présentez-le à vos camarades de classe.

Ça se dit comment?

Pour parler d'un itinéraire

partir	**On part** le matin du 4.
prendre	**On prend** le train jusqu'à Toulouse.
coucher	**On couche** la première nuit à Toulouse.
repartir	**On repart** le lendemain matin *(the next morning)*.
passer	**On passe** deux jours à Carcassonne.
reprendre	**On reprend** le train pour aller à Montpellier.
rentrer	**On rentre** à Paris le soir du 8.

◾ **Contexte:** *Le village de Calmoutier*

❝❝ En attendant que ma tante Jeannette arrive, me voilà pour vous présenter mon village, Calmoutier. La famille Buhler habite Calmoutier depuis des générations. Notre village est très petit, mais pour nous, il représente des journées relax, le jardin, les bons repas, les amis et la famille. Vous allez voir que nous n'avons pas de magasins au village. Pour faire du shopping, pour aller au cinéma ou à un concert... il faut qu'on aille à Vesoul. Voici donc le village de Calmoutier. **❞❞**

Le village

Calmoutier est à dix kilomètres de Vesoul, sur la route nationale 19 (RN 19). Pour arriver à Calmoutier de l'autoroute, on prend la route départementale 100. Le village est situé dans une petite vallée bordée de pentes abruptes qui aboutissent à des plateaux.

Calmoutier

Distances en kilomètres

| 15 | 17 | 11 | Distances totalisées |

7 · 8   12 · 5   6 · 5   Distances partielles

Sur section à péage   Sur section libre   Sur route

L'église de Calmoutier

L'intérieur de l'église

L'église de Calmoutier a une façade du XVᵉ siècle. Pour nous, cette petite église est très importante. On y célèbre la messe irrégulièrement parce que nous n'avons pas de prêtre au village. Mais nous, les villageois, nous nettoyons l'église de temps en temps et surtout pour Noël.

La maison dite «le château» à Calmoutier

Une maison moderne à Calmoutier

Au Moyen Âge, Calmoutier était le centre d'une communauté de prêtres qui s'occupaient de tous les villages de la région. Au sud de l'église, il y a encore les restes d'un couvent. Dans le village, nous avons aussi de belles maisons, comme «le château», qui ont été construites entre le XVIᵉ et le XVIIIᵉ siècles. Le «château» appartient à ma famille mais, pour l'instant, personne n'y habite.

Aujourd'hui, nous avons aussi quelques maisons modernes qui ont été construites dans les vingt dernières années. Ces maisons appartiennent à des gens qui ont quitté les villes pour trouver le calme de la vie de campagne. D'autres ont une maison de campagne ici et ils viennent au village seulement pendant les grandes vacances.

Le lavoir de Calmoutier

La chapelle qui domine le village

Dico

aboutissent à: *lead to*
bordée de pentes:
    bordered by slopes
carrière: *stone quarry*
couvent: *convent*
domine: *overlooks*
lavoir: *public washhouse*
Moyen Âge: *Middle Ages*
prêtre: *priest*

Ce lavoir à arcades date du XVIIIᵉ siècle. Autrefois, le lavoir était la seule source d'eau au village. Tout le monde y allait pour chercher de l'eau pour la maison. Dans le passé, les femmes allaient aussi au «lavoir» pour laver les vêtements (faire la lessive). Aujourd'hui, ce lavoir pittoresque est intéressant du point de vue historique mais il n'a plus de fonction pratique.

Au nord-ouest du village, il y a une petite chapelle qui date du XIXᵉ siècle et qui domine une immense carrière. Les villageois ont construit cette chapelle après l'épidémie de choléra de 1854. Aujourd'hui, on monte à la chapelle pour se promener ou pour des célébrations commémoratives.

basse: *lower*
cataclysme: *disaster*
emportant: *washing away*
faisant écrouler: *caving in*
1 404 hectares: *3,468 acres*
410 hectares: *1,013 acres*
ménages: *households*
noyant: *drowning*
ont recouvert: *covered*
ponts: *bridges*
sous-sol: *subsoil*
trombe d'eau: *torrential rain*

Calmoutier:

Département: Haute-Saône

Superficie totale: 1 404 hectares

Superficie des bois: 410 hectares

Démographie:

1614 • 78 ménages	1881 • 587 habitants	1968 • 241 habitants
1790 • 808 habitants	1906 • 455 habitants	1975 • 174 habitants
1815 • 834 habitants	1936 • 287 habitants	1992 • 220 habitants
1841 • 895 habitants	1962 • 237 habitants	2000 • 230 habitants
1861 • 779 habitants		

Les villageois

Calmoutier

On fait du calcul

Mme David avec ses élèves

On dessine

Maurice Baptizet et Simone et Fernand Laurent qui scient le bois

Renseignements

Événement historique: Les particularités du sous-sol ont été la cause d'un cataclysme provoqué par une trombe d'eau le 9 août 1832: les eaux ont recouvert toute la partie basse du village, emportant les ponts, faisant écrouler trois maisons et noyant cinq habitants. Après ce cataclysme, quelques habitants se sont exilés aux États-Unis où ils ont fondé le village de Calmoutier en Ohio. Aujourd'hui ce village n'existe plus; mais il en reste un cimetière dans la paroisse de Calmoutier, USA.

➤ Qu'est-ce que vous en pensez?

Aujourd'hui, beaucoup de jeunes quittent les villages pour aller vivre dans les villes. Cela est vrai aussi pour le village de Calmoutier. À votre avis, pourquoi est-ce que les jeunes Français ont tendance à quitter la campagne pour s'installer dans les villes?

Thérèse Roblin et sa petite fille Amandine cueillent des fraises au jardin

Marcel Buhler travaille au jardin

Simone Buhler dans la cuisine

Autrefois, la maison Buhler était une laiterie: on y fabriquait du fromage, du beurre et d'autres produits laitiers

Mémé plume un canard (plucking a duck)

«Les Louis» à la fenaison (haymaking)

Célébration de la messe à la petite chapelle

On fait la lessive; est-ce qu'il va pleuvoir (rain)?

Marcel s'occupe de ses lapins (rabbits)

Christian fait du jus de pomme

Zoom!

En France, un village est une communauté de moins de 2 000 habitants.

Ça se dit comment?

Pour décrire un village (To describe a village)

agricole	agricultural
un agriculteur	farmer
l'agriculture (f.)	agriculture
un champ	field
une église	church
un endroit	place
le paysage	countryside
une place	(town) square
un pont	bridge
une rivière	river
une rue	street, road
rural(e)	rural, country
une vallée	valley
un village	village
les villageois (m.pl.)	villagers

Qu'est-ce que vous avez appris?

À partir des photos, quelles observations est-ce que vous pouvez faire sur la vie quotidienne du village. Si vous faisiez un collage de votre ville/village, quelles photos est-ce que vous choisiriez? Pourquoi?

À vous!

W. Ce que je sais sur Calmoutier. Some residents of Calmoutier, Ohio, who don't speak French ask you to tell them about Calmoutier, France. Use the information you've learned in this *Contexte* and from other parts of the chapter to answer their questions about the village.

1. In what part of France is Calmoutier located (region, department)?
2. What people formed the core of the original community?
3. What's the nearest large town and how far away is it?
4. What do you know about the church?
5. During what time were many of the houses built? Are there houses being built in Calmoutier today?
6. One of the houses, owned by the Buhler family, is locally called the "château." What does that suggest about the house?
7. Overlooking Calmoutier is a small chapel that was built after the cholera epidemic of 1854. Why do you think the villagers built this chapel dedicated to the Virgin Mary?
8. Look at the demographic changes that have occurred over the centuries. Why do you think there was a steady decline in the number of inhabitants between 1861 and 1992? What does that suggest about French villages today?
9. Why and when did some villagers move from Calmoutier to Ohio? What traces of these villagers are left in Ohio today?
10. What kinds of things about everyday village life seem unusual to you? Why do they seem unusual or different?

X. Anne-Marie Buhler nous corrige. Anne-Marie Buhler passe beaucoup de temps à faire de la publicité pour Calmoutier. C'est elle qui réunit les villageois quand il faut nettoyer l'église et la décorer pour une fête; et c'est elle qui est l'historienne du village. Jouez le rôle d'Anne-Marie et corrigez les idées que vous entendez; ajoutez un ou deux renseignements.

> MODÈLE: Calmoutier est plus près de Lure que de Vesoul.
> *Non, Calmoutier est plus près de Vesoul. Vesoul est seulement à dix kilomètres du village.*

1. Il y a une épicerie à Calmoutier.
2. Il y a plus d'habitants à Calmoutier aujourd'hui qu'en 1841.
3. Calmoutier se trouve sur la RN 100.
4. Les villageois continuent à utiliser le lavoir pour faire la lessive.
5. Certains villageois sont partis pour les États-Unis à cause d'une épidémie de choléra.
6. À Calmoutier, la messe est célébrée tous les dimanches.
7. Il n'y a pas de maisons modernes au village.
8. Calmoutier est situé sur un plateau dans la banlieue de Vesoul.

Y. Un village francophone. Utilisez Internet pour trouver un village dans une région francophone. Ensuite, faites la description de ce village à un(e) de vos camarades de classe. Par exemple, est-ce que le village se trouve dans une région agricole? dans une vallée ou dans un paysage montagneux? Comment est le village? Quels bâtiments est-ce qu'il y a? Est-ce qu'il y a un bâtiment religieux? une école? des magasins? Est-ce qu'il y a une rivière et des ponts?, etc. Utilisez le vocabulaire de *Ça se dit comment?* (page 288) pour guider votre description.

La Franche-Comté
- Une région dans l'est de la France.
- Préfecture de la région: Besançon.
- Départements: Doubs, Haute-Saône, Territoire de Belfort.
- 1 097 185 habitants (1990).
- 16 202 km² (3% du territoire national).
- Le climat est humide et froid dans les montagnes; tempéré dans les plaines.
- Les villes principales sont Besançon, Lons-le-Saunier, Vesoul, Belfort.

◼️●Échange: *C'est comment, chez toi?*

Isabelle, Christine et Anne interrogent leur tante sur l'endroit où elle habite.

Christine Buhler

Anne Buhler

Isabelle Buhler

ANNE: Washington, c'est très grand, non?

JEANNETTE: Oui, c'est assez grand... il y a environ 500 000 habitants.

ISABELLE: Mais c'est énorme, ça! C'est plus grand que Lyon et Lyon est une des plus grandes villes de France!

JEANNETTE: Ce n'est pas étonnant. Aux États-Unis, Washington est la 23ème ville, du point de vue de la population.

CHRISTINE: Washington, c'est près de New York?

JEANNETTE: Ce n'est pas trop loin. C'est à 328 km au sud.

CHRISTINE: Je trouve que c'est très loin.

ANNE: Il y a beaucoup d'édifices publics.

JEANNETTE: Oui, mais il n'y a pas que ça. Il y a aussi des quartiers résidentiels. Il y en a qui sont très élégants et d'autres qui sont plutôt pauvres. En plus, il y a beaucoup de fonctionnaires qui habitent dans la banlieue, dans les états de Virginie et du Maryland.

Ça se dit comment?

Pour décrire une ville *(To describe a city)*

une agglomération	urban area	un immeuble	apartment building
une autoroute périphérique	beltway (around a city)	industriel(le)	industrial
la banlieue	suburbs	un magasin	store
un bâtiment	building	la périphérie	city limits, outskirts (of a city)
un (grand) boulevard	(major) boulevard	un quartier (résidentiel, élégant, pauvre)	(residential, rich, poor) neighborhood
une boutique	small shop, boutique	un réseau routier	road network
un centre urbain	urban center	un supermarché	supermarket
le centre-ville	downtown, city (town) center	urbain(e)	urban
les citadins *(m.pl.)*	city people	une (petite / grande) ville (moyenne)	(small / large / mid-size) city
un embouteillage	traffic jam		
les faubourgs *(m.pl.)*	outskirts (of a city)		
un gratte-ciel	skyscraper		

À vous!

🧍🧍 Z. Les villes françaises. Utilisez la carte de France et le tableau des distances pour comparer les villes. Suivez le modèle.

MODÈLE: Marseille / Paris-Toulouse

—*Marseille a 807 071 habitants. Paris a 2 147 857 habitants. Marseille est moins grande que Paris (Paris est plus grande que Marseille).*

—*Marseille est à 403 kilomètres à l'est de Toulouse. Paris est à 699 kilomètres au nord de Toulouse. Paris est plus loin de Toulouse que Marseille (Marseille est moins loin de Toulouse que Paris).*

FLASH VOCABULAIRE

- Pour situer un endroit à l'aide d'une boussole *(To situate a place using a compass)*
  à (dans) l'est (de)
  au (dans le) nord (nord-est, nord-ouest) (de)
  à (dans) l'ouest (de)
  au (dans le) sud (sud-est, sud-ouest) (de)
  au centre

- Pour situer un endroit en calculant la distance
  à... km de...
  à une distance de...

1. Bordeaux / Lyon-Paris
2. Montpellier / Reims-Rennes
3. Lille / Bordeaux-Nantes
4. Toulouse / Poitiers-Nice
5. Strasbourg / Dijon-Tours
6. Montpellier / Grenoble-Strasbourg

Les distances aux États-Unis et en France

Quand les Européens visitent les États-Unis, ce qui les étonne toujours, ce sont les énormes distances qu'il faut couvrir pour aller d'un endroit à l'autre. Pour comprendre un peu la différence dans les perceptions des distances, notez les exemples suivants:

Boston–New York = 214 miles (344 km)
Philadelphie–Pittsburgh = 306 miles (492 km)
San Francisco–Los Angeles = 382 miles (615 km)
Los Angeles–San Diego = 120 miles (193 km)
Dallas–Chicago = 968 miles (1 558 km)
Miami–Minneapolis = 1 832 miles (2 948 km)

La plus grande distance entre deux villes principales en France est de 1 332 km (entre Brest et Toulon), une distance qui ne couvre qu'un tiers (⅓) des États-Unis.

AA Ma ville. Avec vos camarades, faites la description de votre ville. Consultez *Ça se dit comment* pour le vocabulaire qu'il vous faut.

En classe:

- situez la ville géographiquement de façon très détaillée
- faites une première description de la ville
- décidez quels endroits dans la ville sont les plus importants/intéressants
- décidez qui va faire quelles recherches comme devoirs
    1. trouver un plan de la ville
    2. trouver des statistiques (population, etc.)
    3. trouver la description des centres culturels (musées, opéra, etc.)
    4. trouver la description des endroits pittoresques
    5. trouver la description des bâtiments et monuments historiques
    6. faire une liste des bons restaurants
    7. faire la description des fêtes et festivals

Comme devoirs:

- faites les recherches à la bibliothèque ou sur Internet
- créez une brochure ou une affiche *(poster)* sur votre ville et présentez-la à vos camarades de classe

Do **À faire! (6-4)** on page 252 of the **Manuel de préparation**
* Follow-up: countries and cities
* Pronunciation (nasal vowels)
* General review of the chapter

▪Intégration

BB Encore des projets de voyage. Votre ami(e) et vous passez l'année à Lausanne où vous faites des études à l'université. Entre les deux semestres, vous décidez de faire le tour de l'Europe. Établissez l'itinéraire du voyage: où est-ce que vous allez, combien de temps vous allez passer dans chaque endroit, les moyens de transport, les hôtels, les activités, etc. (**où, combien de temps, comment, qu'est-ce que,** etc.). Quand vous aurez établi tous les détails, imaginez que vous êtes maintenant de retour.

Racontez à un(e) autre camarade les détails du voyage que **vous avez fait.**

CC Découvrons les États-Unis! Parlez à vos camarades d'un voyage que vous avez fait dans un autre état des États-Unis. Situez l'état géographiquement et décrivez votre voyage et vos activités.

DD Au guichet de la gare. Deux amis se trouvent au guichet d'une gare à Paris. Ils discutent un moment et ensuite ils achètent leurs billets. Écoutez la conversation et répondez ensuite aux questions.

Véronique

1. Où est-ce qu'elle va?
2. Combien de personnes vont l'accompagner?
3. Combien de temps est-ce qu'elle va y passer?
4. Quand est-ce qu'elle va partir? Quand est-ce qu'elle va rentrer à Paris?
5. Quelle sorte de billet Véronique prend-elle?
6. Est-ce qu'elle paie par chèque?

Jean-Pierre

7. Où va-t-il?
8. Combien de temps est-ce qu'il va y passer?
9. Combien de personnes vont l'accompagner?
10. Qui va l'accompagner?
11. Quand est-ce qu'ils vont partir? Par quel train?
12. Est-ce qu'il a droit à une réduction de tarif? Pourquoi?

EE Des réservations. You're going to be in Paris with a friend.
- First, call the hotel Chaplain and make reservations. You're going to be in Paris for a week. Get as much information as possible about cost, facilities, breakfast, etc.
- Now you're in Paris and you're planning to travel to another city. Go to the right train station, go to the ticket window, and get the tickets (round-trip) for you and your friend.

FF **Est-ce que vous préférez la ville ou la campagne?** Lisez ce que disent les deux jeunes au sujet de leurs préférences. Ensuite expliquez que vous préférez habiter soit la ville soit la campagne et donnez des raisons concrètes.

❝ Bonjour! Moi, c'est Amina Nogodour et je suis d'origine marocaine. Ma famille et moi, nous habitons à Nice depuis dix ans. Nice est une des plus grandes villes du midi de la France. J'adore habiter la ville. J'ai beaucoup d'amis et nous sortons souvent ensemble parce qu'il y a beaucoup de choses à faire ici. Nous allons à la plage, nous faisons du shopping, nous allons au cinéma, nous nous promenons. Bref, pour moi, habiter la ville, c'est le paradis. ❞

Données géographiques: Nice
- 345 892 habitants (1999)
- au sud (dans le midi) de la France
- sur la côte méditerranéenne
- à 930 km de Paris
- à 190 km de Marseille
- tout près de la frontière italienne

❝ Moi, je suis Gilles Kervennec et je viens d'un petit village breton qui s'appelle Locronan. Au village, tout le monde se connaît assez bien parce qu'il y a des familles qui habitent ici depuis des générations. Mes amis et moi, nous nous retrouvons sur la place centrale du village ou dans les cafés. En été, il y a des touristes qui viennent chez nous pour visiter l'église St-Ronan et la chapelle du Penity. Moi, je n'aime pas beaucoup les grandes villes. Il y a trop de bruit et de pollution. Ce que je préfère, c'est le calme de la vie au village. ❞

Données géographiques: Locronan
- 882 habitants
- à l'ouest de la France, en Bretagne
- sur la baie de Douarnenez
- à 560 km à l'ouest de Paris
- à 260 km de Rennes
- à 16 km au nord de Quimper

Lexique

Pour se débrouiller

Pour demander une chambre d'hôtel

Est-ce que vous avez une chambre pour (deux personnes / ce soir / etc.)?

Je voudrais une chambre...

J'ai réservé une chambre au nom de...

Il me faut une chambre...

Pour préciser le type de chambre

Une chambre

pour une (deux, trois) personne(s)

avec un grand lit (deux lits)

avec (une) douche ([une] baignoire)

avec (des) WC

avec (sans) salle de bains

au premier (deuxième, etc.) étage, si possible

avec (un) balcon

qui donne sur la cour

qui ne donne pas sur la rue

Pour se renseigner à l'hôtel

C'est à quel étage?

C'est combien, la chambre? (Quel est le prix de la chambre?)

Le petit déjeuner est compris?

Est-ce qu'il y a un téléviseur dans la chambre?

Et le téléphone, est-ce qu'il est direct? (Est-ce que c'est une ligne directe?)

Vous fermez à quelle heure, le soir?

Est-ce qu'il y a un ascenseur?

Pour réserver sa place dans le train

(Je voudrais acheter / Il me faut) deux billets pour...

aller simple / aller-retour

première classe / deuxième classe

une couchette

un wagon-lit

Je voudrais réserver (J'ai besoin de) trois places pour...

fumeur / non-fumeur

Est-il possible d'avoir une place dans le train de 14h35?

(Il y a encore des places dans le train de 14h35?)

Pour situer un endroit à l'aide d'une boussole

à (dans) l'est (de)

au (dans le) nord (nord-est, nord-ouest) (de)

à (dans) l'ouest (de)

au (dans le) sud (sud-est, sud-ouest) (de)

au centre

Pour situer un endroit en calculant les distances

à... km de...

à une distance de...

Thèmes et contextes

L'hôtel (m.)

un ascenseur

une baignoire

un balcon

une chaise

une chambre

une clé

la climatisation

une douche

un escalier

un fauteuil

l'heure (f.) de fermeture

un lavabo

un lit

le petit déjeuner

la réception

une salle de bains

un téléphone direct

les WC (m. pl.)

L'itinéraire (m.)

coucher

partir

passer

prendre

rentrer

repartir

reprendre

Le train (noms)

un arrêt

l'arrivée (f.)

un billet (aller simple, aller-retour)

un composteur

une couchette

le départ

un distributeur (de billets)

fumeur, non-fumeur

une gare

un guichet
l'heure (f.) de départ (d'arrivée)
l'horaire (m.) des trains
une place
première (deuxième) classe
un quai
le TGV (train à grande vitesse)
une voie
une voiture
un wagon-lit

Le train (verbes)
acheter un billet
(s')arrêter
arriver
attendre
changer de train
composter (le billet)
faire une réservation
partir

Un village
agricole
un agriculteur
l'agriculture (f.)
un champ
une église
un endroit
le paysage
une place
un pont

une rivière
une rue
rural(e)
une vallée
un village
les villageois (m.pl.)

Une ville
une agglomération
une autoroute périphérique
la banlieue
un bâtiment
un (grand) boulevard
une boutique
un centre urbain
le centre-ville
les citadins (m.pl.)
un embouteillage
les faubourgs (m.pl.)
un gratte-ciel
un immeuble
industriel(le)
un magasin
la périphérie
un quartier (résidentiel, élégant, pauvre)
un réseau routier
un supermarché
urbain(e)
une (petite / grande) ville (moyenne)

Vocabulaire général

Autres expressions
il est nécessaire (de, que)
il faut (que)
il me faut
il vaut mieux (que)
ils vont me retrouver
je vais t'attendre
Quel(le) est... ?

Branchez-vous!

Internet

Please visit the **Je veux bien!** website at **http://jvb.heinle.com.** You'll find activities to practice the vocabulary and grammar you've learned in this chapter as well as cultural exploration activities that guide you through websites from around the French-speaking world.

Vidéo

Please visit the **Je veux bien!** website at **http://jvb.heinle.com** for the video activities that accompany this chapter. You'll get the most from watching the video for this chapter if you first visit the website and print out the video activities for this chapter. Then watch the video (in your classroom, language lab, or at home) and complete the activities for the chapter.

AU-DELÀ DU COURS:

Une ligne aérienne

Do some research on the Internet on an airline from France or a French-speaking country (e.g., Air France, Air Inter, Swissair, etc.). Find out as much as you can about the airline. For example, is it state or privately owned, what are its major routes, is it a carrier that travels internationally, what kinds of airplanes does it use, what is its history, etc.? Based on what you learn, what types of travelers are most likely to use this airline (commuters? business people? tourists?) and why?

LITTÉRATURE:

«Le géographe» de Saint-Exupéry

*Dans cet extrait du **Petit Prince** d'Antoine de Saint-Exupéry, le petit prince raconte à l'aviateur son expérience sur la planète du géographe. Pendant cette visite, il apprend ce que fait un géographe et la différence entre un géographe et un explorateur. Est-ce que vous êtes d'accord avec les définitions données par Saint-Exupéry?*

le petit prince

le géographe

Le 20 juillet 1969, les cosmonautes américains Neil Armstrong et Edwin Aldrin se posent sur la Lune.

La sixième planète [...] était habitée par un vieux Monsieur qui écrivait d'énormes livres:

—Tiens! voilà un explorateur! s'écria-t-il, quand il aperçut le petit prince.

Le petit prince s'assit sur la table et souffla un peu. Il avait tant voyagé!

—D'où viens-tu? lui dit le vieux Monsieur.

—Quel est ce gros livre? dit le petit prince. Que faites-vous ici?

—Je suis géographe, dit le vieux Monsieur.

—Qu'est-ce qu'un géographe?

—C'est un savant qui connaît où se trouvent les mers, les fleuves, les villes, les montagnes et les déserts.

—Ça c'est bien intéressant, dit le petit prince. Ça, c'est enfin un véritable métier! Et il jeta un coup d'œil autour de lui sur la planète du géographe. Il n'avait jamais vu encore une planète aussi majestueuse.

—Elle est bien belle, votre planète. Est-ce qu'il y a des océans?

—Je ne puis pas le savoir, dit le géographe.

—Ah! (Le petit prince était déçu.) Et des montagnes?

—Je ne puis pas le savoir, dit le géographe.

—Et des villes et des fleuves et des déserts?

—Je ne puis pas le savoir non plus, dit le géographe.

—Mais vous êtes géographe!

—C'est exact, dit le géographe, mais je ne suis pas explorateur. Je manque absolument d'explorateurs. Ce n'est pas le géographe qui va faire le compte des villes, des fleuves, des montagnes, des mers, des océans et des déserts. Le géographe est trop important pour flâner. Il ne quitte pas son bureau. Mais il reçoit les explorateurs. Il les interroge, et il prend en note leurs souvenirs. Et si les souvenirs de l'un d'entre eux lui paraissent intéressants, le géographe fait faire une enquête sur la moralité de l'explorateur.

—Pourquoi, ça?

—Parce qu'un explorateur qui mentirait entraînerait des catastrophes dans les livres de géographie. Et aussi un explorateur qui boirait trop.

—Pourquoi ça? fit le petit prince.

—Parce que les ivrognes voient double. Alors le géographe noterait deux montagnes, là où il n'y en a qu'une seule.

[...] Donc, quand la moralité de l'explorateur paraît bonne, on fait une enquête sur sa découverte.

—On va voir?

—Non. C'est trop compliqué. Mais on exige de l'explorateur qu'il fournisse des preuves. S'il s'agit par exemple de la découverte d'une grosse montagne, on exige qu'il en rapporte de grosses pierres.

Le géographe soudain s'émut.

—Mais toi, tu viens de loin! Tu es explorateur! Tu vas me décrire ta planète!

[...]

—Oh! chez moi, dit le petit prince, ce n'est pas très intéressant, c'est tout petit. J'ai trois volcans. Deux volcans en activité, et un volcan éteint. Mais on ne sait jamais.

—On ne sait jamais, dit le géographe.

—J'ai aussi une fleur.

—Nous ne notons pas les fleurs, dit le géographe.

—Pourquoi ça! c'est le plus joli!

—Parce que les fleurs sont éphémères.

—Qu'est-ce que signifie: "éphémère"?

—Les géographies, dit le géographe, sont les livres les plus sérieux de tous les livres. Elles ne se démodent jamais. Il est très rare qu'une montagne change de place. Il est très rare qu'un océan se vide de son eau. Nous écrivons des choses éternelles.

—Mais les volcans éteints peuvent se réveiller, interrompit le petit prince. Qu'est-ce que signifie: "éphémère"?

—Que les volcans soient éteints ou soient éveillés, ça revient au même pour nous autres, dit le géographe. Ce qui compte pour nous, c'est la montagne. Elle ne change pas.

—Mais qu'est-ce que signifie "éphémère"? répéta le petit prince qui, de sa vie, n'avait renoncé à une question, une fois qu'il l'avait posée.

—Ça signifie "qui est menacé de disparition prochaine."

—Ma fleur est menacée de disparition prochaine?

—Bien sûr.

Ma fleur est éphémère, se dit le petit prince, et elle n'a que quatre épines pour se défendre contre le monde! Et je l'ai laissée toute seule chez moi!

Ce fut là son premier mouvement de regret. Mais il reprit courage:

—Que me conseillez-vous d'aller visiter? demanda-t-il.

—La planète Terre, lui répondit le géographe. Elle a une bonne réputation...

Et le petit prince s'en fut, songeant à sa fleur.

on exige: *one demands*
fournisse des preuves: *furnish (provide) proof* / **pierres:** *rocks*

s'émut: *got excited*

éteint: *dormant (volcano)*
on ne sait jamais: *you never know*

Pourquoi ça: *Why not?*

ne se démodent jamais: *never go out of date*

se vide: *empties itself*

ça revient au même pour nous autres: *it's all the same to us*

menacé de disparition prochaine: *threatened with imminent extinction*

épines: *thorns*

Ce fut là: *That was* / **reprit:** *took*

s'en fut: *left* / **songeant à:** *thinking about*

➤ *Qu'est-ce que vous en pensez?*

Why do you think that the little prince is impressed at first with the job the geographer does? But why is he disappointed later on? According to the geographer, what's the difference between a geographer and an explorer? Do you agree with the definitions? Why or why not? Why is the morality of an explorer very important? The geographer gives an example of the kind of proof an explorer might bring back. What do you think of that proof? When the little prince talks about his planet, what seems to be most important to him? Is it also important to the geographer? Why or why not? What are the geographer's definitions of **éternel** and **éphémère**? Do you agree with the definitions? Do you have better ones? What lesson do you think the author is trying to teach in this passage?

La France

Carte d'identité: La France

Nom: France

Forme: hexagonale

Situation: à mi-chemin du pôle Nord et de l'équateur avec vue exceptionnelle sur quatre mers: la mer du Nord, la Manche, l'océan Atlantique et la Méditerranée

Taille: 550 000 km²

Nombre d'habitants: 60 millions

Signes particuliers: a un grand nez formé par la Bretagne; a également une île, la Corse, qui est séparée de l'hexagone

Relations personnelles: accueille 52 millions de touristes étrangers chaque année, un record mondial

Capitale: Paris

Monnaie: le franc (jusqu'au 31 décembre 2001); l'euro (monnaie européenne à partir du 1er janvier 2002)

Drapeau: tricolore (bleu, blanc, rouge)

Hymne: *La Marseillaise*

Devise: Liberté, Égalité, Fraternité

La France en Europe

La France occupe une situation géographique unique en Europe. Souvent appelé «l'hexagone» à cause de sa forme, situé à l'extrémité ouest de l'Europe occidentale, ce pays offre une grande variété de climats et de paysages. Ses voisins sont la Belgique et l'Allemagne au nord, la Suisse à l'est, l'Italie et l'Espagne au sud. Et au nord-ouest, il y a l'Angleterre qui est aujourd'hui reliée à la France par le tunnel ferroviaire sous la Manche («le Chunnel»).

> **Qu'est-ce que vous avez appris?**
>
> France is often referred to as the crossroads of Europe. What have you learned about France that supports this notion? What have you learned about France that you didn't already know?

Aux quatre coins du globe

La France est en Europe. Toute entière? Non, car des petits morceaux de France sont dispersés un peu partout dans le monde. On les appelle les départements et territoires d'outre-mer: les DOM-TOM. Le plus grand est la terre Adélie, un désert de glace près du pôle Sud où ne vit qu'une mission de savants. Presque tous les autres sont des îles: la Martinique, la Guadeloupe, la Réunion, la Nouvelle-Calédonie, Wallis-et-Futuna, Saint-Pierre-et-Miquelon, Mayotte, Tahiti. La base de lancement de la fusée Ariane est à Kourou en Guyane, un autre département français.

accueille: *receives, welcomes*
à mi-chemin: *half-way between*
base de lancement: *launch pad*
car: *because*
d'outre-mer: *overseas*
est reliée à: *is connected to*
ferroviaire: *railway*
fusée: *rocket*
glace: *ice*
îles: *islands*
Manche: *English Channel*
mission de savants: *research team*
mondial: *world*
morceaux: *pieces*
occidentale: *western*
paysages: *landscapes*
Toute entière?: *Entirely?*
vit: *lives*
voisins: *neighbors*

Le grand puzzle de la France

La France est découpée en 22 grands morceaux, les régions (autrefois appelées les «provinces»), et en 96 petits morceaux, les départements.

22 régions

Il y a 22 régions en France, et chacune regroupe plusieurs départements. De nombreux Français disent: «je suis breton, je suis basque, je suis corse», selon leur région d'origine. Autrefois, on appartenait d'abord à sa province: on parlait la langue de sa province, on observait des coutumes différentes d'une province à l'autre. Aujourd'hui, ces différences sont moins importantes mais elles existent toujours: dans le Nord ou en Lorraine, on ne vit pas exactement de la même façon qu'en Provence ou dans les Alpes.

Nous sommes normandes.

96 départements et 4 DOM

Les départements sont des petits bouts de territoire découpés comme un puzzle. Il y en a 96 plus 4 avec les DOM. À la tête de chaque département se trouve un préfet nommé par le gouvernement et un conseil général élu par les habitants.

Nous sommes franc-comtois.

Quelques chiffres des régions

- **La plus grande:** Midi-Pyrénées = 45 350 km²
- **La plus petite:** l'Alsace = 8 300 km²
- **La plus peuplée:** l'Île-de-France = 10 500 000 habitants
  (⅕ de la population française)
- **La moins peuplée:** la Corse = 240 000 habitants

Nous sommes alsaciens.

> **Qu'est-ce que vous en pensez?**

Do the French still have a tendency to identify with their province (region)? What makes you think so? How do people in the United States tend to identify themselves (by geographic region? by state? in some other way?)? How does this compare to what you know about France?

Je suis bretonne.

Je suis basque.

Je suis provençale.

Les langues de France

En 1539, le français devient l'idiome national, la langue officielle imposée par le roi de France François Ier à tous les habitants de France. Dès lors, chacun—écrivains, poètes, politiciens, etc.—sent le besoin de fortifier et d'enrichir cette langue. Mais, à partir de 1970, avec la création des régions, il y a une renaissance de l'intérêt des Français pour leur langue d'origine. C'est ainsi que dans les lycées, par exemple, les élèves peuvent choisir une langue régionale comme langue étrangère.

Les langues régionales

Aujourd'hui, on compte sept langues régionales en France:

1. **l'occitan:** *plus de 8 millions de Français le comprennent ou le parlent. C'est une langue romane, très proche du latin, parlée dans le sud de la France—de la Gironde aux Hautes Alpes.*
2. **l'alsacien et le lorrain:** *plus de 1,5 millions de Français le comprennent ou le parlent. C'est un dialecte de l'allemand.*
3. **le breton:** *plus de 1 million de Français le comprennent ou le parlent. C'est une langue celtique d'origine gauloise—les Bretons se sont installés en Gaule au Ve siècle.*
4. **le corse:** *plus de 200 000 Français le comprennent ou le parlent. C'est un dialecte de l'italien, donc d'origine latine. Il est parlé en Corse par la majorité des habitants de l'île.*
5. **le catalan:** *plus de 200 000 Français le comprennent ou le parlent. C'est un dialecte proche du latin. Il est parlé dans la partie orientale des Pyrénées.*
6. **le basque:** *plus de 100 000 Français le comprennent ou le parlent. Il est parlé dans la partie occidentale des Pyrénées, en France et en Espagne.*
7. **le flamand:** *plus de 100 000 Français le comprennent ou le parlent. C'est un dialecte du néerlandais, apparenté à l'allemand et à l'anglais.*

Dico

bouts: *pieces*
chacune: *each one*
découpée en: *cut into*
Dès lors: *Since (then)*
élu: *elected*
façon: *way*
imposée: *enforced*
occidentale: *western*
on appartenait:
   one belonged to
on compte: *there are*

orientale: *eastern*
préfet: *prefect*
   (government official)
proche: *close to*
regroupe: *includes*
renaissance: *recurring, revival*
roi: *king*
selon: *according to*
sent le besoin: *feels the need*
seule: *alone, by itself*
vit: *lives*

La mosaïque France

La France a de tout temps été une terre d'accueil. Un Français sur six a un parent ou un grand-parent d'origine étrangère. Actuellement, la crise économique rend plus difficile l'intégration des nouveaux venus.

Un brassage de population ancien

Depuis le XIXe siècle, la France fait appel à des travailleurs étrangers. À partir de 1890, Belges et Italiens viennent travailler dans l'agriculture et l'industrie. Après la Première Guerre mondiale, le pays manque de bras; des Polonais, des Russes et des Espagnols s'installent en France. Entre 1950 et 1973, la France recrute massivement des étrangers pour l'industrie. Depuis le début de la crise économique, en 1974, les frontières sont fermées et l'immigration presque arrêtée.

Horizons multiples

Les Européens du Sud (Italie, Espagne, Portugal) se sont installés dans les années 1950 et 1960. Les Maghrébins (Algériens, Marocains, Tunisiens), arrivés dix ans plus tard, ont ensuite été rejoints par leurs familles. Les arrivants les plus récents viennent d'Afrique noire, d'Asie et d'Europe de l'Est.

Une mosaïque de traditions

La majorité des enfants d'immigrés deviennent français mais restent liés à leur groupe d'origine. Africains comme Antillais se disent «blacks», les Maghrébins «beurs». Beaucoup oublient la langue de leur famille mais demeurent attachés aux traditions religieuses, musicales ou gastronomiques.

Des conditions de vie difficiles

De nombreux migrants sont aujourd'hui frappés par le chômage et la pauvreté. Membres de familles nombreuses, souvent dans des cités délabrées, ils sont les premières victimes de la crise économique.

Dico

Actuellement: *Currently*
arrivants: *arrivals*
ayant acquis: *having acquired*
brassage: *mixing*
chômage: *unemployment*
cités délabrées: *dilapidated housing projects*
demeurent: *remain*
de tout temps: *always*
devenir: *become*
familles nombreuses: *large families*
frappés par: *struck by*
hors de: *outside of*
manque de bras: *lacks workers*
nouveaux venus: *new arrivals*
pauvreté: *poverty*
rejoints par: *joined by*
restent liés à: *remain connected to*
se disent: *call themselves*
terre d'accueil: *land of welcome*
vivant: *living*

D'où viennent-ils ?

→ Tunisie : 206 336
→ Algérie : 614 207
→ Portugal : 649 714
→ Espagne : 216 047
→ Maroc : 572 652
→ Italie : 252 759

▶ Qu'est-ce que vous en pensez?

In your opinion, is this a balanced view of immigrants in France? What are the negative and positive aspects of immigration that are represented in this reading? Do we have the same kind of ambiguous relationship with certain immigrant groups in the United States? Can you give some examples of the political, social, linguistic impacts of these U.S. immigrant groups?

Sur 100 arrivés en 1994:

15 demandent l'asile politique,

60 viennent retrouver leur famille,

25 ont un travail permanent.

Qu'est-ce qu'un immigré?

Les immigrés sont des personnes nées hors de France, étrangères ou ayant acquis la nationalité française pendant leur vie. La France compte 4,31 millions d'immigrés en 1999, soit 7,4% de la population totale.

Comment devient-on français?

Avant 18 ans, il faut être né en France d'un parent français. Les jeunes nés en France de parents étrangers ou vivant en France depuis plus de cinq ans peuvent, entre 16 et 21 ans, devenir français, s'ils le demandent.

Ils sont devenus des gloires françaises

Marie Curie (1867–1934), née en Pologne, prix Nobel de physique

Marc Chagall (1887–1985), né en Russie, peintre

Yves Montand (1921–1991), né en Italie, chanteur et acteur

Yannick Noah, né en 1960 au Cameroun, joueur de tennis

MC Solaar, né en 1969 au Tchad, chanteur

Carte d'identité: La Suisse

Nom officiel: la Confédération helvétique

Situation: en Europe; frontières avec l'Italie, la France, l'Allemagne, l'Autriche et le Liechtenstein

Population: 6 871 500 habitants (1991) Suisses (Suissesses)

Superficie: 41 293 km^2

Capitale: Berne

Divisions administratives: 23 cantons

Villes principales: Zurich, Genève, Lausanne, Lucerne, Bâle, Winterthur, St-Gall, Bienne, Fribourg, Thoune, Neuchâtel, Lugano

Langues officielles: allemand, français, italien

Langues nationales: allemand, français, italien, romanche

Dialectes: 6 dialectes franco-suisses, 12 dialectes germano-suisses (alémaniques)

Religions: catholiques (47,9%), protestants (44,3%), autres (7,8%)

Date d'indépendance: le 1er août 1291

Unité monétaire: le franc suisse (1$ = 1,5FS)

Climat: grande diversité climatique à cause du relief accidenté *(rugged)*; au-dessus de 2 500 ou 3 000m d'altitude, la neige ne disparaît jamais (même climat que la zone polaire); dans les montagnes et les vallées, quatre saisons très distinctes (jamais excessivement chaud), climat tempéré; dans le sud du pays, climat plus chaud, étés plus longs et hivers moins rigoureux

Tourisme: stations de ski, alpinisme, villes pittoresques, palais des Nations unies à Genève, lacs, musées, monument de Guillaume Tell

Économie: très pauvre en matières premières; une industrie de transformation, de production et de services: alimentation, textiles, construction, machines, horlogerie, chimie, chocolat, fromage, hôtellerie, tourisme

Histoire: 1291—alliance perpétuelle de trois cantons (Uri, Schwyz et Unterwald); 1307—épisode de Guillaume Tell; 1815—pacte fédéral—tous les cantons alliés à la Confédération, reconnaissance de la neutralité suisse; 1978—création du canton francophone, le Jura

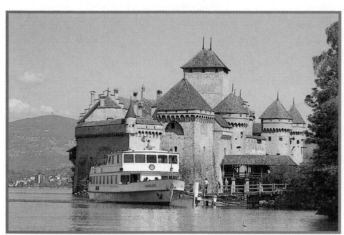

Château de Chillon, Montreux (Vaud)

Gruyères (Fribourg)

Boueresse (Neuchâtel)

Palais des Nations unies, Genève

Genève

La Suisse est un pays très montagneux; les Alpes occupent 60% du territoire. Berne est la capitale. Les plus grandes villes sont Zurich, Bâle et Genève.

La ville principale de la Suisse française est Genève, à l'extrémité sud-ouest du lac Léman.

Langues

a = **allemand**
f = **français**
i = **italien**
r = **romanche**
l = **autres langues**

Langues usuelles
(comptage
cumulatif)

72,0% a
33,0% f
14,5% i
10,9% angl
 0,9% r
11,2% l

l 12% Basel

Zürich
St. Gallen

Luzern
Bern

Chur

l 13%

a

f

a
r
r
a
i
r
l

Lausanne

l

Sion

Genève

Lugano

l 19%

Cantons avec
env. 10% de l
ou plus

| Langue principale: a Minorités | f, i, r négligeable | surtout i (6–7%) | r/i important | surtout f (8%) | Langue principale: i Minorités | surtout a (10%) |

| Langue principale: f Minorités | a, i, r négligeable | surtout a/i (tot. 10–11%) | surtout l (a/i tot.11%) | surtout a (ca. 30 %) | Frontières linguistiques | ---- |

➤ Qu'est-ce que vous en pensez?

Quelle image les films et les livres pour enfants donnent-ils de la Suisse? Dans quelle mesure croyez-vous que cette image corresponde à la réalité?

Entrée dans la Confédération	1291 Uri	1481 Soleure	1803 Tessin
	1291 Schwyz	1501 Bâle-Ville	1803 Vaud
	1291 Obwald	1501 Bâle-Campagne	1815 Valais
	1291 Nidwald	1501 Schaffhouse	1815 Neuchâtel
	1332 Lucerne	1513 Appenzell Rhodes-Extérieures	1815 Genève
	1351 Zurich	1513 Appenzell Rhodes-Intérieures	1979 Jura
	1352 Glaris	1803 St-Gall	
	1352 Zoug	1803 Grisons	
	1353 Berne	1803 Argovie	
	1481 Fribourg	1803 Thurgovie	

La Suisse comprend des cantons indépendants (chacun a sa propre constitution) formant ensemble un état fédératif: la Confédération helvétique (d'où les initiales que l'on voit sur les voitures suisses). Il y a quatre langues nationales—l'allemand (parlé par 65% des habitants), le français (18%), l'italien (10%) et le romanche (moins de 1%).

7 Un repas de fête

Eh bien, nous voilà à Calmoutier! Et toute la famille Buhler s'est réunie *(got together)* pour fêter ma visite. Ça fait du bien de retrouver mes tantes, mes oncles, mes cousins et mes cousines. Et aussi leurs enfants qui sont déjà des adolescents. Pour notre repas de fête, ma tante Simone va préparer un repas exceptionnel. On va se régaler! *(We're going to enjoy ourselves!)*

LA FAMILLE BUHLER

Chapter Support Materials
MP: pp. 271–319

MP Audio CD4,
TRACKS 2–11

OBJECTIVES

In this chapter, you'll learn to:

- identify foods;
- use expressions of politeness;
- talk about sports and other leisure activities;
- express likes and preferences.

In order to perform these activities, you'll learn to use:

- the partitive;
- the expressions of quantity and the pronoun **en;**
- the verb **lire** *(to read);*
- the conditional;
- the imperfect tense.

You'll also read and/or hear about food and leisure-time activities in France and in the Francophone world.

◘Contexte: *On se met à table*

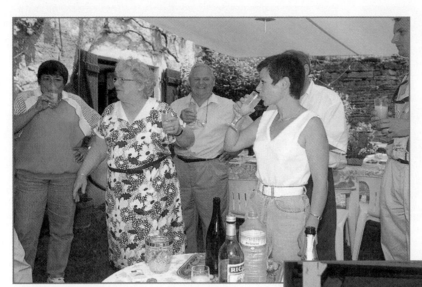

D'abord, on prend l'apéritif. Peut-être un martini, un pastis, un scotch ou un whisky. À votre santé!

Qu'est-ce qu'il y a comme hors-d'œuvre? Eh bien, Isabelle et la tante Simone servent des crevettes, du saumon fumé et des œufs mayonnaise.

À table tout le monde! Bon appétit!

Dico

À votre santé: *To your health!*
crevettes: *shrimp*
martini: *sweet vermouth*
œufs mayonnaise: *hard-boiled eggs with mayonnaise*
pastis: *anise-based drink*
saumon fumé: *smoked salmon*

Plat principal: un gigot d'agneau

Comme légumes, des haricots verts.

chèvre: *goat cheese*
gigot d'agneau: *leg of lamb*

Le plat des fromages: du brie, du camembert, du gruyère, du chèvre.

Et comme dessert? Une tarte aux fraises et un gâteau alsacien qui s'appelle un «kouglof».

Ça se dit comment?

Pour identifier les parties d'un repas et les plats *(To identify the parts of a meal and dishes)*

l'apéritif *(m.)*
 la bière
 le champagne
 le martini *(sweet vermouth)*
 le pastis *(an anise-based alcoholic*
  beverage served with water)
 le scotch
 le vin blanc
 le (vin) rosé
 le vin rouge
 le whisky

le pain *(bread)*
 une baguette *(long, crusty French bread)*
 un pain de campagne *(round country loaf)*
 des petits pains *(m.pl.) (rolls)*

un hors-d'œuvre (l'entrée, *f.)*
 les crevettes *(f.pl.) (shrimp)*
 une assiette de crudités *(various raw*
  vegetables with vinaigrette)
 le jambon *(ham)*
 les œufs mayonnaise *(m.pl.) (hard-boiled eggs with mayonnaise)*
 le pâté
 la salade de concombres
 la salade de thon
 la salade de tomates
 le saucisson *(salami)*
 le saumon fumé *(smoked salmon)*

le plat principal (le plat de résistance)
 la viande *(meat)* **et le poisson** *(fish)*
  un bifteck (un steak)
  une côtelette de porc *(pork chop)*
  de la dinde *(turkey)*
  un gigot d'agneau *(leg of lamb)*
  du poulet *(chicken)*
  des saucisses *(f.pl.) (sausages)*
  un filet de sole
  une truite *(trout)*

les légumes *(m.pl.) (vegetables)*
 des brocolis *(m.pl.)*
 des carottes *(f.pl.)*
 des haricots verts *(m.pl.)*
 des oignons *(m.pl.)*
 des petits pois *(m.pl.) (peas)*
 des pommes de terre *(f.pl.) (potatoes)*

la salade
 une salade verte
 de la vinaigrette

les fromages *(m.pl.) (cheeses)*
 le brie
 le camembert
 le chèvre *(goat cheese)*
 le gruyère *(Swiss cheese)*

les desserts *(m.pl.)*
 un gâteau (au chocolat) *([chocolate] cake)*
 de la glace
 une pâtisserie *(pastry)*
 des petits gâteaux (des biscuits) *(m.pl.) (cookies)*
 une tarte aux pommes (aux fraises, aux abricots)

les fruits *(m.pl.)*
 une banane
 des fraises *(f.pl.) (strawberries)*
 des framboises *(f.pl.) (raspberries)*
 une orange
 une pêche *(peach)*
 une poire *(pear)*
 une pomme *(apple)*

Ici, en France...

Ici, en France, la cuisine est considérée comme une activité culturelle de première importance. Si la préparation des repas de tous les jours (cuisine-devoir) se transforme de plus en plus en cuisine rapide, la cuisine de fête (cuisine-loisir), par contre, continue la tradition des repas à plusieurs plats. Ce sont des repas faits avec amour, plaisir et patience. Le temps ne compte ni dans les préparatifs ni dans la consommation. Si on passe toute la journée à élaborer des chefs-d'œuvre, on passe également des heures à les apprécier. Et ce n'est pas le moment de se préoccuper de diététique!

La cuisine de fête est souvent basée sur des recettes traditionnelles et régionales transmises de génération en géneration. Par exemple, en Alsace, la choucroute; dans le Midi, les variétés du cassoulet (un ragoût *[stew]* de haricots et de viande); en Provence, la bouillabaisse (un plat à base de poissons divers dans du vin blanc). Mais la cuisine-loisir d'aujourd'hui est aussi plus variée qu'autrefois. Sous l'influence des cultures étrangères, la cuisine devient plus «exotique» (menus mexicains, marocains, chinois, japonais, antillais...).

Les Français boivent 66 litres de lait frais par personne et par an.

Les Français mangent 35 kg de pommes de terre par personne et par an.

Les Français mangent 8,5 kg de sucre par personne et par an.

> ### Qu'est-ce que vous en pensez?

Les repas de fête en France se composent d'un hors-d'œuvre, d'un plat principal (viande, poisson, légumes), d'une salade, du fromage et du dessert. Et, bien sûr, le tout est accompagné de pain et de vin. Qu'est-ce qui constitue un repas de fête typique chez vous? Comment est-ce que ce repas est différent du repas de fête en France?

Les Français mangent 110 kg de viande par personne et par an.

Les Français mangent 4,5 kg de plats surgelés par personne et par an.

Les Français boivent 100 litres de boissons non alcoolisées par personne et par an.

À vous!

A. Qu'est-ce qu'ils aiment manger ou boire? Identifiez ce que les membres de la famille Buhler aiment manger ou boire.

MODÈLES:

Marcel aime manger de la dinde.

Marcel

Simone aime boire du vin rouge.

Simone

1

Annie

2

Christian

3

Isabelle

4

Jacky

5

Yves

6

Aurore

7

Valérie

8

Josette

9

Noëlle

10

Anne

11

Christine

12

Alain

FLASH GRAMMAIRE

Partitive articles: **du, de la, de l', des** (some)

du pain (some) bread
de la confiture (some) jam
de l'eau (some) water
des tomates (some) tomatoes

Tu achètes **du** pain?
Oui, j'achète **du** pain.
Non, je **n'**achète **pas de** pain.

Tu veux **de la** viande?
Oui, je veux **de la** viande.
Non, je **ne** veux **pas de** viande.

Vous avez **des** sardines?
Oui, nous avons **des** sardines.
Non, nous **n'**avons **pas de** sardines.

B. Qu'est-ce qu'il y a à manger? Regardez le dessin pour dire ce qu'on a apporté au pique-nique.

MODÈLE: *Nous avons apporté* (We brought) *de l'eau minérale.*

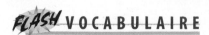

la boucherie *butcher shop*
la boulangerie-pâtisserie *bakery*
la charcuterie *delicatessen*
l'épicerie *(f.) general store*
le supermarché *supermarket*

C. **Je suis allé(e)... , j'ai acheté...** Utilisez les éléments donnés pour indiquer dans quel magasin vous êtes allé(e) et ce que vous avez acheté. Faites attention au partitif!

> MODÈLE: épicerie / fruits, mayonnaise, gruyère
> *Je suis allé(e) à l'épicerie. J'ai acheté des fruits, de la mayonnaise et du gruyère.*

1. boulangerie-pâtisserie / croissants, petits pains
2. charcuterie / jambon, salade de thon, saucisson
3. boucherie / biftecks, saucisses
4. épicerie / concombres, lait, mayonnaise, bananes
5. épicerie / moutarde, raviolis
6. supermarché / œufs, pain, fraises, dinde

Do you see how the partitive works? Whenever you can say *some* of anything, you use the partitive. So if you'd like some jam for your toast, you'd say **Je voudrais de la confiture, s'il vous plaît** *(I'd like some jam, please)*. But be careful. In English, it doesn't make much sense to say "I bought some melon." Instead, you'd say "I bought *a* melon." The same thing happens in French, where you use the indefinite articles **(un, une, des)** with many nouns **(J'ai acheté *un* melon)**. Chances are that if you can count something, you'll use the indefinite articles.

D. **Qu'est-ce que tu as acheté?** Répondez aux questions en utilisant les mots entre parenthèses.

> MODÈLE: Qu'est-ce que tu as acheté à la boulangerie?
> (pain de campagne, petits pains)
> *J'ai acheté un pain de campagne et des petits pains.*

1. Qu'est-ce que tu as acheté à la boucherie? (poulet, biftecks)
2. Qu'est-ce que tu as acheté à l'épicerie? (pêches, glace, brie)
3. Qu'est-ce que tu as acheté à la charcuterie? (saucisson, pâté, saumon fumé)
4. Qu'est-ce que tu as acheté au supermarché? (petits pains, melon, framboises)
5. Qu'est-ce que tu as acheté à la boulangerie-pâtisserie? (baguette, gâteau au chocolat, tarte aux abricots, pâtisseries)

Voici une histoire qui montre que, chez les Français, la cuisine se lie à l'honneur *(cuisine and honor are linked)*. C'est l'histoire de la mort tragique de Vatel. Au XVIIe siècle, il était le maître d'hôtel du Grand Condé. À un dîner que Condé offrait à Louis XIV à Chantilly, le poisson n'est pas arrivé à temps pour le repas. Vatel se crut *(believed he was)* déshonoré et se perça la poitrine de son épée (il s'est suicidé). Heureusement, aujourd'hui les conséquences d'un faux pas culinaire ne sont pas si sérieux!

E. Oui et non. Vous allez préparer un repas avec votre ami(e). D'abord, pour faire l'inventaire de ce que vous avez dans le frigo, vous répondez aux questions de votre ami(e). Dites que vous avez le premier article et que vous n'avez pas le deuxième. N'oubliez pas que le partitif et l'article indéfini deviennent **de** après le négatif (**pas de**).

Il y a plus de 300 fromages français. Les plus connus sont le brie, le camembert, le roquefort, le bleu d'Auvergne et le gruyère.

MODÈLE: jambon / pâté

—Est-ce que tu as du jambon?
—Oui, j'ai du jambon.
—Est-ce que tu as du pâté?
—Non, je n'ai pas de pâté.

1. oignons / poulet
2. mayonnaise / crevettes
3. petits pains / carottes
4. œufs / concombres
5. melon / gigot d'agneau
6. moutarde / saucisson
7. fromage / haricots verts
8. baguette / framboises
9. glace / fruits
10. fraises / dinde
11. thon / choucroute
12. vin rouge / tomates

F. Qu'est-ce que tu préfères? Parlez de certains aliments avec votre camarade. Utilisez des verbes comme **préférer, adorer, aimer (beaucoup, un peu, bien), ne... pas aimer, détester** et utilisez l'article défini.

MODÈLE: Voici des légumes. Quelles sont vos préférences?
(les carottes, les petits pois, les haricots verts, les brocolis, les oignons, les pommes de terre, les tomates, les concombres)

—J'aime bien les petits pois, et j'adore les carottes. Je déteste les oignons, mais j'aime beaucoup les pommes de terre. etc.
—Eh bien, moi, j'adore les oignons. J'aime bien les haricots verts, mais je préfère les petits pois. etc.

To indicate that you generally like or prefer something, use the definite article.
J'aime le café. / Je n'aime pas la viande. / Je préfère les légumes. / J'aime beaucoup le poulet.

Quelles sont vos préférences?

1. Voici des viandes. (le bifteck, le poulet, les côtelettes de porc, la dinde, le gigot d'agneau, le jambon)
2. Voici des poissons et des crustacés. (le saumon, la truite, la sole, les crevettes, les huîtres [oysters, f.pl.], le homard [lobster])
3. Voici des fruits. (les bananes, les framboises, les fraises, les oranges, les pêches, les poires, les pommes, le raisin [grapes])
4. Voici des apéritifs. (la bière, le vin [rouge, blanc, rosé], le champagne, le martini, le scotch)
5. Voici d'autres boissons. (le coca, l'eau, le lait, le jus d'orange)
6. Voici des hors-d'œuvre. (les crudités, le pâté, la salade de tomates, la salade de concombres, le saumon fumé, le jambon, les crevettes, les œufs mayonnaise)
7. Voici des fromages. (le brie, le camembert, le gruyère, le chèvre, le gouda, le fromage américain)
8. Voici des desserts. (la glace, la tarte aux pommes [aux fraises, aux abricots], les pâtisseries, le gâteau [au chocolat], les biscuits)
9. Voici des pains. (les baguettes, le pain de campagne, les petits pains)

◼️Échange: *Bon appétit!*

Après l'apéritif, la famille Buhler se met à table. C'est une belle journée et on mange dehors.

SIMONE: C'est prêt. Mettez-vous à table! Jeannette, assieds-toi à côté de ton oncle Yves. Voilà.

Les hors-d'œuvre sont servis.

MARCEL: Bon appétit, tout le monde!
ANNIE: Maman, elles sont délicieuses, les crevettes! C'est pas tous les jours qu'on en mange.
SIMONE: Eh, c'est pas tous les jours qu'on a Jeannette avec nous!
MARCEL: Tu me passes le pain, s'il te plaît?... Merci.

Ensuite la tante Simone sert le plat principal, un gigot d'agneau.

MARCEL: Il sent bon, ton gigot!
SIMONE: Oui, mais tu sais, je le trouve un peu sec.
JEANNETTE: Mais pas du tout! Il est parfait!
ANNIE: Tu me passes les haricots, papa?
MARCEL: Voilà. Tu veux du vin?
ANNIE: Oui, pourquoi pas. Je prendrais bien une petite goutte... Arrête... ça va... merci.

La tante Simone commence à débarrasser la table.

JEANNETTE: Attends! Je te donne un coup de main.
SIMONE: Mais non! Reste là. Les enfants vont m'aider. Allez, les enfants, on débarrasse et on sert le dessert.

Dico

assieds-toi: *sit down*
Attends!: *Wait! / Hold on!*
dehors: *outside*
Il sent bon: *It smells good*
Je te donne un coup de main.: *I'll give you a hand.*
petite goutte: *drop*
prêt: *ready*
sec: *dry*
se met à table: *sits down*
tout le monde: *everybody*

L'abc du «savoir se tenir à table» *(table manners)*
Il vaut mieux...
tenir le couteau *(knife)* **dans la main droite pour couper** *(cut)* **la viande, et éviter** *(avoid)* **de reprendre** *(changing)* **la fourchette** *(fork)* **dans cette main pour porter le morceau** *(piece)* **à sa bouche**

ne pas «saucer», c'est-à-dire essuyer *(wipe)* **la sauce avec un morceau de pain**

Ça se dit comment?

Pour offrir à boire ou à manger *(To offer something to drink or to eat)*
Vous voulez (Tu veux) boire quelque chose?
Qu'est-ce que je peux vous (t')offrir?
Servez-vous, je vous en prie. (Sers-toi, je t'en prie.) *Please help yourself.*
Encore un peu de... ? *Would you like more . . . ?*

Pour accepter l'offre *(To accept the offer)*
Oui, je veux bien. *Yes, I wouldn't mind.*
Oui, merci. *Yes, thank you.*

Pour refuser l'offre *(To refuse the offer)*
Pas pour moi, merci. *Thanks, not for me.*
Merci, (non). *No, thank you (thanks).*

Pour trinquer *(To make a toast)*
À votre (ta) santé! *To your health!*
À la vôtre! (À la tienne!) *To your health!*
Tchin-tchin! *Cheers!*

Pour inviter quelqu'un à s'asseoir *(To invite someone to sit down)*
Asseyez-vous, s'il vous plaît! *Please sit down!*
Assieds-toi, s'il te plaît!

Pour demander quelque chose *(To ask for something)*
Vous me passez (Tu me passes) le pain?
Vous pourriez (Tu pourrais) me passer le pain?

Pour faire un compliment *(To pay a compliment)*
Ça sent très bon.
C'est délicieux.
C'est parfait.
C'est très bon.

Pour remercier *(To say "thank you")*
Je vous remercie, Madame (Monsieur, Mademoiselle).
Je te remercie, Simone.
Merci bien.

Pour répondre aux remerciements *(To respond to the thanks)*
(Il n'y a) pas de quoi. *You're welcome.*
De rien. *You're welcome.*

In France, if someone pays you a compliment, you don't respond with "thank you," the way you would in the United States. Instead, you behave as if you didn't deserve the compliment or, at the very least, you minimize it. For example, if someone says: **«C'était un excellent repas.»**, you might say **«Oh, ce n'était pas grand-chose.»** *(It was no big deal.).* If someone pays you a compliment about an article of clothing **(Ce pull est très beau.),** you could say **«Tu trouves? Il est très vieux.»** *(You think so? It's very old.).* While the French indicate that they don't deserve the praise, it's nevertheless understood that they're pleased by a compliment.

poser les mains (et non les coudes) sur le bord *(edge)* **de la table**

Avec plaisir, s'il vous plaît.

Merci!

rompre (casser) *(break)* **son morceau de pain; ne pas le couper au couteau**

À vous!

G. **Les formules de politesse.** Qu'est-ce vous dites dans les circonstances suivantes?

Qu'est-ce que vous dites si...

1. on vous offre quelque chose à boire ou à manger (positif, négatif)?
2. vous voulez trinquer?
3. vous voulez offrir quelque chose à boire?
4. vous voulez inviter quelqu'un à s'asseoir?
5. vous voulez demander quelque chose à boire ou à manger?
6. vous voulez faire un compliment à quelqu'un?
7. on vous remercie?
8. vous voulez remercier quelqu'un?
9. on vous fait un compliment?

H. **Un dîner.** Un(e) de vos camarades vous a invité(e) à dîner. Vous arrivez, on vous demande de vous asseoir, on vous offre quelque chose à boire, on vous offre à manger et on vous sert. Pendant le dîner, vous parlez d'un voyage que vous avez fait. N'oubliez pas d'utiliser des phrases de politesse *(Ça se dit comment?, p. 321)* pendant le repas.

> Do **À faire! (7-1)** on page 271 of the **Manuel de préparation.**
> * Follow-up: food vocabulary, the partitive
> * Preparation: expressions of quantity and the pronoun **en** *(Contrôle 17)*

Le monde francophone

Manger au Sénégal

Voici la recette préférée de Marie-Thérèse Zobo, une jeune Sénégalaise.

LE SÉNÉGAL

Recette **Ndomba**

Ingrédients:

1 kg de poisson frais	1 gousse d'ail
3 belles tomates	1 bouquet garni (persil, céleri, basilic)
2 oignons moyens	Sel, 1 bouillon cube

Nettoyer les poissons, les couper en morceaux s'ils sont gros. Nettoyer les condiments, les écraser et les mélanger aux poissons. Mélanger le tout et vérifier l'assaisonnement. Mettre dans une assiette creuse supportant la chaleur, couvrir et faire cuire au bain-marie pendant ¾ d'heure. Retirer du feu, servir chaud. Ce plat se sert accompagné de macabo, d'igname, de pommes de terre et, bien sûr, avec du pain. Bon appétit!

Marie-Thérèse Zobo
Dakar, Sénégal

Dico

assaisonnement: *seasoning*
assiette creuse: *deep dish*
au bain-marie: *in a double boiler*
écraser: *crush*
gousse d'ail: *clove of garlic*
igname: *yam*
macabo: *plant with large leaves grown in Central Africa*
manioc: *cassava (a root vegetable)*
Mélanger: *Stir into*
morceaux *chunks*
Nettoyer: *Clean*
Retirer du feu: *Take it off the heat*

Les produits du Jardin
Dans les pays africains, comme dans les autres pays du monde, les gens aiment les produits du jardin. Ils cultivent des légumes et des fruits qu'ils utilisent souvent dans la cuisine de la région.

le palmier

le cocotier

les noix de coco

les dattes

le manguier

les mangues

l'oranger

le citronnier

les oranges

les citrons

le bananier

le papayer

les bananes

les papayes

l'ananas

les arachides

l'igname

le manioc

la patate douce

> ## Qu'est-ce que vous en pensez?

- Comparez les produits du jardin typiques de votre région à ceux qu'on cultive dans les pays d'Afrique. Quels produits est-ce qu'on trouve en Afrique qu'il n'y a pas chez vous et vice versa?
- Est-ce que vous avez une recette préférée? Laquelle? Trouvez les mots dans un dictionnaire pour écrire la recette et la partager avec vos camarades de classe.

Rappel grammatical

Les expressions de quantité et le pronom *en*

General quantities
beaucoup de / ne... pas beaucoup de / un peu de / très peu de

Specific quantities
un kilo de / une livre de / 500 grammes de / un litre de / une bouteille de / une douzaine de / un morceau de / un bout de / une tranche de

Expressions of sufficiency
trop de / assez de / ne... pas assez de

Comparison of nouns
plus de... que / moins de... que / autant de... que

The pronoun en

Tu as **un stylo**?
　Oui, j'**en** ai **un**.
　Non, je n'**en** ai pas.

Tu as acheté **du pain**?
　Oui, j'**en** ai acheté.
　Non, je n'**en** ai pas acheté.

Tu vas chercher **de la bière**?
　Oui, je vais **en** chercher.
　Non, je ne vais pas **en** chercher.

À vous!

1. **À l'épicerie.** Utilisez les éléments donnés pour répondre aux questions de l'employé.

> MODÈLE: Qu'est-ce que je peux faire pour vous?
> (1 kilo, abricots / 1 livre, salade de tomates)
>
> *Il me faut* (I need) *un kilo d'abricots et une livre de salade de tomates.*

1. Qu'est-ce que je peux faire pour vous? (1 litre, vin rouge / 8 tranches, saucisson)
2. Qu'est-ce qu'il vous faut? (1 bouteille, Perrier / 2 kilos, pommes)
3. Qu'est-ce que je vous donne? (50 grammes, pâté / 1 morceau, saucisson)
4. Qu'est-ce que vous désirez? (une douzaine, abricots / 1 livre, salade de thon)
5. Et pour vous? (un bout, gruyère / 1 livre, jambon)

study

Exercice de substitution
1. J'ai *trop de* patience. (assez de / trop de / pas assez de)
2. Il a *trop d'*argent. (assez de / pas assez de / trop de)
3. Nous avons *assez de* pâtisseries pour quatre personnes. (trop de / pas assez de / assez de) *ā - say*
4. Tu as *trop de* jambon pour deux personnes. (pas assez / assez de / trop de)

Ajoutez les expressions entre parenthèses à chaque phrase et faites les changements nécessaires.

5. Nous avons des amis. (pas beaucoup / très peu / beaucoup)
6. Elles ont des CD. (beaucoup / très peu / pas beaucoup)
7. Mon père a de la patience. (pas beaucoup / beaucoup / peu)
8. Il a du tact. (peu / beaucoup / pas beaucoup)

Utilisez les éléments donnés et des expressions de comparaison pour faire des phrases.

MODÈLE: je / + / livres / Marie
　　　　J'ai plus de livres
　　　　<u>que</u> Marie.

ā - tant

9. nous / – / CD / nos amis
10. ils / = / vidéos / nous
11. elle / + / patience / moi
12. il / – / tact / toi
13. je / = / argent / mon frère
14. tu / + / DVD / nous

Répondez deux fois (affirmatif et négatif) aux questions en utilisant le pronom **en**.

write out

15. Tu as assez d'argent?
16. Elle a acheté des crevettes?
17. Ils ont un ordinateur?
18. Vous avez apporté du vin?
19. Tu as mangé des légumes?
20. Elles ont acheté un gâteau?
21. Vous avez visité beaucoup de monuments?
22. Tu vas manger de la salade?
23. Il va acheter des framboises?

Beaucoup de Français préfèrent les marchés en plein air *(open-air markets)* où l'on vend des aliments et d'autres marchandises une ou deux fois par semaine. On y trouve une grande variété de légumes et de fruits frais, ainsi que des spécialités de la région comme des champignons *(mushrooms)*, des épices *(herbs/spices)*, des fromages et aussi des fleurs. Quand on fait ses courses au marché, on met généralement ses achats dans un panier *(basket)* ou un filet *(net bag)*. Si vous avez l'occasion d'aller en France ou dans un autre pays francophone, n'oubliez pas de visiter des marchés en plein air. Ils sont toujours très pittoresques.

J. Combien tu en as? Utilisez les éléments donnés pour poser une question à un(e) camarade de classe. Il/Elle va vous répondre affirmativement ou négativement en utilisant une expression de quantité. Utilisez **tu** ou **vous** selon la façon dont vous vous adressez à vos camarades d'habitude.

MODÈLE: avoir / DVD / beaucoup

—*Tu as (Vous avez) beaucoup de DVD?*
—*Oui, j'ai beaucoup de DVD.* OU
—*Non, j'ai très peu de DVD.*

1. acheter / CD / beaucoup
2. avoir / romans / beaucoup
3. avoir / argent / assez pour acheter une voiture
4. manger / viande / beaucoup
5. boire / bière / beaucoup
6. avoir / argent / assez pour acheter un ordinateur
7. acheter / magazines / beaucoup
8. avoir / argent / assez pour aller souvent au restaurant

K. J'en ai... je n'en ai pas... Maintenant, refaites l'*exercice J* en utilisant le pronom **en** dans la réponse.

MODÈLE: —*Tu as (Vous avez) beaucoup de DVD?*
—*Oui, j'en ai beaucoup.* OU
—*Non, j'en ai très peu.*

L. Échange. Posez les questions suivantes à un(e) camarade, qui va vous répondre en utilisant le pronom **en.**

La famille
1. Combien de frères est-ce que tu as? Et de sœurs?
2. Et combien d'oncles et de tantes est-ce que tu as? Et combien de cousins? Et de cousines?

Les loisirs
3. Combien de films est-ce que tu as vus le mois dernier? Et de matchs sportifs?
4. Tu as des CD? Combien? Et des DVD? Combien?
5. Tu as des jeux vidéo? Combien?
6. Tu envoies *(send)* beaucoup de messages électroniques?

La nourriture
7. Tu manges des œufs? Combien par semaine?
8. Est-ce que tu manges du chocolat? Combien de fois par semaine?
9. Tu manges souvent de la pizza? Combien de fois par mois?

Dossier-France: Qu'est-ce qu'ils mangent, les Français?

La France gastronomique

- bêtises de Cambrai
- crêpes bretonnes
- quiche lorraine
- escargots
- bonbons des Vosges
- fruits de mer
- port-salut
- moutarde de Dijon, pain d'épice, cassis
- rillettes de Tours
- emmenthal
- pruneaux d'Agen
- nougat de Montélimar
- roquefort
- saucisses de Toulouse
- salade niçoise
- jambon de Bayonne
- anchois de Collioure

➤ Qu'est-ce que vous avez appris?

Lesquelles de ces spécialités est-ce que vous avez déjà goûtées *(tasted)*? Lesquelles est-ce que vous aimeriez goûter? Faites une liste des spécialités de votre région (état) ou d'autres régions des États-Unis. Faites des recherches sur Internet pour établir votre liste et utilisez un dictionnaire pour trouver les équivalents français.

Dico

anchois: *anchovies*
bêtises: *mint candy*
bonbons: *candy*
cassis: *black currant syrup*
emmenthal: *Swiss cheese*
escargots: *snails*
fruits de mer: *seafood*
pain d'épice: *gingerbread*
port-salut: *soft, creamy-textured cheese*
pruneaux: *prunes*
rillettes: *minced meat*
salade niçoise: *salad made of tomatoes, cucumbers, artichokes, green peppers, onions, hard-boiled eggs, anchovies or tuna, and black olives*

Une journée alimentaire

Petit déjeuner. 36% des Français boivent du café noir, 23% du café au lait, 14% du thé, 11% du jus de fruits. 59% mangent du pain ou des biscottes avec du beurre, 25% du pain ou des biscottes avec de la confiture ou du miel, 7% du fromage ou un yaourt, 7% des céréales, 5% des fruits. 6% ne prennent pas de petit déjeuner.

Déjeuner. 73% le prennent chez eux en semaine, 81% le week-end. 66% mangent de la viande, 38% des légumes, 29% des pommes de terre, 19% du riz, des pâtes ou de la semoule, 9% du poisson, 3% un sandwich. Les trois quarts mangent du pain. Au restaurant, 60% commandent une entrée (dans la moitié des cas, des crudités), 59% un dessert.

Dîner. 27% mangent de la viande, 23% de la soupe (43% des plus de 50 ans), 17% des pommes de terre, 9% du jambon, 9% des œufs, 6% d'autres charcuteries. 71% prennent du fromage.

Aujourd'hui, les Français ne mangent plus comme leurs grands-parents. Par exemple, ils mangent...

—

→ **moins de pain**
→ **moins de pommes de terre**
→ **moins de légumes**

 +

→ **plus de sucre**
→ **plus de viande**
→ **plus de fromage**

> **Qu'est-ce que vous en pensez?**

Comparez vos repas d'une journée typique aux repas des Français. Quelles sont les différences entre vos habitudes alimentaires et celles des Français? Ensuite comparez vos habitudes à celles des personnes plus âgées dans votre famille. Est-ce que vous mangez plus ou moins de sucre, de sel, de fast-foods, de viande, de légumes, etc.? À votre avis, est-ce que vous êtes plus conscient(e) des questions de santé (en ce qui concerne les aliments) que les personnes plus âgées? Pourquoi (pas)?

Dico

beurre: *butter*
biscottes: *melba toast*
boivent: *drink*
charcuterie: *cold cuts*
chez eux: *at home*
commandent: *order*
dans la moitié des cas: *in half the cases*
ne mangent plus: *no longer eat*
pâtes: *pasta*
semoule: *couscous, semolina*

L'ère du grignotage
[...] 42% des Français mangent ou boivent au moins occasionnellement entre le petit déjeuner et le déjeuner, 49% entre le déjeuner et le dîner, 36% après le dîner. Aux heures des repas, les *snacks* constituent de véritables substituts aux menus traditionnels. Les plus concernés sont les hommes de 30 à 40 ans, cadres ou employés, mais aussi les enfants (36% mangent le matin en dehors du petit déjeuner). Les quantités moyennes correspondant au grignotage sont encore quatre à cinq fois moins importantes en France qu'aux États-Unis, mais deux fois plus qu'en Italie ou en Espagne.

Cofremca-Sociovision, 1998

 Les horaires et les menus sont plus flexibles.

Le nomadisme alimentaire se généralise
Les Français prennent de plus en plus l'habitude de manger n'importe où: voiture; lieu de travail; rue; transports en commun; lieux publics... 32% prennent leur repas de midi sans se mettre à table. 37% mangent ou boivent dans la rue au moins une fois par mois. 32% des Français consomment parfois des produits amenés sur leur lieu de travail (26% en 1992); 27% ont mangé au moins une fois dans les transports en commun au cours de la semaine écoulée. [...]

 Le petit déjeuner devient un véritable repas.

Plaisirs de la table
Avec 18% des suffrages, la table arrive en troisième position dans la hiérarchie des plaisirs, derrière l'amour (30%) et les sorties avec les amis (26%), mais devant les livres ou les films (14%), le sport (7%) et le sommeil (4%). Les goûts culinaires sont éclectiques: 39% des Français disent préférer les plats traditionnels, 23% les plats raffinés, 20% les plats simples, 18% les plats originaux.

Leur menu idéal serait composé d'un avocat aux crevettes en entrée (28%), d'une blanquette de veau en plat de résistance (28%) et d'une tarte Tatin en dessert (33%). Parmi les plats régionaux, les préférés sont la choucroute (28%), le cassoulet (23%), la fondue savoyarde (18%), la bouillabaisse (16%) et les escargots de Bourgogne (15%). Parmi les plats étrangers, le couscous est le plus apprécié (44%), devant la paella (26%), la pizza (15%) et les pâtés impériaux (12%). Seuls 2% des Français disent aimer les hamburgers, mais 70% fréquentent au moins occasionnellement les fast-foods qui en servent.

Familles de France, 1999

amenés: *brought*
au cours de: *during*
blanquette de veau: *veal in white wine sauce*
grignotage: *snacking*
lieu(x): *place(s)*
n'importe où: *anywhere*
pâtés impériaux: *spring rolls*
semaine écoulée: *the previous week*
sommeil: *sleep*
tarte Tatin: *apple tart*
transports en commun: *public transportation*

Un an de nourriture

Évolution des quantités moyennes consommées par personne (en kg ou en litres):

	1990	1997
• Pain	63,3	59,6
• Pommes de terre	62,4	69,3
• Légumes frais	88,3	89,2
• Bœuf	17,6	15,3
• Volailles	22,2	23,8
• Œufs	14,3	14,9
• Poissons, coquillages, crustacés	14,7	14,8
• Lait entier	68,1	67,6
• Fromage	17,1	18,2
• Yaourts	16,3	19,0
• Huile alimentaire	11,4	13,1
• Sucre	10,0	8,1
• Vins courants	45,9	37,1
• Vins AOC	23,5	26,0
• Bière	39,7	35,2
• Eaux minérales et de source	92,4	124,6

INSEE

90% des foyers achètent au moins une bouteille de vin ou de spiritueux par an. La moyenne est de 12 bouteilles par foyer, une par mois.

Callegari Berville

Le champagne, symbole de la fête... et de la France

coquillages / crustacés: *shellfish*
(eau) de source: *bottled spring water*
foyers: *households*
Lait entier: *Whole milk*
Vins AOC (Appellation d'Origine Contrôlée): *Quality wines*
Vins courants: *Ordinary wines*
Volailles: *Poultry*

Le tour du monde en 7 recettes

samedi McItalia

durée limitée

McDonald's

Rapidité et exotisme, deux attentes croissantes en matière alimentaire

BDDP @TBWA

Le roi hamburger

Le succès du hamburger ne doit rien au hasard. Il est d'abord lié au produit lui-même. Rond, chaud, mou et doux, le hamburger répond aux goûts contemporains.

On trouve le hamburger dans des lieux de convivialité où les «tribus» modernes baignent dans une ambiance internationale et «branchée». Leurs membres ont la possibilité de consommer de façon nomade, en emportant les produits. Enfin le rapport prix/plaisir est jugé favorable. Ainsi, l'«indice Big Mac» utilisé par les économistes (comparaisons des prix pratiqués par les restaurants McDonald's dans le monde) ne permet pas seulement de mesurer les différences de pouvoir d'achat entre les pays. Il montre aussi ce qu'ont en commun les civilisations.

 58% des Français aiment manger avec les doigts.

 66% des restaurants ouverts depuis 1993 sont des fast-foods.

 Les Français achètent chaque année environ 160 millions de sandwiches.

Les grandes surfaces développent des rayons de produits «prêts-à-manger» pour répondre à la demande de rapidité des ménages qui cherchent des idées de menus et ne veulent pas consacrer du temps à la préparation de leurs repas.

► Qu'est-ce que vous avez appris?

- Selon les renseignements donnés, quelles généralités est-ce que vous pouvez faire sur les habitudes culinaires des Français?
- Quelles statistiques est-ce que vous trouvez les plus intéressantes? Pourquoi?
- Est-ce que vous avez trouvé certaines contradictions dans les habitudes culinaires des Français dans les informations présentées?
- Quel est votre menu idéal et comment est-il différent du menu idéal des Français?
- Quelles spécialités régionales américaines est-ce que vous aimez particulièrement?
- Quelles cuisines étrangères est-ce que vous préférez? Comparez vos goûts à ceux des Français.
- Qu'est-ce que c'est que l'«indice Big Mac» et comment est-ce qu'il est utilisé par les économistes? Est-ce que vous êtes d'accord que cet indice montre «ce qu'ont en commun les civilisations»?

Do **À faire! (7-2)** on page 282 of the **Manuel de préparation.**
* Follow-up: expressions of quantity and the pronoun **en**
* Preparation: the sounds **c, g, s, ch**; the verb **lire**

attentes: *expectations*
croissantes: *growing*
mou: *soft*
pouvoir d'achat: *buying power*
«tribus»: *lit. "tribes" = cliques*

▪Contexte: *Qu'est-ce que vous faites comme sports?*

Qu'est-ce que vous faites comme sports?

MARIANNE
«À l'université, je fais partie de l'équipe interuniversitaire de volley. Je joue au volley-ball presque tous les jours.»

SERGE
«Moi, je fais partie de l'équipe interuniversitaire de tennis. Je joue au tennis trois fois par semaine.»

CÉDRIC
«Je suis fana de sports. Je fais du canoë (du kayak) avec un club, je fais du jogging tous les jours et j'apprends à jouer au golf.»

SUZANNE
«Moi, mon sport préféré, c'est la natation. Je vais souvent à la piscine avec mes amis et je nage pendant des heures. J'adore aussi l'équitation. Je fais du cheval le mercredi et le samedi après-midi.»

Et quels sports est-ce qu'ils pratiquent?

M. Jadot fait du judo.

Virginie fait du ski (alpin).

Richard fait du patinage.

Yvonne Leblanc fait de la planche à voile.

Roland Mercier fait du ski nautique.

Mlle Ferey fait de la voile.

M. Arnaud fait de la luge.

Jean et Annick font de la randonnée.

To say "to play" or "to participate in" a sport, you can use the verb **faire** with the partitive **(du, de la, de l')**: **Nous faisons de l'alpinisme.** With any sport that is also a game, you can use the verb **jouer à** *(to play)*: **Ils jouent au hockey.**

> ### Qu'est-ce que vous avez appris?

Dites quel sport pratique chaque personne dans le *Contexte*. Par exemple, «Mlle Ferey fait de la voile.» Ensuite, choisissez les sports que vous préférez.

Ça se dit comment?

Pour identifier d'autres sports *(To identify other sports)*

faire de l'alpinisme *(m.)*	*to go mountain climbing*	faire du ski de fond	*to cross-country ski*
faire de l'athlétisme *(m.)*	*to do track and field*	faire du squash	*to play squash*
faire de la boxe	*to box*	faire du surf	*to surf*
faire de la gym	*to work out*	faire du surf des neiges	*to snowboard*
faire de la gymnastique	*to do gymnastics*	(du snowboard)	
faire de la planche à	*to skateboard*	jouer au (faire du) base-ball	*to play baseball*
roulettes (du skate-board)		jouer au (faire du) basket	*to play basketball*
faire de la plongée sous-marine	*to scuba dive*	jouer au (faire du) foot(ball)	*to play soccer*
faire du cyclisme (du vélo)	*to do cycling*	jouer au (faire du) football	*to play (American) football*
faire du hockey	*to play hockey*	américain	
faire du karaté	*to do karate*	jouer au frisbee	*to play frisbee*
faire du roller(blade)	*to rollerblade*		

À vous!

🎧 **M.** **Les activités de Marie-Jeanne.** Écoutez Marie-Jeanne parler des sports qu'elle aime et qu'elle n'aime pas. Pour chaque sport indiqué, dites si elle l'aime ou pas et si elle le pratique fréquemment ou pas (**souvent, pas souvent, rarement, ne... jamais, tout le temps**).

MODÈLE: faire du golf
Marie-Jeanne n'aime pas faire du golf. Elle ne fait jamais de golf.

1. faire de la randonnée
2. faire du ski nautique
3. faire du cheval
4. faire du roller
5. faire de la voile

6. faire du tennis
7. faire du jogging
8. faire de la planche à voile
9. faire du judo
10. faire de la natation

> You've already learned to use the partitive (**du, de la, de l', des**) with foods. Now you'll use it again with the verb **faire** and sports (**Je fais de la gymnastique**). Remember that the partitive becomes **de** in a negative statement (**Je ne fais pas de gymnastique**).

N. **Quels sports est-ce qu'ils aiment?**

MODÈLES: *Laetitia aime faire du ski.*   *Olivier aime jouer au golf.*

Laetitia

Olivier

Janine

Isabelle

Kévin

Sandrine

Frédéric

Hélène

Nicolas

Cédric

Alain

Zoé

O. On bouge. *(You move around.)* Dites à quels sports on associe les mouvements suivants.

> MODÈLE: Quels sont les sports où l'on court *(you run)*.
> *l'athlétisme, le basket, etc.*

Quels sont les sports...

1. où l'on court?
2. où l'on glisse *(you glide)*?
3. où l'on grimpe *(you climb)*?
4. où l'on roule *(you move on wheels)*?
5. où l'on frappe une balle *(you hit a ball)*?
6. où l'on lance une balle *(you throw a ball)*?
7. où l'on marche *(you walk)*?
8. où l'on pivote *(you pivot, twirl)*?
9. où l'on utilise un ballon *(a ball)*?
10. où l'on saute *(you jump)*?

P. J'aime... je n'aime pas... Utilisez les expressions pour réagir de façon positive ou négative à une variété de sports.

> MODÈLE: *Moi, j'aime assez le tennis mais je n'aime pas du tout faire du squash. Je préfère aller à la piscine parce que j'adore nager. La natation, c'est ma passion. Je fais partie de l'équipe de natation de l'université.*

Remember to use a definite article with the noun when you express likes and dislikes (**Moi, j'adore le squash mais je n'aime pas du tout le tennis**).

FLASH VOCABULAIRE

j'aime (beaucoup, assez)
j'adore
... , c'est ma passion
... me passionne
je suis (un[e]) fana de
je suis fou (folle) de
je n'aime pas (du tout)
je déteste

Zoom!

Le VTT

Ce sport est né à la fin des années 70 aux États-Unis. Aujourd'hui, c'est un sport qui a beaucoup de succès en France, surtout pour les amateurs de nature et d'aventure. Avec ses nombreuses vitesses *(speeds)* et ses grosses roues *(wheels)* solides, le VTT est pratiqué partout *(everywhere)*. C'est pour ça qu'en France, on appelle ce sport le vélo tout terrain *(all terrain)*. VTT, c'est à la fois le nom de la bicyclette et du sport.

◼ **Échange:** *On se détend*

Au milieu du repas, Annie se lève pour prendre des photos de la famille.

a toujours l'air: *always looks*
Au milieu du: *In the middle of*
Ça n'a pas toujours été: *It wasn't always*
C'est pas pareil!: *It's not the same thing!*
dada: *obsession*
du matin au soir: *from morning till night*
fanas: *short for* **fanatiques**
me détendre: *relax*
On se détend: *They relax*
passais: *spent*
sait vraiment: *really knows*
terrain: *field*
tous les deux: *both*
travaillais: *worked*

JACKY: Regarde Annie. Voilà notre photographe amateur. Faire des photos, c'est son dada.

ANNIE: Arrête! Et toi, alors? Tu passes tout ton temps libre sur un terrain de foot!

JACKY: C'est pas pareil! Je joue au foot pour me détendre. Quand tu prends des photos, tu as toujours l'air stressé.

SIMONE: Vous êtes tous les deux des fanas. Dans la famille, c'est votre père qui sait vraiment se détendre.

JACKY: C'est vrai. Il est dans son jardin du matin au soir. Et il est toujours très calme!

MARCEL: Ça n'a pas toujours été comme ça. Quand je travaillais, je passais beaucoup moins de temps dans le jardin.

Ça se dit comment?

Pour parler des loisirs (To talk about leisure activities)

se détendre (je me détends, tu te détends, il/elle/on se détend, nous nous détendons, vous vous détendez, ils/elles se détendent)
se passionner pour (le tennis, etc.)
s'intéresser à
s'amuser à + *infinitif*

passer son temps à + *infinitif*
être amateur de (jazz, peinture) / **faire de la peinture** (de la photo) **en amateur**
être (un[e]) **fana de** (foot, volley, etc.)
le temps libre
pratiquer un sport

Pour identifier d'autres activités (To identify other activities)

aller au cinéma
bavarder en ligne
bricoler (faire du bricolage) (to putter around)
collectionner les timbres (to collect stamps)
écouter la radio (de la musique)
être membre d'un club
faire de la couture (to sew)
faire de la danse
faire de la peinture
faire du jardinage (to work in the garden)
faire du théâtre
faire la cuisine

faire ses devoirs (m.pl.)
faire une balade (to take a walk)
jouer aux cartes
jouer du piano (de la guitare, du violon, etc.)
lire
parler (bavarder) **au téléphone**
se promener
regarder la télé
sortir avec des copains (des amis)
surfer sur Internet
tricoter (to knit)

À vous!

Q. **Qui fait quoi?** *(Who is doing what?)* Dites ce que font les jeunes sur le dessin.

MODÈLE: Qui lit un livre?

Dorothée lit un livre.

Le verbe *lire* *(to read)*

je lis	nous lisons
tu lis	vous lisez
il/elle/on lit	ils/elles lisent

PASSÉ COMPOSÉ: **lu (avoir)**

1. Qui fait ses devoirs?
2. Qui prend le dîner?
3. Qui écoute de la musique?
4. Qui regarde la télé?
5. Qui joue au ping-pong?
6. Qui fait de la peinture?
7. Qui fait des photos?
8. Qui joue au foot?
9. Qui joue au basket?
10. Qui lit un magazine?

D'où vient le tennis? Les Grecs et les Romains se renvoyaient déjà *(were already returning)* une balle au-dessus d'un filet *(over a net)* avec leurs mains. En France, ce sport était très populaire au Moyen Âge. Il s'appelait le «jeu de paume *(palm)*», en raison de la paume de la main qui servait de raquette.

R. Vos loisirs. Exprimez votre opinion sur les activités suivantes ou dites quand vous les faites.

MODÈLE: faire du (jouer au) golf

Je fais souvent du golf. OU
Je voudrais faire du golf un jour. OU
J'ai fait du golf hier après-midi. OU
Je n'ai jamais fait de golf. OU
J'aime beaucoup le golf et j'en fais souvent. etc.

1. faire du jogging
2. faire de la natation
3. faire du cheval
4. faire de la randonnée
5. faire du ski (alpin, de fond)
6. faire de la planche à voile
7. surfer sur Internet
8. faire du ski nautique
9. faire de la voile
10. lire des romans
11. lire le journal
12. faire de la couture
13. faire des photos
14. collectionner des timbres
15. bavarder au téléphone
16. écouter de la musique
17. faire du VTT
18. regarder la télé

S. Pour me détendre... Parlez avec vos camarades de ce que vous et vos amis (ou les membres de votre famille) aimez faire pour vous détendre. Utilisez les expressions et le vocabulaire pour parler des loisirs.

MODÈLE: *Moi, je me passionne pour les timbres. Les timbres de France et du monde francophone sont ma spécialité. Je passe presque tous les dimanches à travailler sur ma collection. J'aime aussi lire, surtout les romans. Je préfère les activités calmes. Par contre, mon frère, il préfère bouger tout le temps. C'est un fana de foot et de basket. Ma mère, son dada, c'est la photo. Elle fait aussi de la peinture en amateur. Elle est artiste. Mon amie Becky...*

Ici, en France...

En France, comme dans d'autres pays, les activités qui occupent le temps libre varient selon les individus, les groupes différents et selon les cultures régionales. Si le base-ball et le football américain ont un certain «standing» aux États-Unis, les Français, eux, sont des fanas de football et de cyclisme. La Coupe du monde et le Tour de France sont donc des événements qui engagent l'attention de tout le pays. Mais les Français s'intéressent aussi à une grande variété de loisirs qui ne dépendent pas forcément des sports. Regardons ce que nous _____ent les statistiques au sujet des loisirs en France.

Une année de loisirs

Activités pratiquées au cours des douze derniers mois par sexe (1997, en % de la population de 15 ans et plus):

	Ensemble		Hommes		Femmes	
	Ont pratiqué	dont réguliè-rement	Ont pratiqué	dont réguliè-rement	Ont pratiqué	dont réguliè-rement
- Faire du tricot	12	6	0	0	24	11
- Faire de la broderie, du crochet, de la tapisserie	11	5	1	0	20	9
- Faire des mots croisés	32	18	24	13	39	23
- Faire de «bons plats» ou essayer de nouvelles recettes	50	29	32	16	66	40
- Faire des travaux de bricolage	50	23	66	36	35	12
- S'occuper de la voiture, la moto	39	22	55	35	24	11
- S'occuper d'un jardin potager	21	15	25	19	17	11
- S'occuper d'un jardin d'agrément	40	27	38	28	42	26
- Jouer aux cartes ou à des jeux de société	53	21	51	20	54	21
- Jouer au PMU	8	3	11	5	5	2
- Jouer au Loto, Tac-o-Tac, Morpion...	30	12	30	12	31	11
- Jouer à des jeux électroniques sur une mini-console	16	6	18	7	14	5
- Jouer aux boules	20	3	27	4	14	2
- Aller à la pêche	14	4	20	6	8	1
- Aller à la chasse	4	2	6	3	1	0
- Se promener dans un espace vert	70	30	68	29	72	32
- Faire une randonnée à pied ou à vélo	34	11	37	12	32	10
- Faire du yoga ou de la relaxation	4	3	4	2	5	3
- Faire du footing ou du jogging	18	9	23	12	13	6
- Faire de la gymnastique ou de l'éducation physique	19	12	16	10	21	14
- Pratiquer une autre activité physique ou sportive	23	16	29	22	17	11

Ministère de la Culture et de la Communication

➤ Qu'est-ce que vous en pensez?

• Selon les statistiques, quelles semblent être les activités de loisir les plus pratiquées en France?
• Quels sports ont vu leur popularité augmenter considérablement en France entre 1980 et 1998?
• À votre avis, quelles activités de loisir sont les plus populaires ici aux États-Unis? Faites des recherches sur Internet pour soutenir votre hypothèse. D'après vos recherches, quelles sont les différences entre la France et les États-Unis en ce qui concerne les loisirs?

Do **À faire! (7-3)** on page 288 of the **Manuel de préparation.**
* Follow-up: the verb **lire;** vocabulary for leisure-time activities (including sports)
* Preparation: the conditional *(Contrôle 18)*

Foot toujours

Évolution du nombre des licenciés des principales disciplines:

	1980	1998*
- Football	1 554 069	2 034 085
- Tennis	786 811	1 039 013
- Judo	351 000	552 609
- Pétanque	426 282	442 667
- Basket-ball	304 375	427 007
- Équitation	133 740	388 614
- Rugby	208 913	277 880
- Golf	38 718	268 630
- Voile	85 383	245 899
- Ski**	544 270	234 930
- Handball	149 109	226 137
- Karaté, arts martiaux	—	202 003

*Estimations.
**Hors snowboard pour 1998.

Ministère de la Jeunesse et des Sports

Comme tous les jeunes, Christine et Isabelle Buhler ont beaucoup de projets pour l'avenir. Lesquels vont se réaliser? Impossible de le savoir. Mais les deux adolescentes ont beaucoup d'énergie et de détermination. Il ne serait donc pas étonnant de les voir atteindre leurs buts.

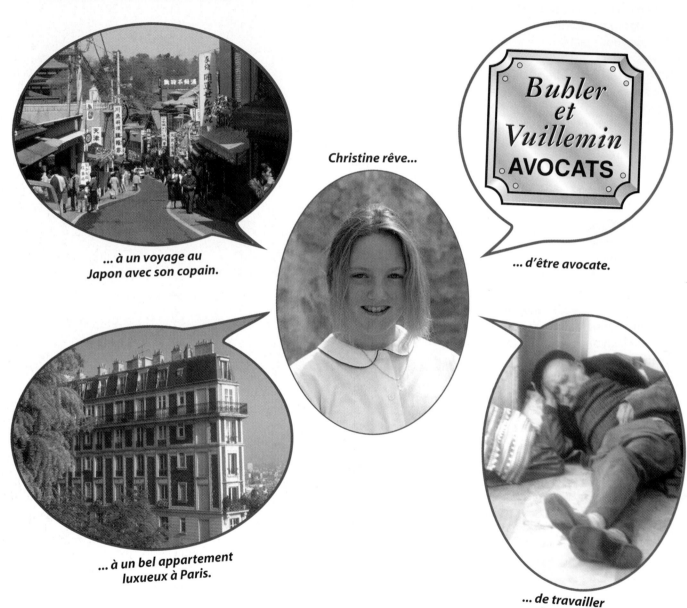

Christine rêve...

... à un voyage au Japon avec son copain.

Buhler et Vuillemin **AVOCATS**

... d'être avocate.

... à un bel appartement luxueux à Paris.

... de travailler avec les sans-abri.

⬤ Ambitions

Les jeunes ne veulent plus choisir entre le travail et la famille. Même pour les étudiants de l'enseignement supérieur, la réussite passe à la fois par un travail intéressant (83%) et une vie de famille heureuse (77%). Le temps libre (33%) est jugé plus important que le fait d'avoir beaucoup d'argent (21%). Enfin, la possibilité d'aider les autres est considérée comme aussi nécessaire que celle de disposer de beaucoup d'argent (23%).

L'Express/L'Étudiant, octobre 1999

> ## Qu'est-ce que vous en pensez?

Dans quelle mesure les rêves et les aspirations de Christine et d'Isabelle correspondent-ils aux ambitions d'autres jeunes Français? À votre avis, les jeunes Américains ont-ils des rêves et des aspirations semblables *(similar)*? Comparez vos propres rêves à ceux des jeunes en France? En quoi est-ce que vous êtes semblable ou différent(e)?

Isabelle s'imagine...

Isabelle Buhler Pédiatre

... dans une petite maison en banlieue avec son mari et ses deux enfants.

... médecin.

... membre de Médecins sans frontières.

... avec une voiture de sport.

Dico

buts: *goals*
celle: *that (the possibility)*
choisir: *to choose*
Comme: *Like*
copain: *boyfriend*
fait: *fact*
Il ne serait donc pas étonnant:
   It therefore wouldn't be surprising

Lesquels: *Which ones*
luxueux: *luxurious, expensive*
Médecins sans frontières:
   *Doctors Without Borders
   (Doctors who volunteer
   their time to provide
   medical assistance in
   disaster situations)*

projets pour l'avenir:
   plans for the future
réussite: *success*
sans-abri: *homeless*
se réaliser: *to be realized,
   to happen*
temps libre: *free time*

À vous!

T. Quels sont leurs rêves et leurs aspirations? Répondez aux questions selon ce que vous avez appris dans le *Contexte* à propos de Christine et d'Isabelle.

Christine

1. À quel voyage rêve Christine? Avec qui est-ce qu'elle veut voyager?
2. Dans quelle sorte de logement est-ce qu'elle rêve d'habiter?
3. Dans quelle profession est-ce qu'elle se voit?
4. Avec qui est-ce qu'elle veut travailler pendant son temps libre?

Isabelle

5. Dans quelle sorte de logement est-ce qu'elle se voit?
6. Avec combien d'enfants est-ce qu'elle s'imagine?
7. À quelle sorte de situation professionnelle est-ce qu'elle rêve?
8. Dans quelle partie du monde est-ce qu'elle veut travailler? Avec qui?
9. Qu'est-ce qu'elle veut s'acheter?

Des comparaisons

10. Qu'est-ce que Christine et Isabelle ont en commun?
11. En quoi sont-elles différentes?
12. En quoi Christine et Isabelle sont-elles semblables aux jeunes français? En quoi sont-elles différentes?

U. Et vous? Voici la liste des aspirations de Christine et d'Isabelle. Pour chacune des aspirations, donnez votre réponse personnelle.

MODÈLE: Christine rêve de faire un voyage au Japon. Et vous, où est-ce que vous rêvez de faire des voyages?

Moi, je rêve de faire un voyage (en Australie, au Maroc, etc.).

1. Christine rêve de faire un voyage au Japon. Et vous, où est-ce que vous rêvez de faire des voyages?
2. Elle veut habiter un ou deux ans au Japon. Et vous, est-ce que vous aimeriez habiter dans d'autres pays? Lesquels? Pour combien de temps?
3. Elle rêve à un appartement luxueux à Paris. Et vous, à quel type de logement est-ce que vous rêvez?
4. Elle veut être avocate. Et vous, qu'est-ce que vous voudriez faire dans votre vie professionnelle? (Si vous avez déjà une profession, qu'est-ce que vous faites?)
5. Elle voudrait travailler avec les sans-abri. Et vous, est-ce que vous voudriez participer à des œuvres humanitaires?
6. Isabelle s'imagine avec deux enfants. Est-ce que vous vous voyez avec des enfants? Combien? (Est-ce que vous avez des enfants? Combien?)
7. Elle veut travailler dans un pays d'Afrique. Et vous, est-ce que vous voudriez travailler dans un pays étranger *(foreign country)*?
8. Elle rêve à une voiture de sport. Et vous, à quoi rêvez-vous?

👥👤 V. Mes rêves et mes aspirations. Parlez à vos camarades de vos rêves pour l'avenir. Parlez de vos aspirations professionnelles, des choses matérielles que vous voudriez avoir, de la famille, des voyages, des œuvres humanitaires, etc.

Rappel grammatical

Le conditionnel

Verbes en *-er, -ir, -re*		
arriver	partir	prendre
arriver-	partir-	prendr-
j'arriver**ais**	je partir**ais**	je prendr**ais**
tu arriver**ais**	tu partir**ais**	tu prendr**ais**
il/elle/on arriver**ait**	il/elle/on partir**ait**	il/elle/on prendr**ait**
nous arriver**ions**	nous partir**ions**	nous prendr**ions**
vous arriver**iez**	vous partir**iez**	vous prendr**iez**
ils/elles arriver**aient**	ils/elles partir**aient**	ils/elles prendr**aient**

Verbes irréguliers

aller	ir-	j'**irais**, nous **irions**	pouvoir	pourr-	tu **pourrais**, vous **pourriez**
avoir	aur-	tu **aurais**, vous **auriez**	savoir	saur-	ils **sauraient**, nous **saurions**
être	ser-	elle **serait**, nous **serions**	venir	viendr-	je **viendrais**, vous **viendriez**
faire	fer-	je **ferais**, nous **ferions**	voir	verr-	tu **verrais**, nous **verrions**
falloir	faudr-	il **faudrait**	vouloir	voudr-	elle **voudrait**, ils **voudraient**

Phrases conditionnelles

si + *imparfait* + *conditionnel*   *conditionnel* + si + *imparfait*

Si j'avais le temps, j'irais à la piscine.   **J'irais à la piscine si j'avais le temps.**

À vous!

W. Que feriez-vous? Indiquez ce que vous feriez dans les quatre situations suivantes. Mettez les verbes au conditionnel.

1. Matthieu dîne dans un restaurant avec son amie Marie-Jo. Ils commandent tous les deux le menu à 20€. À la fin du repas, Matthieu se rend compte *(realizes)* qu'il n'a que 30€ dans son portefeuille *(wallet)*. Marie-Jo a laissé son sac à la maison. Que feriez-vous à la place de Matthieu?
   a. vous excuser, aller aux toilettes et vous sauver *(to run away)*
   b. vous excuser, aller aux toilettes et téléphoner à un(e) ami(e)
   c. demander à Marie-Jo d'aller chercher son sac chez elle
   d. appeler le garçon et commander le menu à 15€
   e. autres solutions???
2. Demain, Marine doit passer un examen dans son cours le plus difficile, les maths. Son petit ami Cédric, qu'elle n'a pas vu depuis deux mois, téléphone pour lui dire qu'il arrivera ce soir mais qu'il sera obligé de repartir demain matin. Que feriez-vous à la place d'Annick?
   a. demander à un(e) ami(e) de passer la soirée avec Roger et étudier jusqu'à 10h ou 11h
   b. demander à Roger de ne pas venir
   c. passer la soirée avec Roger au risque de rater l'examen
   d. sortir avec Roger et inventer une excuse pour votre professeur
   e. autres solutions???

Exercice de substitution

1. *J'*irais en Australie. (nous / vous...? / elle / tu...? / ils)
2. *Nous* ferions mieux de ne pas sortir ce soir. (on / tu / vous / elles / il)
3. Si *tu* allais en France, *tu* visiterais Cannes? (vous / ils / elle / nous / on)
4. *Elle* voudrait aller avec nous? (vous / tu / ils / nous)
5. Si *j'*avais de l'argent, *je* partirais pour Tahiti. (nous / elle / ils / vous...?)
6. Est-ce qu'*ils* seraient contents de ce job? (vous / elle / tu / nous / elles)
7. *Nous* prendrions volontiers un petit café. (je / elle / ils / on)
8. Si *on* était en France, *on* s'amuserait beaucoup. (je / tu / elles / vous / nous)

3. François a invité ses amis Martin et Chantal à dîner chez lui. Il a oublié le rôti dans le four *(oven)*; il est brûlé et immangeable. Ses amis vont arriver dans quelques minutes. Que feriez-vous à la place de François?
   a. sortir de l'appartement et aller au cinéma
   b. attendre vos amis dehors *(outside)* et proposer qu'on dîne au restaurant
   c. leur servir des pizzas surgelées *(frozen)*
   d. préparer une sauce à la moutarde à servir avec la viande brûlée
   e. autres solutions???

4. Anne-Marie vient de se fiancer avec Jean-Claude. Les parents de Jean-Claude, qui habitent en Algérie, lui rendent visite. Ils partent demain matin et ils veulent faire la connaissance de la fiancée de leur fils. Ils ont donc invité Anne-Marie à dîner dans le restaurant le plus élégant de la ville. Hélas, Anne-Marie tombe malade; elle a de la fièvre et mal à la gorge. Que feriez-vous à sa place?
   a. prendre deux cachets d'aspirine et aller au restaurant
   b. aller au restaurant, mais ne rien manger
   c. téléphoner aux parents de Jean-Claude pour faire vos excuses
   d. aller chez le médecin et lui demander de vous faire une piqûre *(injection)*
   e. autres solutions???

🧍🧍🏃 **X. Sur une île de ton choix.** Demandez à un(e) camarade de classe ce qu'il (elle) ferait s'il (si elle) devait passer quelques mois sur une île de son choix. Ensuite changez de rôle. Utilisez le conditionnel dans vos réponses.

   MODÈLE: Combien de temps est-ce que tu voudrais y passer?

   Je voudrais y passer deux mois (six mois, un an, etc.).

   1. Combien de temps est-ce que tu voudrais y passer?
   2. Comment est-ce que tu ferais le voyage—en avion ou en bateau?
   3. Qui est-ce que tu inviterais à t'accompagner?
   4. Où serait l'île de ton choix—dans l'océan Atlantique, dans l'océan Pacifique, etc.?
   5. Qu'est-ce qu'il y aurait sur cette île?
   6. Quel animal domestique est-ce que tu aimerais emmener avec toi?
   7. Qu'est-ce que tu mettrais dans ta valise *(suitcase)*?
   8. Qu'est-ce que tu apporterais à manger?
   9. Comment est-ce que ton camarade et toi, vous passeriez votre temps sur cette île?
   10. Qu'est-ce que vous apprendriez à faire sur cette île?
   11. Est-ce que tu serais content(e) de rentrer chez toi?

🧍🧍🏃 **Y. Si tu étais riche...** Utilisez les éléments donnés pour poser des questions à un(e) camarade au sujet de ce qu'il (elle) ferait s'il (si elle) était riche. Utilisez le conditionnel.

   MODÈLE: où / habiter

   —*Où est-ce que tu habiterais si tu étais riche?*
   —*J'habiterais en Floride (à Paris, etc.).*

   1. où / habiter
   2. dans quelle sorte de logement / habiter
   3. qu'est-ce que / acheter
   4. avec qui / sortir
   5. où / faire des voyages
   6. quelle voiture / acheter
   7. qui / aider
   8. comment / passer le temps (réponse = **passer le temps à** + infinitif)
   9. quel travail / faire
   10. quels vêtements / porter

■Monologue: *Je suis assez ambitieuse*

Comme j'ai déjà dit, je voudrais bien un jour faire un voyage au Japon. Je rêve même d'y habiter pendant un an ou deux. Pour le moment, je suis encore au lycée où j'étudie le japonais et l'anglais. Mon anglais, ça va assez bien mais mon japonais n'est pas encore au point. Je pense que ces deux langues vont me servir dans mon métier d'avocate dans le domaine international.

Mes copains disent que je suis très ambitieuse et je pense qu'ils ont raison. J'ai l'intention de continuer mes études, de gagner pas mal d'argent, de voyager, d'habiter un appartement luxueux de préférence à Paris. C'est vrai que je suis assez ambitieuse. Mais je travaille très dur à l'école. J'ai déjà fait un stage dans un cabinet d'avocats pour avoir une idée de ce qui m'attend dans l'avenir. Et je ne suis pas du tout égoïste. Je sais que j'ai toujours eu de la chance dans la vie et que j'ai donc la responsabilité de rendre quelque chose à la société. Le week-end je travaille déjà dans une agence qui s'occupe des sans-abri et un jour je compte faire davantage, surtout pour les jeunes qui se trouvent sans ressources et sans famille. C'est en partie pour ça que je veux gagner beaucoup d'argent. Ça me donnera les moyens d'être plus généreuse avec les autres.

Mes parents me demandent si je pense me marier. Je ne sais pas. Tout d'abord je voudrais poursuivre mes rêves et réaliser mes aspirations. Un mari et des enfants, ce n'est pas, pour le moment, dans mes projets d'avenir. Et une chose est sûre: même si j'ai des enfants, je n'ai aucune intention d'abandonner ma carrière. Je ne vais pas choisir entre le travail et la famille.

Christine Buhler

cabinet d'avocats: *attorneys' office*
ce qui: *what*
davantage: *more*
déjà: *already*
dur: *hard*
gagner: *earn, make*
ils ont raison: *they're right*
j'ai toujours eu de la chance: *I've always been lucky*
je n'ai aucune intention: *I have no intention*
métier: *job, profession*
moyens: *means*
n'est pas encore au point: *isn't great yet*
rendre: *to give back*
stage: *internship*
vie: *life*

À vous!

Z. Les projets de Christine. Décidez si les phrases suivantes sont vraies ou fausses. Si une phrase est fausse, corrigez-la en vous basant sur le monologue.

1. Christine aimerait faire un voyage au Japon mais elle n'a pas l'intention d'y habiter.
2. Elle étudie le japonais et l'anglais.
3. Elle parle bien le japonais mais son anglais n'est pas au point.
4. Elle veut être médecin.
5. Elle est assez ambitieuse.
6. Elle travaille dur et elle a déjà travaillé dans un cabinet d'avocats.
7. Elle veut gagner beaucoup d'argent parce qu'elle est très matérialiste.
8. Elle a l'intention de se marier.
9. Elle ne veut pas sacrifier sa carrière pour avoir une famille.
10. Christine semble être une personne assez équilibrée.

Ça se dit comment?

Pour utiliser des expressions négatives *(To use negative expressions)*

ne... pas	*not*	Je ne parle pas japonais.
le contraire: l'affirmatif		Je parle japonais.
ne... aucun(e)	*not any*	Je n'ai aucune intention d'abandonner ma carrière.
le contraire: l'affirmatif		J'ai l'intention d'abandonner ma carrière.
ne... jamais	*never*	Nous n'avons jamais visité le Japon.
le contraire: **souvent, toujours, quelquefois**		Nous avons souvent visité le Japon.
ne... pas encore	*not yet*	Mon japonais n'est pas encore au point.
le contraire: **déjà** *(already)*		Mon japonais est déjà au point.
ne... rien	*nothing*	Je n'ai rien acheté.
le contraire: **quelque chose** *(something)*		J'ai acheté quelque chose.
rien ne...	*nothing*	Rien ne le choque.
le contraire: **quelque chose, tout**		Tout le choque.
ne... personne	*no one*	Nous n'avons vu personne.
le contraire: **quelqu'un** *(someone)*		Nous avons vu quelqu'un.
personne ne...	*no one*	Personne n'a téléphoné.
le contraire: **quelqu'un**		Quelqu'un a téléphoné.
ne... plus	*no (any) longer (more)*	Il n'est plus en France.
le contraire: **encore, toujours** *(still)*		Il est toujours en France.

AA. **Le contraire.** Donnez le contraire de chacune des idées suivantes. Utilisez une expression négative ou le contraire d'une expression négative.

MODÈLES: Elle ne fait jamais d'exercice.
Elle fait toujours (souvent) de l'exercice.

Quelqu'un a téléphoné.
Personne n'a téléphoné.

1. J'ai téléphoné à quelqu'un hier soir.
2. Il n'est plus jeune.
3. Elle a l'intention de poursuivre ses études.
4. Tu fais quelquefois du tennis?
5. Vous n'êtes pas encore arrivés?
6. Elle ne fait jamais rien le week-end.
7. Quelqu'un est venu te voir.
8. Rien n'est important.

BB. **Il a le cafard.** *(He's very depressed.)* Vous avez un ami qui a le cafard. Sa famille s'inquiète et vous pose des questions. Vous dites la vérité, c'est-à-dire que vous répondez toujours à la forme négative. Utilisez les expressions négatives que vous avez apprises.

MODÈLE: Il sort avec quelqu'un?

Non, il ne sort avec personne.

1. Mais il voit encore sa petite amie Nicole, n'est-ce pas?
2. Mais il va souvent au cinéma, n'est-ce pas?
3. Alors, qu'est-ce qu'il fait le week-end?
4. À qui est-ce qu'il parle?
5. À quoi est-ce qu'il s'intéresse?
6. Qui lui téléphone?
7. À qui est-ce qu'il téléphone?
8. Mais il fait toujours ses devoirs, non?
9. Il a déjà parlé à ses professeurs?

CC. **Une interview catastrophique.** Vous avez eu une interview particulièrement mauvaise avec un certain M. Garnet et vous êtes de très mauvaise humeur *(bad mood)*. Quand vos amis vous interrogent, vous répondez toujours à la forme négative.

MODÈLE: Est-ce que tu as déjà trouvé un job?

Non, je n'ai pas encore trouvé de job.

1. Qu'est-ce que M. Garnet t'a demandé?
2. Et qu'est-ce que tu as dit?
3. À qui est-ce que tu as demandé des références?
4. Qui va t'écrire des lettres de référence?
5. Est-ce que tu as apporté ton CV?
6. Qu'est-ce que tu as donné à M. Garnet?
7. Est-ce que M. Garnet veut te revoir? (Utilisez le verbe **voir.**)
8. Est-ce que tu as déjà préparé tes documents pour ta prochaine interview?
9. Est-ce que tu as souvent ce genre d'expérience?

> Remember to use the invariable **de** after a negative expression (you already learned this rule with the negative **ne... pas**). For example, **Je n'ai plus d'examens.**

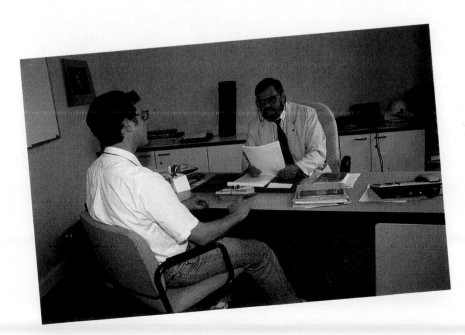

Le monde francophone

Élève Journaliste à Lagos

Partout dans le monde les jeunes, garçons et filles, ont des aspirations communes. Ils rêvent de devenir chefs d'entreprises (petites ou grandes), ingénieurs, professeurs, médecins, artistes, avocats. Voilà, par exemple, Bernice Sarpong, élève-journaliste à Lagos, au Nigeria.

Nigeria

Lagos

Les jeunes de Lagos, "giga" city

Lagos est la ville principale du Nigeria, un pays de 120 millions d'habitants à l'ouest du Cameroun. Les langues principales du Nigeria, ancienne colonie anglaise, sont l'anglais, le haoussa, l'ibo et le yoruba. Mais le français est devenu récemment une langue officielle.

Bernice Sarpong
Élève journaliste

Je m'appelle Bernice. J'ai vingt ans. Depuis l'école primaire, je rêve de devenir journaliste. J'ai toujours voulu écrire pour donner mon point de vue. En attendant de me consacrer à plein temps à ma passion, je passe mes journées à lire. Je me jette sur tous les journaux qui passent à portée de ma main. Mon père est professeur dans une école secondaire. Maman est au foyer. Mes parents me donnent un peu d'argent pour acheter la presse mais je ne peux pas en acheter tous les jours; on n'est pas très riche. Alors je plonge dans les romans ou même la Bible. Il faut que je lise en permanence, c'est vital.

dictature, la presse n'a jamais renoncé à faire son travail. Beaucoup de journalistes ont été emprisonnés. Mais cela ne les a jamais empêchés de critiquer la dictature militaire et de dénoncer tous ses crimes. Quand les habitants du quartier savent que vous êtes journaliste, ils viennent vous demander conseil.

J'écris déjà des articles pour le plus ancien quotidien de Lagos, le Daily Times. Je m'occupe de la chronique judiciaire. Je vais au palais de justice pour faire des compte-rendus de procès. À chaque fois qu'un de mes articles est publié, mon père est si fier qu'il le montre à tous ses amis.

À Lagos, il y a plus d'une vingtaine de quotidiens. La compétition est féroce. Si on veut survivre dans cette profession, on ne peut pas se permettre d'être paresseux. C'est aussi ça que j'aime dans cette activité, il faut toujours se lancer des défis, se remettre en cause.

nous battre contre les préjugés des hommes, nous avons les moyens de réussir. Moi même, j'espère diriger un jour un grand journal.

Tout en travaillant au Daily Times, je suis inscrite en deuxième année à l'Institut nigérian de journalisme dans le quartier d'Ikeja, qui se trouve à proximité de mon domicile. Dans chaque rédaction, il y a au moins un journaliste qui passe par cette école. La plupart des étudiants travaillent déjà à temps partiel dans des rédactions. Ce qui nous permet d'avoir des contacts et aussi un peu d'argent, car la vie à Lagos est vraiment chère.

J'ai aussi choisi la profession de journaliste parce que je ne suis pas matérialiste. L'argent n'est pas ma priorité. À Lagos, les journalistes sont presque toujours mal payés. Nous avons même du mal à obtenir un défraiement pour nos reportages. À chaque fois que je vais au palais de justice, je suis obligée de payer le déplacement de ma poche. À l'école de journalisme, nous souffrons de la faiblesse de nos moyens. Nous avons un seul ordinateur pour 2000 étudiants. Nous attendons toujours une connection internet...

Planète Jeunes, n° 48, décembre 2000– janvier 2001, p. 6

Un vrai défi pour une femme

Au Nigeria, le journalisme est un métier très prestigieux. Pendant les années de

Un métier ouvert aux femmes

Plusieurs Nigérianes ont réussi à devenir rédactrices en chef. Même si nous devons encore

---

Dico

à portée de ma main: *within reach*
compte-rendus de procès: *summaries of trials*
conseil: *advice*
défi: *challenge*
défraiement: *reimbursement for expenses*
déplacement: *trip*
dictature: *dictatorship*
diriger: *to direct*
du mal: *difficulty*

empêché: *prevented*
en attendant: *while waiting*
faiblesse: *weakness, small quantity*
fier: *proud*
foyer: *home*
me consacrer à: *to dedicate myself to*
me jette: *throw myself*
moyens de réussir: *means to succeed*

nous battre contre: *to fight against*
plupart: *majority*
quotidien: *daily (newspaper)*
rédaction: *editorial staff*
rédactrices: *editors*
seul: *single*
se remettre en cause: *to question oneself*

▶ Qu'est-ce que vous en pensez?

In what ways are Bernice Sarpong's life, plans, and dreams similar to those of people you know? In what ways are they different?

How might Bernice's story oblige people to examine stereotypes they might have about people in Africa and in other parts of the world?

Do **À faire! (7-4)** on page 296 of the **Manuel de préparation**.
* Follow-up: dreams and aspirations, the conditional
* Preparation: the imperfect tense *(Contrôle 19)*

Rappel grammatical

L'imparfait

IMPERFECT TENSE FORMS	
parler	
je **parlais**	nous **parlions**
tu **parlais**	vous **parliez**
il/elle/on **parlait**	ils/elles **parlaient**
faire	
je **faisais**	nous **faisions**
tu **faisais**	vous **faisiez**
il/elle/on **faisait**	ils/elles **faisaient**
être	
j'**étais**	nous **étions**
tu **étais**	vous **étiez**
il/elle/on **était**	ils/elles **étaient**

Uses of the imperfect tense
1. Habitual actions (**Autrefois, nous allions au bord de la mer tous les ans.**)
2. Actions that were going on simultaneously (**Pendant que nous parlions, elle regardait la télé.**)
3. Physical attributes (**Elle avait les cheveux blonds.**)
4. Age (**Il avait trois ans.**)
5. Background for a story (**Il était neuf heures. J'étais en visite à Paris...**)

Expressions that often accompany the imperfect tense
autrefois
d'habitude
fréquemment
quelquefois
souvent
toujours
tous les jours (mois, ans, lundis, etc.)
une (deux, etc.) fois par jour (semaine, mois, an, etc.)
le lundi (le mardi, etc.)
le matin (l'après-midi, le soir)

Key words [handwritten annotation]

Exercice de substitution

1. *Elle* aimait danser. (nous / tu / vous / ils / je)
2. *Je* ne faisais pas attention en classe. (nous / tu / elles / vous / il)
3. *Ils* se promenaient à pied tous les jours. (elle / nous / tu / je / vous / on)
4. Est-ce que *tu* avais de l'argent? (vous / elle / ils / on)
5. *Il* était très fatigué. (je / nous / elles / vous / on / tu)
6. *J'*étais malade. (elle / nous / ils / tu / vous)

À vous!

DD. Quand tu avais dix ans... Posez des questions à un(e) camarade de classe pour apprendre ce qu'il (elle) faisait quand il (elle) avait dix ans. Ne vous limitez pas aux expressions suggérées.

MODÈLE: où / habiter

—*Où est-ce que tu habitais quand tu avais dix ans?*
—*J'habitais à Grand Forks.*
—*Ta famille avait une grande maison?*
—*Non, à cette époque-là* (at that time), *nous habitions dans un appartement.*

1. où / habiter
2. avec qui / jouer
3. qu'est-ce que / aimer manger
4. à quelle heure / se lever / se coucher
5. tes parents / travailler
6. où / aller à l'école
7. tes grands-parents / être vivants
8. être heureux (heureuse)

EE. Quand ils étaient jeunes... En vous basant sur de vieilles photos que vous avez vues, décrivez à deux camarades de classe quelques membres de votre famille quand ils étaient jeunes. Vos camarades vont vous poser des questions supplémentaires.

MODÈLE: votre père

—*Quand mon père était jeune, il avait les cheveux blonds et il ne portait pas de lunettes. Il était très beau. Il aimait jouer au base-ball et au football américain.*
—*Qu'est-ce qu'il faisait comme travail?*
—*Il travaillait pour le gouvernement. Il était comptable.*

FF. Mon enfance. *(My childhood.)* Parlez de votre enfance avec vos camarades. Où est-ce que vous habitiez? Quelle était votre routine pendant la semaine? Qu'est-ce que vous faisiez le week-end? Comment est-ce que vous passiez votre temps libre? Qu'est-ce que vous faisiez en famille? etc.

Le jeu de boules (La pétanque)

Le jeu de boules or la pétanque is very popular in France, particularly in southern France. It's played on flat, often sandy, ground. One of the players throws the small wooden ball (**le cochonnet**) a distance from the players. The game then consists of each player throwing or rolling metal balls (**les boules**) toward the **cochonnet** with the goal of coming as close to the wooden ball as possible and/or knocking the opponent's ball away. The person or team with the balls closest to the wooden ball wins the game.

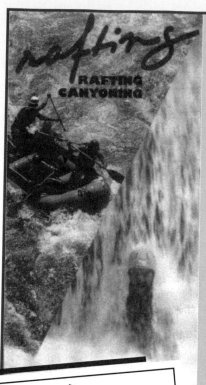

Découvrez le monde secret des gorges du Verdon, en raft sur un spectaculaire parcours de randonnée aquatique, ou en canyoning dans les cluses chaudes des Alpes du sud.

AVRIL A OCTOBRE

DESCENTES

RAFT
Castellane à Chasteuil — PRIX **25€**

CANYONING
Descente d'initiation — PRIX **30€**

JOURNEES

INTÉGRALES RAFT
VERDON : Castellane au Point Sublime, 1er du Grand-Canyon
HAUT-VAR : Gorges de Daluis
PRIX (déjeuner inclus) — **25€**

DESCENTE DE CANYONS
Exploration engagée des cluses particulièrement profondes des affluents du Verdon : Festival de cascades, plongeons et spéléo à ciel ouvert
PRIX (déjeuner inclus)

1 jour randonnée aquatique — **40€**
1 jour canyoning — **50€**

Guides, équipement de sécurité, combinaisons isothermiques, transfers en bus, inclus.

RESERVATIONS

AN RAFTING
Le Moulin de la Salaou (Route des gorges) - 04120 CASTELLANE

CANOE KAYAK

NOUVEAU !!!

: PLAN D'EAU DU SAVE

Ouverture pour la saison d'un plan d'eau d'un hectare en bordure du Var à 1 km de Puget-Théniers.

Sur le site vous trouverez :

- Location de bateaux

- Moniteurs pour l'initiation en eau calme et en eau vive.

- Accueil, Animations, Aire de picnic et de détente. Jeux pour enfants.

****

à PUGET-THENIERS

accès

Village de PUGET-THENIERS

Plan d'eau du Savé   1 km   Chemin de Fer de Provence   RN 202

Depuis plusieurs années Puget-Théniers est un des seuls lieux des Alpes-Maritimes à proposer une initiation au Canoë Kayak.

Le Var se prête en effet merveilleusement à cette initiation de la Citadelle d'Entrevaux au village perché de Touët/Var.

Cette année, nous complètons cette initiation aux joies de l'eau vive par un plan d'eau aménagé pour répondre aux aspirations de tout ceux qui préfèrent la sérénité des eaux dormantes.

HEBERGEMENT :

• Gîte de Puget-Théniers :
30 places. 10€/personne/ nuit. Tarif groupes.
Repas sur place

• Camping catavaning de Puget-Théniers :

TARIFS

• Location : Bateau + Matériel sur plan d'eau : 3€ /heure

• Leçons : sur plan d'eau : 20€/heure

• Descente en eau vive : ½ journée : moniteur + matériel. 60€

• Stage : 1 semaine : - leçons sur plan d'eau + descente de rivière Moniteur + Matériel 100€

Hébergement en pension complète au Gîte de Puget-Théniers. Tout compris = 300€ Réduction pour les groupes et les familles.

• Tarif Groupes et Collectivités : (8 personnes Minimun) :
. Descente : 30€/personne/ ½ journée

****

S.I. de la moyenne Vallée du Var
B.P. 7 PUGET-THENIERS 06 260

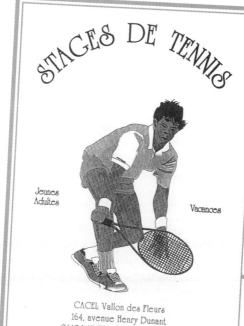

GG. Les «amis» et les «faux amis». In previous chapters, you worked on recognizing cognates to help you understand the ideas in a text. You also know that French has a number of "false cognates" (words that *look* like English but have a different meaning). First, look through the four brochures and find at least five French/English cognates in each. Then look through the brochures again and try to guess the meanings of the following *false cognates*: **stage, affluent, forfait, location, pension, moniteur.**

HH. Du temps libre. You and your traveling companions have some free time in Nice. Skim the four brochures again and suggest a possible activity for each person. Be as precise as possible in describing the activity, the amount of time, the price, and where one must go to do the activity.

1. John and Cliff are avid tennis players.
2. Mary Ellen likes to live dangerously.
3. Bob and Helen love winter sports.
4. Jack, Nancy, and Susan have always wanted to go canoeing.

■Intégration

II. Qu'est-ce qu'ils mangent? When you listen to other people talk, it's sometimes very important to listen for details. For example, if you're inviting someone to your house for dinner and you want to know what foods the person won't eat, you have to listen carefully to the foods the person mentions. You wouldn't want to serve a steak to a vegetarian!

Listen to Zoé, Jean-Luc, Marie-France, and Hervé talk about the foods they like and dislike, and what they eat for different meals. On a piece of paper, write down the information for each person.

FLASH VOCABULAIRE

Le petit déjeuner

le pain	le café (au lait)	les œufs
le pain au chocolat	le thé	le bacon
le croissant	le lait	le jambon
la confiture	le jus d'orange	les saucisses
le beurre		
le toast (le pain grillé)		
les céréales		

JJ. Ce que je mange. Parlez à vos camarades de ce que vous mangez en général aux trois repas (**petit déjeuner, déjeuner, dîner**). Expliquez vos choix. Vous pouvez utiliser le verbe **manger** ou le verbe **prendre** avec des expressions pour indiquer vos préférences. Utilisez **je bois** avec les boissons.

MODÈLE: *Moi, pour le petit déjeuner, je mange des œufs, du bacon et du pain. Je ne prends pas de jambon parce que je n'aime pas du tout le jambon. Je bois du jus d'orange mais je ne bois jamais de café. Je déteste le café. Quelquefois je bois du thé. etc.*

KK. J'ai des courses à faire! Trois de vos amis viennent passer le week-end chez vous. Vous allez faire les courses pour acheter ce qu'il vous faut pour le repas. Faites une liste et allez ensuite dans les magasins pour faire vos achats. Pour vous aider à négocier avec les commerçants, lisez d'abord la conversation entre Mme Thibaudet et Mme Fernand à la charcuterie.

MODÈLE:

MME FERNAND:	Bonjour, Madame Thibaudet. Comment allez-vous aujourd'hui?
MME THIBAUDET:	Bonjour, Madame Fernand. Ça va pas mal, et vous?
MME FERNAND:	Assez bien, merci. Qu'est-ce que vous désirez aujourd'hui?
MME THIBAUDET:	D'abord, il me faut du pâté—assez pour trois personnes.
MME FERNAND:	Très bien. Voilà. Et avec ça?
MME THIBAUDET:	Donnez-moi six tranches de jambon.
MME FERNAND:	C'est tout?
MME THIBAUDET:	Je voudrais aussi une douzaine de tranches de saucisson. Des tranches très fines. C'est tout.
MME FERNAND:	Bon. Le pâté, 3,50 euros; le jambon, 3 euros; et le saucisson, 2,75 euros. Ça fait 9,25 euros. Merci bien et au revoir, Madame.
MME THIBAUDET:	Au revoir, Madame. Bonne journée.

LL. Mes rêves. Most of us have dreams and fantasies. Discuss with a group of classmates what you would do if circumstances were different. Use the following phrases as possible points of departure for your conversation: **Si j'avais le temps...** / **Si j'avais les moyens...** *(means—i.e., money)* / **Si j'étais plus (moins) âgé(e)...** / **Si j'habitais...**

MM. Les loisirs. Faites des comparaisons entre ce que vous faisiez pendant votre temps libre quand vous étiez beaucoup plus jeune et ce que vous faites aujourd'hui. Si vous avez moins de temps libre aujourd'hui, expliquez pourquoi. Vos camarades vont vous poser des questions supplémentaires.

MODÈLE: —*Quand j'étais petit(e), je passais presque toutes mes heures de loisir avec mes copains. On s'amusait tous les jours après l'école, on se voyait le week-end et on passait même les vacances ensemble. Maintenant, j'ai très peu de temps libre parce que j'ai des cours, je travaille...*
—*Qu'est-ce que vous faisiez comme activités quand vous étiez petit(e)? etc.*

Do **À faire! (7-5)** on page 302 of the **Manuel de préparation**.
* Follow-up: imperfect tense
* General review of the chapter

•Lexique

Pour offrir à boire ou à manger
> Vous voulez (Tu veux) boire quelque chose?
> Qu'est-ce que je peux vous (t') offrir?
> Servez-vous, je vous en prie. Sers-toi, je t'en prie.
> Encore un peu de... ?

Pour accepter l'offre
> Oui, je veux bien.
> Oui, merci.

Pour refuser l'offre
> Merci, (non).
> Pas pour moi, merci.

Pour trinquer
> À la vôtre! (À la tienne!)
> À votre (ta) santé!
> Tchin-tchin!

Pour inviter quelqu'un à s'asseoir
> Asseyez-vous, s'il vous plaît!
> Assieds-toi, s'il te plaît!

Pour demander quelque chose
> Vous me passez (Tu me passes) le pain?
> Vous pourriez (Tu pourrais) me passer le pain?

Pour faire un compliment
> Ça sent très bon.
> C'est délicieux.
> C'est parfait.
> C'est très bon.

Pour remercier
> Je te remercie, Simone.
> Je vous remercie, Madame (Monsieur,
>   Mademoiselle).
> Merci bien.

Pour répondre aux remerciements
> De rien.
> (Il n'y a) pas de quoi.

Pour indiquer des quantités
> beaucoup de / ne... pas beaucoup de /
>   un peu de / très peu de
> un kilo de / une livre de / 500 grammes de /
>   un litre de / une bouteille de / une douzaine de /
>   un morceau de / un bout de / une tranche de
> trop de / assez de / ne... pas assez de
> plus de... que / moins de... que / autant de... que

Pour dire ce qu'on aime
> j'aime (beaucoup, assez)
> j'adore
> ... , c'est ma passion
> ... me passionne
> je suis (un[e]) fana de
> je suis fou (folle) de
> je n'aime pas (du tout)
> je déteste

Pour parler des loisirs
> être amateur de (jazz, peinture) / faire de la
>   peinture (de la photo) en amateur
> être (un[e]) fana de (foot, volley, etc.)
> passer son temps à + *infinitif*
> pratiquer un sport
> le temps libre
> s'amuser à + *infinitif*
> se détendre (je me détends, tu te détends,
>   il/elle/on se détend, nous nous détendons,
>   vous vous détendez, ils/elles se détendent)
> s'intéresser à
> se passionner pour (le tennis, etc.)

Pour exprimer ses rêves et ses aspirations
> rêver à + *nom*
> rêver de + *infinitif*
> se voir comme (dans, avec)
> s'imaginer comme (dans, avec)

Pour utiliser des expressions négatives
> ne... pas (le contraire: l'affirmatif)
> ne... aucun(e) (le contraire: l'affirmatif)
> ne... jamais (le contraire: **souvent, toujours,**
>   **quelquefois**)
> ne... pas encore (le contraire: **déjà** [*already*])
> ne... rien (le contraire: **quelque chose** [*something*])
> rien ne... (le contraire: **quelque chose**)
> ne... personne (le contraire: **quelqu'un** [*someone*])
> personne ne... (le contraire: **quelqu'un**)
> ne... plus (le contraire: **encore, toujours** [*still*])

Thèmes et contextes

Les magasins *(m.pl.)*
la boucherie
la boulangerie-pâtisserie
la charcuterie
l'épicerie *(f.)*
le marché (en plein air)
le supermarché

Les repas *(m.pl.)*
le petit déjeuner
le déjeuner
le dîner

L'apéritif *(m.)*
la bière
le champagne
le martini
le pastis
le scotch
le vin blanc
le (vin) rosé
le vin rouge
le whisky

Le pain
une baguette
un croissant
un pain de campagne
des petits pains *(m.pl.)*

Un hors-d'œuvre (l'entrée, *f.*)
les crevettes *(f.pl.)*
une assiette de crudités
(des crudités, *f.pl.*)
le jambon
les œufs mayonnaise *(m.pl.)*
le pâté
la salade de concombres
la salade de thon
la salade de tomates
le saucisson
le saumon fumé

Le plat principal (Le plat de résistance)
la viande et le poisson
un bifteck (un steak)
une côtelette de porc
de la dinde
un gigot d'agneau
du poulet
des saucisses *(f.pl.)*
un filet de sole
une truite

les légumes *(m.pl.)*
des brocolis *(m.pl.)*
des carottes *(f.pl.)*
des haricots verts *(m.pl.)*
des oignons *(m.pl.)*
des petits pois *(m.pl.)*
des pommes de terre *(f.pl.)*

La salade
une salade verte
de la vinaigrette

Les fromages *(m.pl.)*
le brie
le camembert
le chèvre
le gruyère

Les desserts *(m.pl.)*
un gâteau (au chocolat)
de la glace
une pâtisserie
des petits gâteaux *(m.pl.)* (des biscuits, *m.pl.*)
une tarte aux pommes
(aux fraises, aux abricots)

Les fruits *(m.pl.)*
une banane
des fraises *(f.pl.)*
des framboises *(f.pl.)*
une orange
une pêche
une poire
une pomme

Le petit déjeuner
le bacon
le beurre
le café (au lait)
les céréales *(f.pl.)*
la confiture
le croissant
le jambon
le jus d'orange
le lait
les œufs *(m.pl.)*
le pain
le pain au chocolat
les saucisses *(f.pl.)*
le thé
le toast (le pain grillé)

Les sports *(m.pl.)*

faire de l'alpinisme *(m.)*
faire de l'athlétisme *(m.)*
faire de la boxe
faire de l'équitation *(f.)* (du cheval)
faire de la gym
faire de la gymnastique
faire de la luge
faire de la natation
faire de la planche à roulettes
   (du skate-board)
faire de la plongée sous-marine
faire de la randonnée
faire de la voile
faire du canoë (du kayak)
faire du cyclisme (du vélo)
faire du hockey
faire du jogging
faire du judo

faire du karaté
faire du patinage
faire de la planche à voile
faire du roller(blade)
faire du ski (alpin)
faire du ski de fond
faire du ski nautique
faire du squash
faire du surf
faire du surf des neiges (du snowboard)
jouer au (faire du) base-ball
jouer au (faire du) basket
jouer au (faire du) foot(ball)
jouer au (faire du) football américain
jouer au frisbee
jouer au (faire du) golf
jouer au (faire du) tennis
jouer au (faire du) volley(-ball)

Activités de loisir

aller au cinéma
bavarder en ligne
bricoler (faire du bricolage)
collectionner les timbres
être membre d'un club
écouter la radio (de la musique)
faire de la couture
faire de la danse
faire de la peinture
faire du jardinage
faire du théâtre
faire la cuisine

faire ses devoirs
faire une balade
jouer aux cartes
jouer du piano (de la guitare, du violon, etc.)
lire
parler (bavarder) au téléphone
regarder la télé
se promener
sortir avec des copains (des amis)
surfer sur Internet
tricoter

Branchez-vous!

Internet

Please visit the **Je veux bien!** website at **http://jvb.heinle.com.** You'll find activities to practice the vocabulary and grammar you've learned in this chapter as well as cultural exploration activities that guide you through websites from around the French-speaking world.

Vidéo

Please visit the **Je veux bien!** website at **http://jvb.heinle.com** for the video activities that accompany this chapter. You'll get the most from watching the video for this chapter if you first visit the website and print out the video activities for this chapter. Then watch the video (in your classroom, language lab, or at home) and complete the activities for the chapter.

AU-DELÀ DU COURS:

Sondage sur les sports

Do a survey of as many people (friends, classmates, family members, etc.) as possible to find out what the most popular sports are. Keep track of the number of people you interviewed, list the favorite spectator sports, and list the favorite participant sports. Based on the number of people interviewed, determine the percentage for each sport in each category (spectator, participant). Finally, write up the results in French as follows:

1. Make a chart (with percentages) of popularity of sports for the people you interviewed.
2. Write a short paragraph summarizing your findings.
3. Use the Internet and/or the library to find information on the popularity of sports in France. Compare the results to the data you gathered. (If you're linked to a keypal in France or another French-speaking country, you can ask your keypal to do the survey and you can then compare your data to his/hers.)

LITTÉRATURE:

«Au marché» de Marie-Angèle Kingué

Marché à Yaoundé

Couleurs vives, boubous bigarrés, étalages débordant d'objets divers, soleil, lumière, odeurs familières et fruitées, appels des marchands, rires et discussions sont le propre des marchés africains. Quand j'étais petite, je détestais aller au marché avec ma mère. Je trouvais qu'elle s'attardait trop longtemps devant les étalages à discuter le prix d'une marchandise. Aujourd'hui, cependant, je comprends que les marchés africains ne pourraient exister sans le marchandage. Dans ma famille, on me considère comme la reine du marchandage; je suis persuadée que ce sont les nombreuses heures passées dans les marchés avec ma mère qui ont contribué à ma formation. Marchander n'est pas seulement le

désir de voir réduire le prix d'une marchandise, c'est surtout et avant tout le jeu de la communication, la célébration de la parole. Le client et le vendeur se délectent à ce jeu: c'est à qui usera des mots les plus convaincants, les plus persuasifs.

J'ai rencontré Mamoudou il y a plusieurs années, un soir où je me baladais au marché d'artisanat de Yaoundé. J'étais à la recherche de bijoux. Comme je passais devant un étalage en y jetant un rapide coup d'œil, une voix m'interpella:

—Hé! Ne partez pas!
   J'ai de nouveaux bracelets!
—Ils coûtent combien?
—Cinq mille francs.*
—Tu rigoles
   ou quoi?
—Mais ce sont de bons bracelets! Ce n'est pas comme ceux que tu achètes n'importe où!
—Ah non, non,
   c'est trop cher!

Cameroun
Yaoundé

Dico

bigarrés: *colorful*
bijoux: *jewelry*
boubous: *long tunics worn by men and women in western Africa*
cependant: *however*
débordant: *overflowing*
en y jetant un rapide coup d'œil: *quickly glancing at it*
étalages: *shelves, displays*
formation: *education*
marchandage: *bartering*
Marchander: *Bartering*
m'interpella: *called to me*
n'importe où: *just anywhere*
parole: *word*
reine: *queen*
s'attardait: *lingered*
se délectent à: *enjoy*
Tu rigoles ou quoi?: *You must be kidding!*

---

*__Cinq mille francs__ refers to 5,000 francs CFA (__Communauté financière africaine__), the monetary unit of many African countries (former French colonies). __Cinq mille francs__ equals approximately $6.75.

—Alors, propose ton prix...
—Mille cinq cents.
—Kaï, aïe, non, ah non, non, sois sérieuse! Parle bien!
—Je t'ai dit que j'avais mille cinq cents.
—Comment mille cinq cents? Même moi j'ai payé plus de mille cinq cents! Donne-moi quatre mille!
—Pourquoi veux-tu me faire parler pour rien? Tu crois que je n'ai rien d'autre à faire, je t'ai déjà dit que je n'avais que mille cinq cents.

Comme Mamoudou ne répondait pas, je redéposai les bracelets et fis mine de partir l'air dégoûté. Il me retint par le bras:

—Non, sérieusement, mille cinq cents est trop bas! Donne-moi ton dernier prix!
—Bon, je te donne deux mille.
—Ajoute sept cents. Je ne bouge plus.
—Bon, j'ajoute cinq cents, dernier prix.

—Hmm! D'accord, mais c'est seulement parce que c'est toi. J'espère que tu vas revenir la semaine prochaine, j'aurai d'autres nouveaux modèles.

Mamoudou devint ainsi mon vendeur attitré. Je n'allais chez les autres que s'il était absent ou s'il n'avait pas ce que je recherchais. Il me raconta plus tard qu'il venait du Nord, qu'il était allé à l'école coranique et plus tard au lycée, mais qu'il avait décidé d'interrompre ses études pour vendre les objets d'art que son père fabriquait. Dans sa famille, on était artisan de père en fils. Il m'avoua qu'il aurait aimé poursuivre ses études, mais la tradition voulait que le fils aîné prît la succession de son père.

Je me demande à présent s'il y avait une note de regret dans sa voix. Il avait l'air très calme, jovial et serein. C'était un bon commerçant et chaque fois que je retourne à Yaoundé, je passe au marché lui dire bonjour, même si je n'ai besoin de rien.

Angèle M. Kingué, Texte inédit.

Díco

attitré: *regular*
bas: *low*
coranique: *Koranic (based on the Koran, sacred book of the Moslems)*
fabriquait: *made*
fis mine de: *pretended*
Il me retint par le bras: *He held me back by the arm*
Je ne bouge plus.: *No higher.*
l'air dégoûté: *looking disgusted*
m'avoua: *admitted to me*
prît: *take*

➤ *Qu'est-ce que vous en pensez?*

Qu'est-ce que vous avez appris sur le marchandage dans ce texte? Est-ce qu'il y a des contextes dans lesquels on peut marchander aux États-Unis? Lesquels? À part le marchandage, qu'est-ce qui vous semble important dans le texte? Justifiez vos réponses.

La Haute-Saône en Franche-Comté

Carte d'identité: La Franche-Comté

FRANCHE-COMTÉ

0   25   50
Kilomètres

HAUTE-SAÔNE

TERRITOIRE DE BELFORT

Vesoul   Belfort

•Besançon

DOUBS

JURA

Lons-le-Saunier

FRANCE

Situation: dans l'est de la France

Départements: Haute-Saône, Doubs, Jura, le Territoire de Belfort

Population: 1 119 730 (1998)

Superficie: 16 202 km² (3% du territoire national)

Climat: humide et froid dans les montagnes; tempéré dans les plaines

Villes principales: Besançon, Lons-le-Saunier, Vesoul, Belfort

Sites touristiques: Forêt de La Joux (la plus importante forêt de sapins *[pines]* de France) et d'autres forêts; le Lion de Belfort (monument); Notre-Dame du Haut (chapelle construite en 1955 par l'architecte Le Corbusier); vallées et plateaux pittoresques; musées, villages

Histoire: conquise par les Romains en 53 avant Jésus-Christ; 475–80: occupation des Burgondes, venus de la Suisse; 1556: tombe sous l'autorité de l'Espagne; 1665: le roi Louis XIV revendique *(claims)* la Franche-Comté pour la France; 1668: rendue à l'Espagne; 1678: annexée définitivement à la France

Commentaire: La Franche-Comté est une région agricole et industrielle importante. Une usine Peugeot se trouve à Sochaux et des 128 832 des salariés de la région, 35 723 d'entre eux travaillent dans l'industrie auto-cycle.

Les monuments

le Château de Villersexel

Vesoul: la Motte (colline) avec la chapelle construite en 1857 pour remercier la Vierge d'avoir épargné la ville du choléra en 1854

Notre-Dame du Haut est la chapelle de Ronchamp construite en 1955 par l'architecte Le Corbusier. C'est un endroit qui attire beaucoup de touristes.

La nature

Moissons (Harvest)

Cheval de race comtoise

Étang (Pond) de la région dite «La petite Finlande»

Le martin-pêcheur qui visite les rivières

L'eau fraîche qui descend des Vosges

La randonnée équestre

La randonnée en vélo tout terrain

Danse folklorique dans les cerisiers en fleurs

Les gens

La poterie à Ronchamp, depuis l'époque gallo-romaine

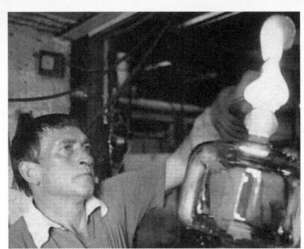

Le verre travaillé comme autrefois à la Rochère, la plus ancienne verrerie d'art de France (fondée en 1475)

Christine Laure, le prêt-à-porter made in Haute-Saône

➤ Qu'est-ce que vous avez appris?

- D'après ce que vous avez appris, comment est-ce que vous pouvez décrire la région de la Franche-Comté et le département de la Haute-Saône?
- Regardez la carte de la Haute-Saône et tracez un itinéraire de vacances que vous proposez à un(e) camarade de classe. En utilisant la légende de la carte et les photos, indiquez pourquoi vous voulez vous arrêter à ces endroits.
- PROJET: Faites des recherches sur Internet ou à la bibliothèque sur un des sujets suivants et présentez-le à vos camarades de classe. Sujets: la Haute-Saône, Besançon, Forêt de la Joux, Le Corbusier, Peugeot, les musées de la Franche-Comté.

APERÇU CULTUREL:
La Guadeloupe

Carte d'identité: La Guadeloupe

Nom: Le nom vient de Notre-Dame de Guadeloupe d'Estremadure (donné par Christophe Colomb pour remercier Notre-Dame de l'avoir sauvé d'une tempête); les indigènes l'appelaient *Calouacaera* ou *Karukera*

Situation: archipel de 6 îles qui fait partie des Petites Antilles

Sous-préfecture *(departmental seat):* Pointe-à-Pitre

Superficie: 1 705 km^2

Le port à Pointe-à-Pitre, Basse-Terre

Villes principales: Le Moule, Basse-Terre, Trois-Rivières, Sainte-Rose

Dépendances: Les Saintes, Marie-Galante, La Désirade, St-Barthélemy, St-Martin

Population: 422 496 habitants (1999) (Guadeloupéens)

Langue officielle: français

Autre langue: créole

Religions: catholique, quelques sectes protestantes

Climat: tropical adouci par les alizés *(trade winds)* (température moyenne 24° C), plus frais sur les hauteurs; pluies abondantes et cyclones entre juillet et octobre

Histoire: découverte par Christophe Colomb le 4 novembre 1493; un département d'outre-mer (DOM) de France depuis 1946

Sites touristiques: marchés et vieilles maisons coloniales à Pointe-à-Pitre; plages magnifiques; village du Gosier; restaurants de cuisine créole; la station touristique de Saint-François; la Soufrière *(volcano)*

Marché en plein air à Pointe-à-Pitre

La fête des cuisinières

Le port à Deshaies

Une rue à Pointe-à-Pitre

Une plage

➤ *Qu'est-ce que vous en pensez?*

- À votre avis, pourquoi est-ce que la Guadeloupe attire beaucoup de touristes?
- La Guadeloupe est un département français d'outre-mer. À votre avis, quelles sont les répercussions de ce statut national?
- Imaginez que vous allez passer vos vacances à la Guadeloupe. Faites des recherches sur ce département français (sur Internet ou à la bibliothèque), décidez d'un itinéraire, et expliquez à vos camarades ce que vous allez faire pendant vos quinze jours de vacances et pourquoi. Donnez autant de détails sur l'île que possible.

ARCHITECTURE:
Notre-Dame du Haut à Ronchamp

Sur la route Belfort-Langres, dans le village de Ronchamp dans le département de la Haute-Saône, on prend un tout petit chemin tortueux pour monter vers la chapelle dédiée à la Vierge Marie. Conçue par l'architecte Le Corbusier et terminée en juin 1955, la chapelle est un exemple du style avant-garde de cet architecte extraordinaire qui savait transformer le béton en œuvre d'art. De nombreux visiteurs et pèlerins continuent à offrir leurs prières dans ce sanctuaire de silence au milieu de la nature.

Dico

béton: *concrete*
chemin: *road*
Conçue: *Conceived*
dédiée: *dedicated*
œuvre: *work*
pèlerins: *pilgrims*
savait: *knew how to*

ŒUVRE DE NOTRE-DAME DU HAUT
RONCHAMP (Haute-Saône)
(Association loi 1901)

La chapelle, fruit de l'initiative privée, demeure territoire privé. Sa construction et l'aménagement de la colline n'ont été subventionnés ni par l'État ni par l'Église, ni par la commune de Ronchamp. Tout le financement a été assuré sur place grâce à la participation des visiteurs et des pelerins. Dans leur immense majorité ils ont compris qu'une contribution directe et modeste était préférable à une quête permanente et à toutes formes d'exploitation commerciale.

Les valeurs architecturales et spirituelles de ce lieu sont mondialement reconnues. Nous devons en assurer le fonctionnement, l'entretien et l'équipement. Nous le faisons sans mendier ni commercer. Mais il incombe aux usagers d'en alimenter le budget. Dans ce but nous proposons une carte d'entrée d'UN EURO par personne. Participation modeste, mais suffisante, dont le montant est entièrement affecté au sanctuaire pour le bien commun. Nul, ici, n'en tire profit dans notre association sans but lucratif.

Nous gardons le droit du propriétaire et la mission de protéger cet espace sacré des incursions malveillantes et de toutes formes de massacre touristique. Comptant sur la bienveillance des esprits avertis pour protéger le lieu, son silence, son recueillement et son environnement. Merci.

Abbé R. BOLLE-REDDAT
Chapelain

Pour comprendre l'importance de cet endroit, suivons son histoire. Le plus ancien document note déjà la présence des pèlerins au Moyen Âge, ou plus précisément en 1271.

RONCHAMP

Le passé...

Chapelle en 1857; clocher du XVIIIᵉ, centre du XVᵉ, cinq tours de droite du XIXᵉ siècle.
Détruite par la foudre en 1913

Projet, décembre 1913

Reconstruction de 1923 à 1936 (clocher), le chantier dure 13 années.
Détruite par l'artillerie en 1944

Un projet de 1950

Maquette de plâtre de Le Corbusier, en juin 1950. Projet retenu par quelques hommes décidés

... Les étapes

De haut en bas: L'architecte au travail. Deux maquettes d'exécution. Une photo de chantier. Début des travaux: Octobre 1953, bénédiction et ouverture au culte: 25 Juin 1955. Durée des travaux: 18 mois

Le campanile: 1975, architecte Jean Prouvé

Allocution de Le Corbusier à Mgr Dubois, archevêque de Besançon, le 25 Juin 1955:

Excellence,
En bâtissant cette chapelle, j'ai voulu créer un lieu de silence, de prière, de Paix, de joie intérieure. Le sentiment du sacré anima notre effort. Des choses sont sacrées, d'autres ne le sont pas, qu'elles soient religieuses ou non.
Nos ouvriers, ... Maisonnier, ... les ingénieurs, ... , d'autres ouvriers et des entreprises, ... , ont été les réalisateurs de cette œuvre difficile, minutieuse, rude, forte dans les moyens mis en œuvre, mais sensible, mais animée d'une mathématique totale créatrice de l'espace indicible.
Quelques signes dispersés, et quelques mots écrits, disent la louange à la Vierge. La croix — la croix vraie du supplice — est installée dans cette arche; le drame chrétien a désormais pris possession du lieu.
Excellence, je vous remets cette chapelle de béton loyal, pétrie de témérité peut-être, de courage certainement, avec l'espoir qu'elle trouvera en vous comme en ceux qui monteront sur la colline, un écho à ce que tous nous y avons inscrit.

Détails

PETITE CHAPELLE DE L'EST, AU SOLEIL LEVANT.

QUELQUES MOTS ÉCRITS SUR LE VERRE.

Chapelle de pèlerinage comprenant une église de plein air pour les rassemblements de plusieurs milliers de personnes. Une chapelle intérieure pour 200 à 300 fidèles; trois petites chapelles secondaires pour les messes privées, ou avec quelques assistants. La troisième des chapelles est sous la chaire; elle est belle surtout le matin; vers midi, quand le soleil a tourné, elle s'endort. La couleur rouge apporte une variante; elle est dédiée à la Paix, à la fois joyeuse et dramatique comme un matin de Pâques!

Les vitres sont très petites, les murs très épais; voyez pourtant comme une belle lumière est distribuée. Ces fenêtres ne sont pas jetées au hasard. Elles obéissent à une ordonnance autre que la symétrie [...] La demeure est à la fois forte et légère, éclairée, mais d'une certaine qualité de lumière.

Dico

chaire: *pulpit*
comprenant: *that includes*
demeure: *building*
éclairée: *lighted*
épais: *thick*
fidèles: *faithful*
forte: *strong*
jetées au hasard: *distributed randomly*
légère: *light*
murs: *walls*
obéissent: *obey*
Paix: *Peace*
Pâques: *Easter*
rassemblement: *gathering*
s'endort: *goes to sleep*
vitres: *stained-glass window*

➤ Qu'est-ce que vous en pensez?

- Where did the money come from to build the chapel and who provides the money to maintain it?
- The opening ceremony for the chapel was held on June 25, 1955, about 50 years ago. What was probably considered so unusual about the chapel at that time? Would this type of architecture seem unusual today? Why, or why not?
- What are the main architectural characteristics of the chapel? What seems to be Le Corbusier's architectural style?
- Do some research on Le Corbusier (Internet, library) and find out what other buildings he built. Share the information with your classmates. If possible, include some photos and sketches in your presentation.

LITTÉRATURE:

«Culture et camembert» de Guillaume Oyono-Mbia

Pré-lecture

What foods and drinks are considered a sign of sophistication in U.S. society? What might a cultural snob offer people to eat at a party, for example?

The following reading is taken from a play by the Cameroonian writer Guillaume Oyono-Mbia. As you read the excerpt, focus on the reason Colette wants her son to eat camembert cheese. Paying particular attention to the many cognates will help you understand the basic meaning of the text.

Le deuxième acte se passe à Yaoundé et nous sommes ici chez les Atangana, couple moderne dont la femme, Colette, se révèle complètement acculturée. Elle bavarde au salon avec son amie Charlotte. Son fils Jean-Pierre, dix ans, parle étonnamment comme un «petit Parisien».

COLETTE. —C'est vrai que tu refuses de manger ton camembert, chéri?

JEAN-PIERRE. —Je n'aime pas le camembert!

COLETTE. —La question n'est pas là! Il ne s'agit pas d'aimer le camembert: il s'agit de le manger comme un bon petit garçon! *(L'entraînant de force vers la table)* Viens!

JEAN-PIERRE, *qui commence à pleurer.* —J'aime pas le camembert!

COLETTE, *tendre mais ferme, le faisant asseoir.* —Il faut le manger, chéri! Apprends à manger le camembert pendant que tu es encore jeune! C'est comme cela qu'on acquiert du goût!... Onambelé!

ONAMBELÉ, *se précipitant.* —Madame?

COLETTE. —Apporte-nous un couvert! Apporte aussi la bouteille de Châteauneuf-du-Pape que nous avons entamée! *(Onambelé obéit.)*

JEAN-PIERRE, *pleurant toujours.* —J'veux pas manger de camembert!

COLETTE, *toujours tendre et ferme.* —Il faut vouloir le manger, chéri! C'est la culture!

JEAN-PIERRE, *têtu.* —J'veux pas manger de culture! *(Tous les grands éclatent de rire. Puis Colette dit, pensive.)*

COLETTE. —Dis donc, Charlotte! Pourquoi est-ce qu'il n'a pas de goût, cet enfant? Dieu sait pourtant que je fais de mon mieux pour lui apprendre à vivre! Le chauffeur va le déposer à l'école urbaine chaque matin pour éviter que les autres enfants ne lui parlent une langue vernaculaire. J'ai déjà renvoyé trois ou quatre maîtres d'hôtel parce qu'ils lui servaient des mangues, des ananas et d'autres fruits du pays au lieu de ne lui donner que des produits importés d'Europe, ou, à la rigueur, des fruits africains mis en conserves en Europe, et réimportés. Je ne l'autorise presque jamais à aller rendre visite à la famille de son père, parce que les gens de la brousse ne boivent que de l'eau non filtrée. D'ailleurs, j'ai horreur des moustiques. Enfin, je fais tout ce qu'une Africaine moderne devrait faire pour éduquer son enfant, et il refuse de manger du camembert! *(Un autre soupir.)* Écoute, mon chéri! Tu vas manger ton camembert!

JEAN-PIERRE, *criant.* —Mais puisque je te dis que j'aime pas le camembert!

COLETTE, *doucement.* —Je te répète qu'on ne te demande pas de l'aimer. On te demande de le manger!... Comme ceci, regarde! *(Elle prend un peu de camembert et de pain, et commence à le manger.)* Je le mange! Je le... *(Elle s'étrangle un peu, et dit.)* Zut!... Donne-moi un verre de vin, Onambelé! *(Onambelé se hâte d'obéir. Colette boit le vin et dit, après avoir un peu toussé.)* Tu as vu? *(Une autre gorgée de vin, et elle ajoute.)* Tu crois que j'aime le camembert, moi?

JEAN-PIERRE, *ingénument.* —Pourquoi tu le manges alors?

Guillaume Oyono-Mbia. *Notre fille ne se mariera pas.*

Dico

à la rigueur: *if need be*
ananas: *pineapples*
brousse: *bush (country)*
couvert: *table setting*
criant: *yelling*
crois: *think*
D'ailleurs: *Besides*
doucement: *softly*
éclatent de rire: *burst out laughing*
gorgée: *mouthful*
grands: *adults*
Il ne s'agit pas: *It's not about*
ingénument: *ingenuously (naïvely)*
le faisant asseoir: *making him sit down*
L'entraînant: *Dragging him*
mangues: *mangos*
ne boivent que: *drink only*
nous avons entamée: *we opened*
pleurer: *to cry*
se hâte: *hurries*
s'étrangle: *chokes*
soupir: *sigh*
têtu: *stubborn*
toussé: *coughed*
Viens!: *Come!*
Zut!: *Darn!*

A. Les mots apparentés. This text contains many cognates (words that are similar to English) that reveal the attitudes of the people in the play. First, give the English meaning of each word; then answer the question associated with the word.

1. **de force**
   What does this action reveal about Colette's attitude toward her son?
2. **se précipitant**
   What does this action reveal about Onambelé's relationship with Colette?
3. **obéit**
   How does this word reinforce what we already know about Onambelé's relationship with Colette?
4. **tendre et ferme**
   What do these words reveal about Colette's idea of how a mother should deal with her child?
5. **pensive**
   What does this descriptive word say about Colette?

B. Appréciation du texte. Reread the text and, based on your understanding, answer the questions.

1. What does camembert cheese represent in this scene?
2. What does Europe represent in this scene?
3. What kinds of things does Colette do to make sure that Jean-Pierre is "properly" raised?
4. Why do you think Colette is trying to remove Jean-Pierre as much as possible from his African surroundings?
5. What does this say about her attitude toward Africa?
6. Do you know anyone who tries to deny his/her heritage? How does this person do it? Why do you think the person is doing it? If you don't know anyone, imagine how and why someone might want to deny his/her heritage?
7. What message is the author trying to convey to the reader?
8. In what way could this message have meaning today in the United States?

Après la pluie, le beau temps

 Le jour après le repas de fête, il fait gris et il pleut *(it's gray and rainy)*. Ça ne me gêne pas parce que j'aime bien passer une journée à la maison et avoir des nouvelles de tous les membres de la famille. On parle aussi du temps *(weather)*, de la santé et des activités physiques. Nous sommes tous un peu préoccupés par la forme... c'est donc un sujet de conversation assez populaire. **"**

Chapter Support Materials
MP: pp. 321–366

MP Audio CD4, Tracks 12–22

OBJECTIVES

In this chapter, you'll learn to:

- talk about the weather;
- talk about accidents and illnesses;
- talk about health and physical fitness.

In order to perform these activities, you'll learn to use:

- the comparative and the superlative;
- the imperfect (contrasted with the **passé composé**);
- verbs ending in **-ir;**
- the verb **venir.**

You'll also read and/or hear about weather and the environment in France and in the Francophone world.

Qu'est-ce qui précède toujours un coup de tonnerre?

Où fait-il le plus chaud: au pôle Nord ou au pôle Sud?

Qu'est-ce qui détermine les saisons?

Dans quelle direction regardez-vous pour voir un lever de soleil?

Combien de temps faut-il aux rayons de soleil pour atteindre la terre?

Le soleil est-il constitué de roches chaudes, de gaz chauds ou de liquides chauds?

Pour parler du temps *(To talk about weather)*

Quel temps fait-il? *What's the weather like?*

Il fait (très) chaud.

Il fait (très) froid.
Il gèle.

Il fait du soleil.
Il fait beau.

Il y a un orage.
Il fait mauvais.
Il y a des risques d'éclairs
et de tonnerre.

Il pleut.
Il y a une averse
de pluie.

Il fait bon.
Le ciel est bleu.
Pas trop froid, pas trop chaud.
Il y a quelques nuages.

Il neige.

Le ciel est couvert.
Le temps est nuageux.
Il y a des nuages.

Il fait du vent.
(Il y a du vent.)
Il fait frais.

Il y a une averse de grêle.
Il y a du verglas (sur les routes).

Il fait du brouillard.

Il fait (un temps)
humide.

Savez-vous donner les températures?

Les températures en degrés Celsius
(centigrades) et en degrés Fahrenheit

C:	30°	25°	20°	15°	10°	5°	0°	–5°
F:	86°	77°	68°	59°	50°	41°	32°	23°

100°C / 212°F = point d'ébullition *(boiling point)*
0°C / 32°F = point de congélation *(freezing point)*

Le Chat Météo

Si ton chat,
Par trois fois,
Éternue.
Au réveil,

Pollens en vue
Pour les abeilles.

Si ton chat,
Au lever,
A le nez
En rosée.
Matin lilas,
Jolie journée.

Si le soir,
Ton chat noir
Se tripote
Les oreilles,

Bonjour, la flotte!
Adieu, soleil!

Pierre Coran,
Chats qui riment et rimes à chats

abeilles: *bees*
doux: *mild*
emporte les ponts:
   carries away bridges
en courroux: *angry*
En rosée: *Wet with dew*
Éternue: *Sneezes*
fait la mine: *makes a face*
flotte: *water*
lilas: *lilac*
partout: *everywhere*
pluvieux: *rainy*
présage: *omen*
sage: *calm*
sec: *dry*
Se tripote: *Fiddles with*
tarit: *dries up*

QUELQUES DICTONS

JANVIER sec et sage
Est un bon présage.

FÉVRIER trop doux,
Printemps en courroux.

Si MARS est beau,
AVRIL fait la mine.

Froid MAI et
   chaud JUIN
Donnent pain et vin.

JUILLET sans orage,
Famine au village.

Soleil rouge en AOÛT,
C'est de la pluie partout.

SEPTEMBRE emporte les ponts
   ou tarit les fontaines.

Brouillards d'OCTOBRE et
  pluvieux NOVEMBRE
Font bon DÉCEMBRE.

Faites les conversions!

La température est de 5 degrés (Celsius)
°C → °F
°C ÷ 5 × 9 + 32 = °F
5°C ÷ 5 = 1 × 9 = 9 + 32 = 41°F

La température est de 41 degrés (Fahrenheit)
°F → °C
°F – 32 × 5 ÷ 9 = °C
41°F – 32 = 9 × 5 = 45 ÷ 9 = 5°C

Records météorologiques

Brouillards maritimes les plus longs (visibilité inférieure à 1 km) = 120 jours/an à Terre-Neuve (Canada)

Ensoleillements les plus longs = 97% de l'année au Sahara; 91% à Yuma (Arizona)

Température la plus basse

Température la plus élevée

Ensoleillements les moins longs = 176 jours au pôle Nord; 182 jours au pôle Sud

Orages: Le plus grand nombre d'impacts en France = 62 000 le 22-9-1992 (cellules de 2 à 10 km de diamètre, chacune avec une durée de vie moyenne d'une heure)

Qu'est-ce que vous avez appris?

Utilisez les expressions pour parler du temps pour faire des commentaires sur la carte météorologique à la page 375. Par exemple, quel temps fait-il à Lille? Et à Bordeaux?

• dans le monde, −89°C à Vostok (Antarctique) en 1983

• en France, −40°C à Mouthe (Doubs) en 1879

• dans le monde, +58°C à El Azizia (Libye) en 1922

• en France, +44°C à Toulouse en 1923

Grêlon le plus lourd en France = 972 g à Strasbourg

Le plus grand nombre d'orages par an = 322 jours en 1916 à Bogor (Java, Indonésie)

Qu'est-ce que vous en pensez?

• Les records météorologiques ont toujours des conséquences très importantes sur les populations des régions touchées. En français ou en anglais, parlez des conséquences possibles de quelques records cités dans le **Contexte.**
• Plus généralement, le climat d'une région détermine la vie des populations de cette région. En vous basant sur le climat dans votre région, expliquez comment vous vous adaptez au temps qu'il fait. Vous pouvez discuter de ce sujet en français ou en anglais.

À vous!

A. Quel temps fait-il? Utilisez les expressions que vous avez apprises pour indiquer quel temps il fait.

B. De ville en ville. Regardez les photos des villes et faites une description du temps qu'il y fait. Vous pouvez aussi indiquer quels vêtements portent les gens par ce temps.

la ville de Québec, Canada

Bruxelles, Belgique

Pointe-à-Pitre, Guadeloupe

Fès, Maroc

Montana-Vermala, Suisse

Paris, France

Seattle, Washington

Zoom!

Vous voulez savoir *(to know)* à quelle distance est l'orage? C'est facile. Calculez le temps qui passe entre l'éclair et le tonnerre; divisez le nombre de secondes par trois, le résultat est la distance approximative en kilomètres. Exemple: Éclair → 12 secondes → tonnerre ÷ 3 = 4 km de vous. C'est intéressant, n'est-ce pas?

C. Je sais faire les calculs. *(I know how to do the math.)* Utilisez les formules de conversion (page 377) pour donner les températures en Celsius ou en Fahrenheit.

MODÈLE: 59°F
La température est de 15 degrés (Celsius).

1.

121°F	54°F	105°F	45°F	62°F
79°F	28°F	80°F	38°F	98°F

2.

3°C	8°C	13°C	19°C	–4°C
44°C	35°C	27°C	22°C	29°C

D. C'est la canicule! *(It's a heat wave!)* Regardez les températures en Celsius et dites **s'il fait très chaud**, **s'il fait chaud**, **s'il fait bon**, **s'il fait frais**, **s'il fait froid** ou **s'il fait très froid**.

Zoom!

Comment est-ce que vous pouvez vous protéger contre le soleil?

Soleil faible

Soleil modéré

Soleil fort

Soleil très fort

Soleil extrême

Mettez des lunettes de soleil

Mettez-vous à l'ombre

Mettez de la crème solaire

Mettez un chapeau

Mettez un T-shirt

E. La météo. Écoutez la météo pour différents endroits en Europe. Ensuite répondez aux questions.

Première annonce

1. Quel temps fait-il en Espagne?
2. Quel temps fait-il sur la France et la Belgique?
3. Est-ce qu'il va pleuvoir aujourd'hui?
4. Quel temps fait-il en Angleterre?

Deuxième annonce

5. Quelles vont être les températures demain?
6. Quel temps est-ce qu'il va faire en montagne?
7. Est-ce qu'il va y avoir des routes bloquées?

Troisième annonce

8. Quel temps fait-il généralement en France?
9. Quel temps fait-il en Bretagne?
10. Et en Normandie?
11. Quelles sont les températures dans le Centre?

Quatrième annonce

12. Quel temps va-t-il faire en France?
13. Quelles vont être les températures?

Cinquième annonce

14. Quel temps va-t-il faire en Europe?
15. Quel temps va-t-il faire en Espagne?
16. Et en Allemagne et en Suisse?
17. Quelles vont être les températures?

Ici, en France...

En France, comme dans les autres pays européens, la question de l'environnement devient de plus en plus importante. La pollution de l'air est un souci particulièrement important, surtout que les effets de la pollution s'intensifient selon le temps qu'il fait. Ainsi, quand il fait très chaud, les grandes villes françaises se trouvent souvent dans un état d'alerte en ce qui concerne la pollution de l'air.

L'État français a pris un certaine nombre de mesures pour avertir les Français des dangers de la pollution. Tout d'abord, en 1996, c'est la définition officielle et légale de la pollution atmosphérique:

> • Constitue une ***pollution atmosphérique*** l'introduction par l'homme, directement ou indirectement, dans l'atmosphère et les espaces clos, de substances ayant des conséquences préjudiciables de nature à mettre en danger la santé humaine, à nuire aux ressources biologiques et aux écosystèmes, à influer sur les changements climatiques, à détériorer les biens matériels, à provoquer des nuisances olfactives excessives.
>
> Art. 2, loi n°96–1236 du 30 décembre 1996 sur l'air et l'utilisation rationnelle de l'énergie.

Avec ça, on a aussi introduit la mascotte **«Atmo»** qui renseigne les gens sur le niveau des polluants présents à chaque instant.

Atmo, c'est une sympathique mascotte qui donne en un clin d'œil une information sur la qualité de l'air d'une agglomération, grâce aux mesures et analyses de quatre polluants. Résultat de la réflexion menée par le Ministère de l'Environnement, l'indice Atmo est une information fiable, compréhensible par tous. Atmo, c'est une réponse à la préoccupation d'une majorité de Français concernant la qualité de la vie et de l'environnement.

Atmo commente l'indice

L'indice représente en un chiffre synthétique la qualité de l'air.
Il est construit à partir de l'analyse de quatre polluants: SO2, NO2, ozone et poussières.

Atmo est très content	**Atmo est content**	**Atmo est insatisfait**	**Atmo n'est pas content**	**Atmo est en colère**
la qualité de l'air est très bonne (1 à 2)	la qualité de l'air est bonne (3 à 4)	la qualité de l'air est moyenne (5 à 6)	la qualité de l'air est mauvaise (7 à 8)	la qualité de l'air est très mauvaise (9 à 10)

Qu'est-ce que tout ça veut dire? Eh bien, vous pouvez regarder sur Internet et trouver les indications atmosphériques pour différentes villes de France. Par exemple, voici la qualité de l'air pour la ville de Thionville pour le mercredi 3 janvier et le jeudi 4 janvier 2001.

◼◦Échange: *Un jour de pluie*

C'est le lendemain du grand repas. Jeannette et sa cousine Annie prennent leur café du matin.

Le Lion de Belfort

ANNIE:	Quel temps affreux! Heureusement qu'il n'a pas plu hier.
JEANNETTE:	Oui, on a eu de la chance. Il a vraiment fait très beau pour le repas. Qu'est-ce qu'on annonce pour le week-end?
ANNIE:	On dit qu'il va faire chaud. Si tu veux, dimanche on pourrait donc aller à Belfort se promener sur les remparts.
JEANNETTE:	Bonne idée! J'aimerais bien voir *le Lion*. Mais il ne faut pas rentrer trop tard. Il faut que je fasse mes valises. Je prends le train de 8h lundi matin.
ANNIE:	Oui, pas de problème. Tu repars quand pour les États-Unis?
JEANNETTE:	Jeudi. Je vais passer trois jours à Paris. J'espère qu'il va faire beau. Je veux faire un tas de choses avant mon départ.
ANNIE:	Selon la météo, il va faire très beau dans la région parisienne.

Ça se dit comment?

Pour parler du temps dans le passé

Quel temps a-t-il fait (est-ce qu'il a fait) hier?
  Il a fait beau (du soleil, mauvais, etc.).
  Il a plu.
  Il a neigé.
  On a eu un orage (une tempête de neige, etc.).
  Il a fait très humide (sec).

Pour parler du temps au futur

Quel temps va-t-il faire (est-ce qu'il va faire) demain?
  Il va faire beau (du vent, du brouillard, etc.).
  Il va pleuvoir. / On va avoir de la pluie.
  Il va neiger. / On va avoir de la neige.
  On va avoir un orage (une averse de grêle, etc.).
  Il va faire très humide (sec).

À vous!

F. Quel temps est-ce qu'il a fait hier?

Indiquez à quel gros titre *(headline)* correspond chacune des descriptions suivantes.

1. Il a fait du vent.
2. Il a fait du brouillard.
3. Il y a eu un orage.
4. Il a fait chaud.
5. Il a neigé.
6. Il a plu.
7. Le temps a été nuageux.

Joie chez les agriculteurs

Trois maisons inondées!

Aéroport fermé

Accident de bateau à voile

35°! La France transpire!

Les skieurs se réjouissent!

Pas de soleil depuis 15 jours

G. Quel temps est-ce qu'il a fait? Regardez la carte et dites quel temps il a fait dans les villes suivantes. Suivez le modèle et faites attention au temps du verbe.

> MODÈLE: Berlin
>
> —*Quel temps est-ce qu'il a fait à Berlin hier?*
> —*Hier, il a fait beau à Berlin.*

> In your descriptions of weather, you can add **assez** *(fairly)* and **très** *(very)* to **mauvais, chaud, frais,** and **froid.** For example, you might say: **Il a fait assez froid hier.**

1. Genève
2. Bonn
3. Barcelone
4. Séville
5. Milan
6. Bordeaux
7. Paris
8. Lisbonne
9. Bruxelles
10. Marseille
11. Madrid
12. Rome

H. Quel temps va-t-il faire demain (le 16 février)? Regardez les prévisions météorologiques dans le journal pour dire quel temps il va faire demain.

MODÈLE: Bordeaux

Demain, il va faire frais à Bordeaux. La température maximum va être de 14 degrés.

Mardi 16 février

TEMPÉRATURES (le premier chiffre indique le maximum pour la journée du 16 février, le second le minimum dans la nuit du 16 au 17 février):

Ajaccio, 14 et 5 degrés; **Biarritz,** 20 et 11; **Bordeaux,** 14 et 7; **Bréhat,** 7 et 4; **Brest,** 7 et 4; **Cannes,** 14 et 7; **Cherbourg,** 5 et 2; **Clermont-Ferrand,**

12 et 4; **Dijon,** 2 et 0; **Dinard,** 8 et 2; **Embrun,** 9 et -1; **Grenoble,** 11 et 1; **La Rochelle,** 12 et 5; **Lille,** 2 et -4; **Limoges,** 10 et 5; **Lyon,** 8 et 2; **Marseille,** 12 et 8; **Nancy,** 1 et -5; **Nantes,** 10 et 4; **Nice,** 13 et 7; **Paris,** 6 et 1; **Pau,** 17 et 7; **Perpignan,** 15 et 4; **Rennes,** 6 et 3; **Rouen,** 6 et 2; **Saint-Étienne,**

10 et 3; **Strasbourg,** 0 et 6; **Toulouse,** 15 et 2; **Tours,** 6 et 3.

TEMPÉRATURES RELEVÉES À L'ÉTRANGER:

Alger, 21 et 11; **Genève,** 4 et 0; **Lisbonne,** 15 et 9; **Londres,** 2 et 0; **Madrid,** 14 et 3; **Rome,** 12 et 1; **Stockholm,** -6 et -16.

1. Cannes
2. Alger
3. Lille
4. Rennes
5. Toulouse
6. Strasbourg
7. Lisbonne
8. Dijon
9. Biarritz
10. Stockholm

FLASH VOCABULAIRE

au (dans le) nord
au (dans le) nord-est
à (dans) l'est
au (dans le) sud-est
au (dans le) sud
au (dans le) sud-ouest
à (dans) l'ouest
au (dans le) nord-ouest

I. Hier et demain. Décrivez le temps qu'il a fait hier et le temps qu'il va faire demain. La première carte météo est pour hier, la deuxième est pour demain.

MODÈLE: *Hier, il a fait beau à Marseille.*
Demain, il va pleuvoir dans le sud-est.

Quel temps a-t-il fait hier?

Quel temps va-t-il faire demain?

Le monde francophone

Un cataclysme naturel: L'éruption de la montagne Pelée en Martinique

la Martinique

cendres: *ashes*
donnent le ton: *set the tone*
éclatante: *spectacular*
le malheur: *misfortune*
malheureuses:
     unfortunate women
panaches de fumée:
     plumes of smoke
ponceuse: *sandpaper like*
pour avertir: *to warn*
renommée mondiale:
     international reputation
s'abattait: *fell*
soufre: *sulfur*
source: *spring (water)*

La ville de Saint-Pierre... avant

➤ Qu'est-ce que vous en pensez?

When specialists estimate disaster losses, they focus their attention on the types of consequences of a particular disaster. They therefore determine the consequences (deaths, injuries, physical damage, emergency operations, disruption to economy, social disruption, environmental impact), the numbers associated with the consequences (number of dead, number and severity of injuries, inventories of physical damage, resources needed, number of displaced persons, severity of impact, etc.), the tangible losses and the costs, and the intangible losses (social, psychological, future health risks, etc.).

Based on these inventories and your knowledge of what happened to the city of Saint-Pierre, what specific impact (both human and material) did the volcanic eruption have on Martinique in general?

Depuis plusieurs siècles l'administration centrale de la Martinique est fixée à Fort-de-France, mais en 1902, la ville de Saint-Pierre continue à être la «capitale» intellectuelle, commerciale et industrielle. Une population de 30 000 habitants, gaie, laborieuse et fière de sa ville, le courant électrique, le tramway, le téléphone, l'eau courante captée de la source Morestin, deux câbles transatlantiques, vingt distilleries, six consulats, trois journaux, plusieurs banques, une quinzaine d'églises et de chapelles, un théâtre et un jardin botanique de renommée mondiale, ce sont les Pierrotins qui font la mode et qui donnent le ton. Quelle autre ville aux Caraïbes peut chanter une réussite aussi éclatante?

Depuis trois siècles, Saint-Pierre joue et gagne...

Un volcan, dites-vous. Allons donc!...

Aucune attention n'avait jamais été prêtée à une suite d'observations faites par les randonneurs de la montagne Pelée. La nature ponceuse du terrain, la découverte de soufre dans une gorge et la présence d'un lac au sommet du massif dont la forme caractéristique pourrait bien rappeler celle d'un cratère... Tout cela, on voulait l'ignorer.

Les habitants de la ville de Saint-Pierre, les Pierrotins, étaient heureux en ce début de l'année 1902.

30 000 habitants, la capitale intellectuelle et économique des Petites Antilles *(Lesser Antilles)*

Et le matin du 8 mai 1902, le malheur s'abattait sur la ville. La montagne avait pourtant fait tout ce qu'elle pouvait pour avertir la population.

Le trafic maritime est intense devant la ville...

L'artère centrale de la ville, la rue Victor Hugo.

La place du Marché en 1900. Combien de ces malheureuses trouveront la mort dans la catastrophe deux ans plus tard?

Des fumerolles sont apparues sur les hauteurs en 1889 et ne cessent depuis de s'épaissir...

En avril 1902, plusieurs séismes secouent la ville dans son confort...

Le 2 mai, des matières incandescentes et des panaches de fumée illuminent et assombrissent tour à tour le sommet de la Pelée tandis qu'une pluie de cendres tombe sur Saint-Pierre...

Le 3 mai, la ville est totalement recouverte d'un manteau de cendres grises, les sources tarissent...

Le 5 mai, ... une coulée de boue fumante dévale la montagne et engloutit l'usine Guérin en faisant vingt-cinq victimes, un raz de marée malmène la baie et les pluies de cendres redoublent d'intensité...

Pour rassurer les populations, le Gouverneur Mouttet et son épouse viennent en personne s'établir à Saint-Pierre. En réalité, personne ne croit en l'imminence d'une catastrophe [...] Chacun rassure les parents de l'extérieur, certains même partent faire du tourisme vers le cratère...

Le 7 mai, des rejets de lave sont observés au sommet de la Pelée.

Pendant la nuit du 7 au 8 mai, des pluies torrentielles engendrent des coulées de boues dévastatrices qui atteignent, de l'autre côté de la montagne, les villages de Grand'Rivière, Macouba et Basse-Pointe.

Le cataclysme est pour huit heures

8 heures, fin du suspense, c'est l'enfer. Les parois du cratère explosent, un nuage de gaz, de roches et de cendres en fusion s'échappe du volcan et s'abat avec une foudroyante rapidité sur les 30 000 malheureux Pierrotins. Les bateaux alignés dans la rade, les maisons de pierre, les arbres et les gens, rien ne peut résister aux 2 000 degrés de cette pluie de feu.

Un seul bateau réussit à échapper au déluge, le navire britannique «Roddam», qui était ancré plus au large que les autres. Sur terre, la ville n'est que morts et désolation. Trois moribonds sont retirés des cendres par les premiers secouristes débarqués d'un navire français. Deux meurent aussitôt, le seul survivant du cataclysme s'appelle Cylbaris, un ivrogne.

Quinze jours plus tard, la montagne Pelée continue à vomir d'énormes volutes de cendres et de fumée. En novembre, une gigantesque aiguille de lave se met à pousser au sommet du volcan et se minéralise une fois atteinte la hauteur de 250 mètres, pour s'écrouler en définitive l'année suivante.

Dico

aiguille de lave: *lava spike*
atteignent: *reach*
coulée de boue fumante:
  flow of smoking mud
dévale: *hurtles down*
enfer: *hell*
engloutit: *engulfs*
explosent: *explode*
feu: *fire*
foudroyante rapidité:
  lightning speed
fumerolles: *smoke and gas*
  (emanating from a volcano)
hauteurs: *heights*
illuminent et assombrissent:
  illuminate and darken
incandescentes: *white-hot*
ivrogne: *drunk*
malmène: *roughens up*
moribonds: *dying people*
morts: *dead people*
navire: *ship*
nuée ardente: *glowing cloud*
parois: *sides*
rade: *harbor*
raz de marée: *tidal wave*
rejets de lave:
  spewing out of lava
s'abat: *falls*
secouent: *shake*
secouristes:
  emergency workers
séismes: *earthquakes*
sources tarissent:
  springs (water) dry up
volutes: *columns*

Les ruines de la rue Victor-Hugo après le déluge de feu.

La nuée ardente. L'activité de la Pelée sema la mort jusqu'au 30 août.

La place du Marché en 1902.

balaie: *sweeps through*
bâti de bric et de broc:
   built any old way
bourgade: *village*
bouts: *pieces*
cachot: *hiding place*
canotiers: *boaters*
dentelles: *filigree*
   (lace-like architecture)
en clamant: *proclaiming*
machines à tuer:
   killing machines
ne fait qu'alourdir:
   only increases
ombre: *shadow*
peur: *fear*
quintes de toux:
   coughing fits
se figea: *froze*
vedettes: *most popular*

**Vue générale des ruines,
un seul survivant, un ivrogne**

**Une horrifiante découverte
parmi les cendres de la place Bertin.**

Le 20 mai, une seconde nuée ardente balaie la ville. Jusqu'au 30 août des nuages de feu sèment la mort sur tout le nord de la Martinique. La montagne présente de nouvelles quintes de toux en 1929, puis en 1932, mais cette fois, plus de peur que de mal.

Saint-Pierre aujourd'hui

Quelle leçon tirer de la catastrophe?

Une grande leçon d'humilité pour les hommes, bien sûr. [...]

Une leçon de vulcanologie surtout. La découverte d'un nouveau type de volcan dans le catalogue des dragons géologiques. Une connaissance plus approfondie, aussi, de la plus horrible des machines à tuer, la nuée ardente, un nuage de gaz incandescent mêlé de poussières en fusion...

Ce qui subsiste aujourd'hui de la ville

[...] Une partie de la ville a été reconstruite sur les ruines et de nombreux Pierrotins sont revenus, mais même en clamant bien haut sa volonté de vivre, le souvenir entretenu du désastre ne fait qu'alourdir l'ombre toujours présente de la montagne. Tous les axes économiques de l'île sont désormais tournés vers la région de Fort-de-France...

Aussi la ville «reine des Antilles», avec ses dentelles et ses canotiers, n'est plus. Un village de 6 500 habitants, bâti de bric et de broc sur des bouts de murs calcinés, tel est le Saint-Pierre que l'on visite maintenant... Sujets vedettes des photographes: les ruines de l'église du Fort, celles du théâtre, le cachot de Cylbaris et les bombes volcaniques placées çà et là dans la bourgade.

Le théâtre

**Le cône du Mont-Pelée s'éleva sur
250 mètres et se figea vers le ciel...**

**La rade de St-Pierre, aujourd'hui. Toujours
sous la menace de la montagne Pelée.**

Do À faire! (8-1)
on page 321 of the
Manuel de préparation.
* Follow-up: weather
* Preparation: the
   comparative and
   the superlative
   (Contrôle 20)

Rappel grammatical

Le comparatif et le superlatif

• Le comparatif avec adjectifs et adverbes

Elle est **plus grande que** son frère.	She's **taller than** her brother.
Il est **aussi ambitieux que** sa sœur.	He's **as ambitious as** his sister.
Il est **moins intelligent que** son père.	He's **less intelligent than** his father.
Mes tartes sont **meilleures que** les tartes de Marie.	My pies are **better than** Marie's pies.
Il parle **mieux que** moi.	He speaks **better than** I (do).

• Le comparatif avec noms

Nous avons eu **plus d'orages que** l'année dernière.	We had **more storms than** last year.
Nous avons eu **moins de neige que** l'hiver dernier.	We had **less snow than** last winter.
Nous avons eu **autant de pluie que** l'été dernier.	We had **as much rain as** last summer.

• Le superlatif

Solange est **l'étudiante la plus intelligente de** la classe.	Solange is **the most intelligent student in** the class.
Son frère Marc est **l'étudiant le moins sérieux de** la classe.	Her brother Marc is **the least serious student** in the class.
Solange a **les meilleures notes.**	Solange has **the best grades.**
De tous ses amis, elle a **le moins de temps libre.**	Of all of her friends, she has the **least free time.**
C'est elle qui parle **le mieux** le français.	She's the one who speaks French **the best.**

Faites les comparaisons.

1. Marie est intelligente.
   (Marc +)
2. Nous sommes heureux.
   (Elles –)
3. Les notes de Philippe sont bonnes.
   (Les notes de Jacques +)
4. Henri parle bien français.
   (Éric +)
5. Ma mère est patiente.
   (Mon père =)
6. Elle travaille bien.
   (Son amie +)
7. Les bananes sont bonnes.
   (Les oranges +)
8. Serge est grand.
   (Micheline +)
9. Thomas est ambitieux.
   (Annick –)
10. Suzy est gentille.
    (Hervé =)

Exercice de substitution

1. *Georges* est l'étudiant le plus sérieux de la classe. (Monique / Alain et Robert / Martine et Christine)
2. Hervé est l'étudiant le *plus optimiste* de la classe. (plus sportif / moins sérieux / plus jeune / moins honnête)
3. Voilà *l'étudiant* le plus intelligent. (la jeune fille / les étudiantes / le garçon)
4. Nathalie travaille *le mieux* de tous. (le moins bien)
5. Elle a les meilleures *notes* de toute la classe. (note / examen / devoirs / réponses / compositions)
6. *Grégoire* est l'étudiant le plus ambitieux. (Marie / André et Marc / Sylvie et Anne)
7. Nous avons plus d'*argent* que vous. (patience / tact / vidéos)
8. Il a *plus de* patience que toi. (moins de / autant de)

À vous!

J. Géographie humaine: Les régions. Comparez les régions suivantes en fonction de leur superficie *(area)* et de leur population.

MODÈLES: (grand) l'Europe et l'Asie
L'Europe est moins grande que l'Asie.

(habitants) l'Océanie et le Canada
L'Océanie a plus d'habitants que le Canada.

(habitants au km²) le Canada et l'Océanie
Le Canada a moins d'habitants au kilomètre carré que l'Océanie.

Régions	Superficie (km²)	Population (millions)	Densité (hab./km²)
Afrique	30 310 000	720	23,7
Amérique	42 000 000	774	18,4
Asie	44 000 000	3 600	81,8
Europe	10 500 000	715	68,1
Océanie	9 000 000	32	31,1
Canada	9 975 000	30	30,1

1. (grand) l'Amérique et l'Océanie / le Canada et l'Afrique / l'Asie et l'Europe / l'Asie et l'Amérique / l'Océanie et l'Europe
2. (habitants) l'Asie et le Canada / l'Europe et l'Amérique / l'Afrique et l'Amérique / l'Europe et l'Océanie
3. (habitants au km²) l'Europe et l'Asie / l'Amérique et l'Afrique / l'Océanie et le Canada / l'Amérique et le Canada

K. Quel est le meilleur vin? Faites les comparaisons entre ces vins français en utilisant les mots et expressions suivants: **cher, vieux, jeune, moins bon, meilleur, un peu plus (moins).** Le nombre de «E» (euros) donne une idée approximative du prix.

MODÈLE: *Le Côte du Rhône 1989 est moins cher que le Saint-Émilion 1981, mais il est moins bon.*

Nom du vin	Année	Qualité	Prix
Côte du Rhône	1989	☆☆☆	EE
Château Margaux	1985	☆☆☆☆	EEEE
Corbières Rouge	1994	☆☆	E
Provence Rosé	1996	☆☆	EE
Riesling	1993	☆☆☆	EE
Saint-Émilion	1981	☆☆☆☆☆	EEE
Côte de Bourg	1992	☆☆☆	EE
Cahors Noir	1995	☆☆☆	EEE

L. Vous et... Comparez-vous aux membres de votre famille (frères, sœurs, mère, père, mari, femme, enfant) et à vos amis. Utilisez les éléments donnés avec le comparatif ou le superlatif. N'oubliez pas que les adjectifs s'accordent en genre et en nombre avec les noms et les pronoms qu'ils modifient.

1. être âgé(e)
2. être intelligent(e)
3. avoir des ami(e)s
4. avoir du temps libre
5. bien jouer au tennis (ou à un autre sport)
6. bien changer
7. être un(e) bon(ne) étudiant(e)
8. être ambitieux(se)
9. dépenser de l'argent
10. avoir de l'imagination
11. être optimiste (pessimiste)
12. avoir du tact

◼ Contexte: *Accidents et maladies*

Accidents

Qu'est-ce qui t'est arrivé?

J'ai eu un accident de voiture. Je me suis cassé
la jambe. On m'a mis la jambe dans le plâtre.

Dico

cheville: *ankle*
course à pied: *racing, running*
Pas de chance!: *No luck!*
plâtre: *cast*

Pas de chance! J'adore la course à pied,
mais je me suis foulé la cheville.

Aïe! Je me suis coupé au doigt!

C'est pas possible! Je suis tombée et je me suis fait
mal au dos. Et les championnats sont dans huit jours!

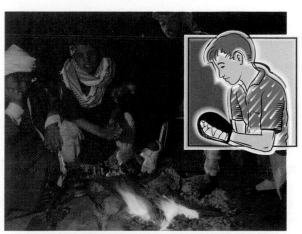

Je n'ai pas fait attention et je me suis brûlé
à la main. Qu'est-ce que ça fait mal!

Les parties du corps

les cheveux (m. pl.)

l'œil (m.)

les yeux (m. pl.)

la bouche

le cou

la tête

le visage

les épaules (f. pl.)

le dos

le cœur

la poitrine

le bras

le nez

les dents (f. pl.) (teeth)

l'oreille (f.)

la gorge (throat)

les doigts (m. pl.)

le coude

le ventre

le poignet

la main

la cuisse

le genou

la jambe

le doigt de pied

la cheville

le pied

Ça se dit comment?

Pour parler des accidents

Qu'est-ce qui s'est passé?	What happened?
Qu'est-ce qui t'est (vous est) arrivé?	What happened to you?
J'ai eu un accident.	I had an accident.
Je suis tombé(e).	I fell.
se casser le bras	to break one's arm
la jambe	leg
le nez	nose
se fouler la cheville	to sprain one's ankle
se faire mal au dos	to hurt one's back
être blessé(e) au pied	to have an injured foot
se couper au doigt	to cut one's finger
se brûler (à la main)	to burn oneself (one's hand)

Attention! In English, you indicate whose arm or leg or head has been injured by using a possessive adjective: *I broke MY leg. She hurt HER back.* In French, since the pronouns that go with the verb (**je me, tu te,** etc.) tell you whose part of the body it is, you use the definite article (**le, la, l', les**) or the preposition **à** + definite article (**au, à la, à l', aux**) with the body part: **Je me suis cassé LA jambe. Elle s'est fait mal AU dos.**

Qu'est-ce que tu as?

Qu'est-ce qu'il y a, Céline? Tu n'as pas bonne mine. Voyons... est-ce que tu as de la fièvre?

C'est la récré. Tous mes amis s'amusent, mais moi, je dois rester au lit. J'ai la varicelle. Je ne peux pas aller à l'école. Heureusement je peux communiquer avec les copains par téléphone et par e-mail!

Quel sale temps! Et moi, j'ai peut-être une bronchite. Je tousse constamment et des fois j'ai du mal à respirer.

Pauvre Papa! Il est comme ça depuis une heure. Il a le mal de l'air. On aurait dû prendre le train!

Dico

avoir du mal (à): *to have trouble (doing something)*
On aurait dû: *We should have*
Quel sale temps!: *What lousy weather!*

Ça se dit comment?

Pour parler de son état physique

Qu'est-ce qui ne va pas?	} What's the matter?
Qu'est-ce qu'il y a?	
Qu'est-ce que tu as (vous avez)?	What's wrong? (What's the matter with you?)
Tu n'as pas (Vous n'avez pas) bonne mine.	You don't look good.
Tu as (Vous avez) l'air malade.	You look sick.
Je ne me sens pas très bien.	I don't feel very good.
Je ne suis pas en forme.	I'm not feeling great.
Je suis malade.	I'm sick.
Je me sens un peu faible.	I feel a little weak.
un peu fatigué(e).	a bit tired.
Je suis mal fichu(e). *(familier)*	I feel lousy. (I'm a mess.)
Je souffre de migraines.	I have migraines.

Pour énumérer les maladies

une angine	*tonsillitis*	une pneumonie	*pneumonia*
une bronchite	*bronchitis*	un rhume	*cold*
une crise d'appendicite	*appendicitis attack*	le rhume des foins	*hay fever*
une grippe	*flu*	la rougeole	*measles*
le mal de l'air	*air sickness*	la rubéole	*German measles*
le mal de mer	*sea sickness*	une sinusite	*sinus infection*
la migraine	*migraine headache*	une streptococcie	*strep infection*
les oreillons *(m.pl.)*	*mumps*	la varicelle	*chickenpox*

> ### Qu'est-ce que vous en pensez?

- Dans quelles circonstances est-ce qu'il est important de dire à quelqu'un que vous avez eu un petit accident ou que vous ne vous sentez pas bien?
- Voici une série de proverbes qui ont pour sujet le corps, la santé et les maladies. À votre avis, quelle est la signification de chacun de ces proverbes?

> Quand on regarde quelqu'un, on n'en voit que la moitié.
> Grosse tête, peu de sens.
> On ne doit pas avoir les yeux plus grands que le ventre.
> Loin des yeux, loin du cœur.
> On se heurte toujours où l'on a mal.
> Paris appartient à ceux qui se lèvent tôt.
> Qui a la santé a tout. Qui n'a pas la santé n'a rien.
> Les maladies viennent à cheval et s'en retournent à pied.
> Il vaut mieux prévenir que guérir.
> Si on avait toujours des cerises et des raisins, on pourrait se passer de médecin.

Zoom!

La première greffe d'organe *(organ transplant)* date de 1954. Une équipe sous la direction du docteur américain Joseph Murray a transplanté un rein *(kidney)*. Treize ans plus tard, le médecin sud-africain Christiaan Barnard (1922–2001) a tenté la première greffe du cœur.

À vous!

M. Qu'est-ce qui lui (leur) est arrivé?

Utilisez les dessins pour répondre aux questions.

MODÈLE: Oh, le pauvre Éric!
Qu'est-ce qui lui est arrivé?

Il s'est fait mal à la jambe.

Did you notice the questions in this exercise? **Qu'est-ce qui *lui* est arrivé? Qu'est-ce qui *leur* est arrivé?** *(What happened to him/her? What happened to them?)* The pronoun **lui** is the equivalent of *to him* or *to her,* and the pronoun **leur** is the equivalent of *to them.* There is no distinction between the feminine and the masculine of these indirect object pronouns.

1 Oh, la pauvre Catherine! Qu'est-ce qui lui est arrivé?

2 Mais regarde M. Viossat! Qu'est-ce qui lui est arrivé?

3 Ta pauvre mère! Qu'est-ce qui lui est arrivé?

4 Pourquoi il pleure, ton frère? Qu'est-ce qui lui est arrivé?

5 Pourquoi ils ne jouent pas, Jean et Olivier? Qu'est-ce qui leur est arrivé?

6 Oh, ta pauvre cousine! Qu'est-ce qui lui est arrivé?

7 Le pauvre Daniel! Qu'est-ce qui lui est arrivé?

8 Laure et Virginie, pourquoi est-ce qu'elles ne dansent pas?

N. Et toi? Est-ce que tu es prédisposé(e) aux accidents? Posez les questions à un(e) camarade de classe.

MODÈLE: Est-ce que tu t'es déjà *(ever)* cassé le bras? Combien de fois?
À quel âge? Sous quelles circonstances?

Oui, je me suis cassé le bras une fois... quand j'avais neuf ans.
Je faisais du ski et je suis tombé(e). OU
Non, je ne me suis jamais cassé le bras.

Combien de fois? À quel âge? Dans quelles circonstances?

1. Est-ce que tu t'es déjà cassé le bras?
2. Est-ce que tu t'es déjà cassé la jambe?
3. Est-ce que tu t'es déjà cassé le nez?
4. Est-ce que tu t'es déjà foulé la cheville?
5. Est-ce que tu t'es déjà fait mal à la tête?
6. Est-ce que tu t'es déjà fait mal au dos?
7. Est-ce que tu t'es déjà coupé(e) au doigt ou au pied?
8. Est-ce que tu t'es déjà brûlé(e) (à la main, au bras, à la jambe, etc.)?

👥 **O. Une enquête.** Faites une enquête pour savoir si vous avez des camarades de classe qui sont prédisposés aux accidents. Puis annoncez les résultats.

MODÈLE: *Je pense que (Bernie) et (Carol) sont prédisposés aux accidents. Il s'est cassé le bras deux fois et le nez une fois. C'est parce qu'il fait du hockey. Il s'est fait mal à la tête quand il avait cinq ans et il s'est cassé une dent quand il avait huit ans. Carol, elle s'est foulé la cheville quatre fois...*

P. Qu'est-ce qu'il (elle) a? Répondez aux questions sur les problèmes de santé des personnes suivantes.

MODÈLE: Qu'est-ce qu'il a, François?

Il a une sinusite.

Qu'est-ce qu'elle a, Céline?

Qu'est-ce qu'elle a, ta mère?

Qu'est-ce qu'il a, ton petit frère?

Qu'est-ce qu'il a, Fred?

Qu'est-ce qu'elle a, Nadine?

Qu'est-ce qu'elle a, ta sœur?

Qu'est-ce qu'il a, ton père?

Qu'est-ce qu'elle a, Mme Gontier?

Le médecin anglais Edward Jenner a réalisé la première vaccination contre la variole en 1797.

Le médecin français René Laennec a inventé le stéthoscope en 1815.

Le médecin anglais Sir Alexander Fleming a découvert la pénicilline en 1928.

Q. **Et toi?** Posez les questions suivantes à un(e) camarade de classe.

1. Est-ce que tu as déjà eu la rougeole? (Quand?)
2. Est-ce que tu as déjà eu les oreillons? (Quand?)
3. Est-ce que tu as déjà eu une crise d'appendicite? (Quand?)
4. Est-ce que tu as déjà été opéré(e) à l'hôpital? (Quand?)
5. Est-ce que tu as des allergies? À quoi est-ce que tu es allergique? (aux poils d'animaux? aux plantes? aux produits laitiers? aux œufs? aux champignons?)
6. Est-ce que tu souffres de migraines?
7. Est-ce que tu souffres souvent de rhumes ou de grippes?
8. Est-ce que tu as déjà eu le mal de mer ou le mal de l'air?

R. **Une enquête.** Faites une enquête pour savoir combien de vos camarades de classe...

- ont déjà eu une maladie contagieuse telle que la rougeole, la rubéole, la varicelle ou les oreillons.
- ont été opéré(e)s de l'appendicite.
- ont déjà eu le mal de mer.
- ont déjà eu le mal de l'air.
- sont allergiques aux plantes.
- sont allergiques aux poils d'animaux.
- souffrent d'allergies alimentaires.
- sont allergiques aux pollens.

Le dossier médical de Christine Buhler

Quand j'étais petite, j'ai été vaccinée contre la rougeole et les oreillons. Par conséquent, je n'ai jamais eu ces deux maladies.

Quand j'avais sept ans, j'ai eu une crise d'appendicite et j'ai été opérée à l'hôpital.

Quand j'avais dix ans, j'ai eu la varicelle.

De temps en temps, j'ai un rhume ou une grippe. Pourtant, ce sont mes allergies qui me rendent folle.

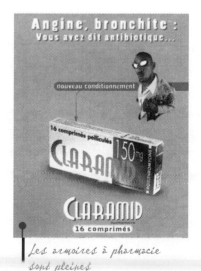

Les armoires à pharmacie sont pleines

L'astronome italien Galilée a perfectionné le thermomètre en 1592.

■Échange: *Je ne me sens pas bien*

Il est évident qu'Anne ne se sent pas très bien. Simone l'interroge pour savoir ce qui ne va pas.

éviter: *avoid*
Fais voir: *Let me see*
Je n'ai plus: *I don't have any more*
nez qui coule: *runny nose*
tousse: *cough*

SIMONE: Qu'est-ce qu'il y a, ma petite Anne? Tu as les yeux tout rouges.
ANNE: J'sais pas, mémé. J'ai le nez qui coule et j'ai un peu mal à la gorge. Mais je ne tousse pas.
SIMONE: Fais voir si tu as de la fièvre... Non, non. C'est peut-être tes allergies. On va aller à la pharmacie te chercher quelque chose. Je n'ai plus d'antihistaminiques.
ANNE: Mais, mémé...
SIMONE: En plus, tu feras attention à ce que tu manges. Il faut éviter les produits laitiers.
ANNE: D'accord, mémé.

Ici, en France...

Quand je suis en France et que je ne me sens pas bien, je consulte un pharmacien avant d'aller voir un médecin. En France, les pharmaciens jouent un rôle très important parce qu'ils peuvent faire des recommandations pour les petits «bobos» et les maladies ordinaires (rhume, grippe).

Qu'est-ce que c'est qu'un petit «bobo»? Un «bobo», c'est tout normalement un petit accident qui n'est pas très grave et qui ne demande que du secourisme *(first aid)* de base. Pour vous soigner vous-même (même avant de consulter un pharmacien), voici quelques conseils.

Ça peut être une bosse...

Tu t'es cogné, tu as une bosse au front. Que faire? Mets aussitôt une poche de glace, puis applique une pommade. Le pharmacien t'indiquera laquelle acheter.

Ou une écharde...

Une écharde est pénétrée sous ta peau. Que faire? Enlève-la tout de suite avec une aiguille stérilisée à la flamme ou avec une pince à épiler. Désinfecte.

Ou une coupure...

Tu t'es coupé. Que faire? Désinfecte bien et fais un pansement de gaze retenu par du sparadrap.

Ou une éraflure...

Tu es tombé de ton vélo, ton genou est éraflé. Que faire? Lave la plaie à l'eau et au savon, désinfecte et mets un pansement.

Le secourisme, Les éditions Milan, pp. 18–19

Voilà. C'est facile. Mais ça vaut toujours la peine de consulter le pharmacien qui donnera des conseils sur la meilleure façon de désinfecter une éraflure, par exemple, ou qui dira quelle pommade acheter. Et en France, on peut toujours trouver une pharmacie qui est ouverte.

➤ Qu'est-ce que vous avez appris?

Grâce à la familiarité du sujet, vous avez sûrement pu deviner un grand nombre de mots même si vous ne les avez jamais encore vus. Utilisez les dessins et les stratégies de la lecture pour donner l'équivalent français des mots suivants.

1. a cut   2. a bandage   3. knee   4. wash with soap and water   5. a bump
6. tape   7. scraped   8. an ice pack   9. a splinter   10. take out, remove
11. a needle   12. forehead   13. an ointment   14. a minor injury

Ça se dit comment?

Pour énumérer les symptômes

avoir mal à la tête	to have a headache
à la gorge	a sore throat
à l'oreille (aux oreilles)	an earache
à l'estomac	a stomachache
avoir de la fièvre	to have a fever
avoir le nez bouché	a stuffy nose
avoir le nez qui coule	a runny nose
tousser	to cough
éternuer	to sneeze
avoir mal au cœur	to feel nauseated
avoir des taches (de rougeole)	to have spots (measles)
avoir une inflammation des ganglions	to have swollen glands
avoir du mal à dormir	to have trouble sleeping
avoir des vertiges	to be dizzy
avoir des courbatures	to have sore muscles
avoir mal partout	to hurt all over
avoir chaud	to be (feel) hot
avoir froid	to be (feel) cold
vomir	to vomit, to throw up

Pour demander un médicament dans une pharmacie

J'ai besoin de quelque chose pour la gorge (pour le nez, pour les yeux, pour l'estomac).
J'ai besoin de quelque chose contre *(against)* la toux.

> le rhume des foins.
> la migraine.
> la grippe.
> le mal de mer.
> le mal de l'air.

Pour énumérer les remèdes

boire des jus de fruits	to drink fruit juices
prendre de l'aspirine (des cachets d'aspirine)	to take aspirin (aspirin tablets)
un sirop contre la toux	cough syrup
des pastilles pour la gorge	throat lozenges
des gouttes pour le nez (pour les yeux)	nosedrops (eyedrops)
des antihistaminiques	antihistamines
des comprimés pour l'estomac	antacids
rester au lit	to stay in bed
se reposer	to rest

> Notice that **rester** is a false cognate and does not mean *to rest* but rather *to stay (to remain)*. If you want to talk about "resting," use the verb **se reposer.**

Zoom!

La température normale du corps est de 37°C ou de 98,6°F.

À vous!

S. Qu'est-ce que vous avez? Choisissez les expressions de la liste pour donner les symptômes qui correspondent à chaque situation.

1. Vous avez un rhume.
2. Vous avez trop mangé.
3. Vous avez la grippe.
4. Vous êtes en vacances au bord de la mer.
5. Vous avez un examen très important et vous êtes très stressé(e).

T. Des plaintes. *(Complaints.)* Vous jouez le rôle du (de la) pharmacien(ne). En utilisant **prendre, aller** ou le verbe donné ainsi que les expressions entre parenthèses, faites des recommandations à vos clients.

> MODÈLE: J'ai mal à la tête. (cachets d'aspirine)
>
> *Prenez deux cachets d'aspirine.*

1. J'ai le nez bouché. (antihistaminiques)
2. J'ai une grippe. (cachets d'aspirine)
3. Je tousse. (sirop)
4. J'ai mal à la gorge. (pastilles)
5. Je suis toujours fatigué(e). (se reposer)
6. J'ai de la fièvre. (cachets d'aspirine, rester au lit)
7. J'ai mal au ventre. (thé)
8. J'ai mal partout. (chez le médecin)

U. À la pharmacie. Expliquez au (à la) pharmacien(ne) que vous avez les symptômes qui accompagnent normalement les problèmes médicaux suivants. Il (Elle) vous recommandera les médicaments donnés entre parenthèses.

> MODÈLE: une indigestion (comprimés pour l'estomac)
>
> —*Bonjour, Monsieur (Madame). Je peux vous aider?*
> —*Oui. Je ne me sens pas très bien. J'ai mal à l'estomac et un peu mal au cœur. Qu'est-ce que vous pouvez me recommander comme remède?*
> —*Vous avez peut-être une petite indigestion. Je vais vous donner des comprimés pour l'estomac.*
> —*Merci bien, Monsieur (Madame).*
> —*De rien, Monsieur (Madame).*

1. un rhume (gouttes pour le nez, sirop contre la toux)
2. une grippe (aspirine, pastilles pour la gorge)
3. le rhume des foins (antihistaminiques, gouttes pour les yeux)
4. une migraine (un tube d'aspirines / aller voir le médecin)
5. la toux (pastilles pour la gorge)

Do **À faire! (8-2)** on page 331 of the **Manuel de préparation.**

* Follow-up: comparative and superlative; accidents and illnesses
* Preparation: the imperfect and the **passé composé** (contrasting the two tenses) *(Contrôle 21)*

Rappel grammatical

L'imparfait et le passé composé

SUMMARY OF USES	
IMPERFECT	**PASSÉ COMPOSÉ**
DESCRIPTION **Elle était** très fatiguée.	
HABITUAL ACTION **Il parlait** français tous les jours.	SINGLE OCCURRENCE Ce matin, **j'ai pris** un bon petit déjeuner.
INDEFINITE PERIOD OF TIME Quand **j'étais** jeune, **j'avais** un chien.	DEFINITE PERIOD OF TIME En 1998, **j'ai passé** deux mois au Portugal.
Il faisait très beau.	Hier, **il a fait** très beau.
ACTION REPEATED AN UNSPECIFIED NUMBER OF TIMES **Nous allions** souvent au parc.	ACTION REPEATED A SPECIFIED NUMBER OF TIMES **Nous sommes allés** au parc trois fois le mois dernier.

Complétez les phrases avec l'imparfait ou le passé composé des verbes entre parenthèses.

1. Il (faire) ... très beau quand je (sortir) ... ce matin. Mais soudain il (commencer) ... à pleuvoir.
2. Autrefois, nous (aller) ... souvent à la plage. Nous (être) ... toujours contents d'être en vacances. Mais mon père (changer) ... de job, nous (faire) ... moins de voyages.
3. Qu'est-ce que tu (dire) ... quand elle (raconter) te/t' ... cette histoire? Je (ne... rien dire) ... parce que (être) je/j' ... trop choquée.
4. —Est-ce que vous (finir) ... vos devoirs?
   —Non. Nous (ne... pas comprendre) ... les exercices. Ils (être) ... trop difficiles.
5. Hier, il (neiger) ...; je (partir) ... en voiture et je (tomber) ... en panne. Ce (ne... pas être) ... une très bonne journée.
6. Quand elle (être) ... petite, elle (avoir) ... un chien et un chat.
7. En 1988, mes parents et moi, nous (visiter) ... la Grèce. Nous y (passer) ... un mois. Ensuite, nous (aller) ... en Italie et en France.
8. Ils (finir) ... de faire la vaisselle quand le téléphone (sonner) ...
9. Je (bavarder) ... avec mes amis quand ma mère (appeler) me/m'...
10. Elles (manger) ... quelque chose parce qu'elles (avoir) ... très faim.

À vous!

V. Une mauvaise journée. Utilisez les dessins et les indications données pour décrire la journée de Catherine. Choisissez l'imparfait ou le passé composé selon le contexte.

MODÈLE: *Catherine s'est réveillée à 6h mais elle est restée au lit jusqu'à 6h30.*

se réveiller
rester au lit

se lever
être fatiguée
s'habiller

quitter la maison
pleuvoir
se dépêcher pour aller en classe

attendre (elle a attendu)
monter dans
ne pas y avoir de place

entrer dans
être en retard
avoir une mauvaise note
être malheureuse

rentrer chez elle

manger quelque chose
regarder la télé
étudier

se coucher

W.) Un hold-up. Utilisez l'imparfait et le passé composé des verbes pour raconter l'histoire suivante. Un verbe peut être utilisé plus d'une fois.

VERBES: arriver / avoir / demander / entrer / être / faire / prendre / raconter / sonner *(to sound)* / sortir / tenir / vouloir

Vendredi dernier je/j' ... témoin d'un hold-up. Vers 14 heures, deux hommes et une femme ... dans la banque où je travaille. Moi, je/j' ... à mon guichet. Le plus grand des deux hommes ... les cheveux noirs et une barbe. Il ... un pistolet dans la main. Il me/m' ... de lui donner 8 000 euros. Son compagnon, qui ... très gros, ... les montres et les portefeuilles des clients. Nous ... tous très nerveux et nous ... peur. C'est pourquoi nous ... tout ce qu'ils .... La femme ... la première de la banque, suivie de ses deux compagnons. Dès leur départ, je/j' ... l'alarme et la police ... quelques minutes plus tard. Mais les voleurs ne/n' ... plus là. Je/j' ... mon aventure à tous mes amis. Ils ... très impressionnés.

X. Je ne me sentais pas bien. Parlez à vos camarades d'un accident ou d'une maladie que vous avez eus dans le passé. Expliquez ce qui est arrivé et ce que vous avez fait pour vous remettre *(to get better)*. Par exemple, quels étaient vos symptômes? Est-ce que vous êtes resté(e) à la maison? Est-ce que vous avez pris des médicaments? Est-ce que vous étiez absent(e) en cours? etc.

❝ Je ne suis pas la seule de ma famille à faire de l'exercice. Nous sommes tous des fanas de la gym. Mais pour maintenir une bonne forme physique, il faut aussi faire attention à ce qu'on mange. Les bonnes habitudes alimentaires sont donc très importantes. ❞

Mon frère fait de l'exercice tous les soirs après le travail. À la maison il a aménagé une salle d'exercice où il a un vélo d'intérieur et un stepper.

Ma belle-sœur, Noëlle, adore faire du jogging. Hiver et été, elle fait ses 5 kilomètres chaque jour.

Mon cousin Alain et ma nièce Isabelle vont deux fois par semaine au centre sportif à Vesoul. Lui, il s'entraîne pour la lutte et fait donc de la musculation. Elle, elle fait de l'aérobic.

Ma cousine Jeannette, elle fait de la natation. Elle se lève tous les matins à 6h pour faire 20 ou 30 longueurs de piscine.

Mes parents font de la marche à pied tous les week-ends. Ils aiment aussi se promener dans le village et parler aux voisins.

Et ma nièce, Anne, est inscrite à un cours de gymnastique. On peut toujours la trouver sur le tapis de course ou en train de faire des redressements assis ou d'autres formes d'exercice.

Ça se dit comment?

Pour parler de l'exercice physique

faire des pompes	*to do pushups*
faire des tractions	*to do pullups or pushups*
faire des redressements	*to do situps*
faire de la musculation	*to do weightlifting*
faire de la marche à pied	*to go walking (hiking)*

Pour identifier les appareils de fitness

un vélo d'intérieur	*exercise bike*
un rameur	*rowing machine*
un stepper	*step machine*
un tapis de course	*treadmill*
une presse	*weight machine*

Choisissez votre sport

	Marche	Danse	Gym douce	Stretching	Aérobic	Bicyclette	Rameur	Jogging	Golf	Ski	Tennis	Natation
Endurance cardio-vasculaire	●	●			●	●	●	●		●	●	●
Résistance	●	●			●		●	●		●	●	●
Musculation		●	●	●	●							●
Souplesse		●	●	●								●
Équilibre-agilité		●		●					●	●	●	
Améliore les problèmes circulatoires	●				●	●		●	●			●
Déconseillé si problèmes de dos importants				●	●			●	●	●	●	
Déconseillé si problèmes de cœur graves					●			●			●	

À quoi servent les aliments?

Une partie des aliments qu'on mange sont utilisés comme matériaux de construction nécessaires à la croissance. Ainsi, les enfants doivent manger afin de fournir à leur corps les «briques» et le «ciment» avec lesquels ils construisent leur matière vivante.

D'autres constituants sont utilisés comme «carburant» et fournissent l'énergie nécessaire au fonctionnement du corps. Ainsi il faut manger pour fournir au corps «l'essence» qui fait «marcher la machine».

Les aliments fournissent aussi certains constituants qui ne sont ni des matériaux de construction ni du carburant. C'est le cas des vitamines, substances chimiques indispensables au bon fonctionnement du corps.

Dico

amidon: *starch*	**essence:** *gas*
au moins: *at least*	**fournir:** *to furnish*
carburant: *fuel*	**matière vivante:** *living matter*
chacun: *each*	**matières grasses:** *fats*
croissance: *growth*	**ne... ni... ni:** *neither . . . nor*
crus: *raw*	**protides:** *proteins*
cuits: *cooked*	

Que faut-il manger chaque jour?

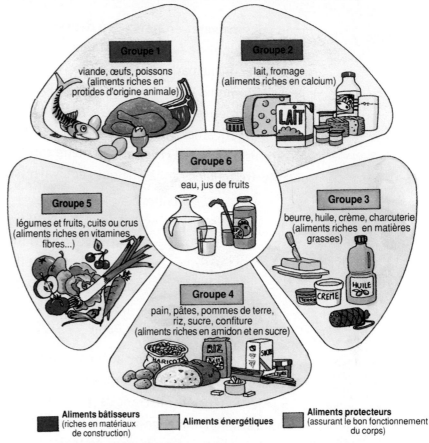

Groupe 1
viande, œufs, poissons (aliments riches en protides d'origine animale)

Groupe 2
lait, fromage (aliments riches en calcium)

Groupe 6
eau, jus de fruits

Groupe 5
légumes et fruits, cuits ou crus (aliments riches en vitamines, fibres...)

Groupe 3
beurre, huile, crème, charcuterie (aliments riches en matières grasses)

Groupe 4
pain, pâtes, pommes de terre, riz, sucre, confiture (aliments riches en amidon et en sucre)

Aliments bâtisseurs (riches en matériaux de construction)

Aliments énergétiques

Aliments protecteurs (assurant le bon fonctionnement du corps)

Les repas d'une journée doivent obligatoirement fournir au moins un aliment de chacun de ces six groupes.

Les promesses des alicaments

Le mot «alicament» (inventé par le signataire de l'ouvrage en 1996 et entré dans l'édition 2000 du dictionnaire Larousse) désigne les produits alimentaires ayant des vertus thérapeutiques ou préventives: laits survitaminés; jus de fruits enrichis en calcium; eaux minérales aux caractéristiques spécifiques (magnésium, par exemple); yaourts survitaminés, boissons au ginseng, au guarana...

Leur objectif est de compenser les déséquilibres nutritionnels, de contribuer à la prévention de certaines maladies. [...] Ils traduisent le souci d'une alimentation non seulement inoffensive mais bonne pour la santé.

Ça se dit comment?

Pour parler du régime

être au régime / suivre un régime	*to be on (follow) a diet*
faire attention à ce qu'on mange	*to watch what you're eating*
garder la ligne	*to stay in shape*
grandir	*to get taller, to grow up*
grossir / prendre du poids	*to gain weight*
maigrir / perdre du poids	*to lose weight*
manger tout ce qu'on veut	*to eat anything you want*

➤ Qu'est-ce que vous en pensez?

• À votre avis, qu'est-ce qu'on devrait faire avant de commencer un régime ou avant de se lancer dans l'exercice physique?

• Est-ce qu'il est prudent de manger des alicaments sans consulter un médecin? Pourquoi, pourquoi pas?

Ici, en France...

Quand vous arriverez en France (ou dans d'autres pays de l'Europe continentale), vous noterez tout de suite que tout fonctionne selon le système métrique. Ainsi, quand les Français parlent de la taille ou du poids, ils utilisent des mètres et des kilos (kilogrammes). **Un mètre** est l'équivalent de 3.281 pieds. Par contre, un pied égale 0.305 mètres, et un pouce *(inch)* égale 2.539 centimètres. **Un kilo** égale 2.2 livres américaines. Ainsi, pour décrire une personne de 5'10" et de *160 lbs,* les Français diraient: **Il (Elle) fait un mètre soixante-quinze et pèse** *(weighs)* **soixante-treize kilos**. Voilà quelques équivalents approximatifs pour vous aider.

Tailles			Poids		
5'0"	=	1,53 m	100 lbs.	=	45 kilos
5'5"	=	1,65 m	120 lbs.	=	55 kilos
5'10"	=	1,78 m	140 lbs.	=	64 kilos
6'0"	=	1,83 m	160 lbs.	=	73 kilos
6'2"	=	1,88 m	180 lbs.	=	82 kilos
6'6"	=	1,98 m	200 lbs.	=	91 kilos

Les Américains s'imaginent souvent que les Français sont de petite taille. Il est vrai qu'en moyenne les Français et les Françaises sont plus petits et pèsent moins que les Américains: le Français moyen mesure 1,72 mètres et pèse 75 kilos et la Française moyenne mesure 1,60 mètres et pèse 60 kilos. Mais ne vous étonnez pas si vous trouvez des gens de toutes les tailles en France.

> **Qu'est-ce que vous en pensez?**

- À votre avis, quels sont probablement la taille et le poids moyens d'un Américain? d'une Américaine? Comparez vos hypothèses à celles de vos camarades de classe.
- Faites des recherches sur Internet pour vérifier vos hypothèses et partagez le résultat de vos recherches avec d'autres étudiants.

À vous!

Y. Qu'est-ce que tu recommandes? En vous inspirant du tableau «Choisissez votre sport» (page 407) faites des recommandations aux personnes suivantes.

MODÈLE: Je veux entraîner mes muscles, mais j'ai toujours mal au dos.
Fais de la marche ou de la natation. OU
Tu peux faire de la danse ou du vélo, mais ne fais pas d'aérobic.

1. J'ai besoin de m'assouplir *(loosen up).*
2. Je ne suis pas en bonne forme.
3. Je suis toujours malade; je souffre fréquemment de rhumes et de grippes.
4. J'ai eu un accident et je me suis fait mal au dos. Je veux retrouver ma forme et ma souplesse.
5. Le médecin m'a dit d'améliorer mon endurance.
6. J'ai eu une crise cardiaque et je viens de sortir de l'hôpital. Je veux recommencer à faire de l'exercice.
7. J'ai toujours froid aux mains et aux pieds.
8. Je suis très maladroit(e) *(clumsy).*

Z. **Lesquels des aliments suivants... ?** *(Which of the following foods...?)* Choisissez les bonnes réponses selon ce que vous avez appris dans le *Contexte*.

Lesquels des aliments suivants...

1. sont riches en calcium—le fromage, le lait, la viande, le yaourt?
2. sont riches en protides—le bœuf, les œufs, le poisson, le pain?
3. sont riches en matières grasses—le beurre, les tomates, l'huile, les saucisses?
4. sont riches en vitamines et fibres—les carottes, le riz, la salade, les pommes?
5. sont riches en amidon et en sucre—les pommes de terre, le fromage, la confiture, le pain?
6. fournissent de l'énergie—le beurre, le sucre, les haricots, le poulet?
7. aident à construire le corps—le lait, le bœuf, les légumes, le poisson?
8. aident le corps à fonctionner—les poires, les pommes de terre, les tomates, le fromage?

FLASH VOCABULAIRE

Où?	Pourquoi?
au stade	pour se relaxer
à la piscine	pour s'entraîner
à la campagne	pour s'amuser
à l'école	pour perdre
au gymnase	du poids
au centre sportif	pour maintenir
à la maison	sa forme
	physique
	pour
	impressionner
	les autres

AA. **Qu'est-ce qu'ils font? Où? Pourquoi?** Décrivez les activités des personnes sur les dessins en utilisant les expressions suggérées.

MODÈLE: *Guillaume fait des tractions (pompes) à la maison (dans sa chambre) pour s'entraîner (se relaxer / se tenir en forme).*

Guillaume Vignaud

1 **Fabien Chevreau**

2 **Aurélie Prunet**

3 **les parents de Mickaël Brunelot**

4 **Nicolas Treyvaud**

5 **Éric Irastorza**

6 **Claire Rabille**

7 **l'oncle de Pierre Ghossaub**

8 **la mère d'Anne Ducoussot**

9 **Pierre Maury et ses copains**

10 *Et vous? Qu'est-ce que vous faites comme exercice? Où? Pourquoi?*

BB. **Une enquête.** Posez les questions suivantes à vos camarades de classe pour apprendre ce qu'ils font comme exercice et ce qu'ils mangent pour rester en bonne santé.

MODÈLES: *Est-ce que tu fais régulièrement de l'exercice?*
Oui: Quel exercice? Combien de fois par semaine? Où? Avec qui? Pourquoi?
Non: Pourquoi pas? Qu'est-ce que tu voudrais faire comme exercice?

Est-ce que tu fais attention à ce que tu manges?
Oui: Quels aliments des différents groupes est-ce que tu manges pendant une journée typique?
Non: Quels sont tes aliments préférés? Qu'est-ce que tu manges pendant une journée typique?

Do **À faire! (8-3)** on page 340 of the **Manuel de préparation.**
* Follow-up: physical activities
* Preparation: verbs ending in **-ir** and the verb **venir** *(Contrôle 22)*

Rappel grammatical

Les verbes en *-ir* et le verbe *venir*

- **Les verbes en *-ir***

  stem + endings (**-is, -is, -it, -issons, -issez, -issent**)

finir *(to finish)*	**choisir** *(to choose)*
je finis	je choisis
tu finis	tu choisis
il/elle/on finit	il/elle/on choisit
nous finissons	nous choisissons
vous finissez	vous choisissez
ils/elles finissent	ils/elles choisissent
PASSÉ COMPOSÉ: j'ai fini	PASSÉ COMPOSÉ: j'ai choisi
IMPARFAIT: je finissais	IMPARFAIT: je choisissais
SUBJONCTIF: que je finisse	SUBJONCTIF: que je choisisse

Other verbs in -ir:

agir *(to act)* / **grandir** *(to grow [taller])* / **grossir** *(to gain weight)* / **maigrir** *(to lose weight)* / **réfléchir (à)** *(to think, reflect [about something])* / **réussir à un examen** *(to pass an exam)*

- **Le verbe *venir*** *(to come)*

je viens	nous venons
tu viens	vous venez
il/elle/on vient	ils/elles viennent

PASSÉ COMPOSÉ: **venu (être)**

IMPARFAIT: **je venais**

SUBJONCTIF:	que je vienne	que nous venions
	que tu viennes	que vous veniez
	qu'il/elle/on vienne	qu'ils/elles viennent

Other verbs conjugated like venir:

devenir *(to become)* / **revenir** *(to come back, to return)* / **se souvenir de** *(to remember)*

- **Le verbe *venir de*** *(to have just)*

Je **viens de finir** mes devoirs.	*I've just finished my homework.*
Je **venais de finir** mes devoirs quand Laurent est arrivé.	*I had just finished my homework when Laurent arrived.*

Exercice de substitution

1. *Elle* ne réfléchit pas assez. (je / tu / ils / nous / il / vous)
2. *Tu* grossis. (vous / elle / je / nous / ils / elles)
3. *Ils* finissent toujours leurs devoirs. (tu / nous / elles / vous / je)
4. *J'* ai réussi à l'examen. (nous / vous / il / elles / tu)
5. Est-ce que *tu* as fini l'exercice? (vous / elles / il / elle / ils)
6. *Nous* venions de rentrer quand le téléphone a sonné. (je / elle / ils / on / vous)
7. *Vous* venez avec nous? (elles / tu / elle / ils)
8. Il faut que *tu* finisses les légumes. (vous / je / elle / ils / nous)
9. *Tu* viens quand? (vous / elles / il / ils / nous)
10. *Il* revient demain. (je / nous / elles / on / tu / vous)
11. *Vous* vous souvenez de mon frère? (ils / elle / tu / nous)
12. *Elle* est devenue architecte? (tu / vous / elles / il)

À vous!

CC. Des questions. Utilisez chaque phrase pour poser quatre questions (**tu, vous, il/elle, ils/elles**) à vos camarades de classe.

1. réussir au dernier examen de français
2. finir les devoirs pour aujourd'hui
3. réfléchir toujours avant d'agir
4. maigrir

DD. D'où venez-vous? Utilisez le verbe **venir** et les éléments entre parenthèses pour répondre aux questions.

> MODÈLE: Elle est française? (Paris)
> *Oui, elle vient de Paris.*

1. Ils sont canadiens? (Montréal)
2. Vous êtes suisses? (Berne)
3. Elle est belge? (Bruxelles)
4. Tu es sénégalais? (Dakar)
5. Elles sont marocaines? (Rabat)
6. Vous êtes français? (Caen)

EE. Une réunion de famille. Quand votre famille se réunit, vos parents *(relatives)* veulent toujours savoir ce que tout le monde fait. Utilisez les éléments donnés pour poser des questions et donner des réponses. Un(e) de vos camarades de classe va jouer le rôle de la personne qui pose les questions.

> MODÈLE: tu / revenir nous voir la semaine prochaine
> —*Est-ce que tu reviens nous voir la semaine prochaine?*
> —*Oui, je reviens vous voir la semaine prochaine.*

1. vous / se souvenir de votre cousin
2. tu / maigrir
3. qu'est-ce que / tu / vouloir devenir plus tard
4. il / venir chez nous à Noël
5. elle / venir de se marier
6. quand / elles / revenir de France
7. elle / se souvenir de cet accident
8. tu / réussir à tes examens
9. ta cousine / finir ses études
10. vous / devenir moins paresseux

FF. Les deux dernières années. Vous rencontrez un(e) ami(e) que vous n'avez pas vu(e) depuis deux ans. Racontez ce que vous avez fait pendant les deux dernières années. Utilisez des verbes en **-ir (réussir, maigrir, grossir, choisir, finir)**, les verbes **venir, devenir, revenir, se souvenir de, venir de** et d'autres verbes.

> MODÈLE: —*Tiens! Bonjour. Ça fait deux ans qu'on ne s'est pas vu(e)s.*
> *Comment ça va?*
> —*Ça va bien, et toi?*
> —*Ça va. Dis, qu'est-ce que tu as fait pendant*
> *les deux dernières années?*
> —*Je suis allé(e) en Californie et j'ai pris un job*
> *dans une banque.*
> —*Moi, j'ai fini mes cours et je vais commencer*
> *un job à New York dans un mois.*
> —*Quelle sorte de job? etc.*

GG. Vous et votre famille. Faites une description des membres de votre famille. Insistez sur leur taille, leurs activités et les changements qui se sont produits. Si vous voulez, vous pouvez inventer certains détails.

> MODÈLE: *Mon frère Michael est très grand et très fort. Il mange bien et il fait du sport. Il a beaucoup grandi récemment. Maintenant il fait un mètre quatre-vingt-dix et il pèse quatre-vingt-huit kilos. etc.*

L'alcool et le tabac, sont-ils des drogues? Bien sûr! Un alcoolique a besoin de prendre chaque jour une certaine quantité d'alcool. Un gros fumeur a besoin de nicotine. Ces deux produits détériorent la santé et entraînent des maladies graves. L'alcool (40 000 morts par an) est à l'origine de nombreux accidents de la route [...] Le tabac conduit aux maladies pulmonaires ou cardiaques et aux cancers. Il est responsable de la mort de 50 000 personnes par an.

Francis Curtet, *La Drogue*.
Les Essentiels Milan, p. 10

Une trop forte consommation d'alcool augmente le risque d'avoir des rapports sexuels non protégés. Et vous, avec l'alcool vous en êtes où?

Un problème à la fois culturel et personnel

LES ACCIDENTS ÇA N'ARRIVE QU'AUX AUTRES. VOUS AVEZ DE LA CHANCE, CE SOIR C'EST VOUS.

CELUI QUI CONDUIT C'EST CELUI QUI NE BOIT PAS.

Les rappels à la prudence sont nécessaires

Les Français (un peu) plus sobres

Evolution de la consommation de vin, bière, spiritueux (en litres):

	Vin	Bière	Spiritueux
1970	105	41,2	4,3
1990	69	41,5	5,1
1998	60	38	5

SCEES

La consommation d'alcool est en baisse, mais elle reste élevée.

La consommation globale d'alcool a diminué d'un tiers (35%) entre 1960 et 1995, passant de 17,7 à 11,4 litres d'équivalent alcool pur par personne. Mais la baisse est désormais plus lente et les Français détiennent toujours le record parmi les peuples de l'Union européenne, devant les Portugais, les Allemands et les Espagnols. Les plus sobres sont les Suédois (6,4 litres), devant les Finlandais, les Britanniques et les Italiens.

Dico

à la fois: *both*
désormais: *from then on*
digestifs: *after-dinner drinks (alcoholic drinks, such as cognac, that are supposed to aid in digestion)*

d'un tiers: *by a third*
entourage: *surrounding people*
entraînent: *bring about*
est en baisse: *is down*
fumeur: *smoker*

gros: *big*
hausse: *increase*
hors du foyer: *away from home*
lors: *during*
qu'elle véhicule: *that it represents*

que fait peser l'alcool: *that alcohol has*
recherche de l'ivresse: *intentional intoxication*
tabagisme passif: *second-hand smoke*

● La proportion de fumeurs est plus élevée chez les jeunes.

● Un fumeur sur trois, chaque année, essaie de s'arrêter, contre 15% en 1981.

● La proportion de fumeurs continue de baisser globalement...

La moitié des Français n'ont jamais fumé. 29% des adultes déclarent fumer des cigarettes en paquet contre 34% en 1990. Les autres (environ un Français sur cinq) ont arrêté. La consommation moyenne n'est plus que de

1 400 cigarettes par habitant, contre 1 700 en 1990. Dans l'Union européenne, les Grecs sont les plus gros fumeurs, avec 3 000 cigarettes par personne et par an, le minimum étant de 900 pour les Suédois.

La baisse constatée depuis quelques années est sans doute liée en partie aux campagnes anti-tabac qui ont fait prendre conscience des risques pour la santé des fumeurs et pour celle de leur entourage (tabagisme passif). Mais elle est due pour une large part à la hausse continue des prix des produits. Le prix du paquet de cigarettes a doublé entre septembre 1991 et début 1997 [...].

Un homme sur trois, une femme sur cinq

Proportion de fumeurs réguliers* par âge et par sexe (1998, en %) :

	18-24 ans	25-29 ans	30-39 ans	40-49 ans	50-59 ans	60-69 ans	70 ans et +	Ensemble
Hommes	46	49	47	38	32	18	10	35
Femmes	35	34	39	27	16	8	6	23

* Personnes déclarant fumer au moins une cigarette ou équivalent par jour.

SCEES

● Les taxes représentent 76% du prix de vente des cigarettes en France.

Pour **arrêter** de fumer, j'ai mon **petit** secret.

NICORETTE®
VOUS AIDE A ARRETER DE FUMER

| **Un Français sur cinq a arrêté de fumer**

Culture, statut et consommation

Le fait de boire de l'alcool n'est pas seulement conditionné par le goût personnel. Dans l'inconscient collectif national, l'alcool a toujours été associé à la fête, au plaisir et à la convivialité. Dans certains groupes sociaux, la capacité des hommes à boire était même considérée comme une marque de virilité. Mais les modes de vie et les systèmes de valeurs ont changé. Les Français sont plus conscients des risques que fait peser l'alcool sur la santé. Leur consommation globale diminue et elle se concentre sur la fin de semaine.

Le choix de l'alcool consommé n'est pas non plus innocent. Les jeunes (surtout les hommes, urbains, célibataires) sont souvent attirés par le whisky, associé à la culture américaine et aux mythes qu'elle véhicule. La tendance est aussi aux alcools blancs, qui empruntent au monde latin (Amérique du Sud, Cuba...). Les apéritifs et les digestifs sont moins fréquents, notamment lors des repas hors du foyer. Les Français apprécient plus les long drinks que les cocktails forts. Cependant, on observe une progression de la recherche de l'ivresse dans certains groupes sociaux.

➤ *Qu'est-ce que vous en pensez?*

Comment est-ce que les renseignements dans ce *Dossier* confirment ou contredisent ce que vous saviez déjà sur l'alcool et le tabac? À votre avis, est-ce que les statistiques françaises sont comparables aux statistiques des États-Unis? Si le sujet vous intéresse, faites des recherches sur Internet ou à la bibliothèque pour comparer les deux pays.

Do **À faire! (8-4)** on page 350 of the **Manuel de préparation**
* Follow-up: vocabulary for physical fitness, **-ir** verbs, **venir**
* Pronunciation: intonation and word groups
* General review of the chapter

▣Intégration

HH. **Vous êtes témoin** *(witness)* **d'un accident.** Vous êtes un(e) des quatre témoins d'un accident. Quand la police arrive, les trois autres témoins expliquent ce qui s'est passé. Mais leurs histoires se contredisent. Comparez les trois témoignages au dessin ci-dessous et décidez quel témoin a donné la description de l'incident la plus proche de la réalité. Il y a des mots que vous ne comprendrez pas, mais vous arriverez tout de même à identifier le bon témoin pour la police.

♀♂ II. Le week-end dernier. Décrivez vos activités du week-end dernier. Expliquez ce que vous avez fait, quel temps il a fait, et comment vous vous sentiez. Utilisez l'imparfait ou le passé composé selon le contexte. Votre camarade va vous poser des questions pour avoir des détails supplémentaires.

> MODÈLE: *Le week-end dernier, je n'ai pas fait grand-chose. J'étais assez fatigué(e) et je suis resté(e) au lit jusqu'à dix heures samedi matin. Je me suis levé(e), j'ai pris une douche et j'ai mangé une tartine avec du café. Je me sentais un peu mieux et j'ai voulu aller à la piscine. etc.*

♀♂ JJ. J'ai eu un accident. Souvenez-vous d'un petit accident que vous avez eu. Imaginez que cet accident vient de se produire. Quand un(e) camarade de classe vous téléphone, racontez-lui ce qui s'est passé. (Quand a eu lieu l'accident? Où? Qu'est-ce que vous faisiez? Avec qui est-ce que vous étiez? Est-ce que vous vous êtes fait mal? Qu'est-ce que vous avez fait pour soulager la douleur?)

♀♂♂ KK. Un(e) ami(e) vous aide. Vous êtes malade et vous ne pouvez pas quitter votre maison. Téléphonez à un(e) ami(e) (votre camarade de classe) et demandez-lui d'aller à la pharmacie pour vous. Décrivez vos symptômes. Votre ami(e) parle au (à la) pharmacien(ne), décrit vos symptômes et écoute les recommandations, puis il (elle) revient, vous donne les médicaments et les recommandations.

◼Lexique

Pour parler du temps au présent

    Quel temps fait-il?

    Il fait beau.

    Il fait bon.

    Il fait (très) chaud.

    Il fait du brouillard.

    Il fait du soleil.

    Il fait du vent. (Il y a du vent.)

    Il fait frais.

    Il fait (très) froid.

    Il fait mauvais.

    Il fait (un temps) humide.

    Il gèle.

    Il neige.

    Il pleut.

    Il y a des (quelques) nuages.

    Il y a du verglas (sur les routes).

    Il y a une averse de grêle.

    Il y a une averse de pluie.

    Il y a des risques d'éclairs et de tonnerre.

    Il y a un orage.

    La température est de... degrés.

    Le ciel est bleu.

    Le ciel est couvert.

    Le temps est nuageux.

    Pas trop froid, pas trop chaud.

Pour parler du temps dans le passé

    Quel temps a-t-il fait (est-ce qu'il a fait) hier?

    Il a fait beau (du soleil, mauvais, etc.).

    Il a fait très humide (sec).

    Il a plu.

    Il a neigé.

    On a eu un orage (une tempête de neige, etc.).

Pour parler du temps au futur

    Quel temps va-t-il faire (est-ce qu'il va faire) demain?

    Il va faire beau (du vent, du brouillard, etc.).

    Il va faire très humide (sec).

    Il va pleuvoir. / On va avoir de la pluie.

    Il va neiger. / On va avoir de la neige.

    On va avoir un orage (une averse de grêle, etc.).

Pour parler des accidents

    Qu'est-ce qui s'est passé?

    Qu'est-ce qui t'est (vous est) arrivé?

    J'ai eu un accident.

    Je suis tombé(e).

    être blessé(e) au pied

    se brûler (à la main)

    se casser le bras

        la jambe

        le nez

    se couper au doigt

    se faire mal au dos

    se fouler la cheville

Pour parler de son état physique

    Qu'est-ce qui ne va pas?

    Qu'est-ce qu'il y a?

    Qu'est-ce que tu as (vous avez)?

    Tu n'as pas (Vous n'avez pas) bonne mine.

    Tu as (Vous avez) l'air malade.

    Je ne me sens pas très bien.

    Je ne suis pas en forme.

    Je suis malade.

    Je me sens un peu faible (fatigué[e]).

    Je suis mal fichu(e).

    Je souffre de migraines.

Pour énumérer les symptômes

    avoir mal à la tête

        à la gorge

        à l'oreille (aux oreilles)

        à l'estomac

    avoir de la fièvre

    avoir le nez bouché

    avoir le nez qui coule

    tousser

    éternuer

    avoir mal au cœur

    avoir des taches (de rougeole)

    avoir une inflammation des ganglions

    avoir du mal à dormir

    avoir des vertiges

    avoir des courbatures

    avoir mal partout

    avoir chaud

    avoir froid

    vomir

Pour demander un médicament dans une pharmacie
   J'ai besoin de quelque chose pour la gorge
      (pour le nez, pour les yeux, pour l'estomac).
   J'ai besoin de quelque chose
      contre la toux.
            le rhume des foins.
            la migraine.
            la grippe.
            le mal de mer.
            le mal de l'air.

Pour énumérer les remèdes
   boire des jus de fruits
   prendre de l'aspirine (des cachets d'aspirine)
            un sirop contre la toux
            des pastilles pour la gorge
            des gouttes pour le nez (pour les yeux)
            des antihistaminiques
            des comprimés pour l'estomac
   se reposer
   rester au lit

Pour parler de l'exercice physique
   faire de la marche à pied
   faire de la musculation
   faire des pompes
   faire des redressements
   faire des tractions

Pour identifier les appareils de fitness
   une presse
   un rameur
   un stepper
   un tapis de course
   un vélo d'intérieur

Pour parler du régime
   être au régime / suivre un régime
   faire attention à ce qu'on mange
   garder la ligne
   grandir
   grossir / prendre du poids
   maigrir / perdre du poids
   manger tout ce qu'on veut

Thèmes et contextes

Les parties du corps
   la bouche
   le bras
   les cheveux (m.pl.)
   la cheville
   le cœur
   le cou
   le coude
   la cuisse
   les dents (f.pl.)
   le doigt de pied
   les doigts (m.pl.)
   le dos
   les épaules (f.pl.)

   le genou
   la gorge
   la jambe
   la main
   le nez
   l'œil (m.) (les yeux)
   l'oreille (f.)
   le pied
   le poignet
   la poitrine
   la tête
   le ventre
   le visage

Les maladies
une angine
une bronchite
une crise d'appendicite
une grippe
le mal de l'air
le mal de mer
la migraine
les oreillons (m.pl.)
une pneumonie
un rhume
le rhume des foins
la rougeole
la rubéole
une sinusite
une streptococcie
la varicelle

Les points de la boussole
au (dans le) nord
au (dans le) nord-est
à (dans) l'est
au (dans le) sud-est
au (dans le) sud
au (dans le) sud-ouest
à (dans) l'ouest
au (dans le) nord-ouest

Vocabulaire général

Verbes
agir
choisir
devenir
finir
grandir
grossir

maigrir
réfléchir (à)
réussir à un examen
revenir
se souvenir de
venir (de)

Branchez-vous!

Internet

Please visit the **Je veux bien!** website at **http://jvb.heinle.com.** You'll find activities to practice the vocabulary and grammar you've learned in this chapter as well as cultural exploration activities that guide you through websites from around the French-speaking world.

Vidéo

Please visit the **Je veux bien!** website at **http://jvb.heinle.com** for the video activities that accompany this chapter. You'll get the most from watching the video for this chapter if you first visit the website and print out the video activities for this chapter. Then watch the video (in your classroom, language lab, or at home) and complete the activities for the chapter.

AU-DELÀ DU COURS:
Les produits de beauté

France has always been and continues to be famous for high fashion and the beauty products associated with it. In fact, French clothing designers often have their own lines of perfume, cologne, cosmetics, and after-shave lotions that are often as well known as their fashion creations. The influence of France and the French language in this industry is pervasive. Even U.S. cosmetic companies often give French names to their beauty products, thus giving them a special «caché». In order to learn more about this topic, consider doing one of the following research projects (Internet, library).

- Identify some French beauty products and find out how they are marketed in the U.S.
- Do a biographical sketch of a French fashion designer (past or present) who also markets a line of beauty products.
- Find advertisements or the actual packaging for U.S. beauty products that use France or the French language as a marketing gimmick and explain how the ads are designed to appeal to consumers.

LITTÉRATURE:

«La nuit la mère et l'enfant» d'André Verdet

Ami de Jacques Prévert, André Verdet a écrit des poèmes qui ont pour sujet la vie quotidienne.

La nuit la mère et l'enfant

Je te dis que le gosse tousse
Je te dis que le gosse a toussé

Mais le père ronfle et ne
Répond pas et la mère s'affole

Je te dis que le gosse tousse toujours
Je te dis que le gosse a toussé

Demain ce sera le grand jour le
Règne du soleil et des hommes

Mais maintenant c'est la nuit
La grande nuit silencieuse

Et la mère sait et la mère veille encore
Un peu derrière les vitres

André Verdet, reproduced in Rousselot,
Poètes d'aujourd'hui, Éditions Seghers, 1959

Dico

gosse: *kid, child*
Règne: *Reign*
ronfle: *snores*
s'affole: *panics*
sait: *knows*
veille: *watches*
vitres: *windowpanes*

Exercice de compréhension. Analyze the poem using the following ideas as a guide.

1. This poem evokes a mini-drama. Recount the situation, actions, and feelings suggested by the poem.
2. This poem includes certain fundamental contrasts. Point out these basic oppositions and explain what they add to the feeling and meaning of the poem.

LITTÉRATURE:
«Une consultation gratuite»
Extrait de «Knock» par Jules Romains

Le docteur Knock est nouvellement arrivé à la commune (le petit village) de Saint-Maurice. Son prédécesseur était vieux et n'avait pas beaucoup de patients. Le docteur Knock est beaucoup plus ambitieux. Il commence par annoncer des consultations gratuites.

KNOCK: C'est vous qui êtes la première, Madame? *(Il fait entrer la dame en noir et referme la porte.)* Vous êtes bien du canton?

LA DAME EN NOIR: Je suis de la commune.

KNOCK: De Saint-Maurice même?

LA DAME: J'habite la grande ferme qui est sur la route de Luchère.

KNOCK: Elle vous appartient?

LA DAME: Oui, à mon mari et à moi.

KNOCK: Si vous l'exploitez vous-même, vous devez avoir beaucoup de travail?

LA DAME: Pensez, Monsieur! Dix-huit vaches, deux bœufs, deux taureaux, six chèvres, une bonne douzaine de cochons, sans compter la basse-cour.

KNOCK: Je vous plains. Il ne doit guère vous rester de temps pour vous soigner.

LA DAME: Oh! non.

KNOCK: Et pourtant vous souffrez.

LA DAME: Ce n'est pas le mot. J'ai plutôt de la fatigue.

KNOCK: Oui, vous appelez ça de la fatigue. *(Il s'approche d'elle.)* Tirez la langue. Vous ne devez pas avoir beaucoup d'appétit.

LA DAME: Non.

KNOCK: Vous êtes constipée.

LA DAME: Oui, assez.

KNOCK: *(Il l'ausculte.)* Baissez la tête. Respirez. Toussez. Vous n'êtes jamais tombée d'une échelle, étant petite?

LA DAME: Je ne me souviens pas.

KNOCK: *(Il lui palpe le dos, lui presse brusquement les reins.)* Vous n'avez jamais mal ici le soir en vous couchant?

LA DAME: Oui, des fois.

KNOCK: Essayez de vous rappeler. Ça devait être une grande échelle.

LA DAME: Ça se peut bien.

KNOCK:	C'était une échelle d'environ trois mètres cinquante, posée contre un mur. Vous êtes tombée à la renverse. C'est la fesse gauche, heureusement. Vous vous rendez compte de votre état?
LA DAME:	Non.
KNOCK:	Tant mieux. Vous avez envie de guérir, ou vous n'avez pas envie?
LA DAME:	J'ai envie.
KNOCK:	Ce sera long et très coûteux. On ne guérit pas en cinq minutes un mal qui traîne depuis quarante ans.
LA DAME:	Depuis quarante ans?
KNOCK:	Oui, depuis que vous êtes tombée de votre échelle.
LA DAME:	Et combien que ça me coûterait?
KNOCK:	Qu'est-ce que valent les veaux actuellement?
LA DAME:	Ça dépend... quatre ou cinq cents francs.
KNOCK:	Et les cochons gras?
LA DAME:	Plus de mille francs.
KNOCK:	Ça vous coûtera à peu près deux cochons et deux veaux... Mais ce que je puis vous proposer, c'est de vous mettre en observation. Ça ne vous coûtera presque rien. Au bout de quelques jours vous vous rendrez compte par vous-même de votre état, et vous vous déciderez... Bien. Vous allez rentrer chez vous. Vous êtes venue en voiture?
LA DAME:	Non, à pied.
KNOCK:	Il faut trouver une voiture. Vous vous coucherez en arrivant. Une chambre où vous serez seule, autant que possible. Faites fermer les volets et les rideaux. Aucune alimentation solide pendant une semaine. Un verre d'eau de Vichy toutes les deux heures et, à la rigueur, une moitié de biscuit. À la fin de la semaine, si vos forces et votre gaieté sont revenues, c'est que le mal est moins sérieux qu'on ne pouvait croire. Si, au contraire, vous éprouvez une faiblesse générale, nous commencerons le traitement. C'est convenu?
LA DAME:	*(soupirant)* Comme vous voudrez.

Jules Romains, Knock

Appréciation du texte. Answer the following questions about the scene from the play.

1. What is Knock's objective in this consultation?
2. What is his strategy for attaining this goal?
3. How does the woman react to the doctor?
4. In your opinion, which of her symptoms are real and which ones are imagined?
5. What do you think of Knock's "prescription" for the woman.
6. What are the results of the "prescription" likely to be and what will she then have to do?
7. Do you think there are doctors who deal with their patients the way Knock does? What are the consequences of this type of behavior for the patients, the doctor, the drug companies? Would this be considered medically unethical behavior?

à la rigueur: *if need be*
Aucune: *No*
autant que: *as much as*
basse-cour: *poultry yard (chickens)*
canton: *district*
Ça se peut bien.: *It's possible.*
C'est convenu?: *Agreed?*
chèvres: *goats*
cochons: *pigs*
Comme vous voudrez.: *As you wish.*
échelle: *ladder*
faiblesse: *weakness*
Faites fermer les volets et les rideaux.: *Have someone close the shutters and curtains.*

ferme: *farm*
fesse: *buttock*
gras: *fattened*
gratuites: *free*
Je vous plains.: *I feel sorry for you.*
l'ausculte: *listens to the heart and lungs*
palpe: *feels*
Qu'est-ce que valent les veaux actuellement?: *How much are calves worth these days?*
qu'on ne pouvait croire: *than one might have believed*
reins: *kidneys*
Respirez: *Breathe*

soupirant: *sighing*
Tant mieux.: *That's just as well.*
taureaux: *bulls*
Tirez la langue!: *Stick out your tongue!*
traîne: *has been dragging on*
vaches: *cows*
vous appartient: *belongs to you*
Vous avez envie de guérir: *Do you really want to be cured*
Vous vous rendez compte de votre état?: *Are you aware of your condition?*
vous vous rendez compte: *you'll realize (become aware)*

This text on the environment comes from a book intended for a French audience. You're being asked to read it without a **Dico**. Use the reading strategies you've learned to understand the main ideas and some of the details of each section. You may wish to read the questions in the **Qu'est-ce que vous en pensez?** on page 427 before you begin to read the text.

ÉCOLOGIE:
L'impact humain sur l'environnement

Depuis la Révolution industrielle des XVIIIe et XIXe siècles, l'impact de l'homme sur l'environnement a été considérable. L'usage de combustibles fossiles a pollué des régions étendues et sensiblement dégradé l'atmosphère. La technologie industrielle a attiré des millions de ruraux vers les nouvelles villes, et les progrès de la mécanisation ont sévèrement réduit le nombre des personnes vivant de l'agriculture. L'utilisation d'engrais et de pesticides a fait augmenter la production agricole et permis de nourrir la pupulation croissante, mais ces produits ont aussi eu des effets négatifs. Les conséquences de ces rapides changements ne pouvaient être prévues. Aujourd'hui, l'écologie permet de savoir comment l'homme influe sur son environnement et de rechercher les moyens de réparer les dégâts causés jusque-là.

Précaution
Dans certaines villes, les cyclistes et les piétons éprouvent déjà le besoin de se protéger contre la pollution atmosphérique. Ce masque protecteur s'applique aux effets des problèmes d'environnement mais les causes mêmes de nombre de ces problèmes, telle la quantité excessive de véhicules en circulation au même endroit, sont beaucoup plus délicates à maîtriser.

Pollution de l'air
Les cheminées et les tours de refroidissement crachant des panaches de fumée et de vapeur issues de l'industrie, des usines chimiques et des centrales, sont de nos jours une image traditionnelle des régions industrielles. Les atteintes à l'environnement qui en résultent ne sont, hélas! que trop bien connues.

Les excès de la pêche industrielle risquent d'entraîner la disparition de certaines espèces de poissons.

Des comportements à courte vue
Les besoins alimentaires accrus et les progrès technologiques en matière de pêche font peser une énorme pression sur les populations de poissons. La surpêche a causé la perte de certaines pêcheries, comme celles des harengs en mer du Nord ou des anchois au large des côtes péruviennes. Les écologues insistent pourtant sur la nécessité pour les poissons de se reproduire en nombre suffisant pour garantir leur survie. Malheureusement, la valeur des prises passe souvent avant la nécessité de préserver l'avenir. Ceci peut aboutir à un désastre pour les poissons et ceux qui en vivent. La solution consisterait à ne prélever que le surplus disponible.

Fixer des limites
Supprimer les jeunes individus d'une population avant même qu'ils aient pu se reproduire peut aboutir à l'extermination de cette population. Afin d'éviter cela, des lois internationales fixent la taille minimale des poissons pêchés. Des contrôles sur les marchés permettent de vérifier le respect des règlements en vigueur.

En 1979, James Lovelock, chercheur anglais mais non écologue, a proposé une théorie de la vie à laquelle il a donné le nom de la déesse grecque de la Terre, Gaïa.

L'homme est à présent l'être vivant dont l'impact sur la planète est le plus important. Nos activités, de l'utilisation de l'énergie et de l'extraction de minerais à l'agriculture, l'industrie et l'urbanisation, ont pris une telle ampleur que l'environnement en est sérieusement affecté.

La composition de l'atmosphère change. L'eau est polluée à tous les stades du cycle hydrologique. Des produits chimiques, souvent toxiques, sont utilisés dans l'agriculture et dans d'innombrables activités industrielles. Les animaux marins sont chassés ou pêchés malgré leur diminution. De précieuses ressources sont emmagasinées dans des produits de grande consommation dont bien peu sont recyclés. Les effets des activités humaines sont multiples et variés mais ont tous un point commun. Leurs conséquences à long terme ne peuvent être déterminées sans une exacte compréhension des modes complexes de fonctionnement de la biosphère. Bien que l'écologie ne soit pas initialement destinée à résoudre les problèmes d'environnement, son but est néanmoins de parfaire notre connaissance des relations existant entre les êtres vivants et entre ceux-ci et le monde physique. Les écologues proposent déjà des moyens pour rendre les besoins de l'humanité compatibles avec l'environnement et, en considérant les implications écologiques liées au fait que l'homme fait tout sauf résoudre ces problèmes, nous devons mettre à profit ce savoir.

La théorie de Gaïa

Cette théorie repose sur l'idée que la Terre est un organisme autorégulé capable de s'adapter aux changements pour assurer sa survie. Cela sous-entend que la vie sur Terre continuera, quoi qu'y fasse l'homme. Le problème est que l'homme pourrait bien ne pas faire partie des formes de vie subsistantes.

Danger à l'air libre

De nombreux produits de l'industrie chimique, dont les plastiques et certains métaux, ne peuvent être détruits par les décomposeurs. Ils subsistent dans l'environnement. Encore plus grave est le rejet de toxiques chimiques et les décharges sauvages dangereuses pour l'environnement et l'homme. Beaucoup pensent que, tant que l'on ne sait pas les éliminer, ces produits chimiques ne devraient pas être fabriqués.

➤ *Qu'est-ce que vous en pensez?*

- À votre avis, quels sont les problèmes principaux qui mettent en danger l'environnement?
- Est-ce que la théorie de Gaïa est une théorie optimiste pour les êtres humains?
- Qu'est-ce qu'on devrait faire pour protéger l'environnement?
- Qu'est-ce que vous faites personnellement pour aider à protéger l'environnement?
- Si ce sujet vous intéresse, faites des recherches sur Internet ou à la bibliothèque pour en apprendre davantage. Vous pouvez choisir un thème en particulier comme la pollution de l'eau ou faire un bilan plus général des problèmes de l'environnement. Partagez les résultats de vos recherches avec vos camarades de classe.

CONJUGAISON DES VERBES

CONJUGAISON DES VERBES

INFINITIF	PRÉSENT	PASSÉ COMPOSÉ	IMPARFAIT

Verbs in -er, -ir, -re

chercher	je cherche	j'ai cherché	je cherchais
	tu cherches	tu as cherché	tu cherchais
	il cherche	il a cherché	il cherchait
	nous cherchons	nous avons cherché	nous cherchions
	vous cherchez	vous avez cherché	vous cherchiez
	ils cherchent	ils ont cherché	ils cherchaient
finir	je finis	j'ai fini	je finissais
	tu finis	tu as fini	tu finissais
	il finit	il a fini	il finissait
	nous finissons	nous avons fini	nous finissions
	vous finissez	vous avez fini	vous finissiez
	ils finissent	ils ont fini	ils finissaient
attendre	j'attends	j'ai attendu	j'attendais
	tu attends	tu as attendu	tu attendais
	il attend	il a attendu	il attendait
	nous attendons	nous avons attendu	nous attendions
	vous attendez	vous avez attendu	vous attendiez
	ils attendent	ils ont attendu	ils attendaient

Reflexive verbs

se coucher	je me couche	je me suis couché(e)	je me couchais
	tu te couches	tu t'es couché(e)	tu te couchais
	il se couche	il s'est couché	il se couchait
	nous nous couchons	nous nous sommes couché(e)s	nous nous couchions
	vous vous couchez	vous vous êtes couché(e)(s)	vous vous couchiez
	ils se couchent	ils se sont couchés	ils se couchaient

Verbs with spelling changes in the stem

acheter	j'achète	j'ai acheté	j'achetais
(like **acheter:**	tu achètes		
se lever,	il achète		
se promener)	nous achetons		
	vous achetez		
	ils achètent		
préférer	je préfère	j'ai préféré	je préférais
(like **préférer:**	tu préfères		
espérer)	il préfère		
	nous préférons		
	vous préférez		
	ils préfèrent		
appeler	j'appelle	j'ai appelé	j'appelais
	tu appelles		
	il appelle		
	nous appelons		
	vous appelez		
	ils appellent		

FUTUR	SUBJONCTIF	CONDITIONNEL	IMPÉRATIF
	que (qu')		
je chercherai	je cherche	je chercherais	cherche
tu chercheras	tu cherches	tu chercherais	cherchons
il cherchera	il cherche	il chercherait	cherchez
nous chercherons	nous cherchions	nous chercherions	
vous chercherez	vous cherchiez	vous chercheriez	
ils chercheront	ils cherchent	ils chercheraient	
je finirai	je finisse	je finirais	finis
tu finiras	tu finisses	tu finirais	finissons
il finira	il finisse	il finirait	finissez
nous finirons	nous finissions	nous finirions	
vous finirez	vous finissiez	vous finiriez	
ils finiront	ils finissent	ils finiraient	
j'attendrai	j'attende	j'attendrais	attends
tu attendras	tu attendes	tu attendrais	attendons
il attendra	il attende	il attendrait	attendez
nous attendrons	nous attendions	nous attendrions	
vous attendrez	vous attendiez	vous attendriez	
ils attendront	ils attendent	ils attendraient	
	que (qu')		
je me coucherai	je me couche	je me coucherais	couche-toi
tu te coucheras	tu te couches	tu te coucherais	couchons-nous
il se couchera	il se couche	il se coucherait	couchez-vous
nous nous coucherons	nous nous couchions	nous nous coucherions	
vous vous coucherez	vous vous couchiez	vous vous coucheriez	
ils se coucheront	ils se couchent	ils se coucheraient	
	que (qu')		
j'achèterai	j'achète	j'achèterais	achète
	tu achètes		achetons
	il achète		achetez
	nous achetions		
	vous achetiez		
	ils achètent		
je préférerai	je préfère	je préférerais	préfère
	tu préfères		préférons
	il préfère		préférez
	nous préférions		
	vous préfériez		
	ils préfèrent		
j'appellerai	j'appelle	j'appellerais	appelle
	tu appelles		appelons
	il appelle		appelez
	nous appelions		
	vous appeliez		
	ils appellent		

INFINITIF	PRÉSENT	PASSÉ COMPOSÉ	IMPARFAIT
payer (like **payer:** s'ennuyer, essayer)	je paie tu paies il paie nous payons vous payez ils paient	j'ai payé	je payais
commencer	je commence tu commences il commence nous commençons vous commencez ils commencent	j'ai commencé	je commençais
manger (like **manger:** exiger, voyager)	je mange tu manges il mange nous mangeons vous mangez ils mangent	j'ai mangé	je mangeais

Other verbs

INFINITIF	PRÉSENT	PASSÉ COMPOSÉ	IMPARFAIT
aller	je vais tu vas il va nous allons vous allez ils vont	je suis allé(e)	j'allais
avoir	j'ai tu as il a nous avons vous avez ils ont	j'ai eu	j'allais
boire	je bois tu bois il boit nous buvons vous buvez ils boivent	j'ai bu	je buvais
connaître (like **connaître:** reconnaître)	je connais tu connais il connaît nous connaissons vous connaissez ils connaissent	j'ai connu	je connaissais
devoir	je dois tu dois il doit nous devons vous devez ils doivent	j'ai dû	je devais
dire	je dis tu dis il dit nous disons vous dites ils disent	j'ai dit	je disais

FUTUR	SUBJONCTIF	CONDITIONNEL	IMPÉRATIF
je paierai	je paie tu paies il paie nous payions vous payiez ils paient	je paierais	paie payons payez
je commencerai	je commence tu commences il commence nous commencions vous commenciez ils commencent	je commencerais	commence commençons commencez
je mangerai	je mange tu manges il mange nous mangions vous mangiez ils mangent	je mangerais	mange mangeons mangez

	que (qu')		
j'irai	j'aille tu ailles il aille nous allions vous alliez ils aillent	j'irais	va allons allez
j'aurai	j'aie tu aies il ait nous ayons vous ayez ils aient	j'aurais	aie ayons ayez
je boirai	je boive tu boives il boive nous buvions bous buviez ils boivent	je boirai	bois buvons buvez
je connaîtrai	je connaisse tu connaisses il connaisse nous connaissions vous connaissiez ils connaissent	je connaîtrais	connais connaissons connaissez
je devrai	je doive tu doives il doive nous devions vous deviez ils doivent	je devrais	dois devons devez
je dirai	je dise tu dises il dise nous disions vous disiez ils disent	je dirais	dis disons dites

INFINITIF	PRÉSENT	PASSÉ COMPOSÉ	IMPARFAIT
écrire (like **écrire:** **décrire**)	j'écris tu écris il écrit nous écrivons vous écrivez ils écrivent	j'ai écrit	j'écrivais
être	je suis tu es il est nous sommes vous êtes ils sont	j'ai été	j'étais
faire	je fais tu fais il fait nous faisons vous faites ils font	j'ai fait	je faisais
lire	je lis tu lis il lit nous lisons vous lisez ils lisent	j'ai lu	je lisais
mettre (like **mettre:** **permettre,** **promettre**)	je mets tu mets il met nous mettons vous mettez ils mettent	j'ai mis	je mettais
ouvrir (like **ouvrir:** **offrir**)	j'ouvre tu ouvres il ouvre nous ouvrons vous ouvrez ils ouvrent	j'ai ouvert	j'ouvrais
partir (like **partir:** **dormir, sentir,** **servir, sortir**)	je pars tu pars il part nous partons vous partez ils partent	je suis parti(e)	je partais
pouvoir	je peux tu peux il peut nous pouvons vous pouvez ils peuvent	j'ai pu	je pouvais
prendre (like **prendre:** **apprendre,** **comprendre**)	je prends tu prends il prend nous prenons vous prenez ils prennent	j'ai pris	je prenais

FUTUR	SUBJONCTIF	CONDITIONNEL	IMPÉRATIF
j'écrirai	j'écrive tu écrives il écrive nous écrivions vous écriviez ils écrivent	j'écrirais	écris écrivons écrivez
je serai	je sois tu sois il soit nous soyons vous soyez ils soient	je serais	sois soyons soyez
je ferai	je fasse tu fasses il fasse nous fassions vous fassiez ils fassent	je ferais	fais faisons faites
je lirai	je lise tu lises il lise nous lisions vous lisiez ils lisent	je lirais	lis lisons lisez
je mettrai	je mette tu mettes il mette nous mettions vous mettiez ils mettent	je mettrais	mets mettons mettez
j'ouvrirai	j'ouvre tu ouvres il ouvre nous ouvrions vous ouvriez ils ouvrent	j'ouvrirais	ouvre ouvrons ouvrez
je partirai	je parte tu partes il parte nous partions vous partiez ils partent	je partirais	pars partons partez
je pourrai	je puisse tu puisses il puisse nous puissions vous puissiez ils puissent	je pourrais	(n'existe pas)
je prendrai	je prenne tu prennes il prenne nous prenions vous preniez ils prennent	je prendrais	prends prenons prenez

INFINITIF	PRÉSENT	PASSÉ COMPOSÉ	IMPARFAIT
savoir	je sais tu sais il sait nous savons vous savez ils savent	j'ai su	je savais
suivre	je suis tu suis il suit nous suivons vous suivez ils suivent	j'ai suivi	je suivais
venir (like **venir:** **devenir, revenir**)	je viens tu viens il vient nous venons vous venez ils viennent	je suis venu(e)	je venais
voir (like **voir: croire**)	je vois tu vois il voit nous voyons vous voyez ils voient	j'ai vu	je voyais
vouloir	je veux tu veux il veut nous voulons vous voulez ils veulent	j'ai voulu	je voulais

FUTUR	SUBJONCTIF	CONDITIONNEL	IMPÉRATIF
je saurai	je sache tu saches il sache nous sachions vous sachiez ils sachent	je saurais	sache sachons sachez
je suivrai	je suive tu suives il suive nous suivions vous suiviez ils suivent	je suivrais	suis suivons suivez
je viendrai	je vienne tu viennes il vienne nous venions vous veniez ils viennent	je viendrais	viens venons venez
je verrai	je voie tu voies il voie nous voyions vous voyiez ils voient	je verrais	vois voyons voyez
je voudrai	je veuille tu veuilles il veuille nous voulions vous vouliez ils veuillent	je voudrais	

LEXIQUES:
FRANÇAIS – ANGLAIS
ANGLAIS – FRANÇAIS

A

à at, in, to; — **bientôt** see you soon; — **la vôtre!/— la tienne! à votre (ta) santé!** Your (good) health! — **tout à l'heure** see you later

d'abord first

abri shelter; **les sans-—** the homeless

abricot *m* apricot

accepter to accept

accident *m* accident

accord *m* agreement; **d'—** okay; **être d'—** to agree

achat *m* purchase; **faire des —s** to go shopping

acheter to buy

acteur *m*, **actrice** *f* actor

actif(-ive) active

adorer to love

aéroport *m* airport

affiche *f* poster

Afrique *f* Africa

âge *m* age; **quel — as-tu (avez-vous)?/ quel — tu as?** how old are you?

âgé(e) old

agglomération *f* urban area

agir to act

agneau *m* lamb; **gigot d'—** *m* leg of lamb

agréable pleasant

agricole agricultural

agriculteur(-trice) *m (f)* farmer

agriculture *f* agriculture

aider to help; — **à faire quelque chose** to help to do something **Je peux vous —?** Can I help you?

aimer to like, to love; **j'aimerais** I would like

aîné(e) eldest

air: avoir l'— to seem

ajouter to add

alcoolisé(e) *adj* alcoholic

allemand: —(e) German; *m* German (language)

aller to go; — **à** to go to, by; — **à pied** to walk, to go on foot; — **simple** one way; — **-retour** round trip; **s'en —** to leave

allez so long

allô hello (on the phone)

alpinisme *m:* **faire de l'—** to go mountain climbing

amateur: être — de ..., **faire ... en —** to be an amateur

ambitieux(-euse) ambitious

aménagé(e) well laid up/set up (of a house)

amener to take (a person somewhere)

américain(e) American

ami(e) *m (f)* friend

amour *m* love; **roman d'—** *m* love story

amusant(e) funny, amusing

s'amuser to have a good time; — **à faire quelque chose** to have fun doing something

an *m* year; **j'ai ... —s** I'm . . . years old

ancien(ne) old

angine tonsilitis

anglais: —(e) English; *m* English (language)

animal (*pl* **animaux**) *m* animal; **donner à manger aux —** to feed the animals

année *f* year

anorak *m* winter jacket

anthropologie *f* anthropology

antihistaminique *m* antihistamine

août August

apéritif *m* before–dinner drink

appareil *m:* — **photo** camera; — **photo numérique** digital camera; **c'est ... à l'—** it's . . . calling

les appareils *m pl* equipment

appartement *m* apartment

appeler to call; **je m'appelle** my name is

après after

après-midi *m* afternoon; **l'—** in the afternoon; **les —** every afternoon

arabe Arabic; *m* Arabic *(language)*

architecte *m* or *f* architect

argent *m* money

armoire *f* free–standing closet, wardrobe

arrêt *m* stop

arrivée *f* arrival

arriver to arrive

art *m* art; — **dramatique** drama, dramatic arts; **beaux— -s** *pl* fine arts

artiste *m* or *f* artist

ascenseur *m* elevator

aspirateur *m* vacuum; **passer l'—** to vacuum

aspiration *f* aspiration

aspirine *f* aspirin; **cachet d'aspirine** *m* aspirin tablet

s'asseoir to sit down

assez enough, fairly

assiette *f:* — **de crudités** raw vegetables with vinaigrette

assistant(e) *m f* teaching assistant

astronomie *f* astronomy

athlète *m* or *f* athlete

athlétisme *m:* **faire de l'—** to do track and field

attendre to wait (for)

attention *f:* **faire — à** to pay attention to

au revoir good-bye, so long

au rez-de-chaussée on the first (ground) floor

aujourd'hui today

autant de as much as

autobus *m* city bus

autoroute périphérique *f* beltway (around a city)

autre other

autrefois in the past

avant before

avec with

avenue *f* avenue

averse *f:* — **de grêle** hailstorm

avion *m* airplane, plane

avocat(e) *m (f)* lawyer

avoir to have; — **... ans** to be . . . years old; — **l'air** to appear/to look/to seem

avril April

B

bacon *m* bacon

Badoit *f* Badoit brand mineral water

baguette *f* long French loaf

baignoire *f* bathtub

bain *m* bath; **salle de —s** *f* bathroom

baiser *m* kiss

balade *f:* **faire une —** to go for a walk, to hike

baladeur *m* portable cassette player; — **CD** portable CD player

balcon *m* balcony

banane *f* banana

bande dessinée *f* comic book

banlieue *f* suburbs

banque *f* bank

bas: en — downstairs

base-ball *m:* **jouer au (faire du) —** to play baseball

basket *f* sneaker

basket *m:* **jouer au (faire du) —** to play basketball

bâtiment *m* building

bavard(e) talkative

bavarder to chat; **— en ligne** to chat on the computer

beau (belle/bel) beautiful; **beau-père** *m* father–in–law, stepfather; **belle-mère** *f* mother–in–law, stepmother

beaucoup a lot, very much; **— de** many, much

beige beige

belge Belgian

besoin: avoir — de to need

beurre *m* butter

bibliothèque *f* library

bien well; **— sûr** certainly; **assez —** well enough

bienvenue welcome

bière *f* beer

bijou *m* jewel

bijouterie *f* jewelry store

billet *m* bill (money), ticket; **distributeur de —s** automatic ticket machine

biographie *f* biography

biologie *f* biology

biscuit *m* cookie

blanc (blanche) white

blessé(e) injured

bleu(e) blue

blond(e) blond

blouson *m* jacket

blues *m sing* blues

boire to drink

boisson *f* beverage, drink

bonjour hello

bon(ne) good, nice; **assez —** pretty good

botanique *f* botany

botte *f* boot

bouche *f* mouth; **— de métro** entrance to subway station

boucherie *f* butcher shop

boucle d'oreille *f* earring

boulangerie-pâtisserie *f* bakery

boulevard *m* boulevard; **grand —** major boulevard

boum *f* party

bouquin *m (slang)* book

boussole *f* compass

bout *m* end, piece; **au — (de)** to the end (of)

bouteille *f* bottle

boutique *f* boutique, shop

bras *m* arm

bricolage *m:* **faire du —** to putter around

bricoler to do odd jobs, to putter around

brie *m* brie

brocolis *m pl* broccoli

bronchite *f* bronchitis

brouillard *m* fog; **il fait du —** it's foggy

brûler to burn; **se —** to burn oneself

brun(e) brown

bureau *m* desk, office; **— de poste** post office; **— de tabac** *m* tobacco store

bus *m* city bus

C

ça it; that; **— va?** how are things?

cachet *m* tablet

cadre *m*/**femme cadre** *f* business executive

café *m* cafe, coffee; **— au lait** coffee with hot milk; **— crème** coffee with cream

calculatrice *f* calculator

calculer to calculate

camembert *m* camembert

caméscope *m* camcorder

campagne *f* country

canadien(ne) Canadian

canapé *m* couch, sofa

car *m* intercity or tourist bus; **— de ramassage** school bus

caravane *f* trailer

carotte *f* carrot

carte *f:* **jouer aux —s** to play cards

casse-pieds a pain (of a person)

casser to break; **se — le/la ...** to break one's ...

cassette *f* cassette; **— vidéo** videocassette

cathédrale *f* cathedral

cave *f* cellar; **— à vin** *f* wine cellar

CD *m* compact disc (CD)

CD: lecteur — *m* CD player

CD-ROM *m* CD–ROM

ce, cet, cette this, that

ce que what

cédérom *m* CD–ROM

cela it

centre *m* center; **— -ville** city/town center, downtown; **— commercial** mall; **— urbain** urban center

céréales *f pl* cereal

ces these, those

c'est it's

chaîne hi-fi *f* stereo system

chaise *f* chair

chambre *f* bedroom; **— d'amis** guest bedroom; **chambre d'hôtel** hotel room

champ *m* field

champagne *m* champagne

changer to change; **— de train** to change trains

chanteur(-euse) *m (f)* singer

charcuterie *f* delicatessen

châtains chestnut (of hair)

chaud(e) hot; **avoir chaud** to be (feel) hot

chaussette *f* sock

chaussure *f* shoe

chauve bald

chemise *f* shirt

chemisier *m* blouse

cher (chère) expensive

chercher to look for

cheval *m:* **faire du —** to go horseback riding

cheveux *m pl* hair

cheville *f* ankle

chèvre *m* goat cheese

chez at the home of, at the place of; **— lui (elle)** at his (her) house

chien *m:* **promener le —** to walk the dog

chimie *f* chemistry

chinois(e) Chinese; **chinois** *m* Chinese (language)

chocolat *m* chocolate; **— chaud** hot chocolate

choisir to choose

chouette! great!

chose *f* thing

ciao bye

ciel *m* sky

cimetière *m* cemetery

le cinéma film studies

cinéma *m* cinema, movie theater

cinq five

citadin *m* city dweller

citron *m* lemon; **— pressé** *m* lemonade; **diabolo —** *m* lemon flavoring mixed with limonade

clair light (of colors)

classe *f* class; **manuel de —** *m* textbook; **première —** first class

clavier *m* keyboard

clé *f* key

climatisation *f* air conditioning

club *m* club; **être membre d'un —** to belong to a club

coca *m* Coke

coin *m* corner; **au — de** at the corner of

collectionner les timbres to collect stamps

collège *m* junior high school

combien? how much?

combien: — de? how much/how many?

comédie *f* comedy; **— dramatique** dramatic comedy; **— musicale** musical comedy

commander to order

comment how, what; **— ça va?** how are you?

commenter to comment on

commerçant(e) *m (f)* shopkeeper

commerce *m* business
commercial *m* sales representative
commode *f* chest of drawers/dresser
comparer to compare
composter to validate; **— le billet** to validate the ticket
comprimé *m* tablet
compris(e) included
comptabilité *f* accounting
comptable *m* or *f* accountant
concert *m* concert
concombre *m*: **salade de —s** *f* cucumber salad
confiture *f* jam
confortable comfortable
congé *m* leave; **prendre —** to say good–bye
connaître to know (someone)
continuer to continue
contre against
copain *m* friend; **copine** *f* friend
corps *m* body
costaud stocky
costume *m* (man's) suit
côté *m* side; **à — de** next to; **de l'autre — de** on the other side of
côtelette de porc *f* pork chop
cou *m* neck
coucher to spend the night
se coucher to go to bed
couchette *f* sleeping berth (train)
coude *m* elbow
couler: nez qui coule *m* runny nose
couleur *f* color; **— claire** light color; **— foncée** dark color; **— vive** bright color
couloir *m* hallway
country *f* country and western (music)
couper to cut; **se couper** to cut oneself
cour *f* courtyard
cœur *m* heart; **avoir mal au —** to feel nauseated
courageux(-euse) brave, courageous
courbatures *f pl* sore muscles
courier *m* mail
cours *m* course
courses *f pl*: **faire les —** to do the shopping
court(e) short
cousin *m*/**cousine** *f* cousin
couture *f*: **faire de la —** to sew
couvert overcast
cravate *f* tie
crêpe *f* crepe
crevette *f* shrimp
crise d'appendicite *f* appendicitis attack
croissant *m* croissant
crudités *f pl*: **assiette de —** *f* raw vegetables platter

cruel(le) cruel
cuisine *f* kitchen; **faire la —** to do the cooking; **livre de —** *m* cookbook
cuisse *f* thigh
cyclisme *m*: **faire du —** to go cycling

D

d'accord OK
dangereux(-euse) dangerous
dans in, on (a street/boulevard)
danse *f*: **faire de la —** to dance
date *f* date; **quelle est la —?** what is the date?
de of; from
débardeur *m* tank top
débarrasser: — la table to clear the table
se débrouiller to get along, to manage to do something
décédé(e) deceased
décembre December
déception *f* disappointment
décor *m* setting
décrire to describe
degré *m* degree
déjà already
déjeuner to have lunch or breakfast; *m* lunch; **petit —** *m* breakfast
délicieux(-euse) delicious
demain tomorrow; **après —** the day after tomorrow
demander to ask
déménager to move
demi: — - heure *f* half hour; **— -frère** *m* half–brother/stepbrother; **— -sœur** *f* half–sister/stepsister; **deux heures et —** half–past two; *m* half; *m* draught beer
dent *f* tooth
dentiste *m* or *f* dentist
départ *m* departure
derrière *prep* behind
de(s) some
descendre to go down; **— (du train)** to get off (a train)
dessert *m* dessert
dessin *m* drawing; **— animé** cartoon
se détendre to relax
détester to hate
deux two
devant in front of
devenir to become
devoir must, to have to; *m* homework
dimanche *m* Sunday
dinde *f* turkey
dîner to have dinner, to dine; *m* dinner
dire to say
direct(e) direct; **ligne —e** direct line
direction *f* direction

discipline *f* field of study
discret(-ète) discreet
se disputer (avec) to argue (with)
disque compact (CD) *m* compact disc (CD)
distance *f* distance
divorcé(e) divorced
dix ten; **—-huit** eighteen; **—-neuf** nineteen; **—-sept** seventeen
documentaire *m* documentary
doigt *m* finger; **— de pied** toe
domestique domestic
dommage too bad
donner to give; **— sur** to overlook (have a view of)
dormir to sleep; **avoir du mal à —** to have trouble sleeping
dos *m* back
douche *f* shower; **prendre une —** to take a shower
douzaine *f* dozen
douze twelve
drapeau *m* flag
droit *m* law
droit: tout — straight ahead
droit(e) right; **à —** **(de)** to the right (of)
durée *f* duration
DVD *m* DVD; **lecteur —** DVD player
dynamique dynamic

E

eau *f* water; **— minérale** *f* mineral water
éclair *m* lightning
école *f* school; **— primaire** elementary school
écouter to listen (to)
écrire to write
effet *m* effect; **—s spéciaux** *pl* special effects
église *f* church
égoïste selfish, self–centered
égyptien(ne) Egyptian
élégant(e) elegant
élève *m f* student
elle it, she
embouteillage *m* traffic jam
emploi du temps *m* schedule
employé(e) *m (f)*: **— de maison** housekeeper
encore more; **pas —** not yet; **— une fois** once more
endroit *m* place; **— public** public place
enfant *m f* child
enfin finally
ennuyeux(-euse) bothersome
ensoleillé(e) sunny

ensuite next
entre between
entrée *f* appetizer/entryway
entrer to enter
énumérer to list
épaule *f* shoulder
épicerie *f* grocery store
équipé(e) equipped
équitation *f:* **faire de l'—** to go
  horseback riding
escalier *m* stairs
Espagne *f* Spain
espagnol(e) Spanish; *m* Spanish
  (language)
essayer to try (on)
est *m* east
estomac *m* stomach; **mal à l'estomac**
  stomachache
et and
étage *m* floor; **au premier —** on the
  second floor
étagère *f* bookshelf
état *m* condition, state; **— physique**
  physical condition
États-Unis *m pl* United States
éternuer to sneeze
étranger(-ère) foreign
être to be
étudiant(e): *m (f)* **— en troisième année**
  junior; **en quatrième année** senior
  étudiant(e) en deuxième année
  sophomore
étudier to study
euro *m* euro; **— cent** euro cent
exercice *f* exercise; **les appareils d'— ** *m pl*
  exercise equipment
expliquer to explain
express *m* espresso
exprimer to express

F

face: en **— de** across from
faible weak
faire to do/to make; **— de la boxe** to box;
  — de la danse to dance; **— de la gym** to
  work out; **— du base-ball** to play
  baseball; **— du basket** to play basketball;
  — du camping to camp; **— du canoë** to
  go canoeing; **— du hockey** to play
  hockey; **— du judo** to do judo; **— du
  karaté** to do karate; **— du kayak** to go
  kayaking; **— du squash** to play squash;
  — du théâtre to act (in a play); **— le
  barbecue** to barbecue; **— le ménage** to
  do housework; **— les courses** to run
  errands; **— ses devoirs** to do one's
  homework; **— son lit** to make one's bed
falloir to require, to need; **il me faut** I need

famille *f* family; **— nombreuse** large
  family; **en —** with one's family
fana *m* or *f* fan
fatigué(e) tired
fauteuil *m* armchair
femme *f* wife/woman; **— au foyer**
  housewife; **— cadre** business executive;
  — d'affaires businesswoman; **—
  ingénieur** engineer; **— médecin** doctor;
  — politique *f* politician
fermer to close; **l'heure *f* de fermeture**
  closing time
fermier(-ière) *m (f)* farmer
fête *f* holiday, party
février February
fièvre *f* fever
fier(-ère) proud
file queue
filet de sole *m* filet of sole
fille *f* daughter/girl; **jeune — au pair** au
  pair girl
film *m* film/movie; **— comique** comedy;
  — d'amour love story; **— d'animation**
  animated film/cartoon; **— d'aventures/
  d'action** adventure film; **— de guerre**
  war film; **— de science-fiction**
  science–fiction film; **— d'épouvante**
  horror film; **— d'horreur** horror film;
  — dramatique drama; **— expérimental**
  experimental film; **— historique**
  historical film; **— policier** police
  (detective) drama
fils *m* son
finir to finish
fixer to arrange
fleur *f* flower
fois *f* time; **à la —** at the same time; **des
  —** sometimes; **une —** once
folk *m* folk music
foncé dark (of colors)
fonctionnaire *m f* civil servant
fond *m:* **faire du ski de —** to go
  cross–country skiing
football américain *m:* **jouer au (faire du)
  —** to play (American) football
foot(ball) *m* soccer; **faire du —** to play
  soccer; **jouer au —** to play soccer;
  match de — soccer match
fou (folle) crazy
se fouler: **— le/la ...** to sprain one's . . .
foyer *m:* **femme au —** *f* housewife
frais (fraîche) *adj* fresh; **il fait —** it's cool
fraise *f* strawberry
framboise *f* raspberry
français(e) French; *m* French (language)
fréquence *f* frequency
frère *m* brother
frisbee: **jouer au —** to toss a frisbee

frisé(e) curly
frite *f* French fry
frivole flighty, frivolous
froid(e) cold; **avoir froid** to be (feel) cold
fromage *m* cheese
fumer to smoke
fumeur smoking; **non —** non smoking
funk *m* funk

G

gagner to win
ganglion *m* gland; **inflammation des —s**
  f swollen glands
garage *m* garage
garder: **— la ligne** to stay in shape
gare train station; **— routière** *f* bus
  station
gâteau *m* cake; **— au chocolat** *m*
  chocolate cake
gauche left; **à — (de)** to the left (of)
geler to freeze
généreux(-euse) generous
genou *m* knee
genre *m* type
gentil(le) nice
géographie *f* geography
géologie *f* geology
gestion *f* management
glace *f* ice cream
golf *m:* **jouer au (faire du) —** to golf
gorge *f* throat; **mal à la —** sore throat
goûter *m* snack; **prendre un —** to have a
  snack
goutte *f:* **des —s pour le nez** nosedrops
gramme *m* gram
grand(e) big, tall
grand: **— -mère** *f* grandmother; **— -
  parent** *m* grandparent; **— -père** *m*
  grandfather; **— boulevard** *m* major
  boulevard; **—(e)** large; **grand(e)** big *adj*
grandir to grow up
gratte-ciel *m* skyscraper
grêle *f* hail; **averse de — ** *f* hailstorm
grippe *f* flu
gris(e) gray
grossir to gain weight
gruyère *m* Swiss cheese
guichet *m* ticket window
guitare *f* guitar; **jouer de la —** to play the
  guitar
gymnastique *f:* **faire de la —** to do
  gymnastics

H

habiller to dress; **s'—** to get dressed
habiter to live
habitude: **d'—** usually
hard rock *m* hard rock (music)

haricot m bean; **— vert** green bean
en haut upstairs
haut-parleur m speaker
heavy metal m heavy metal (music)
herbe f herb; **omelette aux fines —s** f herb omelet
hésiter to hesitate
heure f hour; **à quelle — ?** at what time? **à tout à l'—** (see you later); **demi- —** f half hour; **il est une —** it's one o'clock; **— d'arrivée** arrival **l'— de fermeture** closing time; **—s de pointe** rush hour
histoire f history, story
hockey m: **faire du —** to play hockey
homme m man; **— politique** politician; **— d'affaires** businessman
honnête honest
horaire m schedule; **— des trains** train schedule
hors-d'œuvre m appetizer
hôtel m hotel; **chambre d'—** f hotel room; **— de ville** m city hall/town hall
huit eight
humeur f humor; **de bonne (mauvaise) —** in a good (bad) mood
humide humid

I

ici here
idéaliste idealistic
idée f idea
il he, it
ils (elles) they
s'imaginer avec/comme/dans to imagine oneself with/as/in
impatient(e) impatient
indépendant(e) independent
indiquer to indicate
infirmier(-ière) m (f) nurse
informatique f computer science
ingénieur m/**femme —** f engineer
s'installer devant to settle down at
intellectuel(le) intellectual
intelligent(e) intelligent
intéressant(e) attractive (price), interesting
s'intéresser à to be interested in
intrigue f plot
italien m Italian (language); **—(ne)** Italian
itinéraire m itinerary

J

jambe f leg
jambon m ham
janvier January

japonais(e) Japanese; m Japanese (language)
jardin m garden, yard; **faire du jardinage** to work in the garden; **— public** m park
jaune yellow
jazz m jazz
je I
jean m jeans
jeu vidéo m video game
jeudi Thursday
jeune young; **— fille au pair** f au pair girl
jogging: faire du — to go jogging
joli(e) pretty
jouer to play; **— au base-ball** to play baseball; **— au basket** to play basketball; **— au foot(ball)** to play soccer; **— au football américain** to play (American) football; **— au tennis** to play tennis; **— au volley(ball)** to play volleyball; **— aux cartes** to play cards; **— de la guitare** to play the guitar; **— du piano** to play the piano; **— du violon** m to play the violin
jour m day; **quel — sommes-nous?** what day is it?
journalisme m journalism
journée f day; **toute la —** all day
journaliste m or f journalist/reporter
judo m: **faire du —** to do judo
juillet July
juin June
jupe f skirt
jus m juice; **— d'abricot** apricot nectar; **— d'orange** orange juice
jusqu'à until
juste: avoir — le temps de to have just enough time to

K

karaté m: **faire du —** to do karate
kayak m: **faire du —** to go kayaking
kilo m kilo
kilomètre (km) m kilometer

L

laid(e) ugly
lait m milk
lampe f lamp
langue f language; **— morte** classical language
lasagnes f pl lasagna
lavabo m sink
lecteur m: **— CD** CD player
légume m vegetable
lessive f: **faire la —** to do the laundry
les lettres f pl humanities
lever to raise; **se —** to get up; **— du soleil** m sunrise

librairie f bookstore
libre free
ligne f: **— directe** direct line; **garder la —** to stay in shape
limonade f citrus–flavored carbonated drink
linguistique f linguistics
lire to read
lit m bed; **faire son —** to make one's bed
litre m liter
littérature f literature; **— comparée** f comparative literature
living m living room
livre f pound
livre m book; **— d'art** art book; **— de cuisine** cookbook; **— de science-fiction** science fiction book; **— d'histoire** history book
logement m housing
logis m dwelling; **sans- —** homeless
loi f law
loin far
loisirs m pl leisure activities
long(-ue) long
luge f: **faire de la —** to do luge
lundi m Monday
lycée m high school

M

Madame Ma'am
Mademoiselle Miss
magasin m store; **— de matériel électronique** electronics store; **— de musique** music store; **— de sports** sporting goods store; **— de vêtements** clothing store
magnétoscope m VCR
mai May
maigre skinny
maigrir to lose weight
main f hand
mairie f city hall, town hall
maison f house; **— de campagne** country house; **employé(e) de —** m (f) housekeeper
mal: — à la gorge sore throat; **— à l'oreille** m ear ache; **— de l'air** m air sickness; **— de mer** m seasickness; **— fichu(e)** a mess (of a person), feeling lousy; **avoir — au cœur** to feel nauseated; **avoir — partout** to hurt all over; **avoir du — à dormir** to have trouble sleeping; **(se) faire —** to hurt (oneself)
malade sick
maladie f illness
malheureusement unfortunately
malhonnête dishonest

manger to eat; — **tout ce qu'on veut** to eat anything you want; **donner à — aux animaux** to feed the animals; **faire attention à ce qu'on mange** to watch what you're eating; **salle à —** *f* dining room

manuel de classe *m* textbook

marché *m* market; — **en plein air** open–air market

mardi *m* Tuesday

mari *m* husband

marier to marry; **être —é(e) avec** to be married to

marketing *m* marketing

Maroc *m* Morocco

marocain(e) Moroccan

marrant(e) amusing, funny

marron brown; chestnut

mars March

match de basket *m* basketball game

matériel électronique *m* electronic equipment

mathématiques *f pl* mathematics

matière *f* discipline, material, subject

matin *m* morning; **le matin** in the morning; **les —s** every morning

mauvais(e) bad; **il fait mauvais** the weather's bad

mauve mauve

maximum *m* maximum

mécanicien(ne) *m (f)* mechanic

médecin *m*, **femme —** *f* doctor

médecine *f* medicine

médicament *m* medicine

meilleur better

membre *m* member; **être — d'un club** to belong to a club

ménage: faire le — to do housework

menthe *f* mint; — **à l'eau** mint syrup mixed with water; **diabolo — ** *m* mint flavoring mixed with limonade

mer *f*: **bord de —** *m* seashore; **mal de —** *m* seasickness

merci thank you; — **bien** thank you very much

mercredi *m* Wednesday

mère *f* mother; **belle- —** mother–in–law

métro *m* subway

mettre to put (on), to wear; — **la table** to set the table

meubles *m pl* furniture

mexicain(e) Mexican

midi *m* noon

miel *m* honey

mieux better; **il vaut — (que)** it's better (that)

migraine *f* migraine

milkshake *m* milkshake

mince thin

mine *f* appearance; **tu n'as pas bonne —** you don't look good

mini-chaîne *f* boombox

minuit *m* midnight

moche ugly

moderne modern

moi me

moins less

mois *m* month

moniteur *m* monitor

Monsieur Sir

montagne *f* mountain

morceau *m* piece

mosquée *f* mosque

moto(cyclette) *f* motorcycle

moyen *m* means/method; — **de transport** means of transportation

moyen(ne) mid–size

musculation *f*: **faire de la —** to do weightlifting

musée *m* museum

musicien(ne) *m (f)* musician

musique *f* music; — **classique** classical music; — **du monde** world music; — **pop** popular music

N

nager to swim

naïf (naïve) naïve

natation *f*: **faire de la —** to go swimming

ne... aucune not any

ne... jamais never

ne... pas not

ne... pas encore not yet

ne... personne no one

ne... plus not any more/no longer

ne... rien nothing

nécessaire necessary

neige *f* snow; **tempête de —** snowstorm

neiger to snow

nettoyer to clean

neuf nine

neveu *m* nephew

nez *m* nose; — **bouché** stuffy nose; — **qui coule** runny nose; **des gouttes pour le —** *f pl* nosedrops

nièce *f* niece

niveau *m* college year

noir(e) black

nom *m* name

non no

non-alcoolisé(e) non–alcoholic

non-fumeur non–smoking

nord *m* north; — **-est** northeast; — **- ouest** northwest

nourriture *f* food

nous we

nouveau (nouvelle/nouvel) new

novembre November

nuage *m* cloud

nuit *f* night

nuageux(-euse) cloudy

O

obéir to obey

objet *m* thing

s'occuper de to take care of

octobre October

offrir to offer

oignon *m* onion

œil *m* (**yeux** pl) eye(s)

omelette *f* omelet; — **aux fines herbes** *f* herb omelet

on one, you (people in general)

oncle *m* uncle

onze eleven

optimiste optimistic

orage *m* storm

orange *adj* orange; *f* orange (fruit)

Orangina orange soda (brand)

ordinateur *m* computer

oreille *f* ear; **mal à l'—** *m* earache

oreillons *mpl* mumps

origine *f* origin; — **nationale** national origin; **être d'— ...** (+ *adj f*) to be of . . . background

où where

où est-ce que... ? where . . . ?

ouest *m* west

œuf *m* egg; **les —s mayonnaise** *pl* hard–boiled eggs with mayonnaise

oui yes

ouverture *f* opening

ouvrier *m*, **ouvrière** *f* factory worker

P

pain *m* bread; — **au chocolat** chocolate croissant; — **de campagne** *m* round country loaf; — **grillé** toast

palais de justice *m* courthouse

pantalon *m sing* pants

papeterie *f* stationery store

par per

parc *m* park

pardon pardon

parents *mpl* parents, relatives

paresseux(-euse) lazy

parfait(e) perfect

parking *m* parking lot

parler to speak, to talk; **se —** to speak to each other, to speak to oneself

partout everywhere

pas not; **— du tout** not at all; **(il n'y a) — de quoi** you're welcome

passé *m* past

passer to spend (time), to pass; **— l'aspirateur** to vacuum; **— le temps à faire quelque chose** to pass time doing something; **je vous (te) passe...** here's . . . (on the phone)

passion *f:...,* **c'est ma —** I'm crazy about . . .

se passionner pour to be crazy about

pastilles *f pl:* **des — pour la gorge** throat lozenges

pastis *m* anise–flavored beverage (alcoholic)

pâté *m* liver spread, meat spread, pâté

patinage *m:* **faire du —** to skate/to go skating

pâtisserie *f* pastry

pauvre poor

paysage *m* countryside

pêche *f* peach

peintre *m* painter

peinture *f* painting; **faire de la —** to paint

penser to think

perdre to lose; **— du poids** to lose weight

père *m* father

périphérie *f* city limits, outskirts

Perrier *m* Perrier brand mineral water

personne: **— ne...** no one; *f* person; **—s** *f pl* people

pessimiste pessimistic

petit: **— déjeuner** *m* breakfast; **— gâteau** *m* cookie; **— pain** *m* roll; **— pois** *m* pea; **—(e)** *adj* little/small; **prendre le — déjeuner** *m* to have breakfast; **— pain** *m* roll

petit(e) small

peu: **un — (de)** a little

peut-être maybe, perhaps

pharmacie *f* drugstore, drugstore/pharmacy

pharmacien(ne) *m (f)* pharmacist

philosophie *f* philosophy; **roman de —** *m* philosophy book

photographie *f* photography

physique *f* physical description, physics

piano *m* piano; **jouer du —** to play the piano

pièce *f* coin, room

pied *m* foot; **à —** on foot; **aller à —** to walk; **faire de la marche à —** to go for a walk, to hike

pique-nique *m:* **faire un —** to have a picnic

piscine *f* swimming pool

pizza *f* pizza

place *f* place (in a train), seat, town square

plage *f* beach

plaire to please; **ça me plaît** I like it

plaisir *m* pleasure

planche *f:* **faire de la — à roulettes** to skateboard; **faire de la — à voile** to windsurf

plat *m* dish; **— de résistance** main dish; **— principal** main dish

pleuvoir to rain; **il pleut** it's raining

plongée sous-marine *f:* **faire de la —** to scuba dive

pluie *f* rain; **averse de —** *f* rainstorm

plus more; **ne... —** not any more

pneumonie *f* pneumonia

poids *m* weight; **perdre du —** to lose weight

poignet *m* wrist

point *m* point

poire *f* pear

pois *m:* **petit —** pea

poisson *m* fish

poitrine *f* chest

police *f* police; **commissariat de —** *m* police station

pomme apple *f;* **— de terre** *f* potato

pompe *f:* **faire des —s** to do pushups

pont *m* bridge

porc *m* pork

portable *m* mobile phone

portugais(e) Portuguese; *m* Portuguese (language)

possession *f* possession

possible possible

poste *f:* **bureau de —** *m* post office

poubelle *f* garbage can; **vider la —** to take out the garbage

poulet *m* chicken

pour for, in order to

pourquoi why; **— est-ce que?** why?

pouvoir can, to be able to

pratiquer practice

préférer to prefer

premier(-ière) first; **le premier mars** the first of March; **première classe** *f* first class

prendre to eat, to get, to have (food); **— congé** *m* to say good–bye; **— du poids** to gain weight; **— une douche** to take a shower

préparer to prepare

se préparer (pour) to get ready (for)

près de near; **tout —** very near

présenter to introduce

presse *f* weight machine

prie: je t'en prie please (informal); **je vous en prie** please (formal)

prix *m* price

prof *m* or *f* professor

professeur *m* professor

profession *f* profession

professionnel(le) professional

programmeur(-euse) *m (f)* computer programmer

promener le chien to walk the dog

proposer to suggest

propre clean

psychologie *f* psychology

puis next

pull *m* sweater

Q

quai *m* train platform

quand when; **— est-ce que?** when?

quantité *f* quantity

quart *m* quarter; **deux heures et —** quarter after two; **deux heures moins le —** quarter to two; **quart d'heure** quarter hour

quartier *m* neighborhood

quatorze fourteen

quatre four

que what; **qu'est-ce que... ?** what?

québécois(e) Quebecker

quel(le) what/which; **— est... ?** what's?

quelque chose something

quelque part somewhere

quelquefois sometimes

quelqu'un someone

qui who; **— est-ce que... ?** who?; **c'est de la part de —?** may I say who's calling?

quiche *f* cheese pie

quinze fifteen

quitter to leave; **ne quittez (quitte) pas** hang on

quoi what; **(il n'y a) pas de —** you're welcome

quotidien(ne) daily

R

radio *f* radio; **—cassette laser** *f* boombox with CD player

raï *m* mix of traditional Arabic music, rap & funk

rameur *m* rowing machine

randonnée *f:* **faire de la —** to hike

ranger to straighten up; **— sa chambre** to pick up one's room

rap *m* rap

rapide fast

rarement rarely

R&B *m* R&B

réalisateur(-trice) movie/video producer

réaliste realistic

réception *f* hotel registration desk

recevoir to receive

redressements *m pl:* **faire des —** to do situps

réfléchir to reflect; **—** (**à**) to think (about)

refuser to refuse

regarder to look at, to watch; **— la télé** to watch TV

reggae *m* reggae

régime *m* diet; **être au —/suivre un —** to be on a diet

remède *m* remedy

remerciement *m* thank you

remercier to thank

remplacer to replace

rencontrer to meet, run into; **se —** to run into each other

rendez-vous *m* meeting

rendre visite à to visit (a person)

renseignements *m pl* directions

rentrer (**à la maison**) to come home

réparation *f* repairs; **faire des petites —s** to make small repairs

repartir to leave again

repas *m* meal

répondre to respond; **— à** to respond to

réponse *f* answer, response

se reposer to rest

reprendre to pick up again, to resume

représentant(e) de commerce *m (f)* sales representative

RER *m* city subway

réseau *m* network; **— routier** road network

réservé(e) reserved

réserver to reserve

résidence universitaire *f* dormitory

résidentiel(le) residential

responsabilité *f* responsibility

restaurant *m* restaurant

rester to stay; **— au lit** to stay in bed

retourner to go back, to return

retrouver: se — to meet each other

réussir to succeed; **— à un examen** to pass an exam

réussite *f* success

rêve *m* dream

réveiller to wake (someone) up

se réveiller to wake up

revenir to come back

rêver to dream; **— à** (+ noun) to dream about, **— de** (+ inf.) to dream of

rez-de-chaussée: *m* ground (first) floor

rhume *m* cold (sickness); **— des foins** hay fever

rien nothing; **de —** you're welcome

risque *m* chance

rivière *f* river

riz *m* rice

robe *f* dress

rock *m* rock (music)

roller(blade) *m:* **faire du —** to rollerblade

roman *m* novel; **— d'amour** love story, romance novel; **— d'aventure** adventure novel; **— de philosophie** philosophy book; **— d'espionnage** spy novel; **— d'horreur** horror novel; **— d'imagination** fantasy novel; **— historique** historical novel; **— policier** detective (mystery) novel

rose pink

rosé *m* rosé

rouge red

routier: réseau — *m* road network

roux (rousse) redhead

rubéole *f* German measles

rue *f* road, street

rural(e) country

russe Russian; *m* Russian (language)

S

sa his, her, its

sac *m* bag; **— à dos** backpack

salade *f* salad; **— de concombres** cucumber salad; **— verte** green, leafy salad

sale dirty

salle *f:* **— à manger** dining room; **— de séjour** living room

salon *m* living room; **— de coiffure** barber shop, hairdresser

saluer to greet

salut bye, hi

samedi *m* Saturday

s'amuser to have a good time

sandale *f* sandal

sandwich *m* sandwich

santé *f* health

(s')arrêter to stop

saucisse *f* sausage

saucisson *m* salami

saumon fumé *m* smoked salmon

savoir to know

science *f* science; **—s économiques** *pl* economics; **—s exactes** *pl* hard sciences; **—s humaines** *pl* applied sciences; **—s naturelles** *pl* natural sciences; **—s politiques** *pl* political science

scotch *m* scotch

sculpture *f* sculpture

se promener to go for a walk

sec (sèche) dry

secrétaire *m or f* secretary

s'écrire to spell; **comment s'écrit... ?** how do you spell . . . ?

seize sixteen

semaine *f* week

sénégalais(e) Senegalese

s'ennuyer to be bored

sentir to smell

se sentir to feel

sept seven

septembre September

sérieux(-ieuse) serious

ses his, her, its

short *m sing* shorts

si if, yes (postiive response to negative question); **s'il te plaît** please (informal); **s'il vous plaît** please (formal)

simple: aller — one–way

sinusite *f* sinus infection

sirop *m* syrup; **— contre la taux** cough syrup

situer to situate; **se —** to situate oneself

six six

skateboard *m:* **faire du —** to skateboard

ski *m:* **faire du —** (**alpin**) to go downhill skiing; **faire du — de fond** to go cross–country skiing; **faire du — nautique** to waterski

snowboard *m:* **faire du —** to snowboard

s'occuper de to take care of

sociologie *f* sociology

sofa *m* couch, sofa

soir *m* evening; **le soir** in the evening; **les soirs** every evening

en solde on sale

sole: filet de — *m* filet of sole

sombre dark

son his, her, its

sortir to leave/to go out

sœur *f* sister

soleil *m* sun; **il fait du —** it's sunny

souffir to suffer

souris *f* mouse

sous-sol *m* basement; **au —** in the basement

se souvenir de to remember

souvent often

spaghettis *mpl* spaghetti

sport *m* sport

sportif (sportive) likes sports

squash *m:* **faire du —** to play squash

stade *m* stadium

stage *m* internship

station *f* station; **— balnéaire** seaside resort; **— de métro** subway station; **— service** gas station

statistique *f* statistics

steak *m* steak

stepper *m* step machine

streptococcie *f* strep infection

sucre *m* sugar

sucré(e) sweet

sud *m* south; **— -est** southeast; **— -ouest** *m* southwest

Suède *f* Sweden; **suédois(e)** Swedish

Suisse *f* Switzerland

suivant(e) following
super terrific
supermarché *m* supermarket
sur on, on (a boulevard), about; **— la place** at the square
sûr(e) sure; **bien sûr** of course
surf des neiges *m:* **faire du —** to snowboard
surfer sur Internet to surf the Net
surtout especially
suspense *m* suspense
sweat *m* sweatshirt
sympa(thique) nice
symptôme *m* symptom
synagogue synagogue *f*
système *m* system, policy

T

tabac *m,* **bureau de —** tobacco store
table *f* table; **debarrasser la —** to clear the table; **mettre la —** to set the table
tache *f* spot
tâche *f* chore
taches de rougeole *f pl* measles
taille *f* size (clothing)
tailleur *m* (women's) suit
tandis: — que while
tant: en — que as
tante *f* aunt
tapis de course *m* treadmill
tarif *m* fare
tarte *f* pie; **— aux pommes** apple pie
taxi *m* taxi
tasse *f* cup
tchin-tchin! cheers!
tee–shirt *m* t-shirt
techno (music) **techno** *f*
tel(le) such; **— que** such as
télé *f* TV set
télécommande *f* remote control
télécopieur *m* fax machine
téléphone *m.* telephone; **— direct** direct line telephone
téléphoner to call, to talk on the phone, to (tele)phone; **se —** to phone each other
téléviseur *m* TV set
tellement really
température *f* temperature
tempête *f* storm; **— de neige** snowstorm
temple *m* Protestant church
temps *m* weather; **avoir juste le — de** to have just enough time to; **quel — fait-il?** what's the weather like? **de — en —** from time to time
tennis *f* sneaker, tennis; **jouer au (faire du) —** to play tennis

terrasse *f* terrace
tête *f* head; **mal à la —** headache
TGV *m* **train à grande vitesse** high–speed train
thé *m;* **— au citron** tea with lemon; **— au lait** tea with milk; **—nature** plain tea
théâtre *m* theater
thon *m* tuna; **salade de —** *f* tuna salad
tienne: à la —! to your health!
timbre *m:* **collectionner les —s** to collect stamps
timide shy, timid
tissu *m* material, fabric, cloth
titre *m* title
toilette: faire sa — brush teeth, etc., to wash up; **toilettes** *f pl* toilet; **cabinet de —** *m* wc; half-bath
tomate *f* tomato; **salade de —** tomato salad
tomber to fall; **— malade** to become sick
tonnerre *m* thunder
tort: avoir — to be wrong
tôt early
toujours always
tour *m:* **faire un — à vélo** *m* to go for a bike ride
tourisme *m:* **faire du —** to be a tourist
tourner to turn
tousser to cough
tout: — droit straight ahead; **à — à l'heure** (see you later); **pas du —** not at all
tout(e) every; **— le monde** everybody
toux *f* cough; **sirop contre la —** *m* cough syrup
traction *f:* **faire des —s** to do pullups/pushups
traditionel(le) traditional
traduction *f* translation
traduire to translate
train *m* train; **— à grande vitesse** (TGV) high–speed train
trait *m* trait; **— de caractère** *m* personality trait
trajet *m* trip
tranche *f* slice
tranquille calm, quiet
transport *m* transportation
travail (*pl* **travaux**) work
travailler to work
travailleur(-euse) hard–working
traverser to cross
treize thirteen
très very
tricoter to knit
triste sad
trois three
trop too much

trottoir *m* sidewalk
trou *m* hole
trouver to find; **se —** to be located
truc *m* thing; **pas mon —** not my thing
truite *f* trout
tu *sing,* you (informal)
tuer to kill

U

un(e) a, an, one; **un** one
unique only
université *f* college, university
urbain(e) urban
usine *f* factory
utile useful
utiliser to use

V

vacances *f pl* vacation
vache *f* cow
vaisselle *f sing* dishes; **faire la —** to do the dishes
valise *f* suitcase
vallée *f* valley
vanille *f* vanilla
varicelle *f* chicken pox
variété *f* light music
vélo *m* bike; **— d'appartement** exercise bike; **à —** by bike; **faire du —** to go cycling; **faire un tour à —** to go for a bike ride; **se promener à —** to go for a bike ride
vélomoteur *m* motorbike; **à —** by motorbike
vendeur (vendeuse) salesperson (in a store)
vendredi *m* Friday
vénézuélien(ne) Venezuelan
venir to come; **— de (+ inf)** to have just
vent *m* wind; **il fait (il y a) du —** it's windy
ventre *m* stomach
véranda *f* porch
verglas *m* ice (on the roads)
verre *m* glass
vers about, approximately, around, toward
vert(e) green; **haricot — ** *m* green bean
vertiges: avoir des — to be dizzy
veste *f* light jacket
vêtement *m* an item of cothing; **—s** *pl* clothing
viande *f* meat
vidéo *m:* **cassette —** *f* videocassette
vider to empty
vietnamien(ne) Vietnamese
vieux (vieille) old

village *m* town, village
villageois *m* villager
ville *f* city; **centre-** — *m* town center
vin *m* wine; — **blanc** white wine; —
  rouge *m* red wine; (**vin**) **rosé** rosé
vinaigrette *f* vinaigrette (oil & vinegar
  dressing)
vingt twenty
violence *f* violence
violet(te) purple
violon *m* violin; **jouer du** — to play the
  violin
visage *m* face
visite *f*: **rendre** — **à** to visit (a person)
visiter to visit (a place)
vite rapid; fast
vitesse *f* speed
Vittel *f* Vittel brand mineral water
vivant(e) alive
voie *f* (train) track
voilà there is/are

voile *f*: **faire de la** — to sail
voir to see; **se** — to see (each other); **se**
  — **comme, dans, avec** to see oneself as,
  in, with; **voyons** let's see
voisin(e) neighbor
voiture *f* car, train car; **se promener en**
  — to go for a car ride
voix *f* voice; **à haute** — aloud
vol *m* flight
voler to steal; to fly
voleur(-euse) thief
volonté *f* will
volley(ball) *m* volleyball; **jouer au (faire**
  du) volley(ball) to play volleyball
vomir to vomit
vôtre: à la —**!** to your health!
vouloir to want; **je veux bien** I'd like to;
  je voudrais I would like
vous you (formal), you (*pl*)
voyage *m* trip
voyager to travel

voyelle *f* vowel
voyons let's see
vrai(e) true
vraiment really
vue *f* sight; **à première** — at first sight

W

wagon-lit *m* sleeping compartment
  (train)
walkman *m* portable cassette player
western *m* western (film)
whisky *m* whisky

Y

y there; **il** — **a** there is, there are
yaourt *m* yogurt
yeux *m pl* eyes; **des gouttes pour les yeux**
  f pl eyedrops

Z

zéro zero

LEXIQUE: ANGLAIS – FRANÇAIS

A

about sur; environ
above dessus; ci-dessus
abroad à l'étranger
accounting comptabilité *f*
across: — from en face de
to act agir
to act *(in a play)* faire du théâtre
active actif (active)
actor acteur *m*
actress actrice *f*
after après; **quarter — two** deux heures
   et quart
afternoon après-midi *m*
against contre
age âge *m*
agricultural agricole
agriculture agriculture *f*
air conditioning climatisation *f*
air sickness mal de l'air *m*
airplane avion *m*
airport aéroport *m*
alcoholic *adj* alcoolisé(e)
alive vivant(e)
amateur: to be an amateur. . . être
   amateur de... , faire... en amateur
ambitious ambitieux (ambitieuse)
American américain(e); *(person)*
   Américain(e) *m, f*
amusing marrant(e)
and et
anise-flavored beverage (alcoholic)
   pastis *m*
ankle cheville *f*
anthropology anthropologie *f*
antihistamines des antihistaminiques
   m pl
apartment appartement *m*
to appear avoir l'air
appearance mine *f;* **you don't look good**
   tu n'as pas bonne mine
appendicitis attack crise d'appendicite *f*
appetizer entrée *f,* hors-d'œuvre *m*
apple pomme *f*
apricot abricot *m*
April avril
Arabic *(language)* arabe *m*
architect architecte *m, f*
to argue (with) se disputer (avec)
arm bras *m*

armchair fauteuil *m*
around vers
to arrange fixer
arrival arrivée *f*
to arrive arriver
art: dramatic —s art dramatique *m;*
   fine — s beaux-arts *m pl*
artist artiste *m, f*
as much as autant de
to ask demander
aspiration aspiration *f*
aspirin aspirine *f; —* **tablets** des cachets
   d'aspirine *m pl*
astronomy astronomie *f*
at à; **— his house** chez lui; *(the square)* sur
athlete: professional — athlète
   professionel(le) *m, f*
to attend; — (a class) assister (à un cours)
attractive *(price)* intéressant(e)
au pair girl jeune fille au pair *f*
audience public *m*
August août
autumn automne *m*
aunt tante *f*
available disponible, libre
avenue avenue *f*
to avoid éviter; fuir
away: right — tout de suite

B

back dos *m*
background: to be of . . . background
   être d'origine... *(+ adj f)*
backpack sac à dos *m*
bacon bacon *m*
bad mal, mauvais; **too bad** dommage; **the**
   weather's bad il fait mauvais
bakery boulangerie-pâtisserie *f*
balcony balcon *m*
bald chauve
banana banane *f*
bank banque *f*
to barbecue faire le barbecue
barber shop salon de coiffure *m*
baseball: to play — jouer au (faire du)
   base-ball
basement sous-sol *m;* **in the —** au sous-
   sol
basketball: to play — jouer au (faire du)
   basket

basketball game match de basket *m*
bath bain *m*
bathroom salle de bains *f*
bathtub baignoire *f*
to be être; **— . . . years old** avoir... ans
beach plage *f*
bean haricot *m;* **green —s** haricots verts
   m pl
bear ours *m*
beautiful beau (belle/bel)
to become devenir
bed lit *m;* **to go to —** se coucher; **to make**
   one's — faire son lit
bedroom chambre *f;* *(guest room)*
   chambre d'amis *f*
beer bière *f;* **draught** demi *m*
before avant
behind *prep* derrière
beige beige
Belgian belge; *(person)* Belge *m, f*
beltway *(around a city)* autoroute
   périphérique *f*
better: it's better (that) il vaut mieux
   (que)
between entre
beverage boisson *f*
big grand(e)
bike vélo *m;* **by —** à vélo; **to go for a**
   — ride se promener à vélo
bill *(money)* billet *m*
biography biographie *f*
biology biologie *f*
black noir(e)
blond blond(e)
blouse chemisier *m*
blue bleu(e)
blues blues *m sing*
body corps *m*
book livre *m;* **art —** livre d'art *m;* **history**
   — livre d'histoire *m;* **philosophy —**
   roman de philosophie *m;* **science-**
   fiction — livre de science-fiction *m;*
   (slang) bouquin *m*
bookshelf étagère *f*
bookstore librairie *f*
boombox mini-chaîne *f*
boombox with CD player radiocassette
   laser *f*
boot botte *f*
bored: to be — s'ennuyer

botany botanique *f*
bothersome ennuyeux(-euse)
bottle bouteille *f*
boulevard boulevard *m;* **major —** grand boulevard *m*
boutique boutique *f*
to box faire de la boxe
brave courageux (courageuse)
bread pain *m;* **long, crusty French loaf** baguette *f;* **round country loaf** pain de campagne *m*
to break casser; **— one's . . .** se casser le/la...
breakfast petit déjeuner *m;* **to have —** prendre le petit déjeuner *m*
bridge pont *m*
brie brie *m*
broccoli brocolis *mpl*
bronchitis bronchite *f*
brother frère *m*
brown brun(e), marron
building bâtiment *m*
to burn brûler; **— oneself** se brûler
bus: city autobus *m,* bus *m;* **— station** gare routière *f;* **intercity or tourist —** car *m;* **school bus** un car de ramassage
business commerce *m*
business executive cadre *m,* une femme cadre *f*
businessman homme d'affaires *m*
businesswoman femme d'affaires *f*
but mais
butcher shop boucherie *f*
butter beurre *m*
to buy acheter
by par; en; **— plane** en avion
bye ciao, salut

C

cafe café *m*
cake gâteau *m;* **chocolate —** gâteau au chocolat *m*
to calculate calculer
calculator calculatrice *f*
to call: — each other se téléphoner
calling: it's . . . — c'est... à l'appareil
camcorder caméscope *m*
camembert camembert *m*
camera appareil photo *m;* **digital** appareil photo numérique
to camp faire du camping
can: to be able to pouvoir
Canadian canadien(ne); *(person)* Canadien(ne) *m, f*
canoeing: to go — faire du canoë
car voiture *f;* **to go for a — ride** se promener en voiture

cards: to play — jouer aux cartes
care: to take — of s'occuper de
carrot carotte *f*
cartoon dessin animé *m*
cartoon book bande dessinée *f*
cassette cassette *f*
cassette player: portable — baladeur *m,* walkman *m*
cathedral cathédrale *f*
CD player lecteur CD *m*
CD player: portable — baladeur CD *m*
CD-ROM CD-ROM *m,* cédérom *m*
cellar cave *f;* **wine —** cave à vin *f*
cemetery cimetière *m*
center centre *m*
cereal céréales *fpl*
certainly bien sûr
chair chaise *f*
champagne champagne *m*
chance risque *m*
to change: — trains changer de train
to chat on the computer bavarder en ligne
cheers! tchin-tchin!
cheese fromage *m;* **— pie** quiche *f*
chemistry chimie *f*
chest poitrine *f*
chest of drawers commode *f*
chestnut *(of hair)* châtain, marron
chicken poulet *m*
chicken pox varicelle
child enfant *m, f*
Chinese chinois(e); *(language)* chinois *m;* *(person)* Chinois(e) *m, f*
chocolate chocolat *m;* **hot —** chocolat *m*
to choose choisir
chore tâche *f*
church église *f;* *(Protestant)* temple *m*
cinema cinéma *m*
city ville *f;* **— limits** périphérie *f*
city dweller citadin(e) *m, f*
city hall hôtel de ville *m,* mairie *f*
city (town) center centre-ville *m*
civil servant fonctionnaire *f*
class classe *f;* **first class** première classe
clean propre
to clean nettoyer
to clear: — the table débarrasser la table
to close fermer
closing time l'heure *f* de fermeture
clothing vêtements *m pl;* **an item of —** vêtement *m;* **for women (men)** pour femmes (hommes)
cloud nuage *m*
cloudy nuageux
club club *m;* **to belong to a —** être membre d'un club

coffee café *m;* **with cream** café crème *m;* **with hot milk** café au lait *m*
coin pièce *f*
Coke coca *m*
cold froid(e); **to be (feel) cold** avoir froid; *(sickness)* rhume *m*
to collect stamps collectionner les timbres
college université *f*
college year niveau *m*
color couleur *f;* **bright —** couleur vive; **dark —** couleur foncée; **light —** couleur claire
to come venir; **— home** rentrer (à la maison); **— back** revenir
comedy comédie *f,* **film** comique *m;* **dramatic —** comédie dramatique *f;* **musical —** comédie musicale *f*
comfortable confortable
comic book bande dessinée *f*
to comment on commenter
commercial commercial(e)
compact disc (CD) CD (disque compact) *m*
to compare comparer
compass boussole *f*
computer ordinateur *m;* **— programmer** programmeur *m,* programmeuse *f*
concert concert *m*
condition état *m;* **physical —** état physique *m*
to continue continuer
to cook faire la cuisine
cookbook livre de cuisine *m*
cookie biscuit *m,* petit gâteau *m*
cool: it's cool il fait frais
corner: at the — of au coin de
couch canapé *m,* sofa *m*
cough toux *f;* **— syrup** sirop contre la toux *m*
to cough tousser
country campagne *f,* rural(e) *adj*
country and western country *f*
countryside paysage *m*
courageous courageux (courageuse)
course cours *m*
courthouse palais de justice *m*
courtyard cour *f*
cousin cousin *m,* cousine *f*
crazy: to be — about être fou (folle) de, être (un[e]) fana de, se passionner pour; **I'm crazy about . . . . . . ,** c'est ma passion
crepe crêpe *f*
croissant croissant *m;* **chocolate —** pain au chocolat *m*
to cross traverser
crowd foule *f*

cruel cruel(le)
cucumber salad salade de concombres *f*
cup tasse *f*
curly *(of hair)* frisés
to cut couper; **— oneself** se couper
cycling, to go — faire du cyclisme (du vélo)

D

daily quotidien(ne)
to dance faire de la danse
dangerous dangereux (dangereuse)
dark sombre; *(with colors)* foncé
date date *f;* **what is the date?** quelle est la date?
daughter fille *f*
day jour *m;* **what day is it?** quel jour sommes-nous?
deceased décédé(e)
December décembre
degrees degrés *m pl*
delicatessen charcuterie *f*
delicious délicieux (délicieuse)
dentist dentiste *m, f*
departure départ *m*
to describe décrire
description: physical physique *f*
desk bureau *m*
dessert dessert *m*
to die mourir
diet régime *m;* **to be on a —** être au régime, suivre un régime
dining room salle à manger *f*
dinner dîner *m;* **to have —** dîner
direct line ligne directe *f*
direction direction *f*
directions renseignements *mpl*
dirty sale
disappointment déception *f*
discipline matière *f;* **field of study** discipline *f*
discreet discret (discrète)
dishes vaisselle *f sing*
dishonest malhonnête
distance distance *f*
divorced divorcé(e)
dizzy: to be — avoir des vertiges
to do faire; **— homework** faire ses devoirs; **— housework** faire le ménage; **— odd jobs** bricoler
doctor femme médecin *f,* médecin *m*
documentary documentaire *m*
dog chien *m*
domestic domestique
door porte *f*
dormitory résidence universitaire *f*
downstairs en bas
downtown centre-ville *m*

dozen douzaine *f*
drama art dramatique *m*
drawing dessin *m*
dream rêve *m*
to dream about, of rêver à + *nom,* rêver de + *infinitive*
dress robe *f*
to dress s'habiller
dresser commode *f*
drink boisson *f;* **before-dinner —** apéritif *m;* **citrus-flavored, carbonated —** limonade *f*
to drink boire
to drive conduire
drugstore pharmacie *f*
dry sec (sèche)
duration durée *f*
during pendant; en, durant
DVD DVD *m*
DVD player lecteur DVD *m*
dynamic dynamique

E

each chaque
ear oreille *f*
earache mal à l'oreille (aux oreilles)
early tôt; de bonne heure
east est *m*
to eat manger, prendre; **to watch what you're eating** faire attention à ce qu'on mange; **— anything you want** manger tout a qu'ou veut
economics sciences économiques *f pl*
effect effet *m*
effects: special — effets spéciaux *m pl*
egg œuf *m;* **hard-boiled with mayonnaise** les œufs mayonnaise *m pl*
Egyptian égyptien(ne); *(person)* Égyptien(ne) *m, f*
eight huit
eighteen dix-huit
elbow coude *m*
eldest aîné(e)
electronic equipment matériel électronique *m*
elegant élégant(e)
elevator ascenseur *m*
eleven onze
end bout *m;* **at the — of** au bout de; **to the — (of)** au bout (de)
engineer femme ingénieur *f,* ingénieur *m*
English anglais(e); *(language)* anglais *m;* *(person)* Anglais(e) *m, f*
enough assez
to enter entrer
entryway entrée *f*
equipment les appareils *m pl;* **electronic —** matériel électronique *m*

equipped équipé(e)
errands: to run — faire les courses
espresso express *m*
euro euro *m;* **— cent** euro cent *m*
evening soir *m;* **in the —** le soir
everywhere partout
exercise exercice *f;* **— bike** vélo d'appartement *m;* **— equipment** les appareils d'exercice *mpl*
expensive cher (chère)
to explain expliquer
to express exprimer
eye œil *m,* yeux *m pl*
eyedrops des gouttes pour les yeux *f pl*

F

face visage *m*
factory worker ouvrière *f,* ouvrier *m*
fairly assez
to fall tomber
family famille *f;* **large —** famille nombreuse; **with one's famille** en famille
far loin
farmer agriculteur *m,* agricultrice *f,* fermière *f,* fermier *m*
fast rapide
father père *m*
father-in-law beau-père *m*
fax machine télécopieur *m*
February février
to feed the animals donner à manger aux animaux
to feel se sentir
fever fièvre *f*
field champ *m*
fifteen quinze
film film *m;* **adventure film** film d'aventures (d'action); **animated (cartoon) film** film d'animation; **drama film** dramatique *m;* **experimental —** film expérimental *m;* **historical —** film historique *m;* **horror film** film d'épouvante (d'horreur); **love story** film d'action *m,* film d'amour *m;* **police (detective) drama** film policier *m;* **science-fiction —** film de science-fiction *m;* **war —** film de guerre *m;* **western** western *m*
film studies le cinéma
finally enfin
finger doigt *m*
to finish finir
first d'abord, premier (première); **the — of March** le premier mars
fish poisson *m*
fit en forme
five cinq

flag drapeau *m*

flighty frivole

floor étage *m;* **on the first (ground)** — au rez-de-chaussée; **on the second** — au premier étage

flower fleur *f*

flu grippe *f*

fog brouillard *m;* **it's foggy** il fait du brouillard *m*

foot pied *m;* **on** — à pied

football: to play (American) — jouer au (faire du) football américain

for pour

foreign étranger (étrangère)

four quatre

fourteen quatorze

free libre

free-standing closet armoire *f*

to freeze geler

French français(e); **language** français *m;* (person) *f,* Français(e) *m f*

French fries frites *f pl*

frequency fréquence *f*

Friday vendredi *m*

friend ami(e) *m (f),* copain *m,* copine *f*

frisbee: to toss a — jouer au frisbee

frivolous frivole

from de

front: in — **of** devant

fun amusant(e); **to have** — **doing something** s'amuser à faire quelque chose

funk funk *m*

funny marrant(e)

furniture meubles *mpl*

G

to gain weight grossir, prendre du poids

garage garage *m*

garbage: to take out the — vider la poubelle

garbage can poubelle *f*

garden jardin *m;* **to work in the** — faire du jardinage

generous généreux (généreuse)

geography géographie *f*

geology géologie *f*

German allemand(e); (language) allemand *m;* (person) Allemand(e) *m, f*

to get prendre; — **along** se débrouiller; — **dressed** s'habiller; — **off (a train)** descendre (du train); — **up** se lever

gift cadeau *m*

girl fille *f*

to give donner

gland ganglion *m;* **swollen -s** une inflammation des ganglions

glass verre *m*

to go aller; — **back** retourner; — **by** aller à, aller en; — **down** descendre; — **for a bike ride** faire un tour à vélo; — **for a walk** faire un tour à pied; — **home** rentrer; — **out** sortir; — **out for dinner** sortir dîner; — **out with friends** sortir avec des copains (des amis); — **shopping** faire les magasins; — **to bed** se coucher; — **up** monter

goat cheese chèvre *m*

to golf jouer au (faire du) golf

good: to have a — **time** s'amuser; **pretty** — assez bon

good-bye au revoir

gram gramme *m*

grandfather grand-père *m*

grandmother grand-mère *f*

grandparent grand-parent *m*

gray gris(e)

great: great! chouette!

green vert(e)

green beans haricots verts *m pl*

to greet saluer

to grow up grandir

guitar: to play the — jouer de la guitare

to do gymnastics faire de la gymnastique

H

hail grêle *f;* — **storm** averse de grêle *f*

hair cheveux *m pl*

hairdresser salon de coiffure *m*

half demi *f;* **half-past two** deux heures et demie

half-brother demi-frère *m*

half-sister demi-sœur *f*

hallway couloir *m*

ham jambon *m*

hand main *f*

hang on ne quittez (quitte) pas

hard pénible, dur(e)

hard-working travailleur (travailleuse)

hate détester

to have avoir; — **a picnic** faire un pique-nique; — **dinner** dîner; — **just** venir de; — **just enough time to** avoir juste le temps de; — **lunch or breakfast** déjeuner; (food) prendre; **a good time** s'amuser

to have to devoir

hay fever rhume des foins *m*

head tête *f*

headache mal à la tête

health santé *f;* **to your health!** à la vôtre! (à la tienne!), à votre (ta) santé!

heart cœur *m*

heavy metal heavy metal *m*

hello bonjour; (on the phone) allô

to help aider; **to do something** aider à

help yourself servez-vous (sers-toi)

herb omelet omelette aux fines herbes *f*

here ici; **here's . . .** (on the phone) ici... (à l'appareil)

to hesitate hésiter

hi, hello salut

to hike faire de la randonnée; **to go hiking** faire de la marche à pied

his son (sa, ses)

history histoire *f*

hockey, to play — faire du hockey

holiday fête *f*

home: at the — **of** chez

homework devoir *m*

honest honnête

honey miel *m*

hope espoir *m*

horseback riding, to go — faire de l'équitation *f* (du cheval)

hot chaud(e); **to be (feel) hot** avoir chaud

hotel hôtel *m;* — **registration desk** réception *f;* **hotel room** chambre d'hôtel *f*

hour heure *f;* **half** — demi-heure *f;* **quarter** — quart d'heure *m*

house maison *f;* **country** — maison de campagne

housekeeper employé(e) de maison *m, f*

housewife femme au foyer *f*

to do housework faire le ménage

housing logement *m*

how comment; — **much?** combien?; — **much,** — **many?** combien de?; — **are things?** ça va?; — **are you?** comment ça va?, comment allez-vous?

humanities les lettres *f pl*

humid humide

humor humeur *f;* **good (ill)-humored** de bonne (mauvaise) humeur *f*

hundred cent; centaine *f*

to hurt (se) faire mal; — **all over** avoir mal partout

husband mari *m*

I

I je

ice (on the roads) verglas *m*

ice cream glace *f*

idea idée *f*

idealistic idéaliste

if si

illness maladie *f*

to imagine: — **oneself as (in, with)** s'imaginer comme (dans avec)

impatient impatient(e)

in à, dans

in order to pour

included compris(e)
independent indépendant(e)
to indicate indiquer
influenza grippe *f*
injured blessé(e)
intellectual intellectuel(le)
intelligent intelligent(e)
interest: to be — ed in s'intéresser à
to introduce présenter
island île *f*
it: it's c'est
Italian italien(ne); *(language)* italien *m*; *(person)* Italien(ne) *m (f)*
itinerary itinéraire *m*

J

jacket blouson *m*; **light —** veste *f*; **winter —** anorak *m*
jam confiture *f*
January janvier
Japanese japonais(e); *(person)* Japonais(e) *m (f)*
jazz jazz *m*
jeans jean *m sing*
jewelry store bijouterie *f*
jogging, to go — faire du jogging
journalism journalisme *m*
journalist *f* journaliste *m, f*
to do judo faire du judo
juice jus *m*; **apricot —** jus d'abricot *m*; **orange —** jus d'orange *m*
July juillet
June juin
junior étudiant(e) en troisième année

K

to do karate faire du karaté
kayaking, to go — faire du kayak
to keep garder
key clé *f*
keyboard clavier *m*
kilo kilo *m*
kilometer kilomètre (km)
kiss baiser *m*, bise *f*
kitchen cuisine *f*
knee genou *m*
to knit tricoter
to know savoir; *(someone)* connaître

L

laid up *(of a house)* aménagé(e)
lamb: leg of — gigot d'agneau *m*
lamp lampe *f*
language: classical — langue morte *f*
large grand(e)
lasagna lasagnes *fpl*
late tard
to laugh rire
laundry: to do the — faire la lessive

law droit *m*; loi *f*
lawyer avocat(e) *m, f*
lazy paresseux (paresseuse)
to leave partir, quitter, sortir; **— again** repartir
left gauche; **to the — (of)** à gauche (de)
leg jambe *f*
leisure activities loisirs *m pl*
lemon citron *m*
lemonade citron pressé *m*
less moins
lesson leçon *f*
library bibliothèque *f*
life vie *f*
light *(with colors)* clair
lightning éclair *m*
like: I would — j'aimerais, je voudrais; **I'd — to** je veux bien
to like aimer; **I like it** ça me plaît
linguistics linguistique *f*
to list énumérer
to listen (to) écouter
liter litre *m*
literature littérature *f*; **comparative —** littérature comparée *f*
little petit(e); **a —** un peu (de); **very —** très peu de
to live habiter
liver spread pâté *m*
living room living *m*, salle de séjour *f*, salon *m*
long long(ue)
to look avoir l'air; **to — at** regarder; **to — for** chercher
to lose weight maigrir, perdre du poids
a lot beaucoup
lousy: feeling — mal fichu(e)
to love adorer
love story roman d'amour *m*
low bas(se)
lunch déjeuner *m*; **to have —** déjeuner

M

Ma'am Madame
main dish plat de résistance *m*, plat principal *m*
mail courier *m*
to make faire; **— one's bed** faire son lit
mall centre commercial *m*
man homme *m*
to manage to do something se débrouiller
management gestion *f*
many beaucoup de
March mars
market marché *m*; **open-air —** marché en plein air *m*
marketing marketing *m*

to marry marier; **to be married to** être marié(e) avec
material matière *f*
mathematics mathématiques *fpl*
maximum maximum *m*
May mai
maybe peut-être
me moi
meal repas *m*
means moyen *m*; **— of transportation** moyen de transport *m*
measles taches de rougeole *fpl*; **German —** la rubéole
meat viande *f*; **— spread** pâté *m*
mechanic *f* mécanicien(ne) *m (f)*
medicine médecine *f*, médicament *m*
to meet retrouver; **to — each other** se retrouver
meeting rendez-vous *m*
member membre *m*
mess: a — mal fichu(e)
method moyen *m*
Mexican mexicain(e); *(person)* Mexicain(e) *m (f)*
mid-size moyen(ne)
midnight minuit *m*
migraine migraine *f*
milk lait *m*
milkshake milkshake *m*
mint: — flavoring mixed with limonade diabolo menthe *m*; **— syrup mixed with water** menthe à l'eau *f*
Miss Mademoiselle
mistake faute *f*; erreur *f*
mobile phone portable *m*
modern moderne
Monday lundi *m*
money argent *m*
monitor moniteur *m*
month mois *m*
mood: in a good (bad) mood de bonne (mauvaise) humeur *f*
more encore, plus
morning matin *m*; **in the —** le matin
Moroccan marocain(e); *(person)* Marocain(e) *m (f)*
Morocco Maroc *m*
mosque mosquée *f*
most: — of la plupart de(s); **the —** le plus (de)
mother mère *f*
mother-in-law belle-mère *f*
motorbike vélomoteur *m*; **by —** à vélomoteur
motorcycle moto(cyclette) *f*
mountain montagne *f*; **to go — climbing** faire de l'alpinisme
mouse souris *f*
mouth bouche *f*

movie film *m*

movie theater cinéma *m*

much beaucoup de; **as — as** autant de; **too —** trop

mumps les oreillons *mpl*

museum musée *m*

music musique *f*; **classical —** musique classique *f*; **folk —** folk *m*; **light —** variété *f*; **mix of traditional Arabic, rap & funk** raï *m*; **popular —** musique pop *f*; **world —** musique du monde *f*

musician musicien(ne) *m (f)*

must: to have to devoir

N

naive naïf (naïve)

name nom *m*; **my — is** je m'appelle

nauseated: to feel — avoir mal au cœur

near près de; **very —** tout près de

necessary nécessaire

neck cou *m*

to need avoir besoin de, falloir; **I —** il me faut

neighborhood quartier *m*

nephew neveu *m*

network: road — réseau routier *m*

never ne... jamais

new nouveau (nouvelle/nouvel)

next ensuite, puis; **— to** à côté de

nice bon, gentil(le), sympa(thique)

niece nièce *f*

nine neuf

nineteen dix-neuf

no non

no one ne... personne; personne ne...

nobody personne

non-alcoholic non-alcoolisé(e)

non-smoking non-fumeur

noon midi *m*

north nord *m*

northeast nord-est *m*

northwest nord-ouest *m*

nose nez *m*

nosedrops des gouttes pour le nez *f pl*

not ne... pas, pas, **— any** ne... aucun(e); **— any more, no longer** ne... plus; **— at all** pas du tout; **— yet** ne... pas encore

nothing ne ... rien; rien ne ...

novel roman *m*; **adventure —** roman d'aventure *m*; **detective (mystery) —** roman policier *m*; **fantasy —** roman d'imagination *m*; **historical —** roman historique *m*; **horror —** roman d'horreur *m*; **romance —** roman d'amour *m*; **spy —** roman d'espionnage *m*

November novembre

number chiffre *m*; nombre *m*; numéro *m*

nurse infirmière *f*, infirmier *m*

O

o'clock: it's one o'clock il est une heure

October octobre

of de

to offer offrir

often souvent

OK d'accord

old agé(e), ancien(ne), vieux, vieux (vieille); **how old are you?** quel âge as-tu (avez-vous)?, quel âge tu as?; **I'm . . . years old** j'ai... ans

on *(a boulevard)* dans, sur; *(a street)* dans

one un(e); *(people in general)* on

one-way aller simple

onion oignon *m*

only unique

optimistic optimiste

orange orange, orange *f*; **brand of — soda** Orangina

to order commander

origin origine *f*; **national —** origine nationale *f*

other autre

outskirts *(of a city)* périphérie *f*

overcast couvert(e)

to overlook: — the sea donner sur la mer

P

pain mal *m*; **a —** casse-pieds *m*

to paint faire de la peinture

painter peintre *m*

painting peinture *f*, tableau *m*

pants pantalon *msing*

paper papier *m*

pardon pardon

parents parents *mpl*

park jardin public *m*, parc *m*

parking lot parking *m*

party boum *f*, fête *f*

to pass passer; **— an exam** réussir à un examen; **— time doing something** passer le temps à faire quelque chose

passport passeport *m*

past passé *m*

pastry pâtisserie *f*

pâté pâté *m*

pea petit pois *m*

peach pêche *f*

pear poire *f*

pen stylo *m*

pencil crayon *m*

per par

perfect parfait(e)

perhaps peut-être

person personne *f*

pessimistic pessimiste

pharmacist pharmacien(ne) *m (f)*

pharmacy pharmacie *f*

philosophy philosophie *f*

phone: mobile — portable *m*; **to talk on the —** téléphoner

to phone: — each other se téléphoner

photograph photographe *f*

physics physique *f*

piano: to play the — jouer du piano

to pick up: — one's room ranger sa chambre; **— again** reprendre

pie tarte *f*; **apple —** tarte aux pommes *f*

piece bout *m*, morceau *m*

pink rose

pizza pizza *f*

place endroit *m*; **at the — of** chez; *(in a train)* place *f*; **public —** endroit public *m*

plane avion *m*

platform: train arrival/departure — quai *m*

to play jouer; **— (American) football** jouer au (faire du) football américain; **— baseball** jouer au (faire du) base-ball; **— basketball** jouer au (faire du) basket; **— cards** jouer aux cartes; **— hockey** faire du hockey; **— soccer** jouer au (faire du) foot(ball); **— tennis** jouer au (faire du) tennis; **— volleyball** jouer au (faire du) volley(ball); **— with one's pals** jouer avec ses copains; **the guitar** jouer de la guitare; **the piano** jouer du piano; **squash** faire du squash; **the violin** jouer du violin

pleasant agréable

please je vous en prie (je t'en prie), s'il te plaît *(informal)*, s'il vous plaît *(formal)*

to please plaire

pleasure plaisir *m*

plot intrigue *f*

pneumonia pneumonie *f*

point point *m*

police: — station commissariat de police *m*

political science sciences politiques *fpl*

politician femme *f*, homme *m* politique

pomme apple *f*

pool: swimming — piscine *f*

poor pauvre

porch véranda *f*

pork chop côtelette de porc *f*

Portuguese Portugais(e); *(language)* portugais *m*; *(person)* Portugais(e) *m (f)*

possession possession *f*

possible possible

post office bureau de poste *m*

potato pomme de terre *f*

pound livre *f*

practice pratiquer

to prefer préférer

to prepare: — meals préparer les repas

pretty joli(e)

price prix *m*

profession profession *f*
professor prof *m, f;* professeur *m*
proud fier(-ère)
psychology psychologie *f*
pullups: to do — faire des tractions
purple violet(te)
pushups: to do — des tractions, faire des pompes
to put: — (on) mettre; **— on:** *(clothing)* mettre
to putter around bricoler, faire du bricolage

Q

quality qualité *f*
quantity quantité *f*
quarter quart *m;* **quarter after two** deux heures et quart
Quebecker québécois(e); *(person)* Québécois(e) *m (f)*
queue file *f*
quiet tranquille

R

radio radio *f*
rain pluie *f;* **—storm** averse de pluie *f*
to rain: it's raining il pleut
rap rap *m*
rarely rarement
raspberry framboise *f*
rather plutôt
to read lire
reading lecture *f*
ready: to get — (for) se préparer (pour)
realistic réaliste
really tellement, vraiment
recipe recette *f*
red rouge; *(of hair)* roux
to reflect réfléchir
to refuse refuser
reggae reggae *m*
relatives parents *m pl*
to relax se détendre
to remain rester; demeurer
remedy remède *m*
to remember se souvenir de
remote control télécommande *f*
to rent louer
repairs réparation *f;* **to make small —** faire des petites réparations
reporter journaliste *m or f*
to require falloir
to reserve réserver
reserved réservé(e)
residential résidentiel(le)
to respond répondre; **— to** répondre à
to rest se reposer
restaurant restaurant *m*

to resume reprendre
to return retourner
right droit(e); **to the — (of)** à droite (de)
river rivière *f;* fleuve *m*
road rue *f;* **— network** réseau routier *m*
rock rock *m;* **alternative —** l'alternatif *m;* **hard —** hard rock *m*
roof toit *m*
roll petit pain *m*
to rollerblade faire du roller(blade)
room pièce *f;* chambre *f*
round trip aller-retour
rowing machine rameur *m*
rug tapis *m*
to run courir
runny: — nose nez qui coule *m*
rural rural(e)
Russian russe; *(language)* russe *m;* *(person)* Russe *m (f)*

S

sad triste
to sail faire de la voile
salad salade *f;* **green, leafy —** salade verte
salami saucisson *m*
sale vente *f;* **on —** en solde
sales representative représentant(e) de commerce *m (f)*
salesperson *(in a store)* vendeur *m,* vendeuse *f*
salmon, smoked saumon fumé
same: the — le même; **in the — way** de la même façon
sandal sandale *f*
sandwich sandwich *m*
Saturday samedi *m*
sausage saucisse *f*
to say dire; **— good-bye** prendre congé
schedule emploi du temps *m;* horaire *m* (of a train)
school: elementary — école primaire *f;* **high —** lycée *m;* **junior high —** collège *m*
science: computer — informatique *f;* **applied —s,** sciences humaines *fpl;* **natural —s** sciences naturelles *fpl*
scotch scotch *m*
to scuba dive faire de la plongée sous-marine
sculpture sculpture *f*
screen écran *m*
sea mer *f*
seashore bord de la mer *m*
seasickness mal de mer *m*
season saison *f*
seat *(in a train)* place *f*
secretary secrétaire *m, f*
see: let's — voyons; **— you later** à tout à l'heure; **— you soon** à bientôt

to see voir; **— oneself as (in, with)** avec), se voir comme (dans; *(each other)* se voir
to seem avoir l'air
selfish, self-centered égoïste
Senegalese sénégalais(e); *(person)* Sénégalais(e) *m (f)*
senior étudiant(e) en quatrième année
September septembre
serious sérieux (sérieuse)
to set: — *(the table)* mettre la table
set up *(of a house)* aménagé(e)
setting décor *m*
to settle down at s'installer devant
seven sept
seventeen dix-sept
to sew faire de la couture
shape: to be in — être en forme
shirt chemise *f*
shoe chaussure *f*
shop boutique *f;* **small —** boutique *f*
shopkeeper commerçant(e) *m, f*
shopping: to do the — faire les courses
short court(e), petit(e)
shorts short *msing*
shoulder épaule *f*
shower douche *f;* **to take a —** prendre une douche
shrimp crevette *f*
shy timide
sick malade
side: on the other — of de l'autre côté de
singer chanteur *m,* chanteuse *f*
sink lavabo *m*
sinus infection sinusite *f*
Sir Monsieur
sister sœur *f*
to sit down s'asseoir
to situate situer; **— oneself** se situer
situps: to do — faire des redressements
six six
sixteen seize
size *(clothing)* taille *f*
to skate, to go skating faire du patinage
to skateboard faire de la planche à roulettes (du skateboard)
skiing: to go cross-country — faire du ski de fond; **to go downhill —** faire du ski (alpin)
skinny maigre
skirt jupe *f*
sky ciel *m*
skyscraper gratte-ciel *m*
sleeping: berth *(train)* couchette *f;* **compartment** *(train)* wagon-lit *m;* **to have trouble —** avoir du mal à dormir
slice tranche *f;* **— (of bread)** tartine *f*

slow lent(e)

small petit(e)

to smell sentir

to smoke fumer

smoking fumeur

snack goûter *m;* **to have a** — prendre un goûter

sneaker basket *f,* tennis *f*

to sneeze éternuer

to snow neiger

to snowboard faire du surf des neiges (du snowboard)

snowstorm tempête de neige *f*

so long allez, au revoir

soccer foot(ball) *m;* — **match** match de foot(ball) *m;* **to play** — jouer au (faire du) foot(ball)

sociology sociologie *f*

sock chaussette *f*

sofa canapé *m,* sofa *m*

sole, filet of filet de sole

some de(s)

someone quelqu'un

something quelque chose

sometimes quelquefois

somewhere quelque part

son fils *m*

sophomore étudiant(e) en deuxième année

sore muscles des courbatures *f pl*

sore throat mal a la gorge

south sud *m*

southeast sud-est *m*

southwest sud-ouest *m*

spaghetti spaghettis *mpl*

Spanish espagnol(e); *(language)* espagnol *m;* *(person)* Espagnol(e) *m, f*

to speak parler; — **to each other** se parler; — **to oneself** se parler

speaker haut-parleur *m*

to spell s'écrire

to spend: the night coucher; — *(time)* passer

sport: likes —s sportif (sportive)

sports les sports *mpl*

spot tache *f*

to sprain one's. . . se fouler le/la...

square: town — place *f*

squash, to play faire du squash

stadium stade *m*

stairs escalier *m*

station: bus — gare routière *f;* **train** — gare *f*

statistics statistique *f*

to stay rester; — **in bed** rester au lit

to stay in shape garder la ligne

steak bifteck *m,* steak *m*

step machine stepper *m*

stepbrother demi-frère *m*

stepfather beau-père *m*

stepmother belle-mère *f*

stepsister demi-sœur *f*

stereo system chaîne hi-fi *f*

stocky costaud

stomach estomac *m,* ventre *m;* — **ache** mal à l'estomac

stop arrêt *m*

to stop (s')arrêter

store magasin *m;* **clothing** — magasin de vêtements *m;* **drug** — pharmacie *f;* **electronics** — magasin de matériel électronique *m;* **general** — épicerie *f;* **grocery** — épicerie *f;* **jewelry** — bijouterie *f;* **music** — magasin de musique *m;* **sporting goods** — magasin de sports *m;* **stationery** papeterie *f;* **tobacco** — bureau de tabac *m,* tabac *m*

storm orage *m*

story histoire *f*

straight *(hair)* **raid(e)**

straight ahead tout droit

strawberry fraise *f;* **flavoring mixed with limonade** diabolo fraise *m*

street rue *f*

strep infection streptococcie *f*

student étudiant(e) (college); **elementary, middle school, high school** — élève *m, f;* **first-year** étudiant(e) en première année; *(university)* étudiant(e) *m, f*

study bureau *m*

to study étudier

stuffy: — nose nez bouché *m*

subject matière *f*

suburbs banlieue *f*

subway *(city)* RER *m;* *(in Paris)* métro *m*

to suffer souffrir

sugar sucre *m*

to suggest proposer

suit *(man's)* costume *m;* **warmup** — jogging *m;* *(woman's)* tailleur *m*

sun soleil *m*

Sunday dimanche *m*

sunny ensoleillé(e); **it's sunny** il fait du soleil

supermarket supermarché *m*

supposed to: to be — devoir

to surf faire du surf

to surf the Net surfer sur Internet

suspense suspense *m*

sweater pull *m*

sweatshirt sweat *m*

sweet vermouth martini *m*

to swim nager; **to go swimming** faire de la natation

Swiss suisse; *(person)* Suisse *m, f*

Swiss cheese gruyère *m*

symptom symptôme *m*

synagogue synagogue *f*

T

t-shirt tee-shirt *m*

table table *f;* **to clear the** — débarrasser la table; **to set the** — mettre la table

to take prendre; — **a shower** prendre une douche; — **care of** s'occuper de; *(a person)* amener

to talk: — on the phone bavarder au téléphone, parler au téléphone; — **about** parler de

talkative bavard(e)

tall grand(e); **to get taller** grandir

tank top débardeur *m*

taxi taxi *m*

tea thé *m;* — **with lemon** thé (au) citron *m;* — **with milk** thé au lait *m;* **plain** — thé nature *m*

teacher prof *m, f;* professeur *m*

teaching assistant assistant(e) *m, f*

techno techno *f*

telephone téléphone *m;* direct-line — téléphone direct *m*

temperature température *f*

ten dix

tennis tennis *m;* **to play** — jouer au (faire du) tennis

terrace terrasse *f*

terrific super

textbook manuel de classe *m*

thank you merci, remerciement *m;* — **very much** merci bien; **to say** — remercier

that ça

theater théâtre *m;* **movie** — cinéma *m*

then puis, alors, ensuite

there y; — **is,** — **are** il y a

these, those ces

thigh cuisse *f*

thin mince

thing chose *f,* truc *m;* **not my** — pas mon truc

to think penser; *(about something)* réfléchir (à)

thirteen treize

this, that ce, cet, cette

three trois

throat gorge *f;* — **lozenges** des pastilles pour la gorge *f pl*

thunder tonnerre *f*

Thursday vendredi *m*

ticket billet *m,* ticket *m;* — **validation machine** composteur *m;* — **window** guichet *m;* automatic — **machine** distributeur (de billets) *m*

tie cravate *f*

till: quarter till two deux heures moins le quart

time fois *f*, temps *m*; **from — to —** de temps en temps; **arrival —** heure de l'arrivée *f*; **(at) what time?** à quelle heure?; **departure —** heure de départ *f*; **what time is it?** quelle heure est-il?

timid timide

to tinker bricoler

tired fatigué(e)

to à

to grow up grandir

to return revenir

toast *(bread)* pain grillé *m*, toast *m*; **to make a —** trinquer

tobacco store bureau de tabac *m*, tabac *m*

today aujourd'hui

toe doigt de pied *m*

toilet toilettes *fpl*, WC *mpl*

toilet (half-bath) cabinet de toilette *m*

tomato salad salade de tomates *f*

tonsilitis angine *f*

too trop; **— much** trop (de)

tooth dent *f*

tourist: to be a — faire du tourisme

toward vers

town village *m*

track voie *f*; **to do track and field** faire de l'athlétisme *m*

traditional traditionnel(le)

traffic jam embouteillage *m*

trailer caravane *f*

train train *m*; **— station** gare *f*; **high-speed —** train à grande vitesse (TGV) *m*; **train car** voiture *f*

trait trait *m*; **personality —** trait de caractère *m*

traveling salesperson commercial(e) *m, f*

treadmill tapis de course *m*

tree arbre *m*

trip trajet *m*; voyage *m*

trout truite *f*

Tuesday mardi *m*

tuna thon *m*

tuna salad salade de thon *f*

turkey dinde *f*

to turn tourner; **— off** éteindre

TV set téléviseur *m*

twelve douze

twenty vingt

twins jumeaux *m pl*; jumelles *f pl*

two deux

type genre *m*

U

ugly laid(e), moche

umbrella parapluie *m*

uncle oncle *m*

to understand comprendre

unfortunately malheureusement

university université *f*

until: *(time)* jusqu'à

upstairs en haut

urban urbain(e)

urban area agglomération *f*

urban center centre urbain *m*

use emploi *m*; **—d** d'occasion

to use utiliser

usually d'habitude; en général

V

vacation vacances *f pl*

to vacuum passer l'aspirateur

to validate composter; **— the ticket** composter le billet

valley vallée *f*

vanilla vanille *f*

VCR magnétoscope *m*

veal veau *m*

vegetable légume *m*

vegetables: raw — with vinaigrette assiette de crudités *f*

Venezuelan vénézuélien(ne); *(person)* Vénézuélien(ne) *m (f)*

very très

very much beaucoup

video game jeu vidéo *m*

videocassette cassette vidéo *f*

Vietnamese vietnamien(ne); *(person)* Vietnamien(ne) *m (f)*

village village *m*

villager villageois(e) *m (f)*

vinaigrette (oil & vinegar dressing) vinaigrette *f*

violence violence *f*

violin: to play the — jouer du violin

to visit *(a person)* rendre visite à; **—** *(a place)* visiter

volleyball volley *m*; **to play —** jouer au (faire du) volley(ball)

to vomit vomir

W

to wait (for) attendre

to wake: — *(someone)* **up** réveiller; **— up** se réveiller

walk: to go for a — faire une balade

to walk aller à pied; **— the dog** promener le chien; **to go for a —** se promener; **to go walking** faire de la marche à pied

to want vouloir

war guerre *f*

wardrobe armoire *f*

to wash up, brush teeth, etc. faire sa toilette

to watch regarder; **— TV** regarder la télé; **— what you're eating** faire attention à ce qu'on mange

water: mineral — eau minérale *f* (Badoit *f*, Perrier *m*, Vittel *f*)

to waterski faire du ski nautique

way chemin *m*; route *f*; **high —** route nationale

we nous

weak faible

to wear mettre

weather temp *m*; **what's the — like?** quel temps fait-il?

Wednesday mercredi *m*

week semaine *f*

weight machine presse *f*

weightlifting: to do — faire de la musculation

welcome bienvenue; **you're welcome** de rien, (il n'y a) pas de quoi

well bien; **fairly —** bien; **— enough** assez

west ouest *m*

what ce que, comment, que, quel(le), quoi; **what?** qu'est-ce que... ?; **what's?** quel(le) est... ?

when quand; **when?** quand est-ce que?

where où

which quel(le)

whisky whisky *m*

white blanc (blanche)

who: may I say who's calling? c'est de la part de qui?; **who?** qui?

why pourquoi

wife femme *f*

wind vent *m*; **it's windy** il fait (il y a) du vent

to windsurf faire de la plance à voile

windsurfing, to go faire de la planche a voile

wine vin *m*; **red —** vin rouge *m*; **rosé —** (vin) rosé *m*; **white —** vin blanc *m*

woman femme *f*

to work travailler; **— out** faire de la gym

world monde *m*

wrist poignet *m*

to write écrire

Y

yard jardin *m*

year an *m*, année *f*

yellow jaune

yes oui

yesterday hier

yogurt yaourt *m*

you tu *(informal)*, vous *(formal)*

young jeune

Z

zero zéro

INDEX

INDEX

STUCTURES ET EXPRESSIONS GRAMMATICALES

A

à: — + definite article (**à** + **la** [**l', le, les**]), MC 69, MC 74, MP 60; with means of transportation, MP 102

accent marks, MP 7

adjectives: agreement and position of, MP 145; **beau, nouveau, vieux,** MC 195, MP 145, MP 166; demonstrative, MC 91; descriptive, MC 177, MC 195, MP 144, MP 166; descriptive and **être,** MP 157, MP 187; position of, MC 87, MC 90, MC 177, MP 74–75; possessive, MC 179, MC 184, MC 189, MP 158–159

adverbs: denoting past time expressions with imperfect tense, MC 350, MP 115, MP 298

aimer: MC 38

aller: + infinitive, MC 28, MP 36; conditional, MC 343, MP 292; **passé composé,** MC 138, MP 113; present, MC 46, MP 36; subjunctive, MC 260, MP 232

alphabet, MC 14, MP 6–7

arriver: conditional, MC 343, MP 292; **passé composé,** MP 113

articles: definite, MC 32, MC 319, MP 22; indefinite, MC 26, MC 32; indefinite in a negative sentence, MP 82; partitive, MC 317, MP 271

aussi ... que, MP 326

autant de, MC 325, MP 275

avoir: — **besoin de,** MC 98, MP 83; — **envie de** + infinitive, MP 43; — **faim,** MC 98, MP 83; — **soif,** MC 98, MP 83; common expressions with, MC 98, MP 83; conditonal, MC 343; present, MC 98, MP 82; subjunctive, MP 232

B

beau (belle, beaux, belles): adjective forms (*see* adjectives)

beaucoup de, MC 325, MP 274

bien: comparative of, MP 326

bon: comparative of, MP 326

C

ce, cet, cette, ces: demonstrative adjectives, MC 91

chercher and other **-er** verbs, present

combien de, MP 274

comment est-ce que, MC 326

comparative, MC 391, MP 325–326; of **bien,** MP 326; of **bon,** MP 326; and comparison of nouns, MC 391, MP 275; with **plus... que, aussi... que, moins... que,** MP 326

conditional, MC 343, MP 291–292

D

de + **la** (**l', le, les**) definite article, MC 72, MP 61

de l', de la, des, du: de in negative sentence, MP 82; **des** as plural of **un(e),** MP 20; the partitive, MC 317, MP 20, MP 271

definite article. *see* articles

descendre: passé composé, MP 113

descriptive adjectives. *see* adjectives

devoir: passé composé, MC 237, MP 204; present, MC 237, MP 204

direct object pronouns. *see* object pronouns

E

en: expression of quantity, MP 278; with geographic names, MC 282, MP 247–248, MP 250–251; to replace a noun preceded by a partitive, MP 278

en/au/aux: en with expressions of quantity, MP 274; **en** with expressions of quantity, MC 325; with means of transportation, MP 102

-er verbs: conditional, MC 343, MP 292; imperfect, MC 350, MP 297; **mangeons,** CP 39; present, MC 37–MC 38, MC 39, MP 26

F

faire: conditional, MC 343, MP 292; imperfect, MC 350, MP 297; **passé composé,** MC 139, MC 223, MP 195; present, MC 213, MC 223, MP 195; subjunctive, MC 260

falloir: conditional, MC 343, MP 292

G

gender, MP 20

geographical names: and prepositions, MC 282, MP 247, MP 250–251

I

il est nécessaire que, MC 260, MP 231–232

il faut: — **que** + subjunctive, MC 260, MP 231–232; to express necessity, MC 260, MP 229–230; subjunctive and infinitive with, MC 260, MP 229–230

il vaut mieux que, MC 260, MP 231–232

il y a, MC 73; (**huit jours**) *(a week ago)*, MP 115; (**quinze jours**) *(two weeks ago)*, MP 115

imperfect tense, MC 350, MP 296–297; adverbs and expressions of habitual actions in the past, MC 350, MP 297; and the **passé composé,** MP 298; summary of uses, MC 404, MP 346–347; uses of the, MC 350, MP 292

indefinite article. *see* articles

indirect object pronouns. *see* object pronouns

infinitive: of pronominal verbs, MP 188; and the subjunctive, MC 260, MP 229–230

-ir verbs: conditional, MC 343; future, imperfect, **passé composé,** present, subjunctive, MC 412, MP 355–356

être

être: conditional, MC 343, MP 292; and descriptive adjectives, MP 157; imperfect, MC 350, MP 297; present, MC 51, MC 81, MP 69; subjunctive, MP 232

POUR SE DÉBROUILLER

THÈMES ET CONTEXTES

PHOTO CREDITS

Unless specified below, all photos in this text were selected from the Heinle & Heinle Image Resource Bank.

Photos from Corbis Images:

p. 15 © Bettman/CORBIS; **p. 30** (bottom) © S.I.N./CORBIS; **p. 34** (right) © CORBIS; **p. 35** © Marko Shark/CORBIS; **p. 40** (top) © Mitchell Gerber/CORBIS; **p. 41** CORBIS; (bottom) © Sygma CORBIS; **p. 52** (top) David Bartruff/CORBIS, (middle) © Wolfgang Kaehler/CORBIS; **p. 66** (top right) © Yann Arthus-Bertrand/CORBIS; **p. 68** (number 2, number 8) © Gail Mooney/CORBIS; **p. 71** © Yann Arthus-Bertrand/CORBIS; **p. 76** © Stefan Bianchetti/CORBIS; **p. 92** © Bettman/CORBIS; **p. 93** (number 1) © The Barnes Foundation, Merion Station, Pennsylvania/CORBIS, (number 2) © Alexander Burkatowski/CORBIS, (number 3) © Burstein collection/CORBIS, (number 4, number 5) © Archivo Iconografico, S.A./CORBIS; **p. 109** © The Purcell team/CORBIS; **p. 111** (bottom right) © Papilio/CORBIS; **p. 113** (top left) © Richard List/CORBIS; **p. 120** (left) © Michael S. Yamashita/CORBIS; **p. 125** (center left) © Richard Bickel/CORBIS, (top right) © Paul Almasy/CORBIS; **p. 133** (left) © David S. Peter/CORBIS, (right) © AFP/CORBIS; **p. 142** (top right) © Haroad A. Jahn; Viennaslide Photoagency/CORBIS; **p. 162** (top, bottom) © Bettmann/CORBIS; **p. 163** (top, bottom) © Bettmann/CORBIS; **p. 180** (top) Wolfgang Kaehler/CORBIS, (bottom left) © Ludoviz Maisant/CORBIS, (bottom right) © Marc Garanger/CORBIS; **p. 181** (top left) ©Yann Arthus-Bertrand/CORBIS, (top right) © CORBIS, (bottom left) © Yann Arthus-Bertrand/CORBIS; **p. 185** © Ric Ergenbright/ CORBIS; **p. 206** (top left) © Bettmann/ CORBIS, (top right) © Adam Woolfitt/CORBIS; **p. 229** (top left) © Steve Chenn/CORBIS; **p. 238** (third down from right) © Owen Franken/CORBIS; **p. 244** © Leonard de Selva/CORBIS; **p. 247** (top right) © Ric Ergenbright/CORBIS, (top right) © Archive Iconographico/CORBIS, (bottom) © Patrick Ward/CORBIS; **p. 280** (bottom) © Yann Arthus-Bertrand/CORBIS; **p. 290** (large center photo) © Kevin Fleming/CORBIS; **p. 299** © Roger Ressmeyer/CORBIS; **p. 305** (left) © José F. Poblete/CORBIS, (center right) © Nik Wheller/CORBIS; p. 340 (top left) © Wolfgang Kaehler/CORBIS; **p. 341** (bottom left) © David & Peter Turnley/CORBIS, (bottom right) Richard Oliver/CORBIS; **p. 361** © Brian Vikander/CORBIS; **p. 378** (bottom left) © Hulton Deutsch Collection/CORBIS, (right center) © Andrew Brown, Ecoscene/CORBIS; **p. 379** (top right) © Vince Streano/CORBIS, (bottom right) ©Reuters NewMedia Inc./CORBIS; **p. 380** (number 2) AFP/CORBIS, (number 5) © Paul Almasy/CORBIS; **p. 384** © Adam Woolfitt/CORBIS; p. (left center) © Tom Pannell/CORBIS, (bottom left) © David Turnley/CORBIS, (bottom right) ©Richard T. Nowitz/CORBIS; **p. 393** (left center) © Tom Pannell/CORBIS, (bottom left) © David Turnley/CORBIS, (bottom right) © Richard T. Nowitz/CORBIS; **p. 395** (bottom left) © Michael S. Yamashita/CORBIS, (bottom right) © Peter Russell; The Military Picture Library/CORBIS; **p. 396** © Owen Franken/CORBIS; **p. 408** © Arthur Rothstern/CORBIS

Photos from other sources

p. 3 (left) © Ulrike Welsch; **p. 25** (top right) © Stuart Cohen; **p. 34** (left) © Gamma Liaison; **p. 40** (bottom) © Gamma Liaison; **p. 41** (top, middle) © Gamma Liaison; **p. 42** (bottom left) © Stuart Cohen; **p. 83** (top row, left center, bottom left) © Stuart Cohen; **p. 94** (top left) © Photodisc, (top right) ©Stuart Cohen; p. (center) © Superstock, Inc.; **p. 97** Adam Smith Productions; **p. 99** (center) © Superstock, Inc., **p. 111** (bottom left) © Superstock, Inc.; **p. 112** (top) © Donald Dietz/Stock Boston, (bottom) © Owen Franken, Stock Boston; **p. 113** (botton left) © Tabuteau/The Image Works, (right) © Superstock, Inc., **p. 119** (center left) © Stuart Cohen, **p. 130** © Stuart Cohen; **p. 166** (left) © Stuart Cohen, (right) © S. Kanno/FPG

International; **p. 167** © Stuart Cohen; **p. 173** © Stuart Cohen; **p. 181** (center) © Photodisk; **p. 182** (right) © Stuart Cohen; **p. 186** © Stuart Cohen; **p. 195** © Robert Fried/Stock, Boston; **p. 215** (left, right, bottom) © Stuart Cohen; **p. 217** © Stuart Cohen; **p. 235** © Stuart Cohen; **p. 236** © Stuart Cohen; **p. 238** (bottom) © Supertsock, Inc.; **p. 246** (top) © Superstock, Inc., (bottom) © Stuart Cohen; **p. 206** (left) © Stuart Cohen/Comstock, (right, bottom) © Stuart Cohen; **p. 210** © Stuart Cohen; **p. 250** © Stuart Cohen; **p. 252** © Peter Menzel/Stock Boston; **p. 253** © Stuart Cohen; **p. 254** © Stuart Cohen, **p. 258** © Stuart Cohen; **p. 262** (top right) © Robert Fried 1992/Stock Boston, (center right) © Stuart Cohen/Comstock; **p. 275** (left, right) © Stuart Cohen/Comstock; **p. 290** (three top left, top right) © Stuart Cohen; **p. 304** (center) © Stuart Cohen; **p. 309** (top left) D. and J. Heaton/Stock Boston, (top right) © Gergg Gilman/FPG International, (left center) Lee Snyder/The Image Works, (right center) Robert Smith/FPG International; **p. 313** © Stuart Cohen; **p. 314** © Stuart Cohen; **p. 320** © Stuart Cohen; **p. 336** © Stuart Cohen; **p. 351** © Robert Fried/Stock Boston; **p. 367** Courtesy of the French West Indies Tourist Board; **p. 368** (top left) © Margo Taussig/Pinkerton International, (top right) Larry Greifer/French West Indies Tourist Board, (bottom left) © Julie Houck/Stock Boston, (bottom center) French West Indies Tourist Board, (bottom right) Marc Garanger/CORBIS; **p. 374** © Stuart Cohen; **p. 380** (number 1) © Superstock, (number 7) © Photodisc; **p. 424** (left) © Collection Viollet, (right) © Lipnitzki Viollet

TEXT/REALIA CREDITS

p. 6 «Paris à la carte», Courtesy of Galerie Lafayette; **p. 7** Caffè Ritazza; **p. 25** Cover of *Le tour de Gaule d'Astérix*, dessin d'Albert Uderzo, © Éditions Hachette, Paris; Cover of *Le triangle d'or*, by Claude Leblanc Livre de Poche, document photothèque, © Hachette, 1968; **p. 34** «Le CD omniprésent» Syndicat National de l'Édition Phonographique; **p. 35** Gérard Mermet, FRANCOSCOPIE 1999, © Larousse / HER 2000; **pp. 62–63** *Paris, histoire d'une ville*, sous la direction de Jean-Robert Pitte. Cartographie : Swanston Graphics, © Hachette Livre (Littérature Générale, Guides de voyages), 1993; **p. 91** ALLONS-Y!, Copyright © 1994, 1996 by Scholastic, Inc.; **p. 100** Courtesy of Casio; **p. 101** Courtesy of Texas Instruments; **p. 114** Jacques Prévert, *Paroles*, © 1949 Éditions Gallimard; **pp. 115–117** *Mathématiques 6ᵉ*, (L. Corrieu, C. Batier, M. Labrousse, J. Lebraud), © Delagrave, Paris, pp. 264–270; **p. 122** «Le VTT: Conseils pratiques», BONJOUR! Magazine, September/October 1996, by Scholastic, Inc.; **p. 128** Régie Autonome des Transports Parisiens; **p. 129** Carte orange, Régie Autonome des Transports Parisiens; **pp. 134–135** «L'homme qui te ressemble», de René Philombe, *Petites gouttes de chant pour créer un homme*, Éditions Nouvelles du Sud; **pp. 144–145** *Pariscope*; **pp. 146–147** BONJOUR!, © by Scholastic, Inc.; **p. 149** *Pariscope*; **p. 150** Télécarte courtesy of France Télécom; **p. 161** BONJOUR!, © by Scholastic, Inc.; **p. 164** «L'équipement télé des Français», Médiamétrie; «L'offre et la demande», Médiamétrie; **p. 165** *Télé Star* magazine, semaine du 24 février 2001, Avec l'aimable autorisation du magazine *Télé Star*; **p. 203** Jacques Prévert, *Paroles*, © 1946, Éditions Gallimard; **p. 205** «Les jeunes de Ouagadougou» © *Planètes Jeunes*, avril–mai, 1998, pp. 5–7, Bayard Presse, 1998; **p. 206** (top and bottom right) Domaine national de Versailles; **p. 207** Domaine national de Versailles; **pp. 208–209** BONJOUR! Magazine. ALLONS-Y! Magazine. Copyright © by Scholastic, Inc. Reprinted by permission of Scholastic Inc.; **pp. 219–220** *Planète Jeunes*, n° 30, déc. 97–janv. 98, p. 5, Bayard Presse; **p. 239** «Le temps retrouvé» Gérard Mermet, FRANCOSCOPIE 2001, © Larousse / HER 2000, p. 111; **p. 248** *Jeunes Magazine*, Issue II, November 1997, © ECI, European Language Institute; **p. 257** © MICHELIN from the RED GUIDE FRANCE 2001, Permission No. 01-US-008; **p. 262** «Futuroscope», Courtesy of Loeb et Associés; «Un peu moins de deux Français sur trois partent en vacances» Gérard Mermet, FRANCOSCOPIE 1999, © Larousse / HER 1999, p. 411; quotes from Gérard Mermet, FRANCOSCOPIE 1999, © Larousse / HER 1999, p. 414; **p. 263** «Cinq semaines et demie», Maison de la France; «Club Med», Devarieux Villaret; quotes from Gérard Mermet, FRANCOSCOPIE 1999, © Larousse / HER 1999, p. 414; «Le palmarès des parcs», Ministère du Tourisme; Michelin Red Guide, © MICHELIN from the RED GUIDE FRANCE 2001, Permission No. 01-US-008; «Tunisie», Agence Newton 21; **p. 264** Michelin Green Guide, © MICHELIN, Permission No. 01-US-008; «En train, en avion, mais surtout en voiture», Ministère du Tourisme, Sofres; Calendrier Voyageurs, Source SNCF; **p. 265** «Futuroscope», Vimenet/Parc du Futuroscope®; **p. 266** © MICHELIN from the RED GUIDE FRANCE 2001, Permission No. 01-US-008; **p. 268** © MICHELIN from the RED GUIDE FRANCE 2001, Permission No. 01-US-008; **p. 269** © MICHELIN from the RED GUIDE FRANCE 2001, Permission No. 01-US-008; **p. 270** Source SNCF; **p. 271** Source SNCF; **p. 272** Source SNCF; **p. 273** Source SNCF; **pp. 276–277** *Petit Larousse illustré*, 1990; **p. 279** Jacques Charpentreau, *Paris des Enfants*, L'École des loisirs, 1978; **p. 280** Top photo: Agence Diaf, *Fram* magazine; **p. 281** Switzerland texts and photos: Excerpts from *La Suisse*, Éditions Kummerly and Frey, 1995, p. 81, and 1993, p. 72 ; Martinique texts and photos: Courtesy of *Bonjour la Martinique* guide touristique et pratique, Éditions Créations du Pélican, Montpellier, 1987, p. 99; **p. 284** © MICHELIN from the RED GUIDE FRANCE 2001, Permission No. 01-US-008; **p. 291** © MICHELIN from the RED GUIDE FRANCE 2001, Permission No. 01-US-008; **pp. 299–301** Antoine de Saint-Exupéry, *Le Petit Prince*, © Harcourt Brace; **pp. 310–311** Excerpts from *La Suisse*, Éditions Kummerly and Frey, 1995, p. 81, and 1993, p. 72; **p. 329** «L'ère du grignotage», Courtesy of Cofremca-sociodivision, Paris; «Le nomadisme alimentaire se généralise» Gérard Mermet, FRANCOSCOPIE 2001, © Larousse / HER 2000, **p. 185;** «Plaisirs de la table», avec l'aimable autorisation de l'association Familles de France; **p. 330** «Un an de nourriture», Courtesy of INSEE; «Champagne Nicolas Feuillatte», Callegari Berville; **p. 331** «Le tour du monde en sept recettes», BDDP-TBWA; «Le roi hamburger» Gérard Mermet, FRANCOSCOPIE 2001, © Larousse / HER 2000, p. 191; **p. 339** «Une année de loisirs», Ministère de la Culture et de la Communication; «Foot toujours», Courtesy of Ministère de la jeunesse et des sports; **pp. 348–349** «Bernice Sarpong, Élève journaliste», *Planètes Jeunes* –Bayard Presse– décembre-janvier 2001, no. 48, p. 6, © Pierre Malei / iconographe; **p. 352** An Rafting, S.I. de la moyenne Vallée du Var; Canoe Kayak, commune de Puget-Theniers; **p. 353** Ski de fond, Chemins de fer de la Provence; Stages de Tennis, Cacel Vallon des Fleurs; **pp. 361–362** «Au marché» Courtesy of Angèle Kingué; **p. 364** *Haute-Saône-l'île verte,* ERTI 1993; **pp. 365–366** *Guide Touristique,* Éditions la Goélette; **pp. 369–371** *Guide Touristique,* Éditions la Goélette; **pp. 372–373** Excerpt from *Notre fille ne se mariera pas,* by Guillaume Oyono-Mbia, Éditions ORTF/DAEC, Paris 1971; **p. 377** «Le chat météo» in *Chats qui riment et rimes à chats,* by Pierre Coran and illustrated by Loanda Guz-Cojan Collection Plus/Éditions Gamma Jeunesse, Paris 1995, pp. 26–27; **pp. 382–383** Atmo, courtesy of airlor organisation, www.airlor.org; **pp. 387–390** Courtesy of *Bonjour la Martinique* guide touristique et pratique, Éditions Créations du Pélican, Montpellier, 1987, pp. 3, 106–111, 132; **p. 399** Claramid, Laboratoires Jaouveinal, Groupe Pfizer, Paris; **p. 401** © 1995 Éditions Milan, Sylvie Bézuel et illustration Lionel Labeyrie, «Le secourisme», Extrait issu de *Carnets de Nature,* pp. 18–19; **p. 408** *Sciences et Technologie, cycle des approfondissements CM,* Éditions Bordas, Nouvelle Collection Tavernier, Paris, p. 6, 1995; **p. 409** *Sciences et Technologie, cycle des approfondissements CM,* Éditions Bordas, Nouvelle Collection Tavernier, Paris, p. 7, 1995; «Les promesses des alicaments» Gérard Mermet, FRANCOSCOPIE 2001, © Larousse / HER 2000, p. 86; **p. 414** *(top left)* © 1998 Éditions Milan, Francis Curtet, «La drogue», Extrait issu des *Essentiels Milan, (bottom left)* «Les français un peu plus sobre», Courtesy of SCEES; p. 10; *(top middle)* «Et vous avec l'alcool, vous en êtes où?» DDB et Cie; *(bottom middle)* «La consommation d'alcool est en baisse» Gérard Mermet, FRANCOSCOPIE 2001, © Larousse / HER 2000, pp. 72–73; *(right)* «Les accidents ça n'arrive qu'aux autres», FCAI BMZ; **p. 415** *(texts)* Gérard Mermet, FRANCOSCOPIE 2001, © Larousse / HER 2000, p. 74; «Nicorette», Courtesy of Laboratoire Pharmacia-Upjohn, Paris; «Un homme sur 3, une femme sur 5», Courtesy of INSEE; **p. 423** *Poètes d'aujourd'hui,* «La nuit la mère et l'enfant», by André Verdet, Éditions Seghers, Paris, 1959; **p. 424** *(top left)* © Collection Viollet; *(top right)* © Collection Lipnitzki-Viollet; **pp. 424–425** Extrait de *Knock,* par Jules Romains, © Éditions Gallimard, 1924; **pp. 426–427** Extrait de *L'Écologie,* by Steve Pollok, Collection Passion des Sciences, © Éditions Gallimard Jeunesse, Paris 1993

France

MER DU NORD

Pays-Bas

Angleterre

Allemagne

Dunkerque

Calais

Belgique

NORD-PAS-DE-CALAIS

Lille

LA MANCHE

Valenciennes

Luxembourg

Cherbourg

HAUTE-NORMANDIE

Amiens

Le Havre

Rouen

PICARDIE

Reims

Metz

Meuse

Rhin

Caen

Seine

LORRAINE

ALSACE

Saint-Malo

BASSE-NORMANDIE

Paris

CHAMPAGNE-ARDENNE

Nancy

Strasbourg

VOSGES

Brest

Versailles

ÎLE-DE-FRANCE

Fougères

Troyes

Mulhouse

BRETAGNE

Rennes

Le Mans

Seine

Moselle

Saône

OCÉAN

Orléans

Blois

Chambord

BOURGOGNE

Besançon

PAYS DE LA LOIRE

Angers

Tours

Dijon

St-Nazaire

Loire

Chenonceaux

Chalon-sur-Saône

JURA

Suisse

Nantes

Chinon

Azay-le-Rideau

Bourges

FRANCHE-COMTÉ

Poitiers

CENTRE

Nevers

Loire

ATLANTIQUE

La Rochelle

LIMOUSIN

Vichy

Annecy

Rhône

POITOU-CHARENTES

Limoges

Clermont-Ferrand

Lyon

Périgueux

AUVERGNE

Saint Étienne

RHÔNE-ALPES

Italie

Grenoble

MASSIF CENTRAL

Bordeaux

Rhône

ALPES

PROVENCE-ALPES-CÔTE-D'AZUR

AQUITAINE

Garonne

Rodez

Avignon

Monte-Carlo

Biarritz

MIDI-PYRÉNÉES

Nîmes

Tarascon

Grasse

Monaco

Bayonne

Montpellier

Aix-en-Provence

Nice

Pau

Toulouse

Béziers

Toulon

Cannes

PYRÉNÉES

Carcassonne

Narbonne

Marseille

Espagne

Andorre

LANGUEDOC-ROUSSILLON

Perpignan

MER MÉDITERRANÉE

CORSE

Ajaccio

0   75 km

©1993 Magellan Geographix℠ Santa Barbara CA